■2025年度中学受験

●収録内容一覧

帝京大学系属 帝京中学校

4年間スーパー過去問

入試問題と解説・解答の収録内容

2024年度　１回午前	算数・社会・理科・英語・国語 （英語は解答のみ）	実物解答用紙DL
2024年度　３回	算数・社会・理科・英語・国語 （英語は解答のみで４回）	実物解答用紙DL
2023年度　１回午前	算数・社会・理科・英語・国語 （英語は解答のみ）	実物解答用紙DL
2023年度　３回	算数・社会・理科・英語・国語 （英語は解答のみで４回）	実物解答用紙DL
2022年度　１回午前	算数・社会・理科・英語・国語 （英語は解答のみ）	実物解答用紙DL
2022年度　３回	算数・社会・理科・英語・国語 （英語は解答のみで４回）	実物解答用紙DL
2021年度　１回午前	算数・社会・理科・英語・国語 （英語は解答のみ）	

～本書ご利用上の注意～　以下の点について，あらかじめご了承ください。

★別冊解答用紙は巻末にございます。実物解答用紙は，弊社サイトの各校商品情報ページより，一部または全部をダウンロードできます。

★編集の都合上，学校実施のすべての試験を掲載していない場合がございます。

★当問題集のバックナンバーは，弊社には在庫がございません（ネット書店などに一部在庫あり）。

合格を勝ち取るための『スーパー過去問』の使い方

本書に掲載されている過去問をご覧になって,「難しそう」と感じたかもしれません。でも,多くの受験生が同じように感じているはずです。なぜなら,中学入試で出題される問題は,小学校で習う内容よりも高度なものが多く,たくさんの知識や解き方のコツを身につけることも必要だからです。ですから,初めて本書に取り組むさいには,点数を気にしすぎないようにしましょう。本番でしっかり点数を取れることが大事なのです。

過去問で重要なのは「まちがえること」です。自分の弱点を知るために,過去問に取り組むのです。当然,まちがえた問題をそのままにしておいては意味がありません。

本書には,長年にわたって中学入試にたずさわっているスタッフによるていねいな解説がついています。まちがえた問題はしっかりと解説を読み,できるようになるまで何度も解き直しをしてください。理解できていないと感じた分野については,参考書や資料集などを活用し,改めて整理しておきましょう。

このページも参考にしてみましょう！

◆どの年度から解こうかな 「入試問題と解説・解答の収録内容一覧」

本書のはじめには収録内容が掲載されていますので,収録年度や収録されている入試回などを確認できます。

※著作権上の都合によって掲載できない問題が収録されている場合は,最新年度の問題の前に,ピンク色の紙を差しこんでご案内しています。

◆学校の情報を知ろう!! 「学校紹介ページ」

このページのあとに,各学校の基本情報などを掲載しています。問題を解くのに疲れたら息ぬきに読んで,志望校合格への気持ちを新たにし,再び過去問に挑戦してみるのもよいでしょう。なお,最新の情報につきましては,学校のホームページなどでご確認ください。

◆入試に向けてどんな対策をしよう？「出題傾向＆対策」

「学校紹介ページ」に続いて,「出題傾向＆対策」ページがあります。過去にどのような分野の問題が出題され,どのように対策すればよいかをアドバイスしていますので,参考にしてください。

◇別冊「入試問題解答用紙編」

本書の巻末には,ぬき取って使える別冊の解答用紙が収録してあります。解答用紙が非公表の場合などを除き,(注) が記載されたページの指定倍率にしたがって拡大コピーをとれば,実際の入試問題とほぼ同じ解答欄の大きさで,何度でも過去問に取り組むことができます。このように,入試本番に近い条件で練習できるのも,本書の強みです。また,データが公表されている学校は別冊の１ページ目に過去の「入試結果表」を掲載しています。合格に必要な得点の目安として活用してください。

本書がみなさんの志望校合格の助けとなることを,心より願っています。

株式会社　声の教育社　編集部

帝京大学系属帝京中学校

所在地	〒173-8555 東京都板橋区稲荷台27-1
電　話	03-3963-6383
ホームページ	https://www.teikyo.ed.jp
交通案内	JR埼京線「十条駅」より徒歩12分　都営三田線「板橋本町駅」A1出口より徒歩8分　東武東上線「中板橋駅」より徒歩20分

くわしい情報は
ホームページへ

トピックス

★バリアフリー環境の整備された校舎。
★生徒と保護者が同時に参加する学習ガイダンスを実施。

創立年
昭和57年

男女共学

高校募集
あり

本校の特色

いつでもどこでも個別指導

帝京中学校の自慢の一つが先生と生徒の距離の近さです。放課後・昼休み，即席の補習授業があちらこちらで開かれます。わからないことはその日のうちに解消することが目的です。

入学と同時に細やかな学習指導

帝京中学校に入学すると，保護者と生徒が同時に参加する学習ガイダンスが実施され，中学での学習方法を細部にわたり学びます。

教育の特色

教科指導『本当の自分を発見する』

一貫特進コース・一貫進学コースに関わらず，授業・家庭学習・確認テスト・補習・個別指導のサイクルの中で，「わかるまで，できるまで」サポートし，基礎学力と応用力を身につけ，しっかりとした学習習慣を構築します。そうした中で，生徒一人ひとりに，自分が持っている本当の能力に気づいてもらい，それを伸ばしていきます。

・国語：すべての学習の基本！
　　　　多角的なものの見方ができるように
・数学：今まで習った算数を，
　　　　身近な現象を解く数学へ
・英語：Practice Makes Perfect
　　　　～習うより慣れよ～
・社会：知識を土台に，思考し表現する
・理科：「考える力」を身につけよう

指定校推薦

帝京大，帝京大短大，帝京平成大，帝京科学大，上智大，東京理科大，日本大，東洋大，駒澤大など多数

2024年春の主な大学合格実績

＜私立大学＞

帝京大，慶應義塾大，早稲田大，上智大，国際基督教大，明治大，青山学院大，立教大，中央大，法政大，学習院大，成城大，成蹊大，國學院大，獨協大，武蔵大，日本大，東洋大，駒澤大，専修大，東京農業大，東京女子医科大

編集部注―本書の内容は2024年4月現在のものであり，変更されている場合があります。正式な情報は，学校のホームページ等で必ずご確認ください。

応募状況

年度	募集集		応募数	倍率	合格最低点	満点	入試科目
2024	1回AM	60	男 69 女 35	4.1倍	(2) 93 (4) 146	200/300	国語，算数，英語より2教科 または国語，算数，社会，理科
	1回PM		男 101 女 39		(2) 98	200	国語，算数，英語より2教科
	2回AM	30	男 61 女 27	7.4倍	98	200	1教科入試（国語または算数）
	2回PM		男 90 女 43		(2) 100	200	得意教科重視入試
	3回	15	男 110 女 48	10.5倍	(2) 99 (4) 150	200/300	国語，算数，英語より2教科 または国語，算数，社会，理科
	4回	若干	男 112 女 52	—	(2) 99 (4) 149	200/300	国語，算数，英語より2教科 または国語，算数，社会，理科
2023	1回AM	60	男 44 女 36	3.1倍	(2) 98 (4) 151	200/300	国語，算数，英語より2教科 または国語，算数，社会，理科
	1回PM		男 66 女 42		(2) 97	200	国語，算数，英語より2教科
	2回AM	30	男 45 女 35	6.4倍	97	200	1教科入試（国語または算数）
	2回PM		男 63 女 48		(2) 99	200	得意教科重視入試
	3回	15	男 82 女 45	8.5倍	(2) 99 (4) 135	200/300	国語，算数，英語より2教科 または国語，算数，社会，理科
	4回	若干	男 88 女 48	—	(2) 96 (4) 135	200/300	国語，算数，英語より2教科 または国語，算数，社会，理科

英語 出題傾向＆対策

◆基本データ

試験時間／満点	50分／100点
問題構成	大問題…9問　計50問～60問程度
解答形式	選択問題，会話文などの文章題，適語補充問題，英単語の並べかえ，英作文，日本語訳，日常的によく使う身近な英単語を書かせる問題
実際の問題用紙	B5サイズ（小冊子）
実際の解答用紙	B4サイズ（1枚）

◆出題傾向と内容

・語彙，文法のレベルとしては，中学1年生レベル～2年生程度の内容が出題される。
・文法はbe動詞，一般動詞から始まり，不定詞，比較，受動態などの内容まで出題される。

◆対策～合格点を取るには？～

中1から中2レベルの英単語の意味がある程度理解できることが必要となります。問題を解くときに，書かれている英文の意味が理解できないと解くことができません。まずは「スペルが書ける単語力」よりも，「スペルを見て意味がわかる単語力」をつけることが重要です。

毎年10点程度，単語を書く問題を出題しています。1月～12月，曜日，家族などに関連する基本的な「身近な英単語」を出題していますので，こういう基本的な単語は書けるように練習しておくとよいでしょう。

解答形式のパターンはほぼ毎年変わりません。中1～中2レベルの文法問題集を利用して形式（空欄補充，並べ替えなど）に慣れておくことをお勧めします。また，各文法項目でよく出題されるような基本例文について音読をするなどして，慣れ親しんでおくことも大切です。

算数　出題傾向&対策

◆基本データ(2024年度1回午前)

試験時間／満点	50分／100点
問題構成	・大問数…6題 計算・応用小問1題(10問) ／応用問題5題 ・小問数…20問
解答形式	単位などを書く必要はなく，解答となる数値のみを記入する形式になっている。
実際の問題用紙	B5サイズ，小冊子形式
実際の解答用紙	B5サイズ

◆出題傾向と内容

▶過去3年の出題率トップ3
1位：四則計算・逆算22%　2位：速さ10%
3位：角度・面積・長さ，体積・表面積7%
▶今年の出題率トップ3
1位：四則計算・逆算18%　2位：水の深さと体積13%　3位：表とグラフ10%

四則計算は，あまり長いものやこみいったものは見あたりません。出題率の高い角度・面積・長さも，さほど難しいものはなく，標準的です。また，グラフを読み取ったり，規則を考えたりする問題がよく出されていることにも注目しましょう。

なお，なかにはふだんあまり目にしないような変わった問題が出されることがありますが，あわてることはありません。それほど難しいものではありませんから，落ち着いて順をおって考えていけば答えにたどりつけるでしょう。

◆対策～合格点を取るには？～

本校の算数を受験するうえでいちばん大切なのは，前半の問題を落とさないことです(基本問題が，全体のほぼ半分をしめています)。そのためには，算数の全範囲にわたって，基礎的なところをもれなく，しっかりとおさえておかなければなりません。

また，解答用紙には答えだけを書き入れる形式であっても，ふだんの勉強では，答えを出すまでの解き方や計算も，ノートにきちんと書くようにしましょう。思わぬミスを防ぐとともに，まちがえたときの反省材料にもなります。

分野	年度	2024		2023		2022	
		1前	3回	1前	3回	1前	3回
計算	四則計算・逆算	●	●	●	●	●	●
	計算のくふう		○			○	
	単位の計算						
和と差	和差算・分配算						
	消去算						
	つるかめ算						
	平均とのべ	○	○		○	○	○
	過不足算・差集め算						
	集まり						
	年齢算						
割合と比	割合と比		◎	○		○	
	正比例と反比例						
	還元算・相当算		○				○
	比の性質	○		◎	○	○	○
	倍数算						
	売買損益	○				◎	
	濃度						○
	仕事算						
	ニュートン算						
速さ	速さ		○	●	◎	○	○
	旅人算	◎					○
	通過算						
	流水算						
	時計算						
	速さと比		◎				
図形	角度・面積・長さ	◎	○	○	◎	○	○
	辺の比と面積の比・相似			○			
	体積・表面積	◎		○	○	○	○
	水の深さと体積	◎	●	○	◎		
	展開図						
	構成・分割						
	図形・点の移動		○				
表とグラフ		◎	◎	◎	◎	○	○
数の性質	約数と倍数	○	◎	◎	○	○	◎
	N進数						
	約束記号・文字式						
	整数・小数・分数の性質				○		
規則性	植木算						
	周期算				○	○	
	数列	◎					
	方陣算						
	図形と規則			◎	◎		
場合の数				○			
調べ・推理・条件の整理							
その他							

※　○印はその分野の問題が1題，◎印は2題，●印は3題以上出題されたことをしめします。

社会　出題傾向&対策

◆基本データ（2024年度１回午前）

試験時間／満点	理科と合わせて50分／50点
問題構成	・大問数…３題 ・設問数…28問
解答形式	記号選択と用語の記入が大半をしめているが，記述問題も出題されている。
実際の問題用紙	Ｂ５サイズ，小冊子形式
実際の解答用紙	Ｂ５サイズ

分野＼年度		2024 1前	2024 3回	2023 1前	2023 3回	2022 1前	2022 3回
日本の地理	地図の見方						
	国土・自然・気候	○	○	○	○	○	○
	資源						
	農林水産業	○	○	○	○	○	○
	工業	○			○	○	
	交通・通信・貿易		○				○
	人口・生活・文化						
	各地方の特色		○				○
	地理総合	★	★	★	★	★	★
世界の地理							
日本の歴史 時代	原始～古代	○	○	○	○	○	○
	中世～近世	○	○	○	○	○	○
	近代～現代	○	○	○	○	○	○
日本の歴史 テーマ	政治・法律史						
	産業・経済史						
	文化・宗教史						
	外交・戦争史						
	歴史総合	★	★	★	★	★	★
世界の歴史							
政治	憲法		★	★	○		○
	国会・内閣・裁判所	○		○	★	★	
	地方自治						
	経済						
	生活と福祉		○				
	国際関係・国際政治	○					
	政治総合						
環境問題		★	★				
時事問題		○	○	○	○	○	★
世界遺産				○			
複数分野総合							

※　原始～古代…平安時代以前，中世～近世…鎌倉時代～江戸時代，近代～現代…明治時代以降
※　★印は大問の中心となる分野をしめします。

◆出題傾向と内容

●**地理**…日本の国土・自然・気候や農業を中心とした出題内容となっており，工業も取り上げられていることがあります。過去には，農林水産業の特色，人口，政令指定都市，生活・文化，都道府県別の統計資料，自然災害などについて取り上げられています。都道府県ごとの特色や産業の様子について理解を深めておくことが大切です。

●**歴史**…各時代のできごとについての文章から関連する内容について答えるという形式で出されています。時代は古代から現代まで取り上げられており，はば広い知識が必要とされる問題となっています。できごとの年代整序の問題も出題されることもあります。

●**政治**…国会・内閣・裁判所と時事問題について出題されています。また，国際社会についてもよく問われています。時事的なできごと（環境問題，近年改正された国政選挙，国際連合など）に関する問題も見られますから，ふだんから社会的な関心をよせているかどうかが大切になってくるでしょう。

◆対策～合格点を取るには？～

はば広い知識が問われていますが問題のレベルは標準的ですから，まず，基礎を固めることを心がけてください。教科書のほか，説明がていねいでやさしい標準的な参考書を選び，基本事項をしっかりと身につけましょう。

地理分野では，地図とグラフが欠かせません。つねにこれらを参照しながら，白地図作業帳を利用して地形と気候をまとめ，そこから産業のようす（もちろん統計表も使います）へと広げていってください。

歴史分野では，教科書や参考書を読むだけでなく，自分で年表をつくって覚えると学習効果が上がります。できあがった年表は，各時代，各分野のまとめに活用できます。本校の歴史の問題にはさまざまな分野が取り上げられていますから，この作業はおおいに威力を発揮するはずです。

政治分野では，日本国憲法の基本的な内容と三権についてはひと通りおさえておいた方がよいでしょう。また，時事問題については，新聞やテレビ番組などでニュースを確認し，国の政治や経済の動き，世界各国の情勢などについて，ノートにまとめておきましょう。

理科 出題傾向＆対策

◆基本データ（2024年度１回午前）

試験時間／満点	社会と合わせて50分／50点
問題構成	・大問数…３題 ・設問数…19問
解答形式	記号選択と用語の記入が大半をしめるが，短文記述も出題されている。
実際の問題用紙	Ｂ５サイズ，小冊子形式
実際の解答用紙	Ｂ５サイズ

◆出題傾向と内容

小問集合で出されたり，総合問題で出されたりといった試験ごとの形式のちがいはありますが，内容的には各分野からかたよりなく出題されています。また，時事問題が出題されることもあるので注意が必要です。

●生命…消化のしくみ，植物のからだやはたらき，花のつくり，種子の発芽と成長，生物と環境についての問題などが出題されています。

●物質…水溶液の性質，気体の性質や発生方法，気体の集め方，ものの溶け方，ものの燃え方などが取り上げられています。

●エネルギー…ふりこ・物体の運動，発電，電気回路，ばねののび方などから出題されています。計算が必要になるものもあるので注意しましょう。

●地球…星の動き，月や太陽の動き，月の満ち欠け，流れる水のはたらきなどが取り上げられています。

分野 ＼ 年度		2024		2023		2022	
		1前	3回	1前	3回	1前	3回
生命	植物	★		★		★	
	動物						
	人体		★				
	生物と環境				★		
	季節と生物						
	生命総合						
物質	物質のすがた						
	気体の性質			○			
	水溶液の性質		★	★			★
	ものの溶け方	★			★		
	金属の性質						
	ものの燃え方					★	
	物質総合						
エネルギー	てこ・滑車・輪軸						
	ばねののび方		★				★
	ふりこ・物体の運動				★		
	浮力と密度・圧力						
	光の進み方						
	ものの温まり方						
	音の伝わり方						
	電気回路			★			
	磁石・電磁石						
	エネルギー総合	★					
地球	地球・月・太陽系						
	星と星座					★	
	風・雲と天候						
	気温・地温・湿度						
	流水のはたらき・地層と岩石						★
	火山・地震						
	地球総合						
実験器具							
観察							
環境問題					○		
時事問題							
複数分野総合							

※　★印は大問の中心となる分野をしめします。

◆対策～合格点を取るには？～

本校の理科はさまざまな題材をもとにつくられており，基本的な知識を使いこなす応用力がためされます。また，「生命」「物質」「エネルギー」「地球」の各分野からバランスよく出題されているので，かたよりのない知識が必要です。

問題の多くは実験・観察の結果を総合的にはあくして，筋道を立てて考えていく必要があるので，なによりもまず教科書・受験参考書を中心とした学習を重視し，基本的なことがらを確実に身につけることが大切です。教科書・受験参考書には実験・観察の例が豊富に取り上げられていますから，くり返し復習するなかで，実験・観察の目的や方法，過程と結果，結果を通じてどういうことがわかるかなどをしっかりとつかむこと。そのさい，教科書・受験参考書を読むだけでなく，ノートにまとめていくと効率よく身につけることができます。また，学校で行われる実験や観察には積極的に参加し，自分でできる範囲で実験・観察を行うのもよいでしょう。

また，テレビの科学番組，新聞・雑誌の科学に関する記事，読書などを通じて多くのことを知るのも大切です。

国語 出題傾向＆対策

◆基本データ(2024年度１回午前)

試験時間／満点	50分／100点
問題構成	・大問数…２題 　文章読解題２題 ・小問数…18問
解答形式	記号選択と適語の記入，文中からの書きぬきが大半を占めている。そのほかに，字数制限のない記述問題も数問出題されている。
実際の問題用紙	Ｂ５サイズ，小冊子形式
実際の解答用紙	Ｂ４サイズ

◆出題傾向と内容

▶近年の出典情報(著者名)
説明文：川上健一　北村雄一　渡辺武信
小　説：伊勢武史　越谷オサム　小川洋子
随　筆：向田邦子

●読解問題…設問は，内容のはあく，心情の理解，適切な語句の空らん補充問題など，くせのない正攻法の内容です。説明文・論説文は具体的な内容を文脈にそって読み取るものが多く，随筆や小説・物語文では，心情，行動の理由を問題にしたものが多く見られます。

●知識問題…読解問題の小問として，漢字の書き取りや慣用句・ことわざ，熟語が出題されています。ほかにも，語句の意味などが問われることもあります。

◆対策～合格点を取るには？～

文章読解の基礎力は，読書で身につきます。ただし，本を読むだけでは入試問題で高得点をあげることはできません。一冊の本を単に読み進めるのとちがって，入試では内容や心情の読み取りなどが細部にわたって質問されるうえに，似たような選択肢がいくつもあり，かなりの読解力が必要とされるからです。したがって，本書をじゅうぶんに活用するだけでなく，うすめの読解問題集で入試問題のパターンに慣れておかなければなりません。

漢字に関しては，基本語中心の問題集を利用して，ひと通り身につけておきましょう。とにかく書いて覚えることが大切です。同音異義語，同訓異字などまちがえやすいものには特に注意が必要です。

分野		年度	2024 1前	2024 3回	2023 1前	2023 3回	2022 1前	2022 3回
読解	文章の種類	説明文・論説文	★	★	★	★	★	★
		小説・物語・伝記	★	★	★	★	★	★
		随筆・紀行・日記						
		会話・戯曲						
		詩						
		短歌・俳句						
	内容の分類	主題・要旨	○	○	○	○	○	○
		内容理解	○	○	○	○	○	○
		文脈・段落構成		○		○	○	
		指示語・接続語	○		○	○	○	○
		その他	○	○	○	○	○	○
知識	漢字	漢字の読み						
		漢字の書き取り	○	○	○	○	○	○
		部首・画数・筆順						
	語句	語句の意味	○	○	○	○	○	○
		かなづかい						
		熟語	○	○			○	
		慣用句・ことわざ		○	○	○	○	○
	文法	文の組み立て						
		品詞・用法						
		敬語						
	形式・技法							
	文学作品の知識							
	その他							
	知識総合							
表現	作文							
	短文記述							
	その他							
放送問題								

※　★印は大問の中心となる分野をしめします。

2024年度 帝京大学系属帝京中学校

〈編集部注：２教科型受験生は，算数・英語・国語の中から２教科を選択します。〉

【算　数】〈第１回午前試験〉（50分）〈満点：100点〉

（注意）定規（じょうぎ）・コンパス・電卓（でんたく）は使わないでください。

□の中にあてはまる数や文字を入れなさい。

1 ①　$11 \times 23 \times (11 - 2 - 1) =$ □

②　$\frac{13}{12} - \frac{1}{4} \div \frac{3}{8} =$ □

③　$14 \div \frac{7}{10} - 0.125 \times 16 =$ □

④　$12 \div \frac{3}{4} + \frac{7}{8} \times (65 - 9) =$ □

⑤　$\frac{12}{13} : \frac{240}{910}$ を最も簡単な整数の比で表すと □ ： □ です。

⑥　縦150㎝、横180㎝、高さ0.5mの直方体の体積は □ m^3です。

⑦　国語、理科、社会の3つのテストの平均点は84点です。算数の点数が96点のとき、国語、理科、社会、算数の4つのテストの平均点は □ 点です。

⑧　ある品物に仕入れ値の4割の利益を見込んで定価をつけました。売れなかったので、定価の2割引きの560円で売りました。割引後の利益は □ 円です。

⑨　1以上100以下の3で割り切れる整数のうち、偶数（ぐうすう）は □ 個あります。

⑩　1辺の長さが3cmの立方体と、半径が3cm、高さが3cmの円柱の体積の差は［　　　　］cm^3です。ただし、円周率を3.14とします。

2　A農園でとれたみかん16個と、B農園でとれたみかん13個の重さを調べました。その結果をA農園は表にB農園は柱状グラフに表しました。次の問いに答えなさい。

〈A農園〉

重さ(g)	個数(個)
90以上～100未満	1
100～110	3
110～120	7
120～130	3
130～140	2
140～150	0
合計	16

〈B農園〉

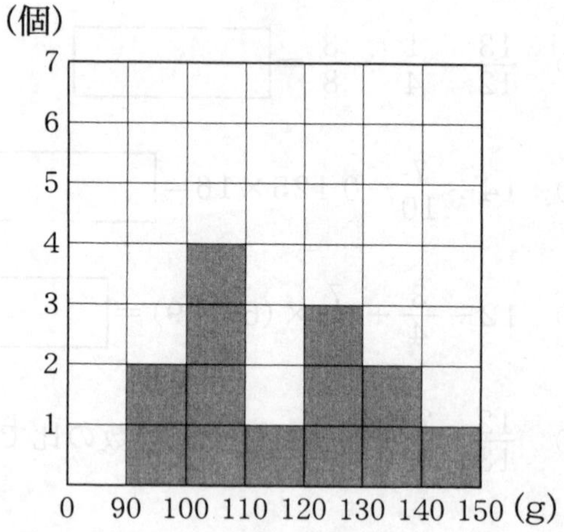

①　A農園とB農園で重さが130g未満のみかんは、合わせて［　　　　］個あります。

②　それぞれの農園で100g以上130g未満のみかんが全体に占める割合を調べ、四捨五入して整数で比べたところ［　　　農園が　　　　％］高くなりました。

3　AさんとBさんは、1周4kmのジョギングコースを同じところから同時に出発します。Aさんは分速150mで走り続けます。Bさんは2kmの地点まで走り、4分休憩（きゅうけい）してから同じ速さでまた走り、3.6kmの地点でAさんを追い抜きました。次の問いに答えなさい。

①　Aさんが1周を走り終えるのにかかる時間は［　　分　　秒］です。

②　Bさんの走る速さは分速［　　　］mです。

4　右の図のように、1辺が10cmの正方形の外側と内側にぴったりはまる2つの円があります。ただし、円周率を3.14とします。

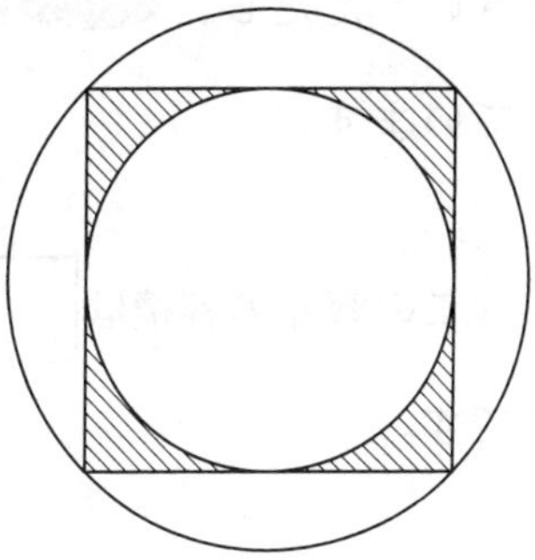

①　斜線（しゃせん）の部分の面積は［　　　］cm^2です。

②　大きい円の面積は小さい円の面積の［　　　］倍です。

5　「前の2つの数を足してできる数を並べる」という規則に従って、次のように数を並べます。次の問いに答えなさい。

2、1、3、4、7、11、18、……

①　12番目の数は［　　　］です。

②　100番目までの数の中に3の倍数は［　　　］個あります。

6　右の図のような直方体の容器があります。この容器に蛇口(じゃぐち)から一定の割合で水を入れ始め、容器がいっぱいになったところで、水を入れるのを止め、その1時間後に排水溝(はいすいこう)から一定の割合で水を抜いていきます。このときの水の深さと時間の関係が下のグラフのようになりました。次の問いに答えなさい。ただし、⬬は排水溝を表しています。

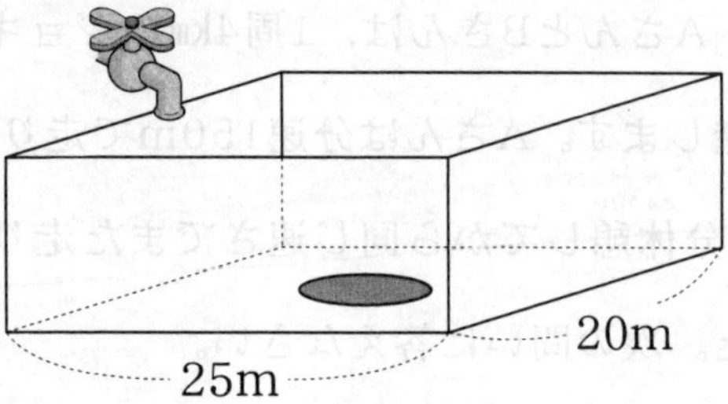

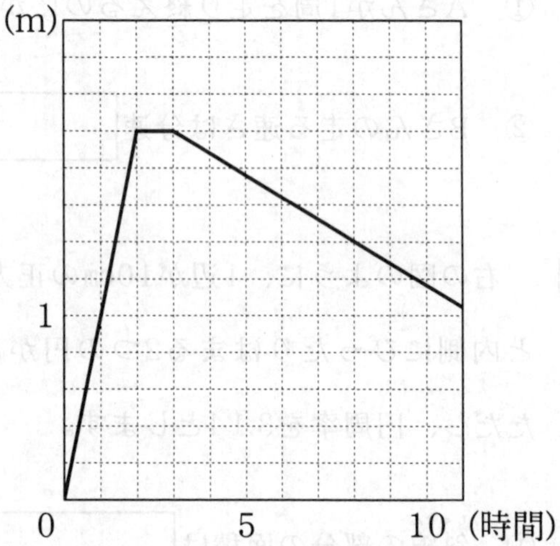

①　この容器の容積は［　　　　］m^3 です。

②　容器が空になるのは、排水溝から水を抜き始めてから、
［　　　時間　　　分］後です。

【社　会】〈第１回午前試験〉（理科と合わせて50分）〈満点：50点〉

（注意）定規（じょうぎ）・コンパス・電卓（でんたく）は使わないでください。

1　次の文を読んで、以下の問いに答えなさい。

ある学校の社会の授業では、都道府県の魅力を１つのカードにまとめる取り組みが行われました。以下のカードはクラスの生徒がまとめたものの一部です。

①北海道 ・日本の国土面積の約５分の１を占めている。 ・月別平均気温が０度以下の月が４ヶ月もある。 ・盆地で平らな土地が多く、②農業や酪農も盛ん。

山形県 ・日本海に面し、森林も多いことから③山の幸・伝統野菜の宝庫と呼ばれている。 ・北西部には最上川流域に広がる（　１　）平野がある。

長野県 ・日本でいちばん長い川である（　２　）川が流れている。 ・④日本アルプスなどの険しい山々が連なっている。 ・47都道府県の中で４番目に大きい面積をほこる。

香川県 ・全国で最も面積の小さい県である。 ・県の中でも県庁所在地の（　３　）市は流通や経済における⑤四国の中心都市である。

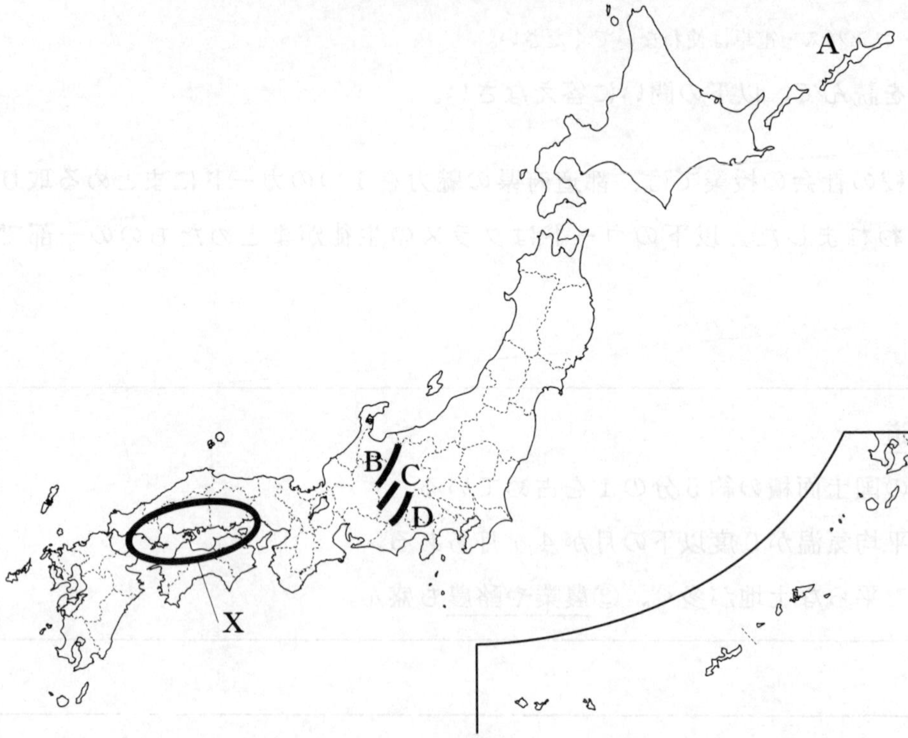

［地図］

生徒は各自調べ学習を進めていくことで、各都道府県で見られる地形や、生産される⑥農産物などがあることがわかりました。しかし現代では、日本の各地で生産・漁獲されるものに加え、外国からの輸入を通して私たちの手もとに渡っているものもあるようです。日本のこれからの食料生産に対する課題や問題とも向き合っていく必要があります。

問１．（　１　）～（　３　）に当てはまる語をそれぞれ答えなさい。

問２．下線部①の北海道について、以下の問いに答えなさい。

⑴　［**地図**］中のＡは日本の最北端に位置する島を示している。この島を何と呼ぶか、解答らんに合う形で答えなさい。

⑵　下線部②について、⑦稲作が盛んな地域と、⑧酪農が盛んな地域の名前を以下からそれぞれ１つずつ選び、記号で答えなさい。

㋐　根釧台地　　㋑　筑紫平野　　㋒　濃尾平野　　㋓　石狩平野

問３．下線部③について、以下の問いに答えなさい。

⑴　山形県が2019年の国内生産量１位の品目を以下から１つ選び、記号で答えなさい。

㋐　みかん　　㋑　さくらんぼ　　㋒　ぶどう　　㋓　りんご

⑵　山形県はお米の生産量が日本の上位に入る県でもあるが、山形県が米作りに適していることにはいくつかの理由がある。以下の㋐～㋓のうち、その理由として**誤っているもの**を１つ選び、記号で答えなさい。

㋐　土地が平らで栄養分を含んだ大きな川が流れているから。
㋑　夏に南東からあたたかく、かわいた風がふくことにより、ぬれた稲をかわかす役割を果たしているから。
㋒　夏の日照時間が長く、日光が十分に当たるため、じょうぶに育つから。
㋓　昼と夜の気温差が小さいため、安定した温度で管理ができるから。

問４．下線部④について、［**地図**］中のＢ～Ｄの山脈の名前の組み合わせとして正しいものを以下から１つ選び、記号で答えなさい。

㋐	Ｂ　木曽山脈	Ｃ　赤石山脈	Ｄ　飛騨山脈
㋑	Ｂ　木曽山脈	Ｃ　飛騨山脈	Ｄ　赤石山脈
㋒	Ｂ　飛騨山脈	Ｃ　木曽山脈	Ｄ　赤石山脈
㋓	Ｂ　飛騨山脈	Ｃ　赤石山脈	Ｄ　木曽山脈
㋔	Ｂ　赤石山脈	Ｃ　飛騨山脈	Ｄ　木曽山脈
㋕	Ｂ　赤石山脈	Ｃ　木曽山脈	Ｄ　飛騨山脈

問５．下線部⑤について、香川県の（　３　）市も含まれる［**地図**］中のＸの工業地域を何と呼ぶか、**解答らんに合う形**で答えなさい。

問６．以下の図は2019年の工業地帯別の製造品出荷額等の構成を示したグラフである。(ア)〜(ウ)のうち、中京工業地帯を示すのはどれか、記号で答えなさい。

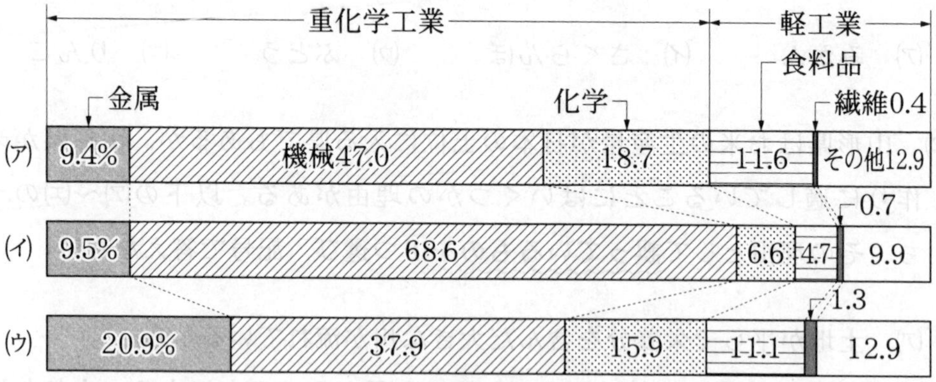

［図１］　（『日本国勢図会』より作成）

問７．下線部⑥について、次の表は2020年の野菜・果実の生産上位５位までの都道府県を示したものである。表中の（　１　）〜（　４　）に該当する県名や品目を以下の【語群】から１つずつ選び、それぞれ記号で答えなさい。

品目	（　１　）	さつまいも	日本なし	（　２　）
１位	長野県	（　４　）	千葉県	山梨県
２位	（　３　）	（　３　）	長野県	福島県
３位	群馬県	千葉県	（　３　）	長野県
４位	長崎県	宮崎県	福島県	山形県
５位	兵庫県	徳島県	栃木県	和歌山県

［表１］　（『日本国勢図会』より作成）

【語群】

(ア)　キャベツ　　(イ)　レタス　　(ウ)　もも
(エ)　みかん　　(オ)　りんご　　(カ)　鹿児島県
(キ)　静岡県　　(ク)　茨城県　　(ケ)　青森県

2 次の文を読んで、以下の問いに答えなさい。なお、各文は時代順に並んでいません。

［A］ 江戸時代の中ごろには、西洋の学問である（ 1 ）を学ぶ人が多くなり、医学の分野でも①西洋の医学書をほん訳するなど、日本の発展に役立ちました。

［B］ 明治時代に日本は、中国東北部の満州に勢力をのばしてきた（ 2 ）と対立を深めたため、1904年に②戦争がおこりました。日本は③日本海での戦いで、多くの戦死者を出しながらもなんとか勝つことができました。

［C］ ④中国にならって、日本で最初の本格的な都が奈良県の飛鳥につくられました。

［D］ 日本は、敗戦後の1951年にアメリカで開かれた講和会議に参加して平和条約を結び、主権を回復しました。そして、1956年には（ 3 ）への加盟が認められ⑤国際社会に復帰しました。

［E］ 初代内閣総理大臣をつとめた人物は、皇帝の権力の強い憲法を学び、それをもとにして、⑥1889年に憲法が発布されました。

［F］ この人物は、1560年に今川氏を（ 4 ）で破ると、室町幕府を滅ぼすなどして、武力による天下統一をすすめました。また、ヨーロッパから伝えられたキリスト教を保護して学校や教会などを建てました。

［G］ ５世紀から６世紀ごろに⑦奈良盆地を中心とする豪族たちが連合して作った政府が大王を中心に、大きな力をもつようになりました。また、中国や朝鮮半島からわたってきた（ 5 ）と呼ばれる人々によって、進んだ技術が日本にもたらされました。

［H］ 1941年にハワイの（ 6 ）を攻撃したことで始まった太平洋戦争は、1945年の８月に広島、⑧長崎の２都市に（ 7 ）が投下されたことで、敗戦が決定的となり、８月15日に天皇が国民に敗戦を伝えました。

［Ｉ］　聖武天皇は、⑨中国からすぐれた僧を招きました。その人物は日本に正しい仏教を伝えたほか、僧たちが学ぶための寺院である（　８　）も建てました。

問１．（　１　）～（　８　）に当てはまる語を、以下の**【語群】**から１つずつ選び、それぞれ記号で答えなさい。

【語群】

(ア)　国学	(イ)　渡来人	(ウ)　弾道ミサイル
(エ)　平安京	(オ)　国際連合	(カ)　桶狭間の戦い
(キ)　真珠湾	(ク)　法隆寺	(ケ)　マレー半島
(コ)　清	(サ)　国際連盟	(シ)　原子爆弾
(ス)　蘭学	(セ)　ロシア	(ソ)　唐招提寺
(タ)　南蛮人	(チ)　藤原京	(ツ)　山崎の戦い

問２．下線部①について、杉田玄白や前野良沢がほん訳した本を何と呼ぶか漢字４字で答えなさい。

問３．下線部②について、この戦争に関する出来事について説明した以下の(ア)～(エ)のうち、誤っているものを１つ選び、記号で答えなさい。

(ア)　韓国は日本の勢力のもとにおかれた。
(イ)　与謝野晶子は戦場の弟を思う詩を発表し、戦争に反対した。
(ウ)　日本は、樺太の南半分と満州の鉄道などをかくとくした。
(エ)　日本は、台湾などを植民地とした。

問４．下線部③について、この戦いで日本海軍を率いて活躍した人物を以下から１人選び、記号で答えなさい。

(ア)　東条英機　　(イ)　乃木希典
(ウ)　東郷平八郎　　(エ)　山本五十六

問５．下線部④について、８世紀の初めに国を治めるための法律がつくられたが、その法律を何と呼ぶか答えなさい。

問６．下線部⑤について、日本が国際社会に復帰した1956年以降の出来事について説明した文のうち、正しいものを以下から１つ選び、記号で答えなさい。

(ア)　政府は、国民所得倍増計画を発表して産業発展を目指した。
(イ)　韓国と北朝鮮の間で朝鮮戦争がおこった。
(ウ)　女性に参政権が認められ、初の選挙で国会議員も生まれた。
(エ)　国民は、召集令状により兵士として戦地に送られた。

問７．下線部⑥について、この憲法についての説明文を**解答らんに合う形**で答えなさい。

問８．［Ｆ］で説明されている人物が行った誰でも自由に往来して商売をすることを認めた政策を何と呼ぶか、**漢字４字**で答えなさい。

問９．下線部⑦について、この政府を何と呼ぶか答えなさい。

問10．下線部⑧について、この都市にある建造物を以下から１つ選び、記号で答えなさい。

(ア)

(イ)

(ウ)

(エ)

問11. 下線部⑨について、この人物をあらわした像と名前の組み合わせとして正しいものを以下から１つ選び、記号で答えなさい。

［図１］

［図２］

(ア)　［図１］ — 鑑真　　(イ)　［図１］ — 行基

(ウ)　［図２］ — 行基　　(エ)　［図２］ — 鑑真

3　次の文を読んで、以下の問いに答えなさい。

①2023年５月19日から21日にかけて、日本にとっては７年ぶりに、（　１　）市で②主要国首脳会議が行われました。会議の議長は、（　２　）文雄③内閣総理大臣が務めました。

主な議題は、（　３　）によるウクライナ侵攻と（　４　）軍縮が大きなテーマとなりました。各国首脳は、市内の平和記念公園や④世界文化遺産に登録されている原爆ドームを見学しました。

他に、2015年に採択され、2030年に目標達成を目指している⑤持続可能な開発目標の中間年である今年は、目標達成が遅れないよう協力することを確認しました。

また、⑥世界の諸課題の解決にはグローバルサウスと呼ばれる新興国・途上国との協力関係が大切ということも確認しました。

問１. 下線部①について、100年前の1923年９月１日に、いわゆる「（　Ｘ　）大震災」が発生している。（　Ｘ　）に当てはまる語を、漢字２字で答えなさい。

問２．（　１　）に当てはまる**地名**を答えなさい。

問３．下線部②の会議の別の言い方を**カタカナ４字**で答えなさい。

問４．（　２　）に当てはまる**人名**を答えなさい。

問５．下線部③について、以下の問いに答えなさい。

⑴　内閣の会議を何と呼ぶか答えなさい。

⑵　国の予算の作成や税金などについて担当する省を何と呼ぶか答えなさい。

⑶　内閣不信任案の決議ができるのは、衆議院、参議院、いずれの議院か、答えなさい。

⑷　内閣が持っている権力を以下から１つ選び、記号で答えなさい。

㈠　立法権　　㈡　政治権　　㈢　行政権　　㈣　司法権

問６．（　３　）に当てはまる**国名**を以下から１つ選び、記号で答えなさい。

(ア)　イギリス　　(イ)　アメリカ　　(ウ)　カナダ　　(エ)　ロシア

問７．（　４　）に当てはまる語を**漢字１字**で答えなさい。

問８．下線部④について、世界遺産の登録を担当している国際連合の専門機関を**カタカナ**で答えなさい。

問９．下線部⑤について、以下の問いに答えなさい。

⑴　この目標を、**アルファベット**で答えなさい。

⑵　この目標は全部でいくつあるか、答えなさい。

問10．下線部⑥について、国際連合の補助機関の１つである「国際連合児童基金」の略称を**カタカナ**で答えなさい。

【理　科】〈第１回午前試験〉（社会と合わせて50分）〈満点：50点〉

（注意）定規（じょうぎ）・コンパス・電卓（でんたく）は使わないでください。

1　晴れた日に、葉のついたホウセンカの株(ア)と葉をすべてとり去ったホウセンカの株(イ)を用意しました。ホウセンカ(ア)と(イ)の根を食紅を溶かした赤色の水に入れて、茎より上の部分はとうめいなビニールぶくろをかぶせました。このホウセンカ(ア)と(イ)を日のよく当たる場所に置いておきました。

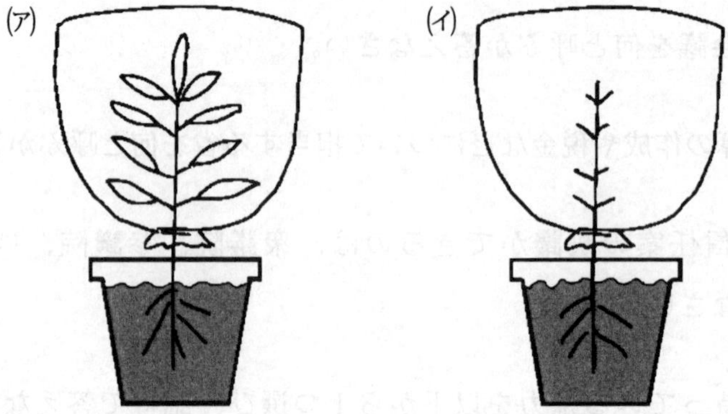

(1)　しばらくすると、かたほうのビニールぶくろに変化があらわれました。変化があらわれたのは(ア)と(イ)のどちらか記号で答えなさい。

(2)　変化があらわれたビニールぶくろの様子を①～④から１つ選んで数字で答えなさい。

①　ふくろが大きくふくれあがった。
②　ふくろが小さくちぢんだ。
③　ふくろの内側が黒くくもった。
④　ふくろの内側が白くくもった。

(3)　ホウセンカのからだの中から出てきて、ビニールぶくろの様子を変化させたものはどれですか。①～⑥から１つ選んで数字で答えなさい。

①　酸素　　②　二酸化炭素　　③　すす
④　水　　⑤　デンプン　　⑥　食紅

(4)　(3)で選んだものが植物のからだから出ていくことを何と言うか答えなさい。

(5)　(3)で選んだものは植物のからだの表面にある「あな」からからだの外へ出ていきます。植物のからだの表面にある「あな」の名称を答えなさい。

(6)　しばらくするとホウセンカの株(ア)では赤色の水の量が減っていました。ホウセンカ(イ)では赤色の水の量はどうなっているか答えなさい。

(7)　ホウセンカ(ア)の茎を縦に切ったときの様子を下の①～④から選び数字で答えなさい。灰色の部分は赤色の水が通った部分です。

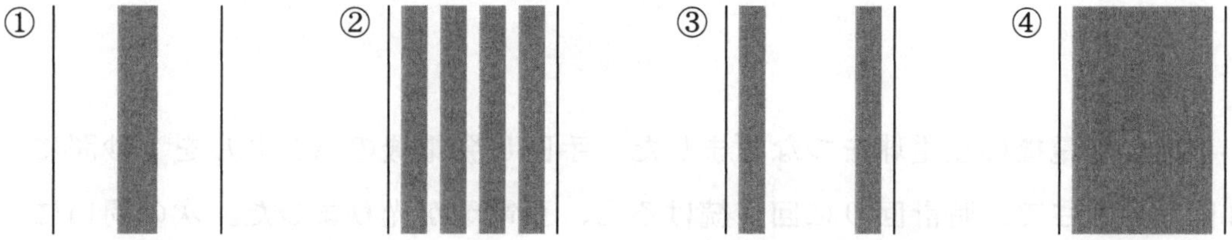

(8)　葉の表面にワセリン（あぶら）をぬったホウセンカの株(ウ)を用意して、同じ実験をしました。(ウ)のビニールぶくろの様子はホウセンカ(ア)と(イ)のどちらに似ているか記号で答えなさい。

2　右のグラフは、100ｇの水にとける硝酸カリウムと食塩の量を表したグラフです。次の問いに答えなさい。

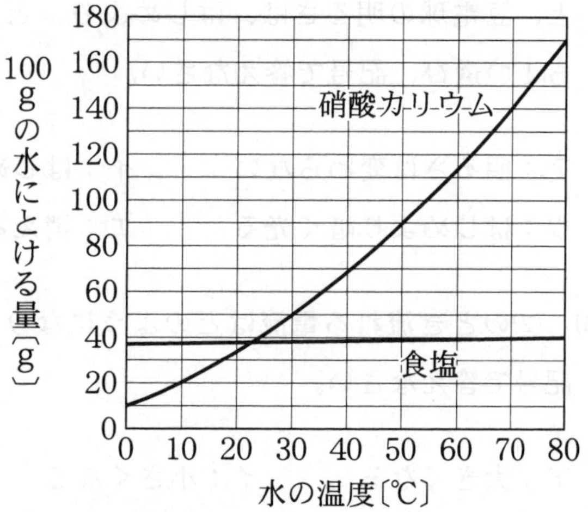

(1)　水よう液をだんだんこくしていくと、いずれとけきれなくなり、あまったものが底にしずみます。とける限界までとかした水よう液を何というか答えなさい。

(2)　ある量がとけた食塩の水よう液150ｇのこさを調べると20％でした。とけている食塩は何ｇか答えなさい。

(3) 30℃の水100ｇに硝酸カリウムを60ｇ入れてよくかきまぜました。何ｇの硝酸カリウムがとけ残るか答えなさい。

(4) 50℃の水100ｇに108ｇの硝酸カリウムを入れてよくかき混ぜるととけ残りができました。とけ残った硝酸カリウムをとかすには後、**何ｇの水が必要か**答えなさい。

(5) 食塩は温度変化によって、とける量はあまり変化しません。とかす量を増やすにはどのようにしたらいいか答えなさい。

3 手回し発電機に豆電球をつなぎました。手回し発電機のハンドルを１秒間に３回転の速さで、時計回りに回し続けると、豆電球が光りました。次の問いに答えなさい。

(1) 豆電球が光ったことから、手回し発電機のハンドルを回すと電気ができることが分かりました。このように、電気をつくることを何というか答えなさい。

(2) ハンドルを回す速さを、１秒間で５回転の速さで時計回りに回し続けると、豆電球の明るさは、はじめより、どのようになりますか。次のア～エから１つ選び、記号で答えなさい。

ア：明るさは変わらない　　イ：はじめより明るく光る
ウ：はじめより暗く光る　　エ：消える

(3) (2)のとき流れる電流はどのようになりますか。次のア～エから１つ選び、記号で答えなさい。

ア：大きくなる　　イ：小さくなる
ウ：変わらない　　エ：逆向きに流れる

⑷　ハンドルを回す速さは変えず、回す向きをはじめの時計回りから、反時計回りに変えました。このとき、豆電球の明るさはどのようになりますか。次のア～エから１つ選び、記号で答えなさい。

ア：明るさは変わらない　　イ：最初より明るく光る
ウ：最初より暗く光る　　エ：消える

次に手回し発電機をプロペラ付きのモーターにつなげました。手回し発電機のハンドルを、１秒間に３回転の速さで、時計回りに回し続けるとモーターが回転し、プロペラが回りました。

⑸　ハンドルの回す速さを、１秒間で１回転の速さで時計回りに回し続けました。プロペラが回転する速さは、はじめと比べてどのようになるか答えなさい。

⑹　ハンドルの回す速さを１秒間に３回転の速さで、反時計回りに回し続けました。プロペラが回転する様子を次のア～エから１つ選び、記号で答えなさい。

ア：遅くなる　　イ：速くなる
ウ：止まる　　エ：はじめの回転の向きと逆向きになる

【英　語】〈第１回午前試験〉（50分）〈満点：100点〉

1 次の⑴から⑻までの会話について、(　　)に入れるのに最も適切なものを１，２，３，４の中から一つ選び、その番号を答えなさい。

⑴ A：How old are you?
B：(　　　).
1．Fine　　2．Good　　3．Three　　4．Canada

⑵ A：What time is it now?
B：(　　　) four o'clock.
1．It's　　2．I'm　　3．Time　　4．You're

⑶ A：(　　　) are you from?
B：I'm from Japan.
1．Country　　2．How　　3．What　　4．Where

⑷ A：Is your father a pilot?
B：Yes, he (　　　).
1．is　　2．does　　3．do　　4．doesn't

⑸ A：When (　　　) you see this movie?
B：I saw it yesterday.
1．did　　2．do　　3．are　　4．is

⑹ A：What do you have in your bag?
B：I have an eraser, a notebook and some (　　　).
1．glass　　2．pencil　　3．pencils　　4．mouse

⑺ A：Which season do you swim in the sea in Japan?
B：We swim in (　　　).
1．bring　　2．summer　　3．all　　4．inter

⑻ A：I'm looking for my cat.
B：Oh, I saw (　　　) over there.
1．them　　2．his　　3．he　　4．it

2 次の⑴から⑸までの会話について、(　　)に入れるのに最も適切なものを１，２，３，４の中から一つ選び、その番号を答えなさい。

⑴ A：Is this yours?

B：(　　　).

１．Yes, it's mine　　２．No, it's me

３．This is a pen　　４．Take care

⑵ A：(　　　)

B：I'm cooking.

１．Which season do you like?　　２．Are you Tom?

３．What are you doing?　　４．Do you like sports?

⑶ A：I teach English at school. What do you do?

B：(　　　).

１．I'm from Tokyo　　２．I am a teacher, too

３．I like English　　４．English is difficult

⑷ A：How many balls do you have?

B：(　　　).

１．I have three　　２．I am Taro

３．You have three　　４．No, I'm not

⑸ A：How are you today?

B：(　　　).

１．Me too　　２．He is my brother

３．It's fine　　４．I'm tired

3 次の(1)から(4)の会話について、後に続く言葉として最も適切なものを１，２，３，４の中から一つ選び、その番号を答えなさい。

(1) A：I'm thirsty. How about you?

B：Me, too.

A：Shall we drink something cold?

B：(　　　).

１．It's hot　　２．Because I'm thirsty, too

３．I like milk　　４．Yes, let's

(2) A：What did you do last weekend?

B：I went shopping.

A：What did you buy?

B：(　　　).

１．My mother took me　　２．I bought nice shoes

３．It was fun　　４．I watched a movie

(3) A：What are we going to do today?

B：How about going fishing?

A：Good. But we don't have any tools for fishing.

B：(　　　).

１．I am not good at fishing　　２．We can borrow them from our father

３．I'm looking forward to doing　　４．We are hungry

(4) A：Hey! Check what time it is!

B：What do you mean?

A：I mean, it's time to sleep!

B：OK, (　　　).

１．I'll go to bed soon　　２．I don't want to do that

３．I'll find something　　４．I won't get up early

4 各日本語の意味に合うように、(　　　)内の語を並べ替えなさい。ただし、文頭にくる語も小文字で書かれています。

⑴ 今すぐに席につきなさい。
(down / now / right / sit).

⑵ 体調が悪そうに見えますよ。
(look / sick / you).

⑶ 将来は海外で働きたい。
(abroad / future / I / in / the / to / want / work).

⑷ 誰があなたに英語を教えているのですか。
(English / teaches / you / who)?

⑸ 私の友達は３匹の犬と４匹の猫を飼っています。
(and / cats / dogs / four / friend / has / my / three).

⑹ 母はその時犬の散歩に行っていました。
(dog / her / mother / my / walking / then / was).

5 各日本語の意味に合うように、(　　　)に適切な語を入れなさい。

⑴ 今夜は宿題をやらなきゃならないんだ。
I (　　　) (　　　) my homework tonight.

⑵ いつ日本に来たのですか。
(　　　) (　　　) you come to Japan?

⑶ あの時計は高いですか？
(　　　) (　　　) clock expensive?

⑷ ３人のうち一番背が高いのが私です。
The (　　　) one (　　　) the three is me.

⑸ 彼の弟は彼自身のために傘を買いました。
(　　　) brother bought an umbrella for (　　　).

⑹ 彼女は英語を話すのが好きです。
She (　　　) (　　　) English.

6 (　　)内の指示に従って英文を書き換えなさい。

⑴ I drink coffee.（否定文に）

⑵ You run fast.（過去形に）

⑶ My friend swims fast.（canを使って）

⑷ My father understood the question.（現在の文に）

⑸ I saw a rabbit.（aをfiveに変えて）

⑹ We play the guitar.（最後にnowをつけて「～しているところです」という文に）

7 次の日本文を英文に直しなさい。

⑴ 今日は何曜日ですか。

⑵ 明日、アメリカに出発する予定です。

⑶ ３週間前、あのテレビを壊してしまった。

⑷ この街には４つの公園があります。

⑸ あなたはどこに住んでいるのですか。－あの家です。

⑹ 弟にお弁当を渡すためにここに来ました。

8 次の英文を日本文に直しなさい。

⑴ I was playing baseball when my mother called me.

⑵ May I borrow your pencil?

⑶ I love cats because they are cute.

⑷ I showed my mother my notebook.

⑸ Kei is taller than Taro.

⑹ Which bag did you buy at that shop?

9 次の日本語を英語に直しなさい。

⑴ 日曜日　⑵ 水曜日　⑶ 色　⑷ （数字の）７

⑸ 雪　⑹ 雨　⑺ 祖母　⑻ ８月

⑼ ９月　⑽ サッカー

問８　――⑥「科学のお作法」とありますが、それはどのようなことですか。それを説明している一文を本文中から探し、最初の７字を答えなさい。

問９　次の各文で、筆者の考えと一致するものは○、そうでないものは×を答えなさい。ただし、すべて同じ記号にしないこと。

ア　未来予測は完全な正確さを持って行われることができると説明されている。
イ　天気予報は、この先困ることに対して行動を変えるための情報を得る手段である。
ウ　科学者は、未来予測をおよその範囲で示すことに向かって努力している。
エ　未来予測の不確実性は天気予報と同様に存在する。
オ　科学者は信頼区間を使い、予測の幅や確実性を示す。

問５　――③「未来を予測することにはそれなりの価値がある」とありますが、なぜ筆者はそのように考えるのですか。その理由を説明しなさい。

問６　――④「信頼区間」とありますが、それはどのようなものですか。最も適当なものを次の中から一つ選び、記号で答えなさい。

ア　予測結果の信頼性を高めるために、情報を区間で示す方法である。
イ　予測の正確性を保証するために、正確な情報を区間で示す方法である。
ウ　予測結果の不確かさやばらつきを示すために、情報を区間で示す方法である。
エ　予測の的中度合いを表すために、情報を区間で示す方法である。

問７　――⑤「そんな仕打ち」とありますが、それはどのようなことですか。最も適当なものを次の中から一つ選び、記号で答えなさい。

ア　予測が完璧でないことに対して、正しい理解や評価がなされないということ。
イ　科学者が未来予測に対して、不確実性を伝えていないと非難されること。
ウ　未来の予測をすることに対して、個人の能力の問題と否定されてしまうこと。
エ　未来の予測を失敗したことで、科学者をやめなければならなくなってしまうこと。

問１　□□□□にあてはまる四字熟語として最も適当なものを次の中から一つ選び、記号で答えなさい。

［ア　一朝一夕　　イ　空前絶後　　ウ　因果応報　　エ　臨機応変］

問２　□ⅰ〜ⅳにあてはまる語句として最も適当なものを次の中からそれぞれ選び、記号で答えなさい。

［ア　直観的　イ　天文学的　　ウ　実用的　　エ　客観的　　オ　抽象的(ちゅうしょう)］

問３　——①「やっていることはお坊さんも科学者もおなじだ」とありますが、両者がやっているのはどういうことですか。これを説明した次の文章の□にあてはまる語句を本文中から５字以内で探し、ぬき出して答えなさい。

> 未来予測を通じて人々に□をしていること。

問４　——②「未来予測について、大事な事実がある」とありますが、「大事な事実」とは何ですか。最も適当なものを次の中から一つ選び、記号で答えなさい。

ア　未来を予測するのは、不完全であり、実は価値がないということ。
イ　未来を予測してもそれが正解かどうか確かめることができないということ。
ウ　未来の予測は不確かなものなので、人々になかなか受け入れられないということ。
エ　未来を予測するには、タイムマシンの開発に成功しなければ不可能であるということ。

しかし、単に「およそ」と言ったのでは、それがどのくらいの範囲を表すのか個人差が生まれてしまう。ある人は、およそ一・五℃とは一・四から一・六の範囲内と考えるかもしれない。別の人は一℃から二℃の間ならＯＫ、なんておおざっぱな考え方を持つかもしれない。解釈（かいしゃく）に個人差が生まれるような表現では、［ iii ］に考えることはむずかしい。特に地球温暖化は、全世界で何兆円という［ iv ］な予算が動く大問題である。

信頼区間で表現することができて、科学者は大いに助かっている。厳密な未来予測なんてそもそも不可能だからだ。温暖化をぴったり一・五〇℃と言い切ってしまったら、実際は一・五一℃だったとき、その予測は失敗、価値なし、ゼロ点、なんて評価を受けてしまう。それは科学者にとってとても残酷（ざんこく）な話で、⑤そんな仕打ちが待ってるなら、未来予測なんて怖（こわ）くてできない気がする。

科学者は、自分のわかっていること、わかっていないことを素直に表現することが許されている。科学者は、決して完璧な人間じゃない。ぶっちゃけ、世間で思ってるほど飛びぬけて頭が良いわけじゃない気がする（頭が良いに越したことはないけど……）。それでも研究をやって、その結果を発表できるのは、信頼区間のような⑥科学のお作法が存在するからだ。研究成果にまだまだ不確実なことが多いと信頼区間は広くなり、確実性が高まってくると信頼区間は狭（せま）くなる。もちろん信頼区間を少しでも狭（せば）めるために科学者は努力している。

（ちくまプリマー新書『２０５０年の地球を予測する』伊勢武史）

傘を持ち歩いたりして、ずぶぬれになるのを避けることができる。確かに天気予報には［ i ］な価値があるだろう。しかし、天気予報はいつでも確実に当たるわけではない。朝の天気予報ではいい天気だと言っていたのに、夕方になって雨に降られたなどの経験は、みんな持っていることだろう。天気予報は、当たることもあるが外れることもある。たとえ外れることがあっても、「ないよりはずっとまし」ということには、きっとみんな同意してくれることだろう。

天気予報で明日の最高気温が三〇℃といわれても、実際には三一℃だったり、二九℃だったりすることも多い。しかし、三〇℃の予報なのに実際には二〇℃、なんてことはほとんどないだろう。未来の予測は、「だいたいこの範囲」というのを教えてくれる。その範囲の近くでずれることは多々あるけど、大きくずれることはそんなにないだろう。地球温暖化など環境問題に関する未来予測も、天気予報と似たようなものである。未来予測は、しないよりはしたほうが「ずっとまし」。予測があるからこそ、僕らは未来のために、いま行動を変えることができる。雨の天気予報に接したら傘をかばんにいれるみたいに、将来の温暖化予測に接したとき、いま行動を変えることが可能なのだ。

科学的な予測は、どのように行われているだろうか。それを知るには、※統計学という学問に触れることが重要だ。日常生活をふつうに送っているとあまり触れることのない考え方に、「④信頼区間」というものがある。たとえば、「二〇五〇年の気温上昇は（※産業革命前とくらべて）一・五℃になるだろう」という予測があったとする。これに信頼区間の考え方を加えると、「二〇五〇年の気温上昇は一・三℃から一・七℃の間に入る可能性は九〇％」のような表現になるのだ。うーん、確かにこの表現はまどろっこしい。［ ii ］に理解しづらいのは確かだ。日常生活では、「気温上昇は『およそ』一・五℃」みたいな表現をするところだ。

※統計学…データを分析して、全体の特徴を理解したり、未来の予測に役立てたりする学問。

※産業革命…十八世紀後半にイギリスから始まった技術革新による産業構造の変化および経済発展のこと。

二 **次の文章を読んで、後の問いに答えなさい。**

環境問題について考えるときは、未来の予測がつきものになる。未来予測は、いま僕らがどのように行動したら未来はどうなるか、ということを教えてくれる。それは、未来をのぞく望遠鏡のようなもの。現代に生きる僕らの行動が、将来どんな影響を及ぼすのか。仏教の教えでは□□□□という考え方があるけれど、科学による未来予測も意味合いは共通していて、僕らの行動が将来どのような影響を招くか考えること。これにより「いま環境にわるいことをしたら、こんなわるい未来が待ってますよ」というのを市民に示すことができる。そのむかし、お寺のお坊さんは「わるいことをしたら地獄に落ちますよ」と※説法を行い、説得力を増すために地獄の情景を描いた絵を用いたりした。現代の科学者は、未来予測のシミュレーションを行い、その結果を※コンピュータグラフィックスで可視化する。①やっていることはお坊さんも科学者もおなじだ。僕らの前には行動の選択肢がある。僕らひとりひとりが未来を見据えて自分のすべきことを決めるための情報提供をしているのである。

②未来予測について、大事な事実がある。科学者はいまだにタイムマシンの開発に成功していない。だから、未来を予測しても、それが正解かどうか厳密な意味では確かめようがないのだ。「そんな不確かなものは信じられない」「未来を完璧に予測するのは不可能だから、未来予測なんてする価値ないよ」なんて言う人もいる。しかし、たとえ不完全であっても、③未来を予測することにはそれなりの価値があると思う。

とても身近な未来予測の例として、天気予報がある。天気予報のおかげで、僕らは雨を予期して

※説法…仏の教えを説き聞かせること。

※コンピュータグラフィックス…CGのこと。コンピュータを利用して画像や動画の作成から表示までを処理する技術。

問７　――⑤「沙織さんの微笑している目から、涙がすうっと流れた」とありますが、沙織さんが涙を流したのはなぜですか。最も適当なものを次の中から一つ選び、記号で答えなさい。

ア　沙織さんから言いたかったのに由里絵から店での修行を提案されてくやしかったから。
イ　沙織さんのケーキとショコラ作りを受け継いでくれる人が見つかってほっとしたから。
ウ　あきらめていたのに由里絵が自分から店で修業したいと言ってくれてうれしかったから。
エ　由里絵がケーキ作りの仕事をラクな仕事だと思っていることに悲しくなったから。

問８　――⑥「でも楽しい仕事だけど、ラクではないのよ」とありますが、沙織さんの仕事がラクではないことを表現している部分を本文中から10字以内で探し、ぬき出して答えなさい。

問９　――⑦「沙織さんがありがとうっていうのは変です」とありますが、なぜですか。理由を説明しなさい。

問４　――②「その前の結論」とありますが、これはどのようなことですか。最も適当なものを次の中から一つ選び、記号で答えなさい。

ア　今日の帰りに必ずソフィーに寄って自分の気持ちを伝えること。
イ　長い間悩んでいたけれど、今日決心するだろうということ。
ウ　今日の帰りにカナダ国旗を見て決心をしたらソフィーに寄ること。
エ　いつか沙織さんにソフィーで働かせてほしいとお願いをすること。

問５　――③「かしこまって」とありますが、この「かしこまって」の意味として最も適当なものを次の中から一つ選び、記号で答えなさい。

ア　礼儀正しく堅苦（かた）しい様子で
イ　もうしわけなさそうに
ウ　びくびくしておびえた様子で
エ　気持ちがこもっていないように

問６　――④「一生懸□」とありますが、□にあてはまる漢字を１字で答えなさい。

沙織さんが涙を手で拭いながら笑った。ものすごく美人の笑顔と、ものすごく荒れた手がアンバランスで、でもそれがすごく素敵だった。

「働かせていただけるならおキュウリョウなんて！　あ、でも、やっぱり、少しでいいですから、ほしいです……」

沙織さんは声に出さずに明るく笑ってから、^{d}コウボウのドアを開けて厚志さんを^{e}ヨんだ。

（光文社『透明約束』所収「カナダ通り」川上健一）

問１　～～～ａ～ｅのカタカナを漢字に直して答えなさい。

［ａ　ワスれ　　ｂ　セイイッパイ　　ｃ　キュウリョウ　　ｄ　コウボウ　　ｅ　ヨんだ］

問２　［　］1～3にあてはまる言葉として最も適当なものを次の中からそれぞれ選び、記号で答えなさい。

ア　イラッと　　イ　ポカンと　　ウ　クスッと
エ　ヘラヘラ　　オ　ジロジロ　　カ　ソワソワ

問３　――①「決心」とありますが、由里絵は何について決心しようとしていたのですか。簡潔にまとめられている部分を本文中から11字で探し、ぬき出して答えなさい。

「やっぱりあなただった」

⑤沙織さんの微笑している目から、涙がすうっと流れた。どうして沙織さんが泣くのか不思議だった。

「初めて由里絵さんに出会って、それでウインドーガラスからのぞいている由里絵さんを目にした時に、きっとあなたじゃないかって思った」

沙織さんが何をいいたいのか分からなかった。私はただ黙って沙織さんを見つめていた。

「初めて私のケーキを食べてくれた時に、やっぱりあなただって確信した。いつかお店に余裕ができたら、一緒に働いてくれて、それで私たちのケーキとショコラ作りを受け継いでくれる人が現れるって、厚志（あつし）さんとずっと話していたの。それまで二人で頑張ろうって。それで由里絵さんが現れた時に、ああ、この人かもしれないって、そう思ったの。でも私たちの方からはいわないようにって決めてた。あなたの大事な将来のことだから、自分から本当にこの店で働きたいと思ってくれて、ケーキとショコラを作りたいって思ってくれなければ不幸になるから。でももう秋になって、由里絵さんには由里絵さんの決めた違う将来があるんだってあきらめてた。だからこの店で修業したいっていってくれて、とってもうれしいの。⑥でも楽しい仕事だけど、ラクではないのよ」

「ちゃんと考えて決心したんです。お願いします。一生懸□やりますから」

必死だったけど、すごくうれしかった。不思議に泣かなかった。必死だったので泣くなんてことまで意識が回らなかったのかもしれない。

「ありがとう、由里絵さん」

「⑦沙織さんがありがとうっていうのは変です。私がいうことですから」

「ｂセイイッパイ頑張るけど、おｃキュウリョウ、そんなに出せないかもしれないけど、いいの？」

「え？　私がですか？」

びっくりした。[2]して沙織さんを見た。沙織さんは笑って私を見ていた。

「じゃあ沙織さんがいう通り、やっぱり歩くのが一番ね。でもだめね。ここのケーキおいしいから、いっぱい食べちゃうんだもん。いくら歩いてもダイエットできそうもないもの。じゃあ」

「いつもありがとうございます」

沙織さんは[3]笑って明るく声をかけた。

「お茶する時間ある？」

おばさんが店を出ていくと沙織さんがいった。

「お願いがあってきたんです」

顔が強張（こわば）って硬（かた）い口調になってしまった。

「どうしたの、③<u>かしこまって</u>」

「あの、高校を卒業したら、ソフィーで働きたいんです。ちゃんと修業して、いつか沙織さんのようにおいしいケーキとショコラを作れるようになりたいんです。何でもやりますから、④<u>一生懸□</u>頑張りますから、私を使ってください。お願いします」

勢い込んで、早口で一気にいってしまった。

沙織さんは何もいわなかった。微笑してじっと私を見ていた。

「お願いします。本当に一生懸□頑張りますから、私を使ってください」

必死だった。自分の一生の大事なことを、生まれて初めて自分自身で決めたのだから、本当に必死だった。他のケーキ屋さんで修業することは考えられなかった。大好きなカナダ通りの、大好きなケーキを作る沙織さんの元で修業したかった。

と挨拶を交わし、カナダ国旗を見上げ、学校まで歩いている間中ずっと考えた。授業中もずっと考え続けた。最終的な結論はでなかったけど、②その前の結論は出た。帰りにカナダ国旗を見て決心したらソフィーに寄ろうって。

下校時になり、学校を飛び出した。急ぎ足でカナダ通りを目指した。早足になった。

カナダ通りで小さなカナダ国旗を見上げた。さわやかに澄んだ秋の青空に、国旗の真ん中の赤いカエデの葉が元気にはためいていた。

フレー、フレー……。

そういってはためいているように見えた。

よし。決めた。

決心した。真っ直ぐにソフィーへ飛び込んだ。

「お帰りなさい」

沙織さんはケーキを買いにきたちょっと太めのおばさんを接客中だった。それでも声をかけてくれた。

「ただいまです……」

「いま話していた高校生って、彼女なんですよ」

沙織さんはお客さんにいった。

「あら、まあ。毎日Ｆ高まで一時間四十分もかけて歩いて通っているんですすって？」

おばさんは私を［１］見回していった。

「あ、はい」

「だからそんなにスタイルがよくなったんですって？」

2024年度

帝京大学系属帝京中学校

【国語】〈第一回午前試験〉（五〇分）〈満点：一〇〇点〉

（注意）問いのなかで字数に指定のあるときは、特に指示がない限り、句読点などもその字数にふくめます。

一 次のあらすじと文章を読んで、後の問いに答えなさい。

由里絵（ゆりえ）は、高校合格時に片道一時間四十分の道を毎日歩いて無遅刻無欠席で通学することを心に決めた。通学路の途中の商店街には、なぜかカナダの国旗が結びつけられた街灯があり、由里絵は商店街をカナダ通りと心の中で呼ぶことにした。高校三年生になった初夏のある日、由里絵はケーキ屋（ソフィー）の沙織（さおり）さんに呼び止められ、ケーキをごちそうになる。由里絵はそのケーキの美味しさに感激し、涙を流した。その後、たびたびソフィーに立ち寄るようになり、沙織さんとも交流を深めていった。

秋も深まったある日。aワスれられないあの日。

その日は朝から予感があった。下校時までに①決心しそうな気がしたし、決心したらソフィーにいってそのことをいわなければ気が済まないだろうというのも分かっていた。

悩（なや）み始めたのはいつの頃からだったんだろう。夏休みの前からだというのは確かだ。夏休みに予備校の夏季講習に通っている時にはもう十分に悩んでいた。

長い間悩んでいたけど、なぜかその日は、今日が決心する日だという気がした。

朝、いつものようにカナダ通りでベーカリーのおじさんや、喫茶店（きっさてん）のおじさん、それに沙織さん

2024年度

帝京大学系属帝京中学校 ▶解説と解答

算 数 ＜第１回午前試験＞（50分）＜満点：100点＞

解 答

1 ① 2024 ② $\frac{5}{12}$ ③ 18 ④ 65 ⑤ 7：2 ⑥ 1.35 ⑦ 87 ⑧ 60 ⑨ 16 ⑩ 57.78 **2** ① 24 ② A農園が19％ **3** ① 26分40秒 ② 180 **4** ① 21.5 ② 2 **5** ① 199 ② 25 **6** ① 1000 ② 16時間40分

解 説

1 **四則計算，比の性質，体積，平均とのべ，売買損益，約数と倍数**

① $11\times23\times(11-2-1)=253\times(9-1)=253\times8=2024$

② $\frac{13}{12}-\frac{1}{4}\div\frac{3}{8}=\frac{13}{12}-\frac{1}{4}\times\frac{8}{3}=\frac{13}{12}-\frac{8}{12}=\frac{5}{12}$

③ $14\div\frac{7}{10}-0.125\times16=14\times\frac{10}{7}-\frac{1}{8}\times16=20-2=18$

④ $12\div\frac{3}{4}+\frac{7}{8}\times(65-9)=12\times\frac{4}{3}+\frac{7}{8}\times56=16+49=65$

⑤ $\frac{12}{13}:\frac{240}{910}=\frac{12\times7}{13\times7}:\frac{240\div10}{910\div10}=\frac{84}{91}:\frac{24}{91}=84:24=7:2$

⑥ 1m＝100cmより，縦の長さ150cmは，150÷100＝1.5(m)，横の長さ180cmは，180÷100＝1.8(m)である。直方体の高さは0.5mなので，直方体の体積は，1.5×1.8×0.5＝1.35(m^3)となる。

⑦ 国語，理科，社会の３つの合計点は，(合計点)＝(平均点)×(科目数)より，84×３＝252(点)だから，算数を入れた４つの合計点は，252＋96＝348(点)となる。よって，４つの平均点は，(平均点)＝(合計点)÷(科目数)より，348÷４＝87(点)とわかる。

⑧ 仕入れ値を１とする。４割を小数に直すと0.4なので，定価は，１＋0.4＝1.4となり，定価の２割引きで売ったので，割引き後の売り値は，２割＝0.2より，1.4×(１－0.2)＝1.12と表される。問題文より，1.12あたりの金額が560円なので，仕入れ値である１あたりの金額は，560÷1.12＝500(円)とわかる。仕入れ値が１のとき，割引き後の利益は，1.12－１＝0.12と表されるので，500×0.12＝60(円)と求められる。

⑨ ３で割り切れて，そのうえ偶数(ぐうすう)である整数は，３と２の公倍数なので６の倍数である。１以上100以下の６の倍数の個数は，100÷６＝16あまり４より，16個とわかる。

⑩ 半径が３cm，高さが３cmの円柱の体積は，３×３×3.14×３＝84.78(cm^3)であり，１辺の長さが３cmの立方体の体積は，３×３×３＝27(cm^3)である。２つの体積の差は，84.78－27＝57.78(cm^3)とわかる。

2 **表とグラフ**

① 130g未満のみかんの個数は，Ａ農園では問題文中の左の表より，１＋３＋７＋３＝14(個)，Ｂ農園では問題文中の右の柱状グラフより，２＋４＋１＋３＝10(個)である。よって，合わせて，

14＋10＝24(個)とわかる。

② Ａ農園でとれたみかんは16個，そのうち100ｇ以上130ｇ未満のみかんは，問題文中の左の表より，３＋７＋３＝13(個)である。Ａ農園で100ｇ以上130ｇ未満のみかんの全体に占める割合は，13÷16＝0.8125，0.8125×100＝81.25％とわかり，小数第一位を四捨五入して整数にすると81％となる。同様に，Ｂ農園でとれたみかんは13個，そのうち100ｇ以上130ｇ未満のみかんは，問題文中のグラフより，４＋１＋３＝８(個)なので，Ｂ農園で100ｇ以上130ｇ未満のみかんの全体に占める割合は，８÷13＝0.615…，0.615…×100＝61.5…％とわかり，四捨五入して62％となる。よって，Ａ農園の方が，81－62＝19(％)高い。

3 旅人算

① １周４km＝4000mのコースを，Ａさんは分速150mで走り続けるので，１周を走るのにかかる時間は，(時間)＝(道のり)÷(速さ)より，$4000\div150=\frac{4000}{150}=\frac{80}{3}=26\frac{2}{3}$(分)とわかる。１分＝60秒より，$\frac{2}{3}$分は，$\frac{2}{3}\times60=40$(秒)なので，26分40秒と求められる。

② Ａさんが3.6km走るのにかかる時間は，3.6km＝3600mより，3600÷150＝24(分)である。Ｂさんは４分休んだので，Ｂさんが3600mを走るのにかかった時間は，24－４＝20(分)であり，Ｂさんの速さは分速，3600÷20＝180(m)と求められる。

4 面積

図１

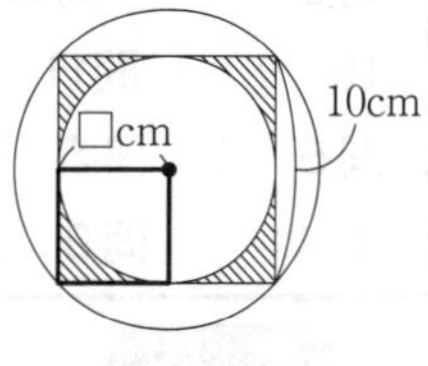

① 右の図１で小さい円の半径は，外側の正方形の１辺の半分なので，10÷２＝５(cm)となり，斜線部分の面積は，10×10－５×５×3.14＝100－78.5＝21.5(cm^2)と求められる。

図２

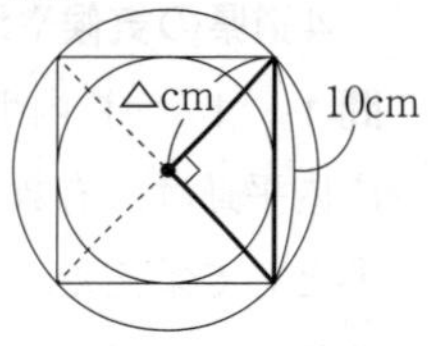

② 右下の図２で大きい円の半径を△cmと表すと，その面積は，△×△×3.14(cm^2)である。図２で太線の直角二等辺三角形の面積である，△×△×$\frac{1}{2}$(cm^2)は，１辺の長さが10cmの正方形の面積の$\frac{1}{4}$なので，△×△×$\frac{1}{2}$＝10×10×$\frac{1}{4}$＝25(cm^2)となり，△×△＝25÷$\frac{1}{2}$＝25×２＝50とわかる。よって，大きい円の面積は，△×△×3.14＝50×3.14(cm^2)と求められる。①より，小さい円の面積は，25×3.14(cm^2)なので，大きい円と小さい円の面積の比は，(50×3.14)：(25×3.14)＝50：25＝２：１となり，大きい円の面積は小さい円の面積の，２÷１＝２(倍)とわかる。

5 数列

① ８番目の数は，11＋18＝29，９番目の数は，18＋29＝47，10番目の数は，29＋47＝76，11番目の数は，47＋76＝123となり，12番目の数は，76＋123＝199とわかる。

② 右の図のように，数列を４個ずつの組に分け，組に番号をつける。100番目の数は，100÷４＝25より，25組の最後の数である。図のように，それぞれの組の３番目の数が３の倍数であり，組ごとに３の倍数が１個ずつある。よって，100番までの数の中に３の倍数は25個あるとわかる。

２，１，３，４｜７，11，18，29｜47，76，123，199｜…｜
１組　２組　３組

6 水の深さと体積

① 右のグラフより，水を入れ始めてから１時間で水の高さは１m上がるので，容器に水がいっぱいになるまでの２時間で水の高さは，△＝２(m)になり，容器の高さは２mとわかる。そのとき，

容器の容積は，25×20×２＝1000(m^3)と求められる。

② 右のグラフのかげをつけた部分で，水を抜き始めて５時間たつと水の高さがグラフで３目もり下がっている。たて１目もりは１mの５等分で，１÷５＝0.2(m)なので，水の高さは５時間で，0.2×３＝0.6(m)下がり，１時間で，0.6÷５＝0.12(m)下がるとわかる。容器が満水のとき水面の高さは２mなので，容器が空になるのは水を抜き始めてから，$2 \div 0.12 = \frac{200}{12} = \frac{50}{3} = 16\frac{2}{3}$(時間後)であり，１時間＝60分より$\frac{2}{3}$時間は，$60 \times \frac{2}{3} = 40$(分)なので，16時間40分後と求められる。

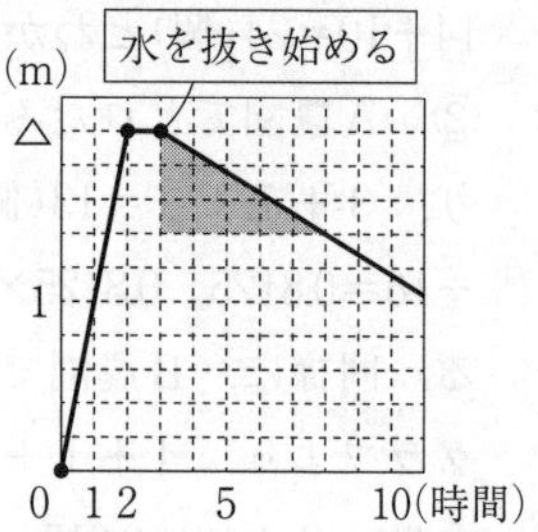

社 会 ＜第１回午前試験＞（理科と合わせて50分）＜満点：50点＞

解 答

1 **問１** **1** 庄内 **2** 信濃 **3** 高松 **問２** (1) 択捉 (2) ⑦ エ ⑧ ア **問３** (1) イ (2) エ **問４** ウ **問５** 瀬戸内 **問６** イ **問７** **1** イ **2** ウ **3** ク **4** カ **2** **問１** **1** ス **2** セ **3** オ **4** カ **5** イ **6** キ **7** シ **8** ソ **問２** 解体新書 **問３** エ **問４** ウ **問５** 律令 **問６** ア **問７** 大日本帝国，天皇 **問８** 楽市楽座 **問９** 大和朝廷(大和政権) **問10** ア **問11** ア **3** **問１** 関東 **問２** 広島 **問３** サミット **問４** 岸田 **問５** (1) 閣議 (2) 財務 (3) 衆議院 (4) ウ **問６** エ **問７** 核 **問８** ユネスコ **問９** (1) SDGs (2) 17 **問10** ユニセフ

解 説

1 **４道県の気候や地形，産業などについての問題**

問１ **1** 庄内平野は山形県北西部に広がる平野で，最上川はこの平野を通って日本海に注ぐ。庄内平野は，有数の米の産地であり，この平野に位置する酒田市はかつて山形県特産の紅花の積出港として栄えた。 **2** 信濃川は日本一の長流で，関東山地の甲武信ケ岳を水源とする本流の千曲川が，長野市で最大の支流である犀川と合流して北東に流れる。新潟県に入ると信濃川と名を変え，越後平野を流れて日本海に注ぐ。 **3** 香川県の県庁所在地は，同県北東部に位置する高松市である。戦国時代から城下町として栄え，現在は四国の中心都市となっている。

問２ (1) 北海道の択捉島は日本の最北端の島で，国後島，色丹島，歯舞群島とともに北方領土の１つに数えられる。第二次世界大戦後にソビエト連邦(ソ連)に占領され，その後もロシア連邦の占領下に置かれているが，日本は固有の領土であるとして４島の返還を要求している。 (2) 北海道西部の石狩平野は，土地の改良や稲の品種改良などを通じて，北海道有数の稲作地帯へと成長した。また，北海道東部の根釧台地は気候が冷涼で稲作や畑作には不向きだが，牛の飼育や乳製品の管理には適している。第二次世界大戦後に大規模な開発が進められ，全国有数の酪農地帯となった。なお，イの筑紫平野は九州北西部，ウの濃尾平野は中部地方にある。

問３ (1) 山形県では，山形盆地を中心にさくらんぼの生産がさかんで，山形県の収穫量は全国のおよそ４分の３を占めて最も多い(2020年，以下同じ)。なお，ほかの果物の生産もさかんで，ぶどうの収穫量は山梨県，長野県に次いで全国第３位，りんごの収穫量は青森県，長野県，岩手県に次いで全国第４位である。　(2)　山形県の庄内平野は昼と夜の温度差が大きく，稲は昼間に太陽の光からつくった栄養分を，涼しい夜の間に稲穂にたくわえることができる。このように，稲の生長にとってよい気候であることが，庄内平野で稲作がさかんなことの理由の１つとして挙げられる。

問４　本州中部を占める中央高地には北から順に，飛驒(ひだ)山脈(北アルプス)・木曽(きそ)山脈(中央アルプス)・赤石(あかいし)山脈(南アルプス)という3000m級の山々が南北に連なっており，これらはまとめて「日本アルプス」と呼ばれている。

問５　瀬戸内(せとうち)工業地域は，本州の岡山県・広島県・山口県と，四国の香川県・愛媛県の瀬戸内海(せとないかい)沿岸に広がる工業地域である。瀬戸内工業地域には複数の石油化学コンビナートがあり，ほかの工業地帯・地域に比べて製造品出荷額等に占める化学工業の割合が高めであることが特徴(とくちょう)といえる。

問６　中京工業地帯は全国の工業地帯・地域の中で最も製造品出荷額等が多く，自動車工業を中心とする機械工業が全体の約７割を占めている(2019年)。なお，アは京浜(けいひん)工業地帯，ウは阪神(はんしん)工業地帯のグラフ。

問７　**１**　レタスは，長野県や群馬県の高原地帯でさかんにつくられており，長野県の収穫量が全国の約３割を占めて最も多い(2020年，以下同じ)。　**２**　ももは，山梨県や福島県，長野県，山形県のように盆地の広がる県でさかんに生産されており，収穫量第１位の山梨県と第２位の福島県で全国の収穫量の半分以上がつくられている。　**３**　茨城県は農業がさかんな県で，農業産出額が北海道，鹿児島県に次いで全国で３番目に多い。収穫量では，はくさい，メロン，ピーマンが全国第１位，レタス，さつまいも，落花生が全国第２位，日本なし，ねぎが全国第３位などとなっている。　**４**　さつまいもは，「薩摩(さつま)」が旧国名である鹿児島県の収穫量が全国で最も多く，千葉県，茨城県がこれに次ぐ。

2　各時代の歴史的なことがらについての問題

問１　**１**　江戸時代の中ごろ，江戸幕府の第８代将軍徳川吉宗(とくがわよしむね)が進めていた享保(きょうほう)の改革の１つとして，キリスト教に関係のない，漢文で書かれた洋書の輸入制限がゆるめられた。これにより，オランダ語を通じて西洋の自然科学などを学ぶ蘭学(らんがく)が発展した。　**２**　20世紀初めごろには，南下政策を進めるロシアと大陸進出を進めようとする日本の対立が激しくなった。この対立は1904年に日露戦争へと発展し，日本は多くの犠牲(ぎせい)を出しながらも戦争を有利に進めた。　**３**　1956年，日ソ共同宣言が結ばれてソ連との国交が正常化した。これにより，それまで国際連合(国連)で日本の加盟に反対していたソ連が賛成へと回ったため，日本の国際連合加盟が実現した。　**４**　［Ｆ］の文中の「この人物」は，織田信長(おだのぶなが)を指している。1560年，駿河(するが)(静岡県中部)の戦国大名今川義元が尾張(おわり)(愛知県西部)に軍を進めたところ，ここを根拠地(こんきょち)とする織田信長との間で戦いが起こった。この戦いは桶狭間(おけはざま)の戦いと呼ばれ，勝利した織田信長は本格的に全国統一事業に乗り出した。
５　４世紀から７世紀にかけて，朝鮮半島や中国から多くの人が日本へと移り住んだ。彼らは渡来人(とらいじん)と呼ばれ，漢字や儒教(じゅきょう)，仏教などの進んだ文化や，機織りや須恵器(すえき)づくりなどのすぐれた技術をもたらした。　**６**　1941年12月，日本海軍がハワイの真珠湾(しんじゅわん)にあったアメリカ海軍基地を奇襲(きしゅう)攻撃(こうげき)し，日本陸軍がイギリス領のマレー半島に上陸を開始したことで，日本は太平洋戦争に突入(とつにゅう)した。　**７**　太平洋戦争末期の1945年８月６日，人類史上初めて，アメリカ軍によって広島に原子爆弾(原爆)が投下された。３日後の８月９日には長崎にも投下され，多くの尊い命が失われた。　**8**　唐招提寺は，僧が戒律(僧が守るべき戒め)を学ぶための修行の場として759年に創建された。

問２　杉田玄白と前野良沢らは，オランダ語で書かれた医学解剖書『ターヘル＝アナトミア』を苦心の末に翻訳し，『解体新書』として発行した。

問３　台湾は日清戦争(1894～95年)の講和条約である下関条約で日本が清(中国)から譲り受け，その後，第二次世界大戦が終わる1945年まで日本の植民地となった。

問４　東郷平八郎は海軍軍人で，日露戦争では日本の連合艦隊司令長官に選任された。東郷の指揮のもと，日本海軍は日本海海戦でロシアの艦隊を破り，戦局は大きく日本の有利となった。なお，アの東条英機は太平洋戦争開戦時の内閣総理大臣，イの乃木希典は日清戦争，日露戦争などで活躍した陸軍の軍人，エの山本五十六は日本海軍が真珠湾攻撃を行ったときの海軍大将。

問５　８世紀初めの701年，文武天皇の命により刑部親王や藤原不比等らが編さんしていた大宝律令が完成した。「律」は現在の刑法，「令」は民法・行政法などにあたり，この法令の制定によって律令制度が確立した。なお，［Ｃ］は藤原京について説明した文である。

問６　1960年，池田勇人内閣は国民所得倍増計画を発表し，産業発展をおし進める方針を打ち出した。なお，イは1950年，ウは1945年(女性参政権の実現)と1946年(女性国会議員の誕生)の出来事。エは，1945年の太平洋戦争敗戦にともなって行われなくなった。

問７　1889年２月11日，大日本帝国憲法が発布された。これは，伊藤博文らが君主権の強いドイツ(プロシア)の憲法を参考にして作成したもので，天皇は国の元首とされ，国を治める主権が天皇にあった。なお，［Ｅ］の「初代内閣総理大臣をつとめた人物」とは，伊藤博文のことである。

問８　織田信長は1577年，安土城の城下町を楽市楽座とする命令を出した。戦国時代には，座と呼ばれる商工業者の同業組合が寺社などから特権を認められて商工業を独占していたが，織田信長はこれを廃止してだれでも自由に商売ができるようにした。また，市における税を免除して，商売を行いやすくした。これらは，支配地域の経済を活発にすることを主な目的とした政策で，各地を領有した戦国大名の中には同じような法令を出す者もいた。

問９　５世紀ごろになると，大王(後の天皇)を中心とした豪族の連合政権が大和国(奈良県)に成立した。この政権は大和朝廷あるいは大和政権と呼ばれ，各地の豪族を従えて支配地域を広げていった。

問10　アは長崎市の平和公園にある平和祈念像で，原爆の恐ろしさや平和の大切さなどを後世に伝えたいという願いをこめてつくられた。なお，イは1970年に開催された大阪万博の際につくられた吹田市(大阪府)にある太陽の塔，ウは広島市にある原爆ドーム，エは日光市(栃木県)にある日光東照宮の陽明門。

問11　鑑真は唐(中国)の高僧で，日本の朝廷の招きに応じて来日を決意すると，５度の渡航失敗や失明などの困難を乗り越え，753年に念願の来日を果たした。［図１］は鑑真が創建した唐招提寺にある鑑真和上坐像で，鑑真の弟子が制作を指導したとされている。なお，［図２］は空也上人立像で，京都市の六波羅蜜寺にある。また，行基は奈良時代の僧で，東大寺の大仏づくりに協力するなどした。

３　政治のしくみや国際機関などについての問題

問１　1923年９月１日，巨大地震が関東地方南部を襲った。昼食どきだったことに加え，当時は木造家屋が多かったことも重なり，各地で火災が発生して多くの犠牲者を出した。この一連の災害を関東大震災といい，東京や横浜は大きな被害を受けた。

問２　2023年５月，広島市で主要国首脳会議が開かれた。

問３　主要国首脳会議は一般にサミットと呼ばれ，日本，アメリカ，イギリス，フランス，ドイツ，イタリア，カナダ，EU(ヨーロッパ連合)の首脳が出席して毎年１回行われる。

問４　岸田文雄は自由民主党(自民党)に所属する衆議院議員で，外務大臣や防衛大臣などを歴任した後，2021年に内閣総理大臣に就任した。

問５　(1)　内閣総理大臣が議長になり，政治の方針を決めるために国務大臣の全員が出席して開かれる会議を閣議といい，その意思決定は出席者全員の賛成を原則としている。　(2)　財務省は国の行政機関の１つで，財政，税制，通貨，金融などに関する仕事を担当している。国の予算は，各省庁が要求する額を財務省がまとめて作成し，国会に提出する。　(3)　日本の国会は衆議院と参議院の二院制を採用しているが，内閣不信任の決議，あるいは内閣信任の決議は衆議院しか行えない。一方で，内閣は衆議院を解散する権限を持っているが，参議院には解散はない。　(4)　日本では，法律に従って政治を進める権限である行政権を内閣に，法律を制定する権限である立法権を国会に，憲法や法律などにもとづいて裁判をする権限である司法権を裁判所に受け持たせている。

問６　2022年，ロシアがウクライナへの軍事侵攻を開始した。国際社会はロシアを非難しているが，2024年５月時点でも戦闘が続いており，石油や天然ガスの値上がり，穀物の不足など，国際的な影響が広がっている。

問７　核兵器を減らしたりなくしたりするための取り組みを，核軍縮という。被爆地の広島市で行われた2023年のサミットでは，参加国の首脳らによって核軍縮についての声明が出された。

問８　ユネスコ(UNESCO，国連教育科学文化機関)は教育・科学・文化などの分野を通じて国際交流を行い，世界の平和に貢献することを目的とした国際連合の専門機関で，世界遺産の登録も担当している。

問９　(1)　2015年，国際連合の総会で「持続可能な開発目標」が採択された。これは，英語の頭文字をとってSDGsと略される。　(2)　SDGsには，2030年までに世界が達成するべき17分野の目標(ゴール)と169の達成基準(ターゲット)が盛りこまれている。

問10　ユニセフ(UNICEF，国際連合児童基金)は全ての国の子どもの命と権利を守るために活動している国際機関で，世界の人々の募金や各国の拠出金を活動資金としている。

理　科　＜第１回午前試験＞（社会と合わせて50分）＜満点：50点＞

解　答

[1] (1)　ア　(2)　④　(3)　④　(4)　蒸散　(5)　気孔　(6)　(例)　変化しない。　(7)　③　(8)　イ　[2] (1)　飽和水よう液　(2)　30g　(3)　10g　(4)　20g　(5)　(例)　水の量を増やす。　[3] (1)　発電　(2)　イ　(3)　ア　(4)　ア　(5)　(例)　遅くなる。　(6)　エ

解　説

1　ホウセンカのからだのつくりや蒸散についての問題

⑴　葉のついたホウセンカ(ア)では，根から吸い上げられた水が葉などから水蒸気の状態でさかんに放出され，空気中で冷やされた水蒸気が水てきになってビニールぶくろの内側につく。

⑵　⑴より，ホウセンカ(ア)にかぶせたビニールぶくろの内側には水てきがつくため，ふくろの内側が白くくもる。

⑶　ホウセンカ(ア)にかぶせたビニールぶくろの内側が白くくもるのは，ホウセンカ(ア)の葉などから水が水蒸気として出ていくために起こる。

⑷　水が水蒸気として植物のからだから出ていくことを蒸散という。

⑸　蒸散が行われるときに水蒸気が出ていくあなを気孔(きこう)といい，気孔ではほかに酸素や二酸化炭素などの気体の出し入れが行われる。

⑹　蒸散が行われると，根からの水の吸い上げも行われる。葉をすべてとり去ったホウセンカ(イ)では蒸散が行われにくいため，根からの水の吸い上げも行われにくく，赤色の水の量はほとんど変化しない。

⑺　根から吸い上げられた水は，根・茎・葉にある水の通り道を通って植物のからだ全体に運ばれる。ホウセンカでは，茎を縦に切ったときの様子は③のようになる。

⑻　葉の表面にワセリンをぬると葉の気孔がふさがれてしまうため，葉で蒸散が行われなくなる。したがって，(ウ)のビニールぶくろの様子は，葉をすべてとり去ったホウセンカ(イ)にかぶせたビニールぶくろの様子に近くなると考えられる。

2　硝酸(しょうさん)カリウムや食塩の水へのとけかたについての問題

⑴　物質をとける限界までとかした水よう液を飽和(ほうわ)水よう液という。

⑵　こさが20％の食塩の水よう液150ｇにとけている食塩の量は，$150\times\frac{20}{100}=30$(ｇ)と求められる。

⑶　グラフより，30℃の水100ｇに硝酸カリウムは50ｇまでとけるので，とけ残る硝酸カリウムの量は，$60-50=10$(ｇ)である。

⑷　グラフより，50℃の水100ｇに硝酸カリウムは90ｇまでとけるので，とけ残る硝酸カリウムの量は，$108-90=18$(ｇ)である。物質が水にとける限界の量は水の量に比例するので，50℃の水を，$100\times\frac{18}{90}=20$(ｇ)加えると，とけ残った硝酸カリウムをすべてとかすことができる。

⑸　食塩のように温度変化によるとける量の変化が小さい物質でも，水の量を増やせばとかす量を増やすことができる。

3　手回し発電機についての問題

⑴　電気をつくることを発電という。手回し発電機のハンドルを回したり，光電池に光を当てたりすると，発電することができる。

⑵　手回し発電機のハンドルを回す速さを速くすると，豆電球ははじめより明るく光る。

⑶　手回し発電機のハンドルを回す速さを速くすると，電流の大きさが大きくなる。

⑷　手回し発電機のハンドルを回す向きを時計回りから反時計回りにすると，電流の流れる向きがはじめとは反対方向になるが，手回し発電機のハンドルを回す速さが変わらなければ，流れる電流の大きさは変わらない。よって，豆電球ははじめと同じ明るさで光る。

⑸　手回し発電機のハンドルを回す速さを遅くすると，流れる電流の大きさが小さくなり，モータ

一の回転する速さは遅くなる。
(6) 手回し発電機のハンドルを回す向きを時計回りから反時計回りにすると，電流の流れる向きがはじめとは反対方向になる。モーターは流れる電流の向きによって回転する向きが変わるので，プロペラもはじめとは逆向きに回転する。

英語 ＜第１回午前試験＞（50分）＜満点：100点＞

解答

1 (1) 3 (2) 1 (3) 4 (4) 1 (5) 1 (6) 3 (7) 2 (8) 4
2 (1) 1 (2) 3 (3) 2 (4) 1 (5) 4 3 (1) 4 (2) 2 (3) 2 (4) 1 4 (1) Sit down right now (2) You look sick (3) I want to work abroad in the future〔in the future abroad〕 (4) Who teaches you English (5) My friend has three dogs and four cats (6) My mother was walking her dog then 5 (1) must do (2) When did (3) Is that (4) tallest, of (5) His, himself (6) likes speaking
6 (1) I don't drink coffee. (2) You ran fast. (3) My friend can swim fast. (4) My father understands the question. (5) I saw five rabbits. (6) We are playing the guitar now. 7 (1) What day is it today? (2) I'm going to leave for the U.S.〔America〕 tomorrow. (3) I broke that TV three weeks ago. (4) There are four parks in this town. (5) Where do you live? I live in that house. (6) I came here to give my brother the lunch box〔the lunch box to my brother〕. 8 (1) 母が私を呼んだとき〔電話したとき〕，私は野球をしていました。 (2) あなたの鉛筆を借りてもいいですか。 (3) 私はネコが好きです。なぜならかわいいからです。〔かわいいので私はネコが好きです。〕 (4) 私は私のノートを母に見せました。 (5) ケイはタロウより背が高い。 (6) あの店でどのかばんを買いましたか。 9 (1) Sunday (2) Wednesday (3) color (4) seven (5) snow (6) rain (7) grandmother (8) August (9) September (10) soccer

国語 ＜第１回午前試験＞（50分）＜満点：100点＞

解答

一 **問１** 下記を参照のこと。 **問２** １ オ ２ イ ３ ウ **問３** 自分の一生の大事なこと **問４** ウ **問５** ア **問６** 命 **問７** ウ **問８** ものすごく荒れた手 **問９** （例） 由里絵からすると，本来は雇ってもらえることになった由里絵こそが「ありがとう」と感謝の言葉を言うはずなのに雇う側の沙織さんがその言葉を言ってきたから。 二 **問１** ウ **問２** i ウ ii ア iii エ iv イ **問３** 情報提供 **問４** イ **問５** （例） 未来予測によっていまの私たちの行動を変えることができるから。〔未来を予測することで，変化に対して備えることができるから。／たとえ外れてもないよりはずっとましだから。〕 **問６**

ウ　**問７**　ア　**問８**　科学者は，自分　**問９**　ア　×　イ　○　ウ　×　エ　○　オ　○

●漢字の書き取り

□　a　忘(れ)　b　精一杯　c　給料　d　工房　e　呼(んだ)

解説

一　**出典：川上健一「カナダ通り」(『透明約束』所収)**。高校３年生の由里絵が，通学路の途中にあるケーキ屋ソフィーで高校を卒業したら働かせてほしい，と店の沙織さんに頼んだところ，喜んで受け入れてくれた場面が描かれている。

問１　a　音読みは「ボウ」で，「忘恩」などの熟語がある。　b　力の限り，最大限，という意味。　c　雇い主が，労働者に対して支払うお金。　d　仕事・作業をする場所。　e　音読みは「コ」で，「呼応」などの熟語がある。

問２　1　おばさんは，「毎日Ｆ高まで一時間四十分もかけて歩いて通っている」という由里絵に興味をひかれて，無遠慮に，由里絵を見回しているので「ジロジロ」が入る。　2　おばさんに，スタイルがいい，とほめられて，由里絵はびっくりしているので「ポカンと」が入る。　3　おばさんが，「ここのケーキおいしいから」食べすぎてしまい，「いくら歩いてもダイエットできそうもない」と言ったので，沙織さんは，話の内容に「クスッと」笑ったのである。

問３　由里絵は，高校を卒業したら「ソフィーで働きたい」と思っており，そのことが，「生まれて初めて自分自身で決めた」「自分の一生の大事なこと」と言い換えて説明されている。

問４　直前の「最終的な結論」は，ソフィーで働きたいと沙織さんに申し出ることであり，「その前の結論」は，「帰りにカナダ国旗を見て決心したらソフィーに寄ろう」という結論のことを指している。

問５　「かしこまる」は，目上の人に対して，敬う気持ちを表し，きちんとした態度を取ること。

問６　「一生懸命」は，命がけで，真剣に物事に取り組むさま。

問７　沙織さんは，由里絵が自分たちの「ケーキとショコラ作りを受け継いでくれる」のではないかと期待していたが，秋になっても由里絵は何も言ってこなかった。そのため，由里絵には「違う将来があるんだってあきらめてた」のである。それなのに，由里絵の方からソフィーで働きたいと申し出てくれたので，沙織さんは涙を流すほどうれしかったのである。

問８　沙織さんの「ものすごく荒れた手」は，ケーキ屋という仕事が，「ラクではない」ものであることを表している。

問９　由里絵がソフィーで働きたいと頼んだのだから，本来お礼を言うのは由里絵の方である。しかし，頼みを聞いてくれた沙織さんの方がありがとうと言ったので，由里絵は「変です」と言ったのである。

二　**出典：伊勢武史『2050年の地球を予測する』**。未来予測には，どのような意味があるのかについて考察し，未来予測をする際に役に立つ「信頼区間」という考え方について説明している。

問１　「因果応報」は，よい行いをすれば将来よい報いがあり，悪い行いをすれば悪い報いがあるという意味。「科学による未来予測も意味合いは共通して」おり，「いま環境にわるいことをしたら，こんなわるい未来が待ってますよ」と示すことができるという内容に合う。「一朝一夕」は，非常に短い時間のたとえ。「空前絶後」は，今までに起こったことがなく，これからも起こりえないような珍しいこと。「臨機応変」は，状況の変化に応じて適切な対応を取ること。

問２　ⅰ「天気予報のおかげで，僕(ぼく)らは雨を予期して傘(かさ)を持ち歩いたりして，ずぶぬれになるのを避(さ)けることができる」ように，天気予報には実際に役に立つという価値があるので「実用的」が入る。　ⅱ「二〇五〇年の気温上昇は一・三℃から一・七℃の間に入る可能性は九〇%」という表現は「まどろっこし」く，頭を使わず直接的・瞬間的に理解しづらいので「直観的」が入る。ⅲ「解釈(かいしゃく)に個人差が生まれるような表現」では，主観や特定の立場から離(はな)れた立場で「考えることはむずかしい」という文脈なので「客観的」が入る。　ⅳ「地球温暖化は，全世界で何兆円という」，現実離(ばな)れした高額な「予算が動く大問題」なので，値(あたい)や金額が大きな単位であるさまを表す「天文学的」が入る。

問３「未来予測は，いま僕らがどのように行動したら未来はどうなるか，ということを教えてくれる」のである。一方，お坊(ぼう)さんは，いいことをすれば将来いいことが起こり，悪いことをすれば災(わざわ)いを招くということを教えてくれる。ぼう線①のあとに，お坊さんも科学者も「未来を見据(みす)えて自分のすべきことを決めるための情報提供をしている」とある。

問４　未来予測についての「大事な事実」は，ぼう線②の直後に「未来を予測しても，それが正解かどうか厳密(げんみつ)な意味では確かめようがない」ことだと述べられている。

問５　未来予測があるからこそ，「僕らは未来のために，いま行動を変えることができる」のである。雨が降るという天気予報を見たときには傘を持ち歩くように，未来予測によって予想される変化に備えることもできる。このように，たとえ外れることがあったとしても，「未来予測は，しないよりはしたほうが『ずっとまし』」なので，筆者は，未来予測には価値があると考えているのである。

問６「信頼区間」とは，「気温上昇(じょうしょう)は(産業革命前とくらべて)一・五℃になるだろう」という予測を「気温上昇は一・三℃から一・七℃の間に入る可能性は九〇％」のように表現するとある。つまり，ある程度の幅(はば)をもたせたうえで，その予測にどの程度の確実性があるのかを示す方法である。よって，「不確かさやばらつきを示す」が適当である。

問７「そんな仕打ち」とは，たとえば，「温暖化をぴったり一・五〇℃と言い切ってしまった」場合に，「実際は一・五一℃だったとき，その予測は失敗，価値なし，ゼロ点，なんて評価を受けてしまう」ようなことである。予測が完璧(かんぺき)に的中していなくても，ほぼ当たっていたのなら，その予測はある程度の評価を受けるべきなのに，的中していなかったからといって何の意味もなかったという評価を受けてしまう，という「仕打ち」のことである。

問８　ぼう線⑥のある段落のはじめに「科学者は，自分のわかっていること，わかっていないことを素直に表現することが許されている」とあり，そのような「科学のお作法が存在する」から，「研究をやって，その結果を発表できる」のである。

問９「未来を予測しても，それが正解かどうか厳密な意味では確かめようがない」とある(ア…×)。「天気予報のおかげで，僕らは雨を予期して傘を持ち歩いたりして，ずぶぬれになるのを避けることができる」とある(イ…〇)。科学者は，やむをえず，「未来予測をおよその範囲(はんい)」で示しているのであって，「信頼区間を少しでも狭(せば)めるため」に「努力している」のである(ウ…×)。「天気予報はいつでも確実に当たるわけではない」が，「未来予測も，天気予報と似たようなもの」とある(エ…◯)。「信頼区間で表現することができて，科学者は大いに助かっている」とある。(オ…◯)。

2024年度 帝京大学系属帝京中学校

〈編集部注：２教科型受験生は，算数・英語・国語の中から２教科を選択します。本誌においては，英語は第４回を収録しています。〉

【算　数】〈第３回試験〉(50分)〈満点：100点〉

(注意) 定規・コンパス・電卓は使わないでください。

□の中にあてはまる数を入れなさい。

1 ①　$(26+34\times29)\times2=$ □

②　$0.45\times13.5+0.45\times6.5=$ □

③　$\frac{7}{5}\div6\div\frac{14}{3}=$ □

④　$\left(\frac{4}{5}-\frac{1}{3}\right)\times2\frac{1}{2}+\frac{5}{6}=$ □

⑤　2300mを2分で走る電車の速さは時速□kmです。

⑥　136枚のカードを兄と弟で5：3の枚数に分けました。弟がもらうカードは□枚です。

⑦　1から50までの整数で、3でも5でも割り切れない数は□個です。

⑧　17の倍数のうち、2000にもっとも近い数は□です。

⑨　男子18人女子12人のクラスでテストを行ったところ男子の平均点が70点、女子の平均点が72点でした。クラスの平均点は□点です。

⑩　図1のような、底面が直角三角形の三角柱の容器に深さ7cmのところまで水が入っています。この水を図2のような直方体の容器に全部移したとき、水の深さは［　　　　］cmになります。

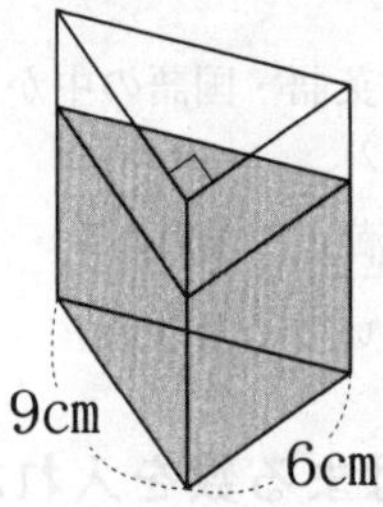

図1

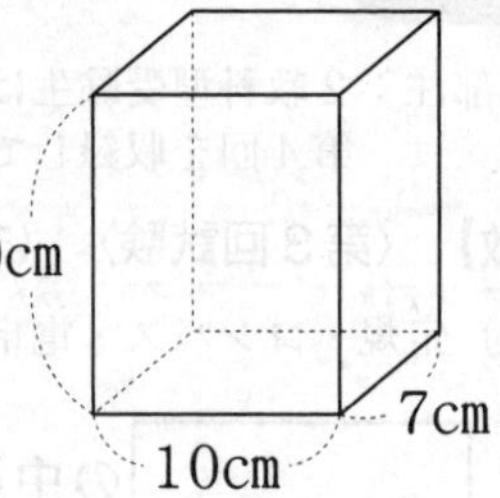

図2

2　値段が300円の品物があります。次の問いに答えなさい。

①　この品物を15％値上げしたときの値段は［　　　　］円です。

②　この品物を30個以上買うと31個目から5％値引きされます。50個買ったときの合計の値段は［　　　　］円です。

3　下のグラフは、あるクラスの算数の小テストの結果を表したものです。次の問いに答えなさい。

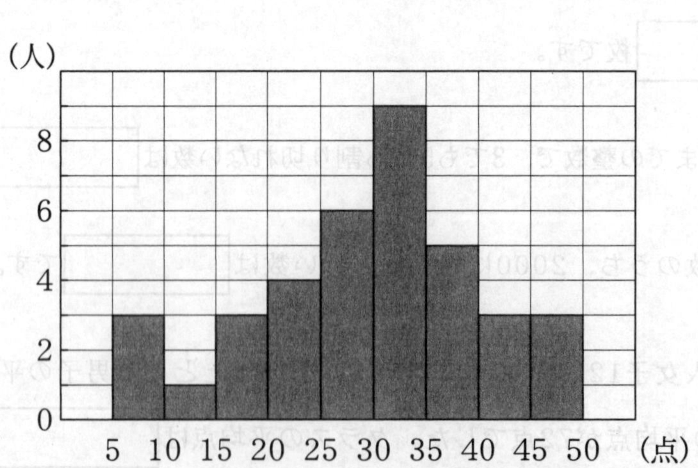

①　得点が小さい方から10番目の人は［　　　点以上　　　点未満］の範囲(はんい)に入っています。

② 30点以上45点未満の人は全体の約[　　　]％です。小数第二位を四捨五入して答えなさい。

4 図のような直方体の水そうに、最初は蛇口（じゃくち）㋐だけで水を入れ始めます。途中（とちゅう）で蛇口㋐を止め、蛇口㋑だけで水を入れます。途中までの水の深さと時間は下のグラフのようになりました。次の問いに答えなさい。

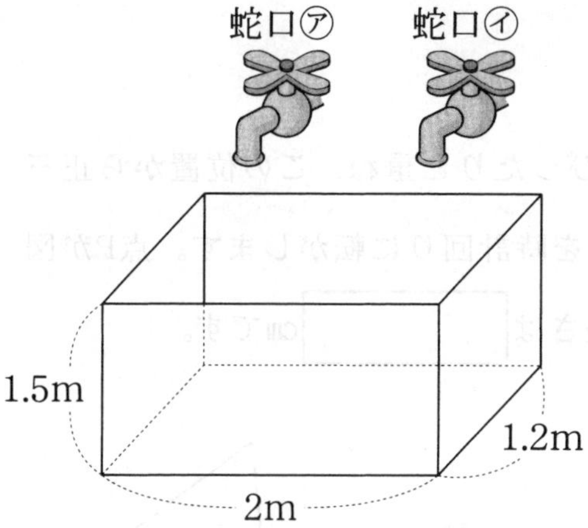

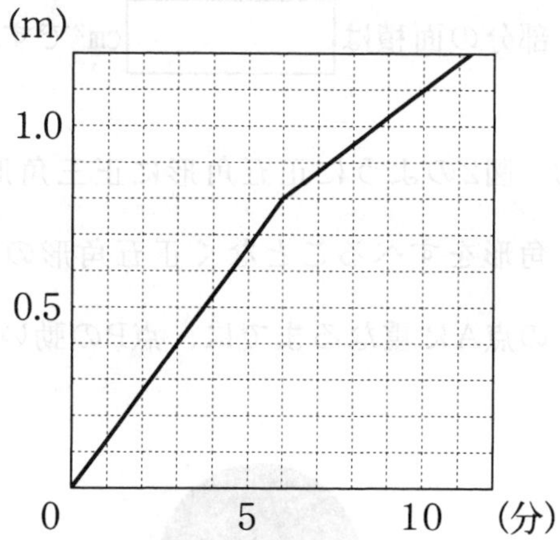

① 蛇口㋐からは毎分[　　　]m^3の水が入ります。

② 蛇口㋐と蛇口㋑の両方で最初から水を入れると、水そうが水でいっぱいになるのは[　　分　　秒]後です。

5 駅から1.2km離（はな）れた学校まで歩いて向かいます。駅から960m離れた場所に図書館があり、そこまでは平らな道です。図書館から学校までは上り坂になっています。上り坂を歩くときの速さは、平らな道を歩くときの速さの$\frac{3}{4}$です。次の問いに答えなさい。

① 平らな道を分速80mで歩くと、駅から学校まで[　　　]分かかります。

② 平らな道を分速[ ]mで歩くと、駅から学校まで13分20秒かかります。

6 1辺の長さが4cmの正五角形があります。次の問いに答えなさい。ただし、円周率を3.14とします。

① 図1は同じ半径の扇形(おうぎがた)と正五角形を組み合わせたものです。色のついた部分の面積は[ ]cm^2です。

② 図2のように正五角形に正三角形をぴったりと重ね、この位置から正三角形をすべることなく正五角形の周上を時計回りに転がします。点Pが図の点Aに重なるまでに、点Pの動いた長さは[ ]cmです。

図1

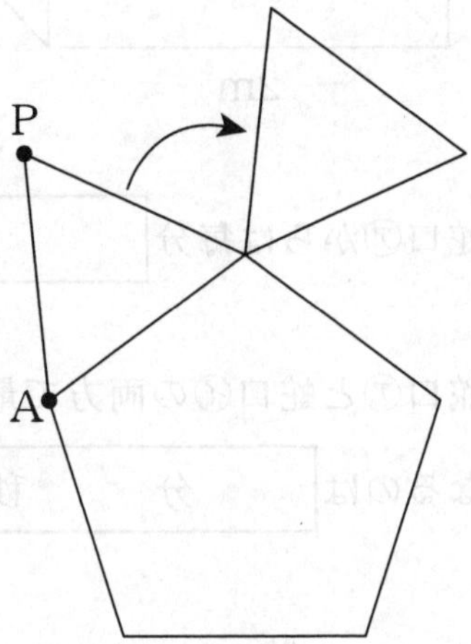

図2

【社　会】〈第３回試験〉（理科と合わせて50分）〈満点：50点〉

（注意）定規（じょうぎ）・コンパス・電卓（でんたく）は使わないでください。

1 次の地図と文について、以下の問いに答えなさい。

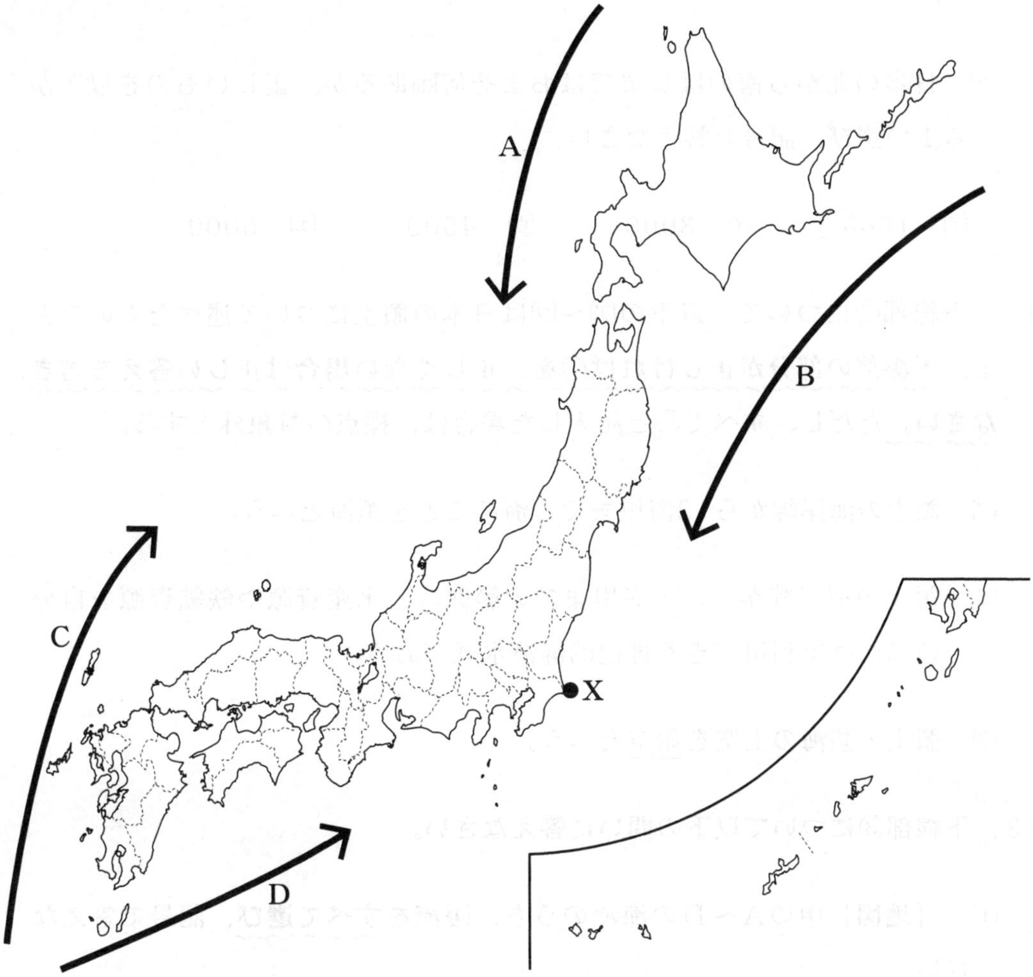

［地図］

日本は北海道・本州・四国・九州の４つの大きな島と、およそ14000の島々から成り立っている国です。①北東から南西の方向に弓のような形に並んでいて国土は細長い形をしています。また日本の領域は陸地に加えて、②海の範囲も含まれます。日本の周りの海には③海流や地形などの影響で多くの種類の魚が集まっており、④漁業が盛んに行われています。しかし、⑤領土をめぐる問題があるのも事実です。私たちは日本の良さと課題に向き合い、話し合っていくことが必要になります。

問１．下線部①について、以下の問いに答えなさい。

⑴　日本の最南端の島と最西端の島の名称を**解答らんに合う形**で答えなさい。

⑵　日本の北から南のはしまではおよそ何kmあるか。正しいものを以下から１つ選び、記号で答えなさい。

㈠　1500　　㈡　3000　　㈢　4500　　㈣　6000

問２．下線部②について、以下の㈠～㈢は日本の領土について述べたものである。**下線部の部分が正しければ○を、正しくない場合は正しい答えを書きなさい。**ただし、すべて○と記入した場合は、採点の対象外とする。

㈠　領土の海岸線から12海里までの海のことを領海という。

㈡　領土の海岸線から370海里までの範囲は、水産資源や鉄鉱資源を自分の国だけで利用できる排他的経済水域がある。

㈢　領土・領海の上空を領空という。

問３．下線部③について以下の問いに答えなさい。

⑴　**［地図］**中のＡ～Ｄの海流のうち、暖流を**すべて選び**、記号で答えなさい。

⑵　Ｄの海流名を**解答らんに合う形**で答えなさい。

⑶　暖流と寒流のぶつかるところでは、魚のえさとなるプランクトンが多く発生する。その理由の１つには海岸線から水深200mくらいまで続く、けい斜がゆるやかな海底が見られるからである。この海底のことを何と呼ぶか答えなさい。

問４．下線部④について、以下の問いに答えなさい。

⑴　［**地図**］中のＸは日本の中でも水あげ量が多い漁港である。この漁港の名前を**解答らんに合う形**で答えなさい。

⑵　Ｘの漁港がある千葉県では、漁業だけでなく、農産物でも国内生産量が日本で一番多いものがある。その品目として正しいものを以下から１つ選び、記号で答えなさい。

㋐　日本なし　　㋑　れんこん　　㋒　小松菜　　㋓　メロン

⑶　以下の［**図**］のグラフは漁業種類別生産量の推移を示したものである。このグラフについて述べた㋐～㋓のうち、**誤っているもの**を１つ選び、記号で答えなさい。

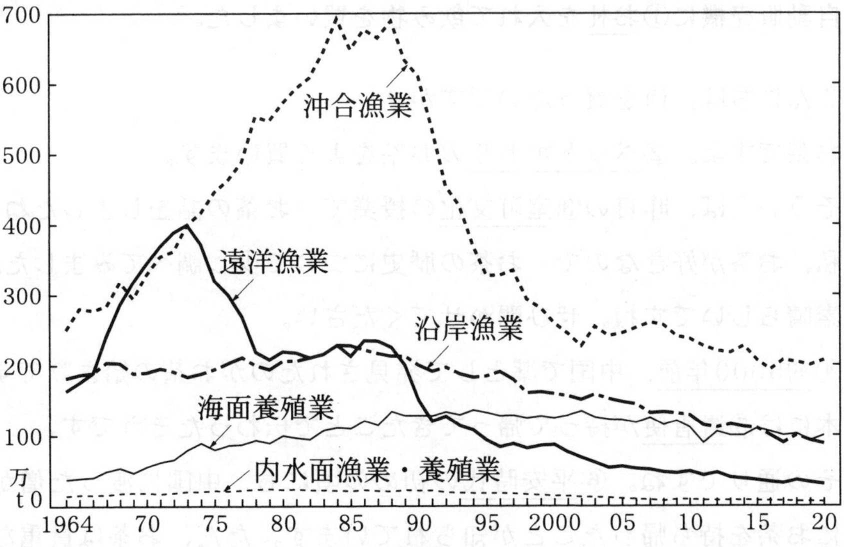

［**図**］　（『日本国勢図会』より）

㋐　2020年における沖合漁業の生産量は、1990年の数値の５割以上減少している。

㋑　2020年における沿岸漁業の生産量は、1990年よりも減っている。

㋒　2020年における遠洋漁業の生産量は100万ｔ以下となっている。

㋓　1980年から1990年にかけて全体の漁獲量が大きく減っている。

問５．海のよごれなどが原因でプランクトンが大量に発生して海が赤くなる現象を何と呼ぶか答えなさい。

問６．下線部⑤について、以下の(ア)～(ウ)のうち竹島と尖閣諸島について述べたものを１つずつ選び、それぞれ記号で答えなさい。

(ア) 北海道に属する日本の領土であるが、ロシア連邦が不法に占拠している。

(イ) 沖縄県に属する日本の領土であるが、中国が自国の領土であると主張している。

(ウ) 島根県に属する日本の領土であるが、韓国が不法に占拠している。

2 次の会話文を読んで、以下の問いに答えなさい。

Ａさんが自動販売機に①お札を入れて飲み物を買いました。

先生　：こんにちは。何を買ったのですか？
Ａさん：お茶ですよ。②ペットボトルのお茶をよく買います。
先生　：そういえば、昨日の③室町文化の授業で、お茶の話をしましたね。
Ａさん：私、お茶が好きなので、お茶の歴史について少し調べてみました。
先生　：素晴らしいですね。ぜひ聞かせてください。
Ａさん：④約5000年前、中国で薬として発見されたのがお茶の始まりです。日本には⑤遣唐使が持って帰ってきたことで伝わったそうです。
先生　：その通りですね。⑥平安時代の初めの頃にも、中国に渡った僧が日本にお茶を持ち帰ったことが知られています。ただ、お茶は貴重なものだったので、⑦貴族などの上流階級の人しか飲めませんでした。
Ａさん：⑧鎌倉時代にも、中国からお茶を持ち帰った僧がいて、その人は⑨将軍にお茶の良いところや飲み方を書いた本を渡したみたいです。
先生　：その頃のお茶は、どんなものだったか知っていますか？
Ａさん：⑩茶道で飲む抹茶のような飲み方だった、と調べたら出てきました。
先生　：よく調べましたね。今のペットボトルのお茶と同じようなものは、⑪江戸時代になってようやく登場します。まだまだぜいたく品でしたが、お茶を飲む習慣が⑫庶民にも広まってきました。お茶が日本人の生活に根付いたのは、大正の終わりから⑬昭和の初めにかけてと言われています。

Ａさん：こうやって気軽にお茶が飲めるのも、昔の人からすればすごいことなのですね。

問１．下線部①について、今年新たに発行される五千円札には、津田梅子が描かれます。この人物の説明として正しいものを以下から１つ選び、記号で答えなさい。

㋐　「君死にたまふことなかれ」の詩を発表した。
㋑　伝染病の研究所を設立して、若い医師を育てた。
㋒　「学問のすゝめ」などを書き、新しい考え方を広めた。
㋓　女子教育に力を尽くして、女子英学塾をつくった。

問２．下線部②について、ペットボトルの技術は1960年代後半にアメリカでできましたが、この頃の日本では、以下の写真のような問題がおきていました。これらの写真の説明文としてふさわしいものを以下から１つ選び、記号で答えなさい。

㋐　工場の排水に含まれている有害物質により、公害が発生した。
㋑　コンビナートから出る煙に含まれる有害物質により、公害が発生した。
㋒　突然変異したウイルスによって、重症化しやすい伝染病が発生した。

問３．下線部③について、この頃に作られた建物の写真に使われているつくりを何と呼ぶか、**漢字３字**で答えなさい。

問４．下線部④について、この頃の日本は縄文時代ですが、当時使われた道具として**誤っているもの**を以下から**２つ**選び、記号で答えなさい。

(ア) 土器　　(イ) つり針　　(ウ) 土偶
(エ) 銅鐸（どうたく）　　(オ) はにわ

問５．下線部⑤について、遣唐使が派遣されていた頃の人物を以下から１人選び、記号で答えなさい。

(ア) 卑弥呼　　(イ) 聖武天皇　　(ウ) 平清盛　　(エ) 源義経

問６．下線部⑥について、この時代に活躍した藤原道長が、力を持つために行ったことを以下から１つ選び、記号で答えなさい。

(ア) 自ら武士を率いて、対立する一族を攻め滅ぼした。
(イ) 大化改新を行って、新しい国づくりを始めた。
(ウ) 娘を天皇のきさきにして、天皇とのつながりを強くした。

問７．下線部⑦について、平安時代の貴族の様子を描いたものを以下から１つ選び、記号で答えなさい。

(ア)

(イ)

(ウ)

問８．下線部⑧について、この時代に活躍した人物を以下から１人選び、記号で答えなさい。

(ア)　鑑真　　(イ)　清少納言　　(ウ)　北条政子　　(エ)　世阿弥

問9. 下線部⑨について、Aさんは将軍と御家人の関係を次の図のようにまとめました。図の空らん（　1　）・（　2　）に当てはまる言葉を、どちらも**2字**で答えなさい。

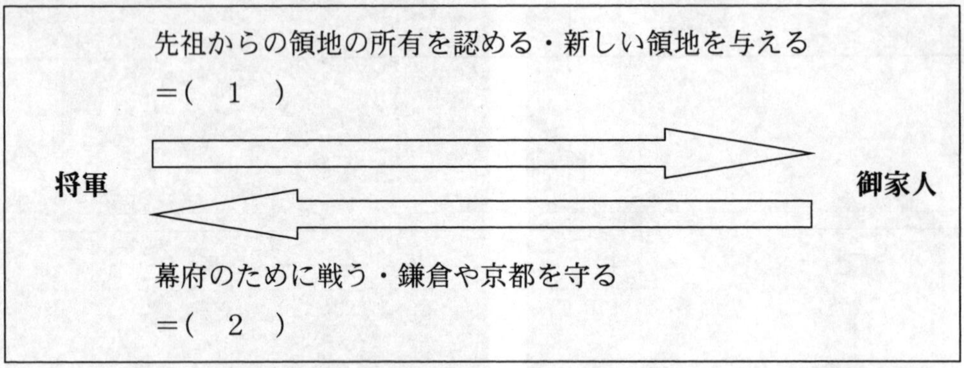

問10. 下線部⑨について、鎌倉幕府の初代将軍になった人物を答えなさい。

問11. 下線部⑩について、茶道と同じように、室町時代にさかんになって、現代まで続いている文化を以下から**2つ**選び、記号で答えなさい。

(ア)　狂言　　(イ)　人形浄瑠璃（じょうるり）　　(ウ)　歌舞伎（かぶき）
(エ)　生け花　　(オ)　蹴鞠（けまり）

問12. 下線部⑪について、この時代の政治について書かれた文として**誤っているもの**を以下から1つ選び、記号で答えなさい。

(ア)　キリスト教を禁止して、信者は厳しく取り締まられた。
(イ)　武家諸法度に違反した大名は処罰された。
(ウ)　参勤交代の制度が定められた。
(エ)　条約改正を目指して、外国との交渉が行われた。

問13. 下線部⑫について、江戸時代の庶民も買い求めた浮世絵の作品を以下から1つ選び、記号で答えなさい。

(ア)

(イ)

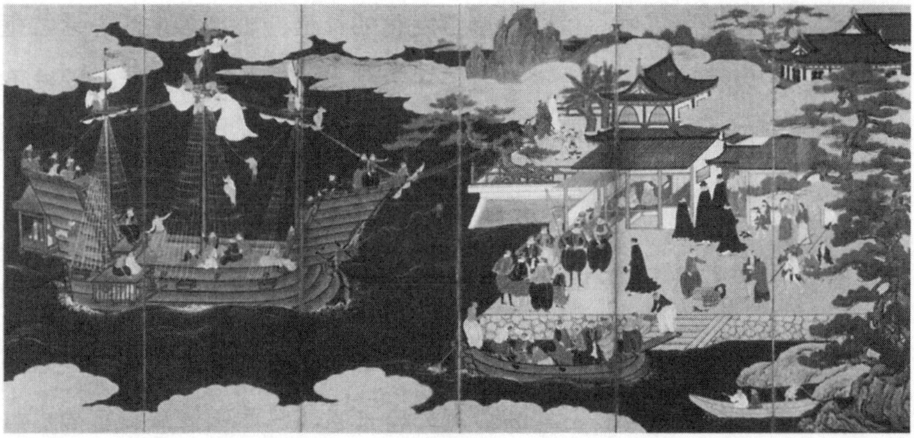

(ウ)

問14. 下線部⑬について、昭和20年にアジア・太平洋戦争が終わりますが、終戦までにおこった以下の(ア)～(ウ)の出来事をおこった順に並べ替え、記号で答えなさい。

(ア) ハワイにあるアメリカの軍港を攻撃する

(イ) 満州にいた日本軍が中国軍を攻撃する

(ウ) アメリカ軍が沖縄に上陸する

3 次の文を読んで、以下の問いに答えなさい。

①持続可能な開発のための17の目標が、2015年に国際連合で採択されました。世界のすべての人が取り残されずに、さまざまな②基本的人権が守られ、安全で安心な人間らしいくらしができることや地球に人間をはじめとする生物が住み続けられるよう③環境問題も解決・改善することを目指しています。

この目標は、④日本国憲法の考え方とも共通しています。例えば、前文には「われらは、平和を維持し、専制と隷従、圧迫と偏狭を地上から永遠に除去しようと努めている国際社会において、名誉ある地位を占めたいと思う。われらは、全世界の国民が、ひとしく恐怖と欠乏から免かれ、平和のうちに生存する権利を有することを確認する。」と宣言しています。

また、第25条で「すべて国民は、健康で文化的な最低限度の生活を営む権利を有する」としていわゆる（　１　）権を保障し、第26条で教育を受ける権利、第27条で勤労の権利などを保障しています。いずれも、この17の目標に関わっています。

問１．下線部①について、この目標の略称を**アルファベット**で答えなさい。

問２．下線部②について、日本国憲法では、さまざまな基本的人権を保障しています。一方で国民の義務も定められています。日本国憲法に定められている国民の義務として**正しいものを以下から２つ**選び、記号で答えなさい。

(ア)　健康で文化的な生活をする義務
(イ)　プライバシーを守る義務
(ウ)　宗教を信じる義務
(エ)　税金をおさめる義務
(オ)　子どもに教育を受けさせる義務
(カ)　働く人が団結する義務

問3．下線部③について、以下の問いに答えなさい。

⑴　地球環境問題のうち二酸化炭素などの温室効果ガスの排出量が増えた結果、発生している問題を何と呼ぶか、答えなさい。

⑵　⑴の問題の影響が出ている場所として、南太平洋上の島国であるツバルではどのような影響が出ているか簡単に説明しなさい。

問4．下線部④について、以下の問いに答えなさい。

⑴　日本国憲法が公布された11月3日は、何という祝日になっているか答えなさい。

⑵　日本国憲法第1条では「（　X　）は日本国の象徴」とされている。（　X　）に当てはまる言葉を**漢字2字**で答えなさい。

⑶　日本国憲法の三原則のうち、「基本的人権の尊重」以外の**2つ**の原則を答えなさい。

⑷　日本国憲法がこれまでに改正されたことがあるならば○印、ないならば×印と答えなさい。

⑸　日本国憲法において、立法権・行政権・司法権を与えられている機関をそれぞれ答えなさい。

問5．（　1　）に当てはまる言葉を**漢字2字**で答えなさい。

【理　科】〈第３回試験〉（社会と合わせて50分）〈満点：50点〉

（注意）定規（じょうぎ）・コンパス・電卓（でんたく）は使わないでください。

1　右の図は食べ物を消化するつくりを示しています。

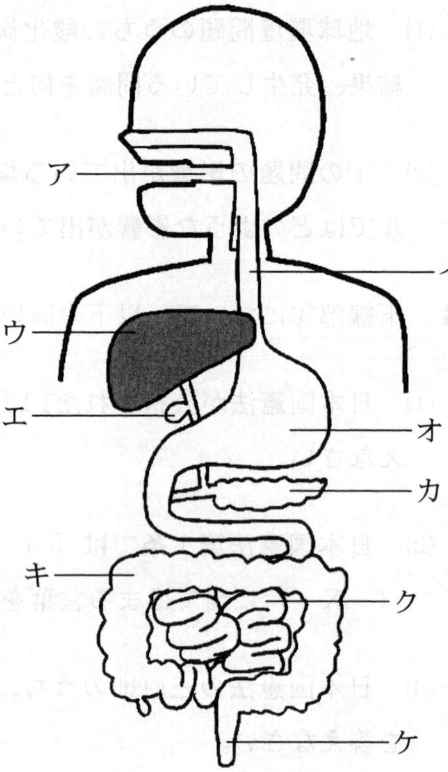

⑴　下の矢印は食べ物が通る道すじを表しています。（　①　）～（　③　）に入る記号を図のア～ケから１つずつ選び記号で答えなさい。

ア→イ→（　①　）→（　②　）→（　③　）→ケ

⑵　図のウ、オ、キの名前を答えなさい。

⑶　次の働きをするつくりを図のア～ケから１つずつ選び記号で答えなさい。

①　内側のひだにはたくさんの小さくつきでた物があります。ここでは食べ物にふくまれている養分を吸収します。

②　血液によって運ばれてきた養分の一部を一時的にたくわえ、必要なときに全身に送り出します。

うすいでんぷんのりを入れた試験管を３本用意しました。１本には、だ液を入れて（試験管①）、もう１本には、胃液を入れて（試験管②）、最後の１本には、消化液を入れませんでした（試験管③）。この３本の試験管を「ある温度の水」の中にしばらくつけておきました。その後、３本の試験管にヨウ素液をそれぞれ加えると、ヨウ素液の色が変わった試験管が２本ありました。

⑷　「ある温度の水」とは何℃になるかＡ～Ｄから選び記号で答えなさい。

Ａ：10℃　　Ｂ：40℃　　Ｃ：70℃　　Ｄ：100℃

(5)　ヨウ素液の色が変わった試験管を２本、試験管①、試験管②、試験管③から選び答えなさい。

(6)　ヨウ素液は何に反応して、何色に変化するかそれぞれ答えなさい。

2　様々な水よう液について以下の表のような実験を行いました。次の問いに答えなさい。

	塩酸	食塩水	水酸化ナトリウム水よう液	（　あ　）
青色のリトマス紙につける	赤く変わる	（　ア　）	変化しない	赤く変わる
赤色のリトマス紙につける	（　イ　）	（　ウ　）	（　エ　）	変化しない
水よう液を蒸発させる	においがする 何も残らない	（　い　）	白いものが 出てくる	何も残らない においもしない
スチールウールを加える	（　オ　）	変化しない	（　カ　）	溶ける

(1)　表の（　ア　）～（　カ　）に入る語句を下から選び答えなさい。ただし同じ語を２回以上使用してもよい。

[語句]

赤く変わる　　青く変わる　　緑色に変わる
変化しない　　溶ける

(2)　（　あ　）に入る水よう液は次のうちどれか。①～③より選び、数字で答えなさい。

①　砂糖水　　②　アンモニア水　　③　炭酸水

(3)　（　い　）に入る言葉は「白いものが出てくる」である。この白いものとは何か、答えなさい。

(4)　水酸化ナトリウム水よう液、食塩水、塩酸、（　あ　）は、それぞれ何性ですか。酸性、中性、アルカリ性から選び答えなさい。

3 長さが４［cm］の軽いばねＡ，Ｂがあります。ばねＡに様々なおもりの重さをつけたとき、ばねＡの長さは、下の表のようになりました。

表

おもりの重さ[g]	10	30	60	80
ばねＡの長さ[cm]	5	7	10	（ ア ）

(1) 表の（　ア　）に入る数字を答えなさい。

(2) ばねＢに30［g］のおもりをつるしたところ、ばねＡに10［g］のおもりをつるしたときと、同じ長さだけのびました。その関係を表した正しいグラフを下の①～③から選び数字で答えなさい。

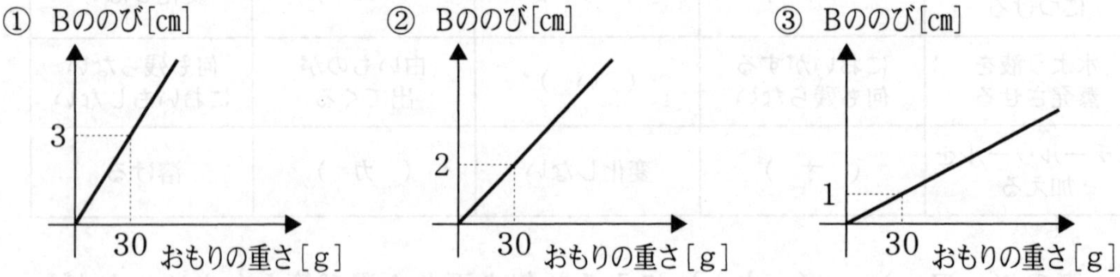

(3) ばねＢに60［g］をつけたときのばねＢの全体の長さは何［cm］になるか答えなさい。

(4) ばねＡが上、ばねＢが下になるように、直列にばねをつないで、120［g］のおもりを図のようにつるしました。ばねＡののびは何［cm］になるか答えなさい。ただし、ばねＢの重さは無視できるものとする。

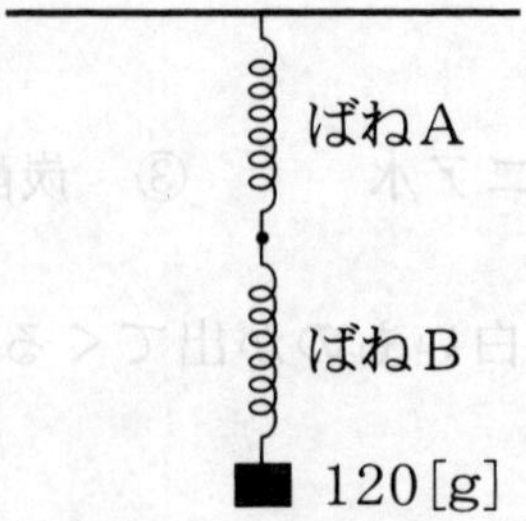

(5) (4)の問題において、Ａ，Ｂ合わせたばねの長さは何［cm］になるか答えなさい。

【英　語】〈第４回試験〉(50分)〈満点：100点〉

1 次の(1)から(8)の会話について、(　　　)に入れるのに最も適切なものを１，２，３，４の中から１つ選び、その番号を答えなさい。

(1) A：Who is that man standing over there?
B：(　　　) is my brother, John.
1．I　　2．You　　3．She　　4．He

(2) A：(　　　) is she?
B：She is 13-year-old.
1．How long　　2．How many　　3．How old　　4．How much

(3) A：Does your sister play any sports?
B：Yes. She (　　　) tennis.
1．play　　2．plays　　3．playing　　4．played

(4) A：Hello, Kate. How are you today?
B：(　　　).
1．Left　　2．Good　　3．Talk　　4．Next

(5) A：Whose is that textbook?
B：(　　　).
1．He　　2．She　　3．His　　4．It

(6) A：What (　　　) do you like the best?
B：I like cats.
1．animal　　2．song　　3．color　　4．fruit

(7) A：Where is my pen?
B：It is (　　　) the desk.
1．good　　2．on　　3．not　　4．soccer

(8) A：That is Shohei. Do you know (　　　)?
B：Yes. He is my favorite baseball player.
1．you　　2．me　　3．her　　4．him

2 次の⑴から⑸の会話について、(　　　)に入れるのに最も適切なものを１，２，３，４の中から１つ選び、その番号を答えなさい。

⑴ A：What day is it today?

B：(　　　).

１．It's Sunday　　２．It's rainy

３．It's under the desk　　４．It's February 14th

⑵ A：Do you play tennis?

B：(　　　).

１．I go by bus　　２．You're welcome

３．Yes, I do　　４．I am happy

⑶ A：Which phone is hers?

B：(　　　).

１．The pink one　　２．So long

３．My phone　　４．Here you are

⑷ A：What is he doing?

B：(　　　).

１．I am a student　　２．He is playing soccer

３．She was good　　４．You are fine

⑸ A：Can you wait here?

B：(　　　).

１．No, I didn't　　２．I waited for her

３．I call the waiter　　４．Yes, I can

3 次の⑴から⑷の会話について、後に続く言葉として最も適切なものを１，２，３，４の中から１つ選び、その番号を答えなさい。

⑴ A：What is your favorite country?

B：France. I want to go there.

A：Do you speak French?

B：(　　　).

１．I love London　　２．Thank you so much

３．No, I don’t　　４．It is sunny today

⑵ A：What is your name?

B：My name is Shohei. How about you?

A：(　　　).

１．I like movie　　２．It was great

３．My dog is so cute　　４．My name is Hanako

⑶ A：I got a new textbook.

B：How did you get it?

A：(　　　).

１．I bought it on the Internet　　２．The convenience store is really far from here

３．It was good　　４．A week ago

⑷ A：What kind of novels do you like?

B：I love science fiction.

A：(　　　).

１．I went to the park　　２．Me, too

３．I eat ice cream　　４．Yes, I have been to London

4 次の日本語の意味に合う英文になるように(　　)内の語(句)を並べかえなさい。ただし文頭に来る語(句)も小文字で書かれている。

(1) 私は明日山登りはしません。
(tomorrow / the mountain / I / climb / won't).

(2) ピアノを弾くことはとても楽しい。
(the piano / playing / is / fun / very).

(3) 私の姉は昨日一つのケーキを母に買った。
(my mother / my sister / a cake / yesterday / bought).

(4) その犬は日本で一番大きい。
(is / in / the / the dog / biggest / Japan).

(5) 私は英語を勉強するためにそのアプリを買いました。　※app…アプリケーション
(bought / to study / the app / English / I).

(6) あの大きな建物を見てください。
(at / building / that / look / big).

5 次の日本語の意味に合うように(　　)に適切な語を答えなさい。

(1) 彼らは英語の先生ですか？
(　　)(　　) English teachers?

(2) 彼女は明後日公園でサッカーをするつもりです。
She is (　　)(　　) play soccer day after tomorrow.

(3) なぜあなたは英語を勉強するのですか。
(　　)(　　) you study English?

(4) 彼はわたしと同じくらい速く走る。
He runs (　　) fast (　　) me.

(5) このUSBは私のものです。
(　　) USB is (　　).

(6) 私は英語を勉強しなければなりません。
I (　　)(　　) study English.

6 (　　)内の指示にしたがって英文を書きかえなさい。

⑴ They are my teachers.(否定文に)

⑵ She is playing the guitar in her room <u>now</u>.(下線部を“then”にかえて)

⑶ There are <u>apples</u> on the desk.(下線部を単数形にかえて)

⑷ You do your homework.(命令文にかえて)

⑸ You are <u>12 years old</u>.(下線部を尋ねる疑問文に)

⑹ He is from <u>Japan</u>.(下線部を尋ねる疑問文に)

7 次の日本文を英文に直しなさい。

⑴ 私は毎日英語を勉強します。

⑵ 彼は先週末テニスをしました。

⑶ 私の学校の前に大きな病院があります。

⑷ ケンは英語を話すことが上手です。

⑸ あなたは何も買ってはいけません。

⑹ 私たちにとって腕時計を売ることは簡単だ。

8 次の英文を日本文に直しなさい。

⑴ We know her well.

⑵ Please open the window.

⑶ When do you do your homework?

⑷ Bob did not come to the party yesterday.

⑸ Write your name with a pen.

⑹ I lived in Nara when I was a little boy.

9 次の日本語を英語に直しなさい。

⑴ ２月　⑵ 火曜日　⑶ 月曜日　⑷ ３月　⑸ 姉

⑹ 母　⑺ 青色　⑻ 黄色　⑼ リンゴ　⑽ オレンジ

ア　草食動物が近づいてくる天敵の存在を察知しやすくなること。
イ　草食動物が天敵に対して立ち向かうこと。
ウ　肉食動物が狩りのチャンスを何度も得ること。
エ　肉食動物のなわばり争いをする回数を大きく減らすこと。

問6　――③「水族館の水槽ではイワシはだんだんと群れなくなってくるらしい」とありますが、なぜ水族館のイワシは群れなくなっていると考えられるのですか。本文中の言葉を使って説明しなさい。

問7　――④「大きな魚は群れに突入することはなく、群れから離れた小魚を捕らえて食べている」とありますが、その理由として最も適当なものを次の中から一つ選び、記号で答えなさい。

ア　群れている小魚を狙うと大きな魚同士の競争になってしまうから。
イ　群れから離れた小魚を狙った方が大きな魚にとって簡単だから。
ウ　大きな群れとなった小魚に自分が襲われてしまう可能性があるから。
エ　肉食動物には本能的に強い存在よりも弱い存在を狙う習性があるから。

問8　この文章は何について述べていますか。「弱い生き物」、「天敵」、「群れ」という言葉を用いて自分の言葉で説明しなさい。

問2 [　] に適当な言葉として最も適当なものを次の中から一つ選び、記号で答えなさい。

［ア 一期一会　イ 風林火山　ウ 弱肉強食　エ 花鳥風月］

問3 次の文章は本文中のどこにあてはまりますか。[　] Ⅰ〜Ⅲの中から最も適当なものを一つ選び、記号で答えなさい。

> 食べられる側の弱い生き物は、群れて身を守る。

問4 ——①「生物が群れを作るのには、いくつかの理由がある」とありますが、その理由について説明した次の文の [　] a・bにあてはまる言葉を本文中からaは2字、bは7字で探し、ぬき出して答えなさい。

> 弱い生物が群れを作ると [a] に対する警戒能力が高まり、また [b] がいることで自分が襲われる可能性が低くなるから。

問5 ——②「サバンナでは、シマウマだけでなく、ガゼルやキリンなど、異なる種類の動物が集まって群れを成している」とありますが、こうすることによってどのようなことが可能になるのですか。最も適当なものを次の中から一つ選び、記号で答えなさい。

ちなみに「鰺(アジ)」という漢字は、アジが群れて集まることから、魚へんに「参」と書くとも言われている。アジもまた、敵から身を守るために群れを作る弱い魚である。

青魚や光物と言われるイワシやアジは、セナカ[e]が青くキラキラとしている。これは、天敵である海鳥が空から見たときに、海の青に溶け込むような色合いになっているのである。

逆に、海の底から天敵の大型の魚やイルカなどが下から見たときには、まぶしい太陽の光で白んだ海面に映る空の白色に溶け込むように、腹側が白くなっている。

イワシやアジのセナカが青く、腹側が白いのは、天敵から身を守るための※保護色なのである。

※保護色…生物が体の色によって、周囲の物と見分けがつきにくくなっていること。

Ⅲ

〜中略〜

それでは、強い生き物は群れないのかというとそんなことはない。

弱い者が群れればそれに対抗するために強い者も群れなければならない。「弱いやつほど群れたがる」と言われる。しかし生物にとって「群れ」とは機能的なチームなのである。

（新潮社『弱者の戦略』稲垣栄洋）

問１ 〜〜〜ａ〜ｅのカタカナを漢字に直しなさい。

［ａ　ムチュウ　　ｂ　キケン　　ｃ　クらし　　ｄ　モクヒョウ　　ｅ　セナカ］

になってしまうのではないだろうか。

小魚が群れて一斉に泳ぐと、あたかも大きな生物が動いているように見える。これが小さな魚が群れを作る効果の一つである。また、群れとなって動いていると、天敵がdモクヒョウを定めにくい。※やみくもに襲っても、獲物を捕らえることはできないのだ。

確かに、④大きな魚は群れに突入することはなく、群れから離れた小魚を捕らえて食べている。小さな魚が一斉に動くのは、大きな魚も怖いのだろう。

Ⅰ

また、シマウマの例と同じように、小さな魚が集まって警戒することで、一匹でいるよりも、天敵を見つけやすくなる。さらに、天敵だけでなく、エサを見つけやすくなるという効果もある。このように、群れを作ることで、得られる情報量が多くなり、リスクを回避したり、メリットを得やすくなるのである。

「鰯(イワシ)」という字は、魚へんに弱いと書く。これは、イワシは鱗がはがれやすく※陸揚げした後に傷みやすいことに由来している。そもそも「イワシ」という名前も「よわし」が※転訛したとも言われている。小さなイワシはさまざまな魚のエサになる。海の中の世界でも、字のとおり弱い存在と言えるだろう。

Ⅱ

しかし、そんな弱い存在のイワシにも身を守る戦略がある。

じつは、漢字の由来となった鱗がはがれやすいこともイワシの戦略の一つである。大きな魚に襲われたときには、キラキラとした鱗が取れる。この鱗に敵が気を取られているうちに、逃げるのである。

※やみくも…前後のみさかいがないこと。

※陸揚げ…船の荷物を陸上に運び移すこと(この場合は魚のことを指す)。

※転訛…言葉のもともとの音が、なまって変わること。

うして、さまざまな能力を持つものが集まることによって、天敵に対抗しているのである。つまりは、異能集団のチームとなっているのだ。

一方、群れることによって、自分が襲われるリスクが減るという※メリットもある。たとえ群れが襲われたとしても、たくさんの仲間がいるので、天敵に狙われにくくなるのだ。ライオンに群れが襲われたといっても、餌食（えじき）になるのは一頭だけである。一頭しかいなければ、どこまでも狙われるのは、自分だけであるが、群れの中に紛（まぎ）れていれば、その中で自分がターゲットになる確率は低い。これは「※希釈（きしゃく）効果」と呼ばれている。

自分より足の遅い仲間がいれば、自分は逃げ切ることができる。また、足の遅いシマウマにとっても、一斉に逃げていれば、自分が狙われる可能性は低い。運が悪ければ獲物になってしまうが、群れが大きければ大きいほど、貧乏（びんぼう）くじを引くリスクは低いのである。

〜中略〜

イワシの群れはどうだろう。

イワシも、何万匹（びき）という大きな群れを作って c クらしている。最近では水族館などでも、イワシの巨大な群れを見ることができるようになった。右へ左へと一斉に動く「いわし玉」は壮観（そうかん）だし、エサを与えたときに群れ全体が渦（うず）を巻くような「イワシのトルネード」も水族館の目玉になっている。

もっとも、③<u>水族館の水槽（すいそう）ではイワシはだんだんと群れなくなってくるらしい</u>。天敵がいないため、油断してくるというのだ。ということは、イワシは何となく集まっているわけではなく、間違いなく天敵に対抗するために、努めて群れを作っているのである。

テレビなどでは、小さな魚のまわりを、獲物を狙った大きな魚が泳ぎまわっているようすをよく見かける。しかし、どうだろう。大きな魚が小魚の群れの中に突入（とつにゅう）すれば、小さな魚は食べられ放題

※メリット…価値があること。

※希釈…ある濃い状態のものに、何かを足してうすくすること。

二 次の文章を読んで後の問いに答えなさい。

自然界は「　　　　」である。

強い者だけが生き残り、弱い者は滅(ほろ)びゆく。それが自然の厳しい掟(おきて)である。それでは、弱い者は本当に滅びゆくしかないのだろうか?

よく「弱いやつほど群れたがる」と言われる。確かに弱い生き物は群れを作る。小さなイワシは、群れで泳いで大きな魚から身を守るし、シマウマもライオンを恐(おそ)れて群れている。

しかし、群れているということは、それだけ肉食動物にとっては見つけやすいということでもある。また、獲物(えもの)が集まっているということは、肉食動物にとっては何とも魅力(みりょく)的な話だ。群れると、ただ、襲(おそ)われやすくなり、食べられ放題になってしまうだけのように見える。どうして、そんな行動をわざわざするのだろうか?

天敵に対する対抗(たいこう)手段として、①生物が群れを作るのには、いくつかの理由がある。

一つには、天敵に対する警戒(けいかい)能力が高まることがある。一頭で警戒しているよりも、たくさんの仲間で警戒する方が、天敵を見つけやすい。一頭で草を食べていれば、天敵に狙(ねら)われやすいが、草を食べていない仲間が警戒していれば、aムチュウになって草を食べることができるだろう。

②サバンナでは、シマウマだけでなく、ガゼルやキリンなど、異なる種類の動物が集まって群れを成している。首の長いキリンは遠くを見渡(みわた)すことができる。その代わりに、遠くばかり見ているキリンは、シマウマのように近くはなかなか見えないだろう。あるいは、ガゼルは音に敏感(びんかん)で、いち早く物音に気が付くことができる。

そして群れの中の一頭でもbキケンを察知して逃(に)げ始めれば、群れ全体が一斉(いっせい)に逃げ始める。こ問７ ――④「奇妙な興奮」とありますが、この気持ちについて説明した次の文の［a］［b］にあてはまる言葉を、本文中から［a］は２字、［b］は７字でそれぞれ探し、ぬき出して答えなさい。

> 母親に［a］されている食事を、両親がいない間に楽しむという［b］を味わい、高ぶった気持ち。

問８ ――⑤「隣のベッドでお姉ちゃんがこわい顔をした」とありますが、「お姉ちゃん」が「私」に対してそのような行動をとったのはなぜですか。その理由として、最も適当なものを次の中から一つ選び、記号で答えなさい。

ア 楽しい夜を過ごし、はやくいい気分で眠りにつきたいと考えているから。
イ いつまでも食事を思い返して、浮かれた様子の妹に腹が立っているから。
ウ 妹たちの様子で両親にあやしまれるのではないかと、あぶなく感じたから。
エ 一日だけの楽しい食事が終わってしまったので、残念に思っているから。

問４ ――①「豊お兄ちゃんは慌てて横を向き」とありますが、このときの「豊お兄ちゃん」の気持ちとして最も適当なものを次の中から一つ選び、記号で答えなさい。

ア　両親が出かけた後のことを考え、楽しくなっている。
イ　急に姉に怒られたので、機嫌が悪くなっている。
ウ　自分の不自然な行いを姉に責められ、あせっている。
エ　計画がばれたのではないかと、不安を感じている。

問５ ――②「横顔でお姉ちゃんが許可をした」とありますが、「お姉ちゃん」が間食を許したのはなぜですか。その理由として、最も適当なものを次の中から一つ選び、記号で答えなさい。

ア　これから行われることに比べれば、間食などたいしたことではないから。
イ　いつもの食事によって健康でいられるので、体をこわす心配がないから。
ウ　両親が出かけ、はやく計画を行うために気にしている場合でないから。
エ　豊お兄ちゃんは、三歳の子どものように幼い人だと思われているから。

問６ ――③「幸福なバケツ」とありますが、これは何をたとえた表現ですか。わかりやすく説明しなさい。

問１　（　　）A・Bにあてはまる言葉として最も適当なものを次の中からそれぞれ選び、記号で答えなさい。

［ア　びくびく　　イ　どきどき　　ウ　ぞろぞろ　　エ　おろおろ　　オ　むかむか］

問２　X にあてはまる、顔の一部分をあらわす言葉として最も適当なものを次の中から一つ選び、記号で答えなさい。

［ア　眉（まゆ）　　イ　目　　ウ　鼻　　エ　耳　　オ　唇（くちびる）］

問３　本文中には次の一文がぬけています。本文中の　　　Ⅰ～Ⅲの中から、これをもどすとするのに最も適当なものを一つ選び、記号で答えなさい。

> 私も九歳になれば、あんな風に大人っぽく振る舞えるだろうか。

て、ベッドの下に隠(かく)しておいた憧(あこが)れの食べ物――カップラーメン、派手なオレンジ色のソーセージ、ふわふわのミルクせんべいと梅ジャム、コンビニエンスストアの、正三角形の大きなおむすび、生クリームがいっぱいの、百円で売っているジャンボシュークリーム――を思いきり食べた。好きな場所で、好きなだけ。理穂お姉ちゃんはおむすびを庭で食べたし、私はベッドの中で梅ジャムを舐(な)めた。お兄ちゃんたちは二人で、げらげら笑いながらお風呂場(ふろば)に隠れてラーメンを啜(すす)った。歩きながら食べたり、歌いながら食べたりもした。禁止事項(じこう)は全部やってみることにしていたのだ。大騒(さわ)ぎの夜ごはん。時々お姉ちゃんがうっとりと、

「ああ、身体(からだ)に悪そう」

とつぶやいて、それをきくと私はぞくぞくした。スリルと罪悪感。胸の中で、梅ジャムとシュークリームがまざりあう。

片づけがすんだのは九時頃(ごろ)だった。歯を磨(みが)いてベッドに入ったとき、私は少し気持ちが悪くなっていたのだけれど、頭の中は④奇妙(きみょう)な興奮(こうふん)で満ち足りていた。楽しくて、乱暴で、賑(にぎ)やかな夜だった。水に溶(と)かす粉末ジュースを飲んで、口のまわりがまあるくオレンジ色になったときなど、みんな気が狂(くる)ったみたいに笑った。すごくすごく可笑(おか)しかったのだ。思いだして笑っていたら、⑤隣のベッドでお姉ちゃんがこわい顔をした。

「早く寝なさい」

もうすぐパパとママが帰ってくる。私たちの髪(かみ)をなでながら、ママはきっと訊(き)くだろう。ごはんはちゃんと食べたの、って。私たちはにっこり笑う。うん、食べたわ。とってもおいしかった。

窓の外には大きなお月様。床一面、月あかりに濡(ぬ)れている。

(新潮文庫『つめたいよるに』所収「子供たちの晩餐」江國香織)

「間食なんてとるにたらないことだわ」

六時になると、もうすっかり暗くなっていた。藍色の空に、白い月が低く引っかかっている。

「いくぞ」

豊お兄ちゃんが言い、私たちは（　　Ｂ　　）と庭にでた。庭の左端、椿の木の手前に、シャベルで深く穴を掘る。土は黒々としめりけをおび、掘りおこされたミミズをいじっていた久お兄ちゃんは、爪の間がどろどろに汚れた。闇が濡れているみたいに青いので、電信柱の街灯に照らされて、みんなの顔が白くうかびあがっている。

「いいみたい」

お姉ちゃんが言ったとき、穴はバケツくらい深くなっていた。

私たちは台所に駆け戻り、それからまた庭に戻って、ぱっくりと口をあけた土のバケツに、一人一人パンを投げ捨てた。鮮やかな緑色の冷えたサラダを捨て、チキンソテーを捨て、つけあわせのにんじんとほうれん草も捨てた。その上からレモンジュースをどぼどぼ撒くと、バケツはお腹一杯の、幸福な胃袋みたいに見えた。

「からだにいいものばかりだから大丈夫よ」

私が言い、そうそう、と久お兄ちゃんも言う。

「これで成人病にならずにすむよ」

月はだいぶ高い位置にのぼり、私たちは穴にどさどさと土をかけ、③幸福なバケツを埋めたてた。

「よし。食事にしよう」

豊お兄ちゃんを先頭に、私たちはまず手を洗い、うがいをした。それからパーティーみたいにし

「いい子にしてるんだぞ」

パパは言い、大きな手で久お兄ちゃんの頭をぽんとたたいてから、私を抱きあげた。細い指で横から私のほっぺたをつつき、最後にママが言う。

「詩穂ちゃんをなかせちゃだめよ」

ママの指はつめたくて、香水の匂い。エヘヘ。いつだって私は特別扱いだ。まだたったの四歳だし、何といっても末っ子なのだ。たとえ久お兄ちゃんの方がずっと泣き虫だとしても。

「いってらっしゃい」

私たちは言い、パパとママを見送った。［Ⅲ］

台所に駆けこむと、冷蔵庫の中にサラダとレモンジュース、テーブルの上にパンとりんごと、電子レンジであたためればいいだけのチキンソテー（お皿の下にそれぞれの名前を書いた紙があり、お肉の大きさやつけあわせの量が加減されている）がおいてある。ママのお料理はいつも完璧。だから私たちは虫歯ひとつないし、ママは十年間同じ体重（四十七・五キロ）を維持している。勿論、パパは※成人病に罹らない。

「行動開始は六時だな」

りんごを齧りながら豊お兄ちゃんが言った。

「間食！」

久お兄ちゃんが咎め（うちでは、三歳までしか間食が認められていない）、しかしそれは非難というより※羨望の声だった。

「今日はいいことにしましょう」

暮れていく空を見ながら、②<u>横顔でお姉ちゃんが許可をした。</u>

※成人病…四十歳以上の人がかかりやすい糖尿病、高血圧症、心臓病などの病気。

※羨望…他人をうらやましいと思う気持ち。

2024年度

帝京大学系属帝京中学校

【国　語】〈第三回試験〉（五〇分）〈満点：一〇〇点〉

（注意）問いのなかで字数に指定のあるときは、特に指示がない限り、句読点などもその字数にふくめます。

一　次の文章を読んで、後の問いに答えなさい。

私たちは玄関で、もうどうしようもなく（　　Ａ　　）していた。とうとうこの日がきたのだ。何日も前からこっそり楽しみにしていた日、お小遣をだしあって、四人で準備しておいた計画の実行日。

「きちんと戸閉まりして、早く寝るのよ」

ママが言い、私はたちまち心細くなったけれど、理穂お姉ちゃんは長女らしいおちつきをもってうなずいた。賢そうな広い額、余裕のある口元。［Ⅰ］

「宿題もちゃんとやるのよ」

ママの言葉に、豊お兄ちゃんは愛想よくこたえる。

「うん。わかってるよ」

理穂お姉ちゃんが顔をしかめたのと、ママがこう言ったのと、ほとんど同時だった。

「あら、ずいぶん素直なのね」

いつものお兄ちゃんならまず舌打ちし［Ｘ］をとがらせて不満気に、わかってるよと言うのが関の山だ。①これじゃ、※胸にイチモツありますって告白してるみたいじゃないの、ってお姉ちゃんが目で諭す。豊お兄ちゃんは慌てて横を向き、不貞腐れた態度を取り繕った。八歳にもなって、お兄ちゃんは本当に演技力がない。［Ⅱ］

※胸にイチモツ…胸に一物。口には出さないが、心の中にたくらみを抱くこと。

2024年度

帝京大学系属帝京中学校 ▶解説と解答

算　数　＜第３回試験＞（50分）＜満点：100点＞

解　答

$\boxed{1}$ ①　2024　②　9　③　$\frac{1}{20}$　④　2　⑤　69　⑥　51　⑦　27　⑧　2006　⑨　70.8　⑩　2.7　$\boxed{2}$ ①　345　②　14700　$\boxed{3}$ ①　20点以上25点未満　②　45.9　$\boxed{4}$ ①　0.32　②　7分12秒　$\boxed{5}$ ①　16　②　96　$\boxed{6}$ ①　43.96　②　40.192

解　説

$\boxed{1}$ 四則計算，計算のくふう，速さ，相当算，約数と倍数，平均とのべ，水の深さと体積

①　$(26+34\times29)\times2=(26+986)\times2=1012\times2=2024$

②　$A\times B+A\times C=A\times(B+C)$となることを利用すると，$0.45\times13.5+0.45\times6.5=0.45\times(13.5+6.5)=0.45\times20=9$

③　$\frac{7}{5}\div6\div\frac{14}{3}=\frac{7}{5}\times\frac{1}{6}\times\frac{3}{14}=\frac{1}{5}\times\frac{1}{6}\times\frac{3}{2}=\frac{1}{5}\times\frac{1}{2}\times\frac{1}{2}=\frac{1}{20}$

④　$\left(\frac{4}{5}-\frac{1}{3}\right)\times2\frac{1}{2}+\frac{5}{6}=\left(\frac{12}{15}-\frac{5}{15}\right)\times\frac{5}{2}+\frac{5}{6}=\frac{7}{15}\times\frac{5}{2}+\frac{5}{6}=\frac{7}{3}\times\frac{1}{2}+\frac{5}{6}=\frac{7}{6}+\frac{5}{6}=\frac{12}{6}=2$

⑤　１時間＝60分より，１時間は２分の，60÷２＝30(倍)であり，電車は１時間で，2300×30＝69000(m)進むとわかる。１km＝1000mより，69000mは，69000÷1000＝69(km)なので，電車の速さは時速69kmとなる。

⑥　カードの枚数を兄は$\boxed{5}$枚，弟は$\boxed{3}$枚とすると，$\boxed{5}+\boxed{3}=\boxed{8}$より，$\boxed{8}$あたりの枚数は136枚とわかる。よって，$\boxed{1}$あたり，136÷８＝17(枚)となるので，弟がもらうカードの枚数は，$\boxed{3}$＝17×３＝51(枚)と求められる。

⑦　３で割り切れる数は３の倍数，５で割り切れる数は５の倍数である。１から50までの整数で３の倍数は，50÷３＝16あまり２より16個，５の倍数は，50÷５＝10(個)ある。３でも５でも割り切れる数は，３と５の公倍数であり，15の倍数なので，１から50までの整数で15の倍数は，50÷15＝３あまり５より３個ある。よって，右上の図でイは３個であり，アは，16－３＝13(個)とわかる。これより，３か５で割り切れる数は，ア＋(イ＋ウ)＝13＋10＝23(個)となり，３でも５でも割り切れない数は，△＝50－23＝27(個)と求められる。

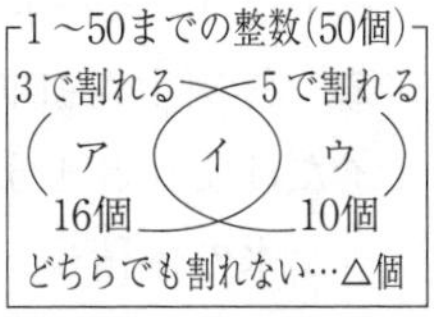

⑧　2000÷17＝117あまり11より，2000以下の整数のなかで最大の17の倍数は，17×117＝1989とわかる(2000－11＝1989と求めてもよい)。2000より大きい整数のなかで最小の17の倍数は，1989の次の17の倍数なので，1989＋17＝2006である。よって，2000－1989＝11，2006－2000＝６より，2006が17の倍数のうち2000にもっとも近い数だとわかる。

⑨　(合計点)＝(平均点)×(人数)より，男子の合計点は，70×18＝1260(点)，女子の合計点は，72×12＝864(点)である。よって，クラス全員の合計点は，1260＋864＝2124(点)となり，(平均点)＝

(合計点)÷(人数)より，クラスの平均点は，2124÷(18＋12)＝2124÷30＝70.8(点)とわかる。

⑩　問題文中の図１の容器の底面積は，９×６÷２＝27(cm^2)なので，水の体積は，27×７＝189(cm^3)とわかる。問題文中の図２の容器の底面積は，７×10＝70(cm^2)なので，図２の容器に水を全部移したときの水の深さは，189÷70＝2.7(cm)となる。

2　割合と比

①　300円の15％は，15％を小数で表すと0.15なので，300×0.15＝45(円)となり，45円値上げした。よって，値上げした後の値段は，300＋45＝345(円)とわかる。

②　30個目までの合計の値段は，300×30＝9000(円)である。また，５％値引きしたときの１個あたりの値段は，５％＝0.05より，300×(１－0.05)＝285(円)となる。５％値引きされる個数は，１個目から30個目までの30個をのぞいた，50－30＝20(個)なので，値引きされた品物の合計の値段は，285×20＝5700(円)とわかる。よって，50個買ったときの合計の値段は，9000＋5700＝14700(円)と求められる。

3　表とグラフ

①　算数の点数を表にまとめると，右の図となる。20点未満の人数は，３＋１＋３＝７(人)，25点未満の人数は，７＋４＝11(人)なので，得点が小さい方から10番目の人は，20点以上25点未満の範囲にいる。

②　右の図より，30点以上45点未満の人数は，９＋５＋３＝17(人)である。また，人数の合計は，△＝３＋１＋３＋４＋６＋９＋５＋３＋３＝37(人)となり，30点以上45点未満の人の全体に対する割合は，17÷37＝0.4594…とわかる。これを百分率になおすと，0.4594…×100＝45.94…となり，小数第２位を四捨五入して約45.9％と求められる。

点数(点)	人数(人)
5以上10未満	3
10以上15未満	1
15以上20未満	3
20以上25未満	4
25以上30未満	6
30以上35未満	9
35以上40未満	5
40以上45未満	3
45以上50未満	3
合計	△

4　水の深さと体積

①　右の図で蛇口(じゃぐち)㋐だけで水を入れるとき，かげをつけた部分から，㋐だけ使うと３分間で水の高さが0.4m上がるとわかる。よって，３分間で入った水の体積は，２×1.2×0.4＝0.96(m^3)となり，蛇口㋐から１分間で入る水の量は毎分，0.96÷３＝0.32(m^3)と求められる。

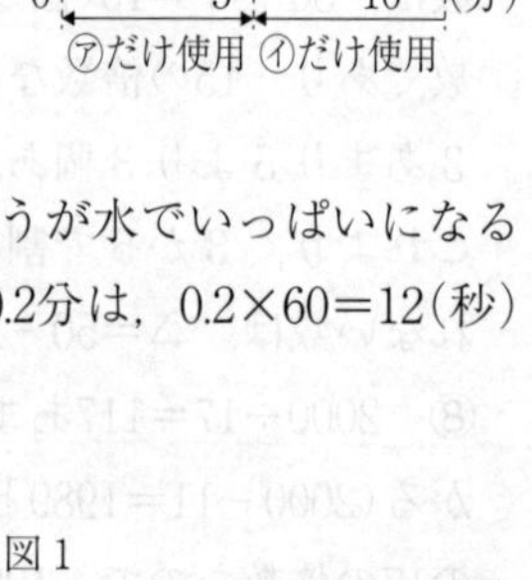

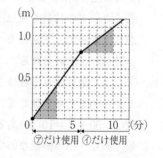

②　右の図で蛇口㋑だけで水を入れるとき，かげをつけた部分から，㋑だけ使うと４分間で水の高さが0.3m上がるとわかる。４分間で入った水の体積は，２×1.2×0.3＝0.72(m^3)なので，蛇口㋑から１分間で入る水の量は，0.72÷４＝0.18(m^3)となる。容器の容積は，２×1.2×1.5＝3.6(m^3)なので，蛇口㋐と㋑の両方で最初から水を入れると，水そうが水でいっぱいになるのは，3.6÷(0.32＋0.18)＝3.6÷0.5＝7.2(分後)となり，１分＝60秒より，0.2分は，0.2×60＝12(秒)なので，７分12秒後と求められる。

5　速さと比

①　１km＝1000mより，駅から学校までの道のりは，1.2×1000＝1200(m)であり，駅から図書館までの道のりは960mなので，図書館から学校までの道のりは，1200－960＝240(m)とわかる。また，平らな道と上り坂を歩く速さの比は，$1:\frac{3}{4}=4:3$であり，右の図１の

図１

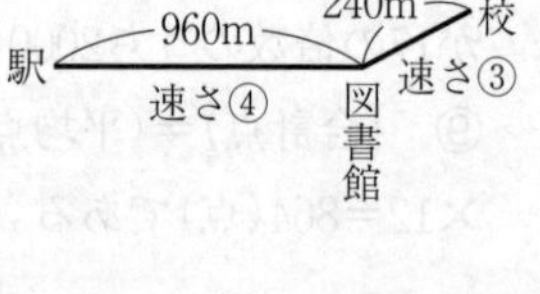

ように表される。問題文より平らな道を歩く速さは分速80mなので，上り坂を歩く速さは分速，80÷４×３＝60(m)である。よって，駅から図書館まで歩くのにかかる時間は，960÷80＝12(分)，図書館から学校まで歩くのにかかる時間は，240÷60＝４(分)となり，駅から学校までかかる時間は，12＋４＝16(分)と求められる。

② 右の図２のように，①より，平らな道と上り坂の道のりの比は，960：240＝４：１，速さの比は，４：３である。これより，平らな道と上り坂を歩くのにかかる時間の比は，(時間)＝(道のり)÷(速さ)より，●：▲＝(４÷４)：(１÷３)＝１：$\frac{1}{3}$＝３：１とわかる。平らな道を歩く時間を③，上り坂を歩く時間を①と表すと，③＋①＝④より，④あたりの時間は13分20秒である。１分＝60秒より，20秒は，20÷60＝$\frac{1}{3}$(分)なので，13分20秒＝13$\frac{1}{3}$分であり，①＝13$\frac{1}{3}$÷４＝３$\frac{1}{3}$(分)とわかり，平らな道を歩いた時間は，③＝３$\frac{1}{3}$×３＝10(分)と求められる。よって，平らな道を歩く速さは分速，960÷10＝96(m)となる。

図２

	平らな道		上り坂
道のり	４	：	１
速さ	４	：	３
時間	●	：	▲

6 面積，図形の移動

① 正五角形の内角の和は，(*N*角形の内角の和)＝180×(*N*－２)より，180×(５－２)＝540(度)であり，１つの内角は，540÷５＝108(度)とわかる。右の図１で色のついたおうぎ形の中心角は，360－108＝252(度)，半径は，４÷２＝２(cm)であり，面積は，２×２×3.14×$\frac{252}{360}$＝４×3.14×$\frac{7}{10}$となる。よって，問題文中の図１で色のついた部分は，右の図１のおうぎ形５個分なので，４×3.14×$\frac{7}{10}$×５＝43.96(cm^2)と求められる。

図１

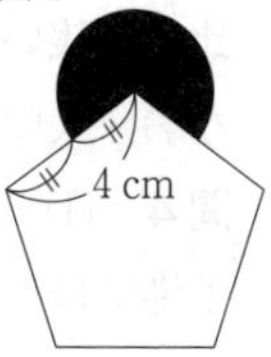

② 点Ｐは右の図２の太線上を動いて点Ａに重なる。図２でかげをつけたおうぎ形の中心角は，360－(60＋108)＝192(度)，直径は，４×２＝８(cm)である。図２より，Ｐが動いた長さは，かげをつけたおうぎ形の弧の長さの３倍なので，８×3.14×$\frac{192}{360}$×３＝3.14×$\frac{64}{5}$＝40.192(cm)と求められる。

図２

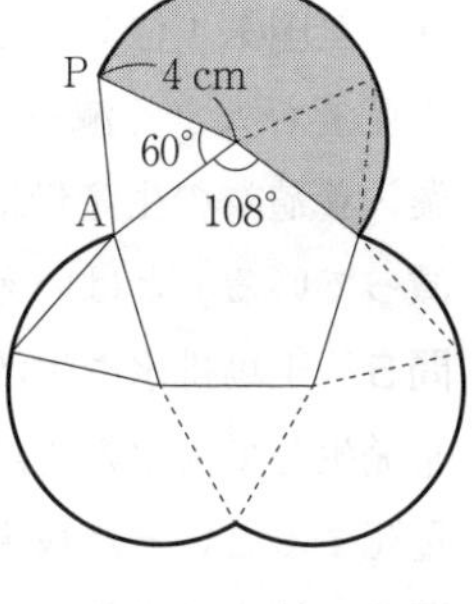

社 会 ＜第３回試験＞（理科と合わせて50分）＜満点：50点＞

解 答

1 **問１** (1) **最南端**…沖ノ鳥 **最西端**…与那国 (2) イ **問２** **ア** ○ **イ** 200 **ウ** ○ **問３** (1) C，D (2) 日本 (3) 大陸だな **問４** (1) 銚子 (2) ア (3) エ **問５** 赤潮 **問６** **竹島**…ウ **尖閣諸島**…イ **2** **問１** エ **問２** イ **問３** 書院造 **問４** エ，オ **問５** イ **問６** ウ **問７** ア **問８** ウ **問９** **1** 御恩 **2** 奉公 **問10** 源頼朝 **問11** ア，エ **問12** エ **問13** ア **問14** イ→ア→ウ **3** **問１** SDGs **問２** エ，オ **問３** (1) (地球)温暖化 (2) (例) 大潮のときに陸地が水没する。 **問４** (1) 文化の日 (2) 天皇 (3) 国民主権，平和主義 (4) × (5) **立法権**…国会 **行政権**…内閣 **司法権**…裁判所 **問５** 生存

解　説

1　日本の島や周辺の海，漁業などについての問題

問１　(1)　日本の最南端の島は小笠原諸島にある沖ノ鳥島で，東京都に属している。最西端の島は与那国島で，沖縄県に属している。なお，最北端は北海道に属する択捉島，最東端は東京都に属する南鳥島である。　(2)　日本の北のはしは北緯45度33分，南のはしは北緯20度25分で，２点はおよそ3000km離れている。なお，日本は東西のはしもそれぞれ約3000km離れている。

問２　領土の海岸線から12海里(約22km)までの海を領海といい(ア…○)，領土と領海の上空を領空という(ウ…○)。また，各国は，領土の海岸線から200海里(約370km)の範囲内で，排他的経済水域を設定できる(イ…×)。排他的経済水域では，沿岸国に水産資源や鉱産資源などを独占的に利用できる権利が認められる。

問３　(1)　南の温かい海から流れてくるＣとＤの海流は暖流，北の冷たい海から流れてくるＡとＢの海流は寒流である。　(2)　日本列島の太平洋側の沖合には，暖流の日本海流が流れている。Ｄの日本海流は黒潮とも呼ばれ，特に太平洋側の地域の気候に大きな影響を与えている。なお，Ａはリマン海流，Ｂは千島海流(親潮)，Ｃは対馬海流。　(3)　陸地から続く，傾きがゆるやかで比較的浅い海底を大陸だなといい，プランクトンが豊富で多くの魚が集まることから好漁場となる。なお，大陸だなの水深は約200mまでとされている。

問４　(1)　千葉県北東部に位置する銚子市は，醤油づくりがさかんなことでも知られている。銚子港ではさばやいわしなどを中心に多くの魚が水あげされ，水あげ量が全国の漁港の中で最も多い(2021年)。　(2)　アの日本なしは千葉県の収穫量が全国で最も多く，茨城県，栃木県がこれに次ぐ(2022年，以下同じ)。なお，イのれんこん，ウの小松菜，エのメロンは，いずれも茨城県が収穫量全国第１位である。　(3)　1980年から1990年にかけての時期は，1980年代後半に遠洋漁業の生産量が大きく減っているものの，沖合漁業は1980年代半ばに増えており，沿岸漁業と内水面漁業・養殖業の生産量はほぼ横ばい，海面養殖業の生産量は上昇傾向で，「全体の漁獲量が大きく減っている」とはいえない。

問５　工場排水や生活排水などが原因で海水中の栄養分が増えすぎてしまうと，プランクトンが異常発生して海水の色が変わることがある。この現象を赤潮といい，水中の酸素が減って魚や貝が大量死するといった被害を引き起こす場合がある。

問６　竹島は島根県北方沖の日本海上にある島で，島根県に属する日本固有の領土だが，韓国が警備隊を常駐させるなどして占拠している。また，尖閣諸島は沖縄島西方沖の東シナ海上にある島で，沖縄県に属する日本固有の領土だが，中国が領有権を主張しており，たびたび近海に船や飛行機を接近させるなどしている。なお，アは北海道の東方沖にある北方領土について述べた文。

2　各時代の歴史的なことがらについての問題

問１　津田梅子は，1871年に最初の女子留学生として岩倉使節団に同行し，アメリカに渡った。帰国後は日本の女性教育向上を目指して活動し，1900年には女子英学塾(のちの津田塾大学)を設立した。なお，アは与謝野晶子，イは北里柴三郎，ウは福沢諭吉の説明で，北里柴三郎は2024年７月に発行される千円札に描かれる。また，福沢諭吉は2024年６月までに流通している一万円札に描かれていた。

問２　三重県四日市市では，石油化学コンビナートから出された亜硫酸ガス(二酸化硫黄)が原因で，四日市ぜんそくと呼ばれる公害病が発生した。そのため，市は被害の多い地区の子どもたちにマスクを配った。問題文中の左の写真は煙を出す工場の写真，右の写真は市が配布したマスクをして登下校する子どもたちの写真である。なお，アは水俣病と第二(新潟)水俣病，イタイイタイ病に当てはまる説明で，この３つと四日市ぜんそくを合わせて「四大公害(病)」という。ウは新型コロナウイルス感染症の説明文である。

問３　室町時代には，禅宗の影響を受けた書院造という建築様式が広まった。書院造の部屋には畳が敷かれ，ふすまや障子などを仕切りとしている。また，床の間や違いだなが備えられており，現在の和風住宅のもととなった。写真は，書院造の代表として知られる東求堂同仁斎の内部で，東求堂は慈照寺(銀閣)の敷地内にある。

問４　エの銅鐸は弥生時代に伝わった青銅器の１つで，祭りに用いられたと考えられている。また，オのはにわは古墳の周りに置かれた素焼きの土器で，古墳時代につくられた。なお，縄文時代の人々は狩りや漁，木の実の採集をして食料を得ており，食料の煮炊きには土器を，漁に用いるつり針には動物の骨などからつくった骨角器を用いていた。また，えものが多くとれることや安産，子孫の繁栄などを祈るため，土偶という土人形を使っていたと考えられている。

問５　７世紀前半に当たる630年，第１回の遣唐使が唐(中国)に派遣された。遣唐使は，９世紀末の894年に菅原道真の提案で停止されるまで，十数回派遣された。この間の８世紀中ごろには，イの聖武天皇が仏教を重んじる政治を行っていた。なお，アの卑弥呼は３世紀，ウの平清盛とエの源義経は12世紀に活躍した人物。

問６　10世紀の後半，藤原氏は自分の娘を天皇のきさきとし，生まれた子(孫)を天皇に立てて皇室との関係を強めるとともに，敵対する貴族を排除して大きな権力をにぎった。そして，天皇が幼いときには摂政，成人してからは関白として政治を行った。これを摂関政治といい，11世紀前半の藤原道長・頼通父子のころにその全盛期をむかえた。なお，アは源頼朝，イは中大兄皇子(後の天智天皇)に当てはまる。

問７　アは，紫式部の書いた長編小説『源氏物語』を題材とした絵巻物『源氏物語絵巻』の一部で，平安時代の宮廷で働く女性の様子が描かれている。なお，イは鎌倉時代の市の様子を描いた『一遍上人絵伝』の一部，ウは鎌倉時代の1281年に起こった弘安の役(２回目の元寇)の様子を描いた『蒙古襲来絵詞』の一部。

問８　北条政子は，伊豆の豪族から鎌倉幕府の初代執権になった北条時政の娘で，第２代執権北条義時の姉に当たる。1221年に承久の乱が起こったとき，御家人の結束を強める演説をするなど，幕府で大きな影響力を持ち，「尼将軍」と呼ばれた。なお，アの鑑真は奈良時代，イの清少納言は平安時代，エの世阿弥は室町時代に活躍した人物。

問９　鎌倉時代の将軍と御家人は，土地を仲立ちとした御恩と奉公の関係で結ばれていた。このうち御恩とは，将軍が御家人の持っている先祖代々の領地を保護・保障したり，手がらを立てた者に新しい領地や役職を与えたりすることをいう。これに対し，御家人は鎌倉や京都の警護をし，戦いのさいには命がけで将軍のために戦うという奉公で，将軍の御恩に報いた。

問10　源頼朝は1180年ごろから武士政権の基盤づくりを始めると，1185年には弟の源義経の活躍などで平氏を滅ぼした。そして1192年に征夷大将軍に任命されて鎌倉幕府の初代将軍となった。なお，北条政子は源頼朝の妻である。

問11　室町時代には観阿弥・世阿弥父子が能(能楽)を大成し，能の合間に上演される演劇として狂言も成立した。また，茶の湯や生け花の基盤も確立され，後に茶道，華道へと発展していった。なお，イの人形浄瑠璃とウの歌舞伎は江戸時代に大成され，人形浄瑠璃は現在は文楽と呼ばれている。オの蹴鞠は古代から貴族の間で楽しまれていた。

問12　江戸時代末，江戸幕府は欧米諸国と修好通商条約を結び，貿易を始めることにした。しかし，この条約は領事裁判権(治外法権)を認め，日本に関税自主権がないという日本にとって不利な点を含む不平等条約だった。その後，明治時代に入ると，政府は不平等条約の改正を主要な外交課題と位置づけ，改正のための交渉を重ねた。

問13　江戸時代後半には，錦絵と呼ばれる多色刷り版画の技法が確立されたことで，浮世絵を安く大量に刷ることが可能になり，庶民の娯楽として人気を集めた。アは当時を代表する浮世絵師の１人，歌川広重の代表作『東海道五十三次』のうちの『日本橋　朝之景』である。なお，イは『鳥獣戯画』で平安時代から鎌倉時代，ウは『南蛮屏風』で安土桃山時代の作品。

問14　アはアジア・太平洋戦争が始まるきっかけとなった1941年の出来事で，一般に真珠湾攻撃と呼ばれる。イについて，満州(中国東北部)にいた日本軍は，1931年に柳条湖事件を起こすと，これをきっかけとして満州事変と呼ばれる軍事行動を開始した。ウはアジア・太平洋戦争末期の1945年の出来事である。したがって，起こった順にイ→ア→ウとなる。

３　日本国憲法と地球環境についての問題

問１　2015年，国際連合の総会で「持続可能な開発目標(SDGs)」が採択された。これには，2030年までに世界が達成するべき17分野の目標(ゴール)と169の達成基準(ターゲット)が盛りこまれている。

問２　日本国憲法は，子どもに教育を受けさせること(第26条)と働くこと(第27条)，税金を納めること(第30条)を，国民に義務づけている。なお，ア，イ，ウ，カは，国民の義務ではなく権利として認められていることがらである。

問３　(1)　二酸化炭素やメタンといった温室効果ガスが増えた結果，太陽からの熱が地表付近にこもってしまい，気温が上昇する現象を(地球)温暖化という。温暖化は，異常気象などさまざまな問題を引き起こすため，温室効果ガスの排出量削減は国際的な課題となっている。　(2)　温暖化が進むと，氷河などが解けたり海水が膨張したりして，海水面が上昇する。その結果，ツバルのような島国では，２～３月の大潮のときや，台風などの低気圧接近のときに潮位が上昇する高潮により陸地が水没する被害が増えるようになったといわれている。

問４　(1)　日本国憲法は1946年11月３日に公布され，翌1947年５月３日に施行された。現在，公布日の11月３日は文化の日，施行日の５月３日は憲法記念日という国民の祝日になっている。(2)　日本国憲法第１条は天皇の地位についての条文で，天皇を「日本国の象徴であり，日本国民統合の象徴」と位置づけている。　(3)　日本国憲法は，国民主権，基本的人権の尊重，平和主義を三原則としている。　(4)　憲法は国の最高法規であることから，日本国憲法を改正するには多くの手続きを経る必要があり，簡単には改正できないようになっている。このような憲法を硬性憲法という。1947年の施行時から2024年５月までの間に，日本国憲法が改正されたことはない。　(5)　日本では，法律を制定する権限である立法権を国会に，法律に従って政治を進める権限である行政権を内閣に，憲法や法律などにもとづいて裁判をしたり，法律や政治が憲法に反するものか判断をする権限である司法権を裁判所に受け持たせている。

問５　日本国憲法第25条で定められた「健康で文化的な最低限度の生活を営む権利」は，生存権と呼ばれる。社会権の１つで，この権利を保障するためにさまざまな社会保障制度が整備されている。

理　科　＜第３回試験＞（社会と合わせて50分）＜満点：50点＞

解　答

[1] (1) ① オ　② ク　③ キ　(2) **ウ** 肝臓　**オ** 胃　**キ** 大腸　(3) ① ク　② ウ　(4) B　(5) 試験管②，試験管③　(6) でんぷんに反応して青紫色に変化する
[2] (1) **ア** 変化しない　**イ** 変化しない　**ウ** 変化しない　**エ** 青く変わる　**オ** 溶ける　**カ** 変化しない　(2) ③　(3) 食塩　(4) **水酸化ナトリウム水溶液** アルカリ性　**食塩水** 中性　**塩酸** 酸性　(あ) 酸性
[3] (1) 12　(2) ③　(3) 6 cm　(4) 12cm　(5) 24cm

解　説

[1] 食べ物の消化についての問題

(1)，(2)　口から入った食べ物は，アの口→イの食道→オの胃(①)→クの小腸(②)→キの大腸(③)→ケの肛門(こうもん)の順に通る。なお，ウは肝臓(かんぞう)，エは胆(たん)のう，カはすい臓で，食べ物の通り道ではない。

(3)　①　消化された食べ物の養分は，クの小腸の内側のひだにある，たくさんの小さくつきでたつくりをしている柔毛とよばれるところから吸収される。　②　小腸の柔毛で吸収された養分の一部は，門脈という血管を流れる血液によってウの肝臓へ運ばれ，一時的にたくわえられ，必要なときに全身へ送り出される。

(4)　だ液や胃液などを消化液といい，だ液にはでんぷんを，胃液にはたんぱく質をからだに吸収しやすいものに変えるはたらきがある。消化液は，ヒトの体温くらいの温度で最もはたらきがさかんになる。

(5)，(6)　試験管①に入れただ液には，でんぷんをからだに吸収しやすいものに変えるはたらきがあるため，試験管①へ入れたでんぷんのりはだ液によって別のものに変えられる。試験管②に入れた胃液にはでんぷんを別のものに変えるはたらきはないので，試験管②や消化液を入れていない試験管③へ入れたでんぷんのりはそのまま残っている。ヨウ素液はでんぷんに反応して青紫色に変化するから，試験管に加えたヨウ素液の色が変わった２本の試験管は，でんぷんのりがそのまま残っている試験管②や試験管③である。

[2] 水よう液の性質についての問題

(1)　塩酸は酸性，食塩水は中性，水酸化ナトリウム水よう液はアルカリ性の水よう液である。青色リトマス紙は酸性の水よう液をつけると赤く変わるが，中性やアルカリ性の水よう液をつけたときには青色のままで変化しない。一方で赤色リトマス紙はアルカリ性の水よう液をつけると青く変わるが，中性や酸性の水よう液をつけたときには赤色のまま変化しない。また，塩酸にスチールウールを加えるとスチールウールが溶けて水素が発生するが，水酸化ナトリウム水よう液にスチールウールを加えても変化は見られない。

⑵　(あ)の水よう液を青色リトマス紙につけると青色リトマス紙が赤く変わったことから，(あ)は酸性の水よう液と推測できる。砂糖水は中性，アンモニア水はアルカリ性，炭酸水は酸性の水よう液なので，ここでは③を選べる。

⑶　食塩水の水を蒸発させると食塩水に溶けていた食塩が残るから，このとき出てきた白いものは食塩である。

⑷　水酸化ナトリウム水よう液はアルカリ性，食塩水は中性，塩酸は酸性，(あ)の炭酸水は酸性である。なお，水酸化ナトリウム水よう液は固体の水酸化ナトリウム，塩酸は気体の塩化水素，炭酸水は気体の二酸化炭素が水に溶けてできる水よう液である。

3　ばねの長さやのびかたについての問題

⑴　表から，おもりの重さが10ｇから30ｇに，30－10＝20(ｇ)増えると，ばねＡの長さは５cmから７cmに，７－５＝２(cm)長くなるとわかる。おもりの重さが60ｇのときのばねＡの長さが10cmなので，そこからおもりの重さを60ｇから80ｇに，80－60＝20(ｇ)増やすと，ばねＡの長さは，10＋２＝12(cm)になると考えられる。

⑵　表から，10ｇのおもりをつるしたときのばねＡの長さが５cmより，このときのばねＡののびは，５－４＝１(cm)と求められる。したがって，30ｇのおもりをつるしたときのばねＢののびが１cmとわかるので，正しいのは③のグラフといえる。

⑶　30ｇのおもりをつるすとばねＢは１cmのびるから，60ｇのおもりをつけたときにばねＢは，$1\times\frac{60}{30}=2$(cm)のびると考えられる。よって，ばねＢの全体の長さは，４＋２＝６(cm)と求められる。

⑷　図のように120ｇのおもりをつるすと，ばねＡには120ｇの重さがかかると考えられる。ばねＡは10ｇのおもりをつるすと１cmのびるので，ばねＡののびは，$1\times\frac{120}{10}=12$(cm)と求められる。

⑸　ばねＡののびは12cmだから，ばねＡの全体の長さは，４＋12＝16(cm)とわかる。また，ばねＢにもばねＡと同様に120ｇの重さがかかるので，ばねＢののびは，$1\times\frac{120}{30}=4$(cm)で，ばねＢの全体の長さは，４＋４＝８(cm)になる。よって，ばねＡとばねＢを合わせたばねの長さは，16＋８＝24(cm)と求められる。

英語　＜第４回試験＞（50分）＜満点：100点＞

解答

1　⑴　4　⑵　3　⑶　2　⑷　2　⑸　3　⑹　1　⑺　2　⑻　4
2　⑴　1　⑵　3　⑶　1　⑷　2　⑸　4　**3**　⑴　3　⑵　4　⑶　1　⑷　2　**4**　⑴　I won't climb the mountain tomorrow　⑵　Playing the piano is very fun　⑶　My sister bought my mother a cake yesterday　⑷　The dog is the biggest in Japan　⑸　I bought the app to study English　⑹　Look at that big building　**5**　⑴　Are they　⑵　going to　⑶　Why do　⑷　as, as　⑸　This, mine　⑹　have to
6　⑴　They are not my teachers.　⑵　She was playing the guitar in her room then.　⑶　There is an apple on the desk.　⑷　Do your homework.　⑸　How old are you?　⑹　Where is he from?　**7**　⑴　I study English every day.　⑵　He played tennis last

weekend. (3) There is a big hospital in front of my school. (4) Ken is good at speaking English. (5) You must not buy anything. (6) It is easy for us to sell watches.
8 (1) 私たちは彼女をよく知っています。 (2) あの窓を開けてください。 (3) あなたはいつ宿題をしますか。 (4) ボブは昨日パーティーに来ませんでした。 (5) ペンを使って名前を書いてください。 (6) 私は小さな男の子だったとき，奈良に住んでいました。
9 (1) February (2) Tuesday (3) Monday (4) March (5) sister (6) mother (7) blue (8) yellow (9) apple (10) orange

国 語 ＜第３回試験＞（50分）＜満点：100点＞

解 答

一 問１ Ａ イ Ｂ ウ 問２ オ 問３ Ⅰ 問４ ウ 問５ ア 問６ 用意された食事が捨てられている，庭に掘られた穴のこと。 問７ ａ 禁止 ｂ スリルと罪悪感 問８ ウ 二 問１ 下記を参照のこと。 問２ ウ 問３ Ⅲ 問４ ａ 天敵 ｂ たくさんの仲間 問５ ア 問６ （例） 水族館の中ではイワシの天敵がいないので，天敵に対抗するために，努めて群れを作る必要がないから。 問７ イ 問８ （例） 弱い生き物が群れを作って天敵に対抗する理由。〔弱い生き物が天敵に対して群れを作って立ち向かうこと。〕

●漢字の書き取り

二 問１ ａ 夢中 ｂ 危険 ｃ 暮(らし) ｄ 目標 ｅ 背中

解 説

一 **出典：江國香織「子供たちの晩餐」(『つめたいよるに』所収)**。両親が出かけた夜に，ママが用意した料理を庭に掘った穴に埋めて，ふだんは禁じられている体に悪い食べ物を思い切り食べる「私たち」の様子が描かれている。

問１ **Ａ** 「何日も前からこっそり楽しみにしていた日」が来たので，「私たち」は，玄関でどうしようもなく気持ちが高ぶっている。なので，そのような様子を表す「どきどき」が入る。 **Ｂ** 六時になり，豊お兄ちゃんが「いくぞ」と言ったので，「私たち」が次々と「庭にでた」。そのような様子を表す「ぞろぞろ」が入る。

問２ 「唇〔口〕をとがらせる」は，唇を前に突き出して，不平や不満を表す顔のこと。

問３ 「きちんと戸閉まりして，早く寝るのよ」とママが言うと，「理穂お姉ちゃんは長女らしいおちつきをもってうなずいた」のである。その広い額は賢そうで，口元には余裕があったので「私も九歳になれば，あんな風に大人っぽく振る舞えるだろうか」と，「私」は考えたのである。

問４ 「宿題もちゃんとやるのよ」というママの言葉に，豊お兄ちゃんは，「うん。わかってるよ」と愛想よくこたえた。その態度が，いつものお兄ちゃんとは全然違うものだったので，ママは「あら，ずいぶん素直なのね」と言い，理穂お姉ちゃんは顔をしかめて，豊お兄ちゃんを目で諭したとある。豊お兄ちゃんは，目で諭されたことによって自分が不自然な行いをしたことに気づき，慌てて，いつものような「不貞腐れた態度を取り繕った」のである。

問5　ぼう線②のあとの「間食なんてとるにたらないことだわ」に注目する。「とるにたらない」は，取り上げる価値がない，という意味。今日は，これから，間食など問題にならないほどのルール違反をするつもりだったので，理穂お姉ちゃんは，間食をしてもいいと許可したのである。

問6　「私たち」は，庭にバケツぐらいの穴を掘り，その中に用意された「からだにいいものばかり」の食事を捨てた。「幸福なバケツ」とは，「お腹一杯の，幸福な胃袋みたい」な穴のことである。

問7　両親がいない間に，「私たち」は，「禁止事項は全部やってみることにしていた」とある(a)。「それをきくと私はぞくぞくした」とある。悪いことをしているという「スリルと罪悪感」を楽しみ，気持ちが高ぶっていたのである(b)。

問8　ぼう線⑤のあとに「早く寝なさい」「もうすぐパパとママが帰ってくる」とあることに注目する。「水に溶かす粉末ジュースを飲んで，口のまわりがまあるくオレンジ色になった」ことが，「すごくすごく可笑し」くて，そのときのことを思い出して「私」がベッドに入ってからも笑っていたので，姉は，その様子を見たら両親が不審に思うのではないかと心配して，「こわい顔をした」のである。

二　**出典：稲垣栄洋『弱者の戦略』**。強い者が生き残り弱い者が滅びゆく自然界で，弱い生き物が生き残るために群れを作る理由を説明している。

問1　**a**　他のことを忘れて，一つのことに熱中すること。　**b**　生命が失われたり，事故・災害が起こる可能性があること。　**c**　音読みは「ボ」で，「薄暮」などの熟語がある。　**d**　攻撃の対象。　**e**　胴体の後ろ側。

問2　「弱肉強食」は，弱いものが，強いもののえじきになる，という意味。空欄のあとに，「強い者だけが生き残り，弱い者は滅びゆく。それが自然の厳しい掟である」とある。「一期一会」は，一生に一度しか出会うことがないような，めったにない出会い，という意味。「風林火山」は，戦における四つの心構えを説いたもの。「花鳥風月」は，自然の美しい風物を並べたもの。または，自然の美しい風景，という意味。

問3　文章のはじめから２つ目の「～中略～」までは，「食べられる側の弱い生き物」についての説明が続いているので，弱い生き物の説明の最後にまとめの一文として「食べられる側の弱い生き物は，群れて身を守る。」が当てはまる。Ⅲに当てはめると，あとの「それでは，強い生き物は群れないのかというとそんなことはない」「弱い者が群れればそれに対抗するために強い者も群れなければならない」と文脈がつながる。

問4　「いくつかの理由」について述べられている，「一つには」「一方」ではじまる段落に注目する。　**a**　弱い生物が群れを作ると，「天敵に対する警戒能力が高まる」とある。　**b**　「群れることによって，自分が襲われるリスクが減るというメリット」がある。つまり，「たとえ群れが襲われたとしても，たくさんの仲間がいるので，天敵に狙われにくくなる」ということである。

問5　「首の長いキリンは遠くを見渡すことができる」し，シマウマは，近くを見ることができる。さらに，「ガゼルは音に敏感で，いち早く物音に気が付くことができる」のである。このように，「さまざまな能力を持つものが集まることによって」，天敵が近づいてくる危険を察知することができるのである。

問6　ぼう線③の直後に「天敵がいないため，油断してくるというのだ」とある。イワシは，「天敵に対抗するために，努めて群れを作っている」のだが，水族館には天敵がいないので，あえて群れを作る必要がないのである。

問7　「小魚が群れて一斉に泳ぐと，あたかも大きな生物が動いているように見える」ので，大きな魚も，なかなか群れを襲うことはできない。また，「群れとなって動いていると，天敵が目標を定めにくい」という効果もある。したがって，「群れに突入する」よりも，「群れから離れた小魚を捕らえて食べ」る方が効率がいいので，大きな魚は，「群れから離れた小魚」を狙うのである。

問8　この文章は，「弱い生き物」が「群れ」を作るのは，「天敵」に立ち向かうためである，ということについて書かれている。

Memo

Memo

Memo

2023年度 帝京大学系属帝京中学校

〈編集部注：２教科型受験生は，算数・英語・国語の中から２教科を選択します。〉

【算　数】〈第１回午前試験〉（50分）〈満点：100点〉

（注意）定規(じょうぎ)・コンパス・電卓(でんたく)は使わないでください。

次の［　　］にあてはまる数を入れなさい。

1 ①　$(2020-20)\times(100+1)\div100+3=$［　　］

②　$0.5\times6+0.6\div(1.2+1.8)=$［　　］

③　$\frac{1}{3}\div\frac{5}{21}\times\frac{10}{49}=$［　　］

④　$\frac{3}{2}\times\frac{16}{5}\div\left(\frac{8}{15}+1.2\right)\div3=$［　　］

⑤　$1.5:\frac{7}{2}=6:$［　　］

⑥　55，132，231の最大公約数は［　　］です。

⑦　兄弟でお小遣(こづか)いを3：2に分けて、兄がもらった金額は1200円です。2人がもらった合計金額は［　　］円です。

⑧　[0]，[1]，[2]の3枚のカードを使ってできる3桁(けた)の整数は［　　］通りあります。

⑨　片道［　　］kmの道のりを行きは時速6kmで歩き、帰りは時速4kmで歩いたところ往復で3時間30分かかりました。

⑩　1辺が6cmの立方体の容器に水をいっぱいに入れて、縦が3cm、横が8cmの直方体の容器に水を移しかえると、水の高さは［　　］cmになります。

2　1本2cmの棒を使って図のように正方形を並べていきます。次の問いに答えなさい。

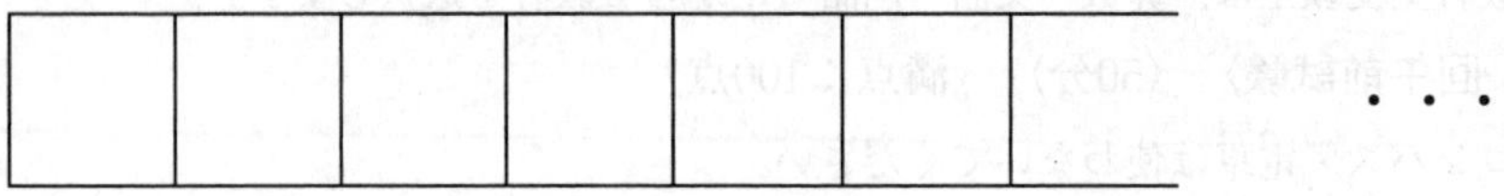

①　正方形が10個になったとき、棒は□本使います。

②　棒を100本使ったときにできる図形の面積は□cm²です。

3　下の表は、ホットケーキの材料とそれぞれの材料費を表したものです。次の問いに答えなさい。ただし、バニラエッセンスとサラダ油の使用は少量なので材料費はかからないものとします。

ホットケーキ　6枚分		材料費（材料の値段）
小麦粉	150g	1kg入り　270円
ベーキングパウダー	6g	90g入り　330円
砂糖	30g	500g入り　200円
卵	1.5個	10個入り　240円
牛乳	150ml	1L入り　210円
バニラエッセンス	3～4滴	—
サラダ油	適量	—

①　この表では卵を1.5個使うので卵の余りが出てしまいます。そこで卵を2個使ってホットケーキを作ることにしました。そのとき、ベーキングパウダーは□g使います。

②　この表通りに6枚作ろうとしましたが、ホットケーキが5枚しか作れませんでした。このとき、ホットケーキ1枚あたりの材料費は□円です。

4 図のような、直方体のおもりが入った直方体の容器に、蛇口(じゃくち)から一定の割合で水を入れます。このときの水の深さと時間がグラフのようになりました。次の問いに答えなさい。

① ㋐の長さは［　　　］mです。

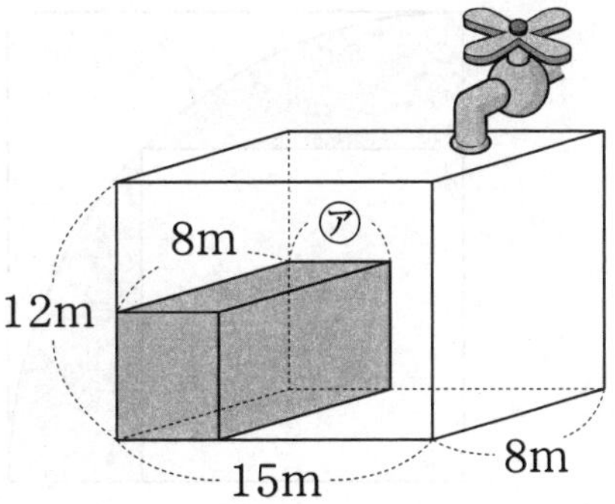

② 容器が水でいっぱいになったときに水を止めて、水がこぼれないように中のおもりを取り出します。その後、もう一度水を入れるといっぱいになるのは［　　　］分後です。

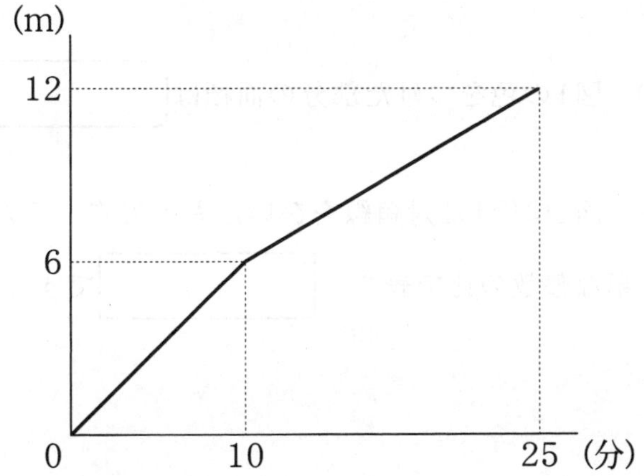

5 Aさんは5kmの道のりを最初は分速200mで走り、最後の6分は分速250mで走ります。次の問いに答えなさい。

① 5kmを走り終わるのにかかる時間は［　　分　　秒］です。

② 18分後にはスタート地点から［　　　］mのところにいます。

6　正方形と円の一部を組み合わせた下の図形を考えます。外側の正方形の1辺の長さが10㎝のとき、次の問いに答えなさい。ただし、円周率は3.14とします。

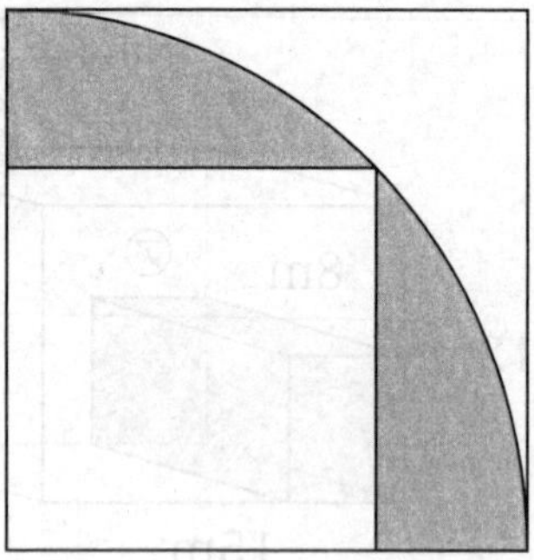

図1

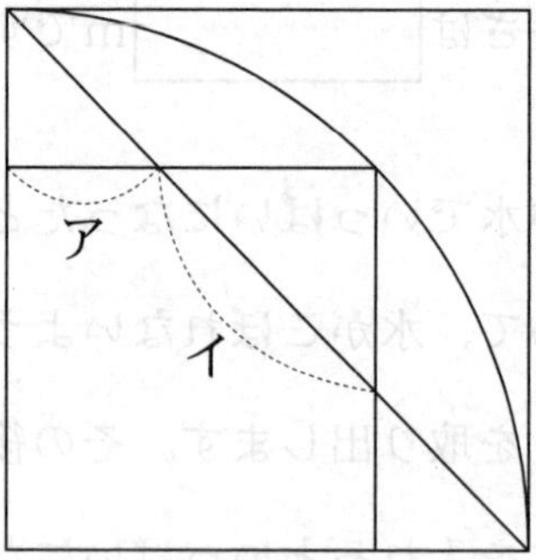

図2

①　図1の色をつけた部分の面積は［　　　］㎠です。

②　図2は図1に対角線をひいたものです。アの長さとイの長さの比を最も簡単な整数の比で表すと［　　：　　］です。

【社　会】〈第１回午前試験〉（理科と合わせて50分）〈満点：50点〉

（注意）定規（じょうぎ）・コンパス・電卓（でんたく）は使わないでください。

１　次の地図を見て、以下の問いに答えなさい。

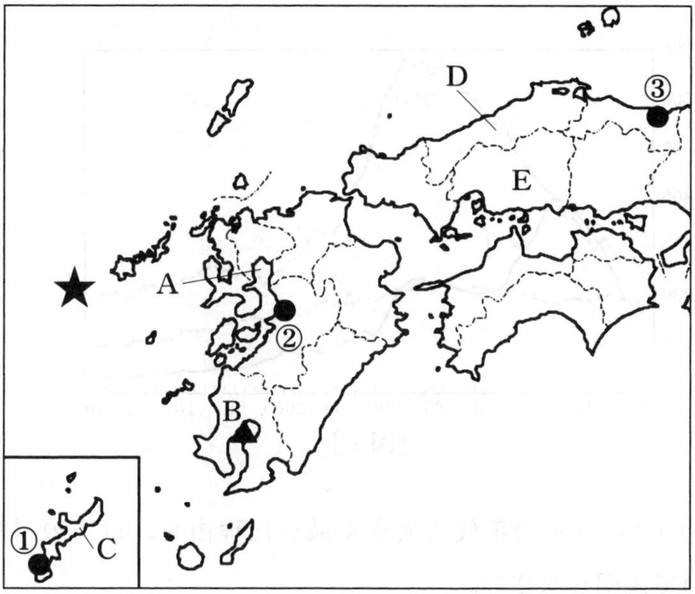

［地図］

問１．次の［**表**］は、［**地図**］中①～③の都市の１月と７月の気温と降水量を表したものである。このうち、①・②の都市を表しているものを［**表**］中のア～ウからそれぞれ選び、記号で答えなさい。

	１月		７月	
	気温	降水量	気温	降水量
ア	4.2℃	201.2㎜	26.2℃	188.6㎜
イ	17.3℃	101.6㎜	29.1℃	188.1㎜
ウ	6.0℃	57.2㎜	27.5℃	386.8㎜

［表］

問２．［**地図**］中の★付近を流れている海流について、以下の問いに答えなさい。

⑴　この海流が流れている向きを以下から１つ選び、記号で答えなさい。

㋐　北から南　　　㋑　南から北

⑵　この海流の名前を答えなさい。

問3．次の［**図1**］は、日本の漁業種類別生産量の推移を示したものであり、図中のア～ウは、沿岸漁業、遠洋漁業、沖合漁業のいずれかを示している。これを見て、以下の問いに答えなさい。

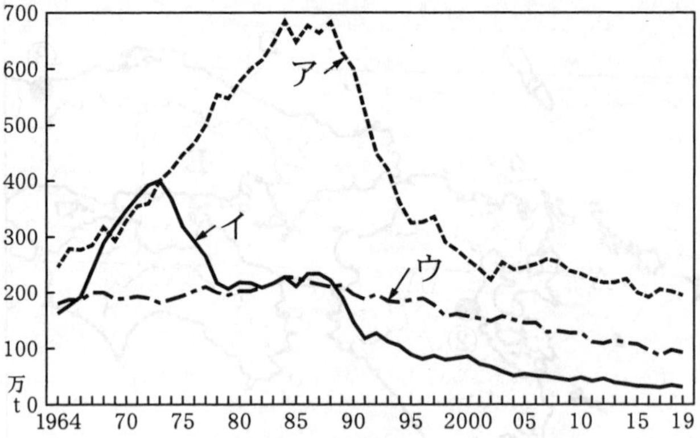

［**図1**］

⑴　図中のイが、1970年代に大きく減った理由を、以下の【指定語】を全て用いて説明しなさい。

【指定語】200海里水域　　　魚　　　はんい

⑵　図中のア～ウのうち、沖合漁業を示しているものを1つ選び、記号で答えなさい。

⑶　日本の近海には、水産資源が豊富な、海岸線から水深200mくらいまでのけいしゃがゆるやかな海底地形が見られる。この地形を何と呼ぶか答えなさい。

問4．［**地図**］中Aは、養しょく業がさかんな地域を示している。これについて、以下の問いに答えなさい。

⑴　この地域で収獲量が多い水産物を以下から1つ選び、記号で答えなさい。

㋐　かき　　　㋑　のり　　　㋒　ぶり　　　㋓　まだい

⑵　Aが示す海の名前を以下から1つ選び、記号で答えなさい。

㋐　瀬戸内海　　　㋑　駿河湾（するが）　　　㋒　土佐湾　　　㋓　有明海

問５．［**地図**］中Ｂは、ある火山を示している。これに関係する以下の問いに答えなさい。

⑴　日本には多くの山地が見られるが、日本の国土における山地の割合として最も近いものを以下から１つ選び、記号で答えなさい。

㋐　４分の１　　㋑　２分の１
㋒　４分の３　　㋓　８分の１

⑵　この火山の名前を以下から１つ選び、記号で答えなさい。

㋐　阿蘇山　　㋑　雲仙普賢岳　　㋒　桜島　　㋓　西之島

問６．［**地図**］中Ｃの島を中心にかつて栄えていた王国の名前を答えなさい。

問７．［**地図**］中Ｄの都道府県に属する島は、隣国に不法占拠されており、領土をめぐる問題が発生している。この島の名前を以下から１つ選び、記号で答えなさい。

㋐　竹島　　㋑　国後島　　㋒　尖閣諸島　　㋓　択捉島

問８．［**地図**］中Ｅの都道府県で見られる世界遺産を以下から全て選び、記号で答えなさい。

㋐　厳島神社　　㋑　石見銀山遺跡
㋒　原爆ドーム　　㋓　姫路城

（統計資料は『日本国勢図会』2021/22年版より）

2 次の文を読んで、以下の問いに答えなさい。なお、各文は時代順に並んでいません。

［A］ すみで表現される（　１　）は、鎌倉時代に中国から日本へ伝えられ、室町時代に①ある人物によって芸術として大成されました。

［B］ 明治時代のはじめに朝鮮に勢力をのばそうとした日本は、（　２　）と対立を深め、②戦争がおこりました。日本はこの戦争に勝利して賠償金や台湾などを手に入れました。

［C］ 710年、③中国の唐の都にならって、東西南北に道がのび碁盤（ごばん）の目のように区切られた新しい都が奈良につくられました。この都は（　３　）と呼ばれました。

［D］ 日本は、敗戦によってアメリカなどの連合国軍に占領されました。そして、④戦後改革と呼ばれる様々な改革が行われ新しい政治や社会のしくみがつくられていきました。

［E］ ⑤豊臣秀吉は（　４　）に城を築いて政治の拠点とし、その後天下を統一しました。さらに海外を征服するため２度にわたって朝鮮に大軍を送るなどしました。

［F］ 天皇を中心とする新しい国づくりにあたった⑥聖徳太子は、進んだ制度や文化などを取り入れるため、（　５　）らを使者として中国に送りました。

［G］ 鎌倉時代に日本を支配しようと⑦元の大軍が２回にわたり九州にせめてきました。鎌倉幕府の武士たちは、相手の集団戦術や火薬兵器に苦しみましたが、何とか撃退することができました。

［H］ 日本は近代的な国づくりのために⑧当時政治の中心にいた人物に（　６　）の憲法を学ばせ、それをもとに天皇が国民にあたえる形で1889年に⑨憲法を発布しました。

［Ｉ］　東大寺の正倉院には、大仏をつくる命令を出した（　７　）が愛用したとされる品物や⑩海外から伝えられた貴重な品物も多く収められています。

［Ｊ］　この武器は、戦国時代にポルトガル人を乗せた船が種子島に流れ着いたときに日本に伝わりました。（　８　）は、これを大量に用いて長篠の戦いに勝利しました。

【語群】

㈠ 推古天皇	㈡ イギリス	㈢ 平安京	㈣ 平城京
㈤ フランス	㈥ 長安	㈦ 織田信長	㈧ 菅原道真
㈨ 安土	㈩ ドイツ	㈪ 聖武天皇	㈫ 中国
㈬ 水墨画	㈭ 武田信玄	㈮ 北京	㈯ 浮世絵
㉀ 小野妹子	㉁ 大阪		

問１．文中の（　１　）～（　８　）に当てはまる語を、上の【語群】からそれぞれ選び、記号で答えなさい。

問２．下線部①について、この人物として正しいものを以下から１人選び、記号で答えなさい。

㈠ 歌川広重　　㈡ 杉田玄白　　㈢ 雪舟　　㈣ 観阿弥

問３．下線部②について、この戦争を何と呼ぶか答えなさい。

問４．次のページの［**資料**］は、［Ｂ］に関係する国々を描いたものである。資料中のＡ～Ｄがそれぞれ示す国の組み合わせとして正しいものを以下から１つ選び、記号で答えなさい。

［資料］

(ア)　Ａ－日本　Ｂ－ロシア　Ｃ－中国　Ｄ－朝鮮

(イ)　Ａ－日本　Ｂ－中国　Ｃ－朝鮮　Ｄ－ロシア

(ウ)　Ａ－中国　Ｂ－日本　Ｃ－中国　Ｄ－ロシア

(エ)　Ａ－中国　Ｂ－ロシア　Ｃ－朝鮮　Ｄ－日本

問５．下線部③について、都の名前として正しいものを前のページの【語群】から１つ選び、記号で答えなさい。

問６．下線部④について、この改革を説明した文のうち、誤っているものを以下から１つ選び、記号で答えなさい。

(ア)　国民が国の政治を決める権利をもてるようになった。

(イ)　20歳以上のすべての男女に選挙権があたえられた。

(ウ)　多くの農民が自分の土地をもてるようになった。

(エ)　道徳教育の根本である教育勅語が発布された。

問７．下線部⑤について、この人物に関する出来事について説明した文のうち、正しいものを以下から１つ選び、記号で答えなさい。

(ア) 武士として初めて太政大臣となり、娘を天皇のきさきにした。
(イ) 武家諸法度を定めて、全国の大名を取りしまった。
(ウ) 刀狩令を出して、百姓たちから武器を取り上げた。
(エ) 将軍の足利氏を京都から追放して、室町幕府をほろぼした。

問８．下線部⑥について、この人物が定めた冠位十二階とはどのようなものか説明した以下の文中の［★］に当てはまる内容を答えなさい。

家がらに関係なく、［★］によって役人に取り立てるしくみ。

問９．下線部⑦について、この時に活躍した肥後（熊本県）の御家人として正しいものを以下から１人選び、記号で答えなさい。

(ア) 武田勝頼　(イ) 平清盛　(ウ) 今川義元　(エ) 竹崎季長

問10．下線部⑧について、この人物はのちに日本で最初の内閣総理大臣となったが、その人物として正しいものを以下から１人選び、記号で答えなさい。

(ア) 板垣退助　(イ) 伊藤博文　(ウ) 大隈重信　(エ) 大久保利通

問11．下線部⑨について、この憲法を何と呼ぶか答えなさい。

問12. 下線部⑩について、正倉院に収められている品物として、**誤っているもの**を以下から１つ選び、記号で答えなさい。

(ア)

(イ)

(ウ)
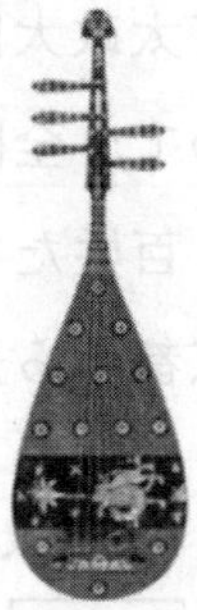
(エ)

問13. ［Ｊ］で説明されている武器を**漢字２字**で答えなさい。

3 次の文を読んで、以下の問いに答えなさい。

日本国民は、私たちと子孫のために、世界の人々と仲良く協力し合い、自由のもたらす恵みを①国土の全体にわたって確かなものにし、政府の手によって②再び戦争の災いがおこることのないように決意し、③主権が国民にあることを宣言して、④この憲法を定める。

国の政治は、国民から厳粛(げんしゅく)に⑤ゆだねられた行為であって、その権威(けんい)はもともと国民がもっているものである。政治の力は⑥国民の代表者によって使われ、そこから得られる⑦幸福と利益は国民が受けるものである。これは人類全体に通じる根本の原理であって、この憲法は、この原理にもとづいてつくられたものである。

日本国民は、これらの大切な考え方と目標に向かって、⑧全力で努力することを誓(ちか)うものである。

問１. 下線部①に関係して、国の範囲(はんい)にあてはまらないものを以下から１つ選び、記号で答えなさい。

(ア) 領土　(イ) 領空　(ウ) 領海　(エ) 公海

問２．下線部②について、ここで思い浮かべられている「戦争」として最もあてはまるものを以下から１つ選び、記号で答えなさい。

(ア)　ベトナム戦争　　(イ)　太平洋戦争
(ウ)　中東戦争　　(エ)　朝鮮戦争

問３．下線部②に関係する以下の問いに答えなさい。

(1)　平和主義はこの憲法の第何条に示されているか、正しいものを以下から１つ選び、記号で答えなさい。

(ア)　第１条　　(イ)　第９条　　(ウ)　第14条　　(エ)　第25条

(2)　「核兵器を、もたない、つくらない、もちこませない」を掲げた原則を何と呼ぶか、答えなさい。

(3)　2022年２月、ロシアにより侵攻された国はどこか答えなさい。

問４．下線部③について、この説明として**誤っているもの**を以下から１つ選び、記号で答えなさい。

(ア)　国民投票によって憲法を改正できる
(イ)　最高裁判所の裁判官を国民が審査できる
(ウ)　国民投票によって自衛隊の活動に命令できる
(エ)　地方自治体の条例の改正を請求できる

問５．下線部④について、この憲法が公布された日として正しいものを以下から１つ選び、記号で答えなさい。

(ア)　２月11日　　(イ)　２月23日
(ウ)　５月３日　　(エ)　11月３日

問６．下線部⑤に関係する以下の問いに答えなさい。

(1)　日本の国の収入のうちの６割ほどとなる、国民から集めたお金を何というか、**漢字２字**で答えなさい。

⑵ 行政をゆだねられた機関を以下から１つ選び、記号で答えなさい。

㋐ 国会　　㋑ 内閣　　㋒ 裁判所

問７．下線部⑥に関係する以下の問いに答えなさい。

⑴ 選挙の説明として正しいものを、以下から１つ選び、記号で答えなさい。

㋐ すべての国政選挙で18歳以上の国民が投票できる
㋑ 都道府県知事選挙には20歳以上の国民が立候補できる
㋒ 参議院議員選挙には25歳以上の国民が立候補できる

⑵ 国会のなかで、解散があるのはどちらか、以下から１つ選び、記号で答えなさい。

㋐ 衆議院　　㋑ 参議院

問８．下線部⑦に関係する以下の問いに答えなさい。

⑴ すべての人が生まれながらにしてもっており、だれからもおかされない権利を何というか、漢字５字で答えなさい。

⑵ 「ユニバーサルデザイン」の説明として、最も正しいものを、以下から１つ選び、記号で答えなさい。

㋐ 高齢者や障がいがある人にとって、障壁となる物を取り除くこと
㋑ 年齢、性別、国籍などに関係なく、すべての人が使いやすくなるような製品や環境のこと

問９．下線部⑧に関係して、国民の三大義務の説明として正しいものを、以下から１つ選び、記号で答えなさい。

㋐ 子どもは働く義務がある
㋑ 子どもは教育を受ける義務がある
㋒ おとなは子どもに教育を受けさせる義務がある
㋓ おとなは国の兵力として指示に従う義務がある

【理　科】〈第１回午前試験〉（社会と合わせて50分）〈満点：50点〉

（注意）定規・コンパス・電卓は使わないでください。

1　右図はアブラナの花を表しています。この図について、以下の問いに答えなさい。

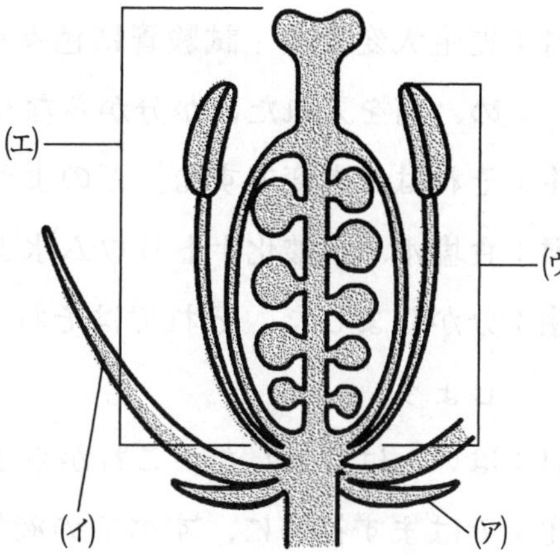

(1)　図中の(ア)〜(エ)の部分の名前を答えなさい。

(2)　植物はなかまをふやすために、花粉をどこにつけますか。図中の(ア)〜(エ)から１つ選び、記号で答えなさい。

(3)　植物の花粉が(2)で答えた部分につくことを何というか答えなさい。

(4)　(3)について、花粉がついたところのねもと部分が成長すると、何になるか答えなさい。

(5)　(4)で答えたものの中には何がありますか。漢字２文字で答えなさい。

(6)　植物が花をさかせるまで大きく成長するためには水や空気や適当な温度以外にも、葉にあるものが当たることが必要です。あるものとは何か答えなさい。

(7)　(6)で答えたものが葉に当たると葉の中には何ができるか答えなさい。

2 以下の会話文を読み、あとの問いに答えなさい。

京君：先生大変です！試験管に色々な液体を入れたけど、目印を書き忘れたため、何を入れたのか分からなくなりました！

先生：それは、大変ですね。どのような液体を用意したのですか？

京君：食塩水、水酸化ナトリウム水よう液、石かい水、塩酸です。

先生：分かりました。それではそれぞれの試験管に、Ａ～Ｄのシールをはりましょう。

京君：はい、はりました。これからどうすれば、よいですか。

先生：ではまず初めに、すべての液体を少し取り出して、リトマス試験紙を近づけましょう。

赤色のリトマス試験紙がないので、青色のリトマス試験紙だけを近づけてみましょう。

京君：先生！Ｂの試験管に入っている液体だけ①色が変化しました！ということはＢの試験管に入っている液体は（　ａ　）ですね。

先生：その通りです。では、次にストローで息をふきこんで液体の変化を見てみましょう。

京君：分かりました！Ｄの試験管に入っている液体だけ②変化しました！ということはＤの試験管に入っている液体は（　ｂ　）ですね。

先生：お見事です。では最後に残った試験管ＡとＣにアルミニウムの金属を入れてみましょう。

京君：あれ、Ａの試験管は何も反応がありませんでした。

先生：つまり、Ａの試験管に入っている液体は（　ｃ　）だと分かりましたね。

これですべての液体の正体が分かりました。これからは、気を付けて液体を入れてくださいね。

京君：先生、ありがとうございました。

(1)　①の線が引かれている変化について、何色に変化したか答えなさい。

(2)　②の線が引かれている変化について、どのように液体が変化したか答えなさい。

⑶　②の変化が起きる原因となった気体は何か答えなさい。

⑷　試験管Ｃにアルミニウムを入れたとき、どのような気体が発生したか答えなさい。

⑸　⑷で発生した気体を集めるのに**適さない方法**はどれか、以下の㋐〜㋒から１つ選び記号で答えなさい。

㋐　㋑　㋒

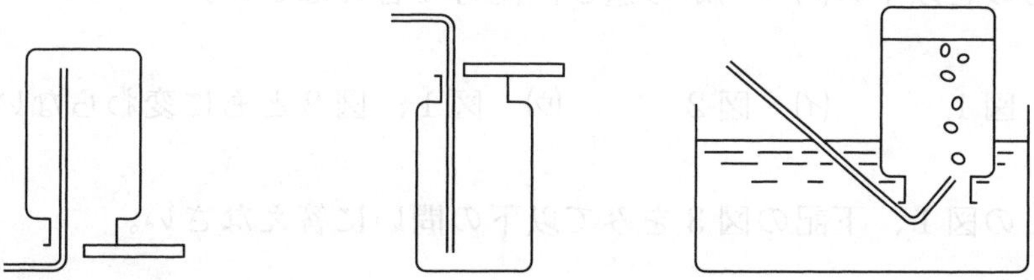

⑹　（　ａ　）〜（　ｃ　）に入る液体は以下のうちどれか、それぞれ１つずつ選んで記号で答えなさい。

㋐　食塩水　　㋑　水酸化ナトリウム水よう液

㋒　石かい水　　㋓　塩酸

3　豆電球のつなぎ方と明るさについて以下の問いに答えなさい。

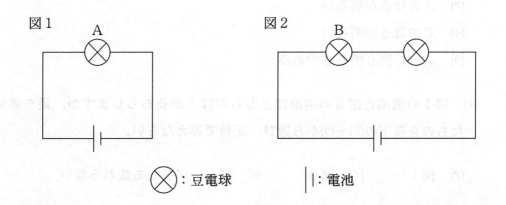

問１．図１、図２をみて以下の問いに答えなさい。

図１

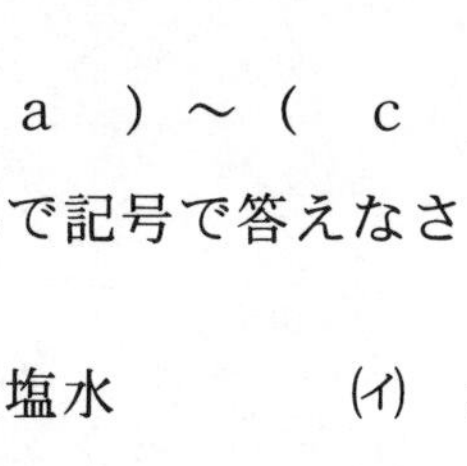

図２

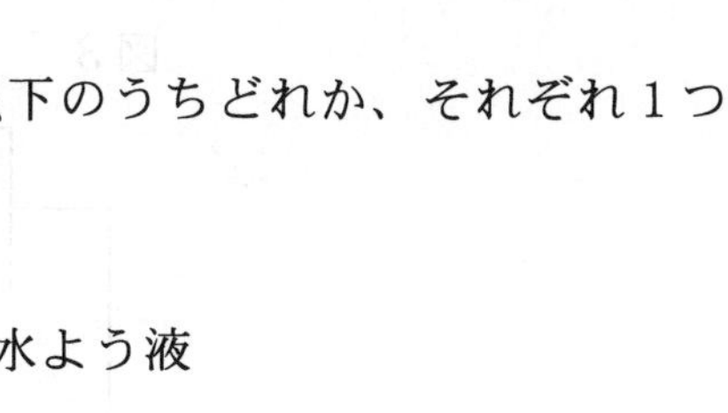

：豆電球　：電池

⑴　ＡとＢの明るさを比べた結果として、最も適切なものを以下の㋐～㋒から選び、記号で答えなさい。

㋐　Ａのほうが明るい

㋑　Ｂのほうが明るい

㋒　Ａ、Ｂ同じ明るさである

⑵　図１の電池と図２の電池はどちらのほうが長もちしますか。最も適切なものを以下の㋐～㋒から選び、記号で答えなさい。

㋐　図１　　　㋑　図２　　　㋒　図１、図２ともに変わらない

問２．問１の図１、下記の図３をみて以下の問いに答えなさい。

図３

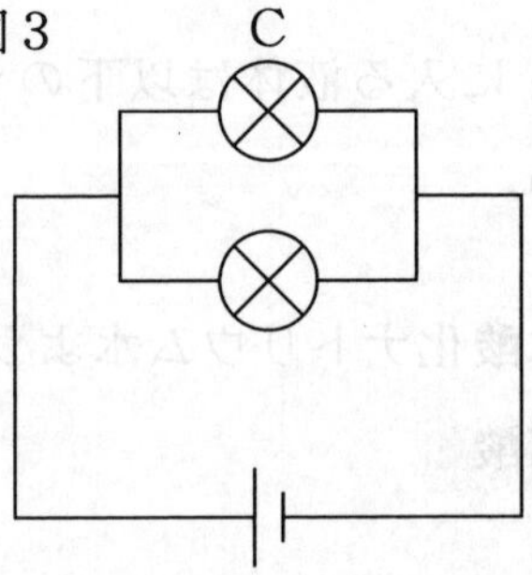

⑶　図１のＡと図３のＣの明るさを比べた結果として、最も適切なものを以下の㋐～㋒から選び、記号で答えなさい。

㋐　Ａのほうが明るい

㋑　Ｃのほうが明るい

㋒　Ａ、Ｃ同じ明るさである

⑷　図１の電池と図３の電池はどちらのほうが長もちしますか。最も適切なものを以下の㋐～㋒から選び、記号で答えなさい。

㋐　図１　　　㋑　図３　　　㋒　図１、図３とも変わらない

問３．問１の図１、下記の図４をみて以下の問いに答えなさい。

図４

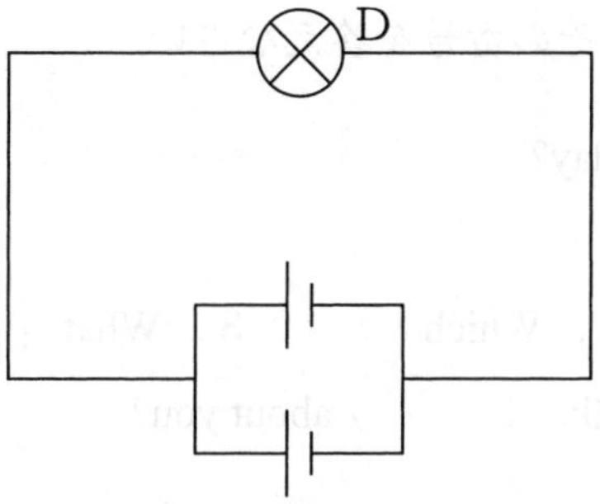

⑸　図１のＡと図４のＤの明るさを比べた結果として、最も適切なものを以下の㋐〜㋒から選び、記号で答えなさい。

㋐　Ａのほうが明るい

㋑　Ｄのほうが明るい

㋒　Ａ、Ｄ同じ明るさである

⑹　図１の電池と図４の電池はどちらのほうが長もちしますか。最も適切なものを以下の㋐〜㋒から選び、記号で答えなさい。

㋐　図１　　㋑　図４　　㋒　図１、図４ともに変わらない

問４．図５をみて以下の問いに答えなさい。

図５

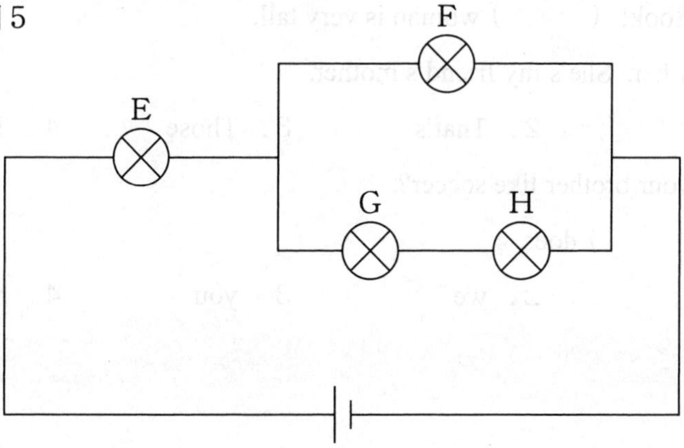

⑺　図５のＥ〜Ｈの電球で最も明るいものをＥ〜Ｈの中から１つ選び、記号で答えなさい。

【英　語】〈第１回午前試験〉（50分）〈満点：100点〉

1　次の⑴から⑻までの会話について、(　　　)に入れるのに最も適切なものを１，２，３，４の中から一つ選び、その番号を答えなさい。

⑴　A：(　　　) day is today?
　　B：It's Monday.
　　1．When　　2．Which　　3．What　　4．Where

⑵　A：I want a glass of milk.（　　　）about you?
　　B：Yes, please.
　　1．Who　　2．It's　　3．Whose　　4．How

⑶　A：Taro, I have two cats.
　　B：Oh, really? I have two dogs. I love (　　　).
　　1．its　　2．their　　3．them　　4．it

⑷　A：John! It's (　　　) for breakfast.
　　B：OK, Mom.
　　1．fine　　2．morning　　3．time　　4．bad

⑸　A：Do you want some coffee?
　　B：No, thank you.（　　　）please.
　　1．Water　　2．Hot　　3．Drink　　4．Book

⑹　A：Did you see the movie?
　　B：Yes. It was (　　　)!
　　1．interesting　　2．cold　　3．me　　4．three

⑺　A：Tom, Look! (　　　) woman is very tall.
　　B：I know her. She's my friend's mother.
　　1．They　　2．That's　　3．Those　　4．That

⑻　A：Does your brother like soccer?
　　B：Yes, (　　　) does.
　　1．I　　2．we　　3．you　　4．he

2 次の⑴から⑸までの会話について、(　　)に入れるのに最も適切なものを１，２，３，４の中から一つ選び、その番号を答えなさい。

⑴ A：Who are the boys in the room?

B：(　　　)

１．Me, too.　　２．He is my brother.

３．They are my friends.　　４．That's good.

⑵ A：My mother is an English teacher. What does your mother do?

B：(　　　)

１．No, she doesn't.　　２．She has a cat.

３．She went to America.　　４．She is a doctor.

⑶ A：Thank you for your birthday present.

B：(　　　)

１．I'm so sad.　　２．Here you are.

３．I know it well.　　４．You're welcome.

⑷ A：Where is she from?

B：(　　　)

１．Her name is Mary.　　２．She is from China.

３．In the park.　　４．That's too bad.

⑸ A：How many students are there in the classroom?

B：(　　　)

１．There are 30 students.　　２．The student is tall.

３．I have 5 classes.　　４．At school.

3 次の(1)～(4)の会話について、後に続く言葉として最も適切なものを１，２，３，４の中から一つ選び、その番号を答えなさい。

(1) A：I have a lot of English homework today. It's too hard.
B：Can I help you?
A：Thank you. Please teach me this question.
１．Take care.　　２．I teach you Japanese.
３．You're welcome.　　４．Sure.

(2) A：I went to Midori Park yesterday.
B：Really? What did you do there?
A：I played soccer. What did you do yesterday?
１．Yes, I did.　　２．I like soccer.
３．I went to Ueno Zoo.　　４．I'm reading a book.

(3) A：Is tomorrow Taro's birthday?
B：Let's get a present for him today.
A：That's a good idea. Shall we go to Shibuya?
１．What a good present!　　２．Yes, let's.
３．How much is it?　　４．I don't know that.

(4) A：What did you do last night?
B：I practiced the piano.
A：How long did you practice?
１．It's mine.　　２．Two o'clock.
３．For two hours.　　４．It starts at seven.

4 各日本語の意味に合うように、(　　　)に適切な語を入れなさい。

⑴ 私は大阪を訪れたい。

I (　　　) (　　　) visit Osaka.

⑵ 彼は本を読むために図書館へ行った。

He went to the library (　　　) (　　　) books.

⑶ 彼らは先週の日曜日に野球をするのを楽しんだ。

They (　　　) (　　　) baseball last Sunday.

⑷ 彼女は日本語と英語を話す。

She (　　　) Japanese (　　　) English.

⑸ 私は学校へ行きます。

I (　　　) (　　　) school.

⑹ あちらは彼のお兄さんではありません。

That (　　　) (　　　) his brother.

5 各日本語の意味に合うように、(　　　)内の語句を並べかえなさい。ただし、文頭に来る語(句)も小文字で書かれている。

⑴ タカシはたくさんの単語を知っています。

(knows / Takashi / words / a lot of).

⑵ 今日は何月何日ですか。

(today / the / what / date / is)?

⑶ あの少年はボブですか。

(Bob / is / boy / that)?

⑷ 私の父は１時間前にその仕事を終えました。

(an hour / finished / my father / the work / ago).

⑸ 私は体育館に行く予定です。

(to / to / going / I / the gym / go / am).

⑹ あなたの兄は私たちの父を知っている。

(knows / our / your / father / brother).

6 次の日本語を英語に直しなさい。

⑴ 私は一生懸命(けんめい)宿題をしました。
⑵ 私たちは毎日英語を勉強すべきです。
⑶ 彼は毎朝水を飲みます。
⑷ 私は彼女と公園で会った。
⑸ どうぞその皿を洗ってください。
⑹ あなたは手に何を持っていますか。

7 次の英語を日本語に直しなさい。

⑴ Run fast.
⑵ She was cooking then.
⑶ My brother is taller than my father.
⑷ There are many places to visit in Kyoto.
⑸ I will be 13 years old next year.
⑹ May I use this pencil?

8 (　　)内の指示に従って英文を書きかえなさい。

⑴ Yuko makes breakfast every day. (mustを加えて)
⑵ I play the piano. (文の最後にnowをつけて「～しているところです」という文に)
⑶ I have a cat. (aをtwoにかえて)
⑷ We visited Mr. Tanaka. (否定文に)

9 次の日本語を英語に直しなさい。

⑴ 火曜日　⑵ 6月　⑶ 秋　⑷ 赤い　⑸ おじ
⑹ カナダ　⑺ (数字の)11　⑻ 机　⑼ 2月　⑽ 金曜日

問８ ──⑤「しかしこれは小さく見えて大きな違いであった」とありますが、「これ」の内容を説明したものとして、最も適当なものを次の中から一つ選び、記号で答えなさい。

ア　ダイオウイカの光の感度が人の１２６倍になったこと。
イ　ダイオウイカの見通せる距離が１２０メートル程度であること。
ウ　水中での光の減衰は距離が伸びると急激に大きくなること。
エ　ダイオウイカの目玉がバスケットボールよりも大きくなったこと。

問９ ──⑥「ダイオウイカの巨大な眼球」とありますが、これは何のためにあるものですか。その理由としてふさわしくないものを次の中から一つ選び、記号で答えなさい。

ア　水中を遠くまで見通すため。
イ　光への感度を上げるため。
ウ　敵を先に見つけて回避行動をとるため。
エ　マッコウクジラに対抗するため。

問３　B にあてはまる言葉として、最も適当なものを次の中から一つ選び、記号で答えなさい。

［ア　鼻　　イ　口　　ウ　耳　　エ　指］

問４　――①「そんな意見」とありますが、どのような意見ですか。最も適当なものを次の中から一つ選び、記号で答えなさい。

ア　ダイオウイカは浮遊生活に適応した生き物だという意見。
イ　ダイオウイカは不活発な生き物だという意見。
ウ　ダイオウイカは神経の発達が良いという意見。
エ　ダイオウイカは活動的なハンターだという意見。

問５　――②「深海」とありますが、これがどのようなものかを説明した一文を本文中から探し、最初の５字をぬき出して答えなさい。

問６　――③「潜水艦」とありますが、マッコウクジラと潜水艦の共通点を説明した表現を本文中から20字以内で探し、最初の７字をぬき出して答えなさい。

問７　――④「ダイオウイカはこれを見つけるのである」とありますが、ダイオウイカは何を目印にマッコウクジラを見つけるのですか。説明しなさい。

目玉をバスケットボールよりも大きくする。これほどの進化的努力をタッセイしても、見通せる距離が60から１２０メートルにしか伸びない。⑤しかしこれは小さく見えて大きな違いであった。１２０メートル先で敵を見つけて回避行動をとるのと、60メートルまで近づかれてようやく気がつくのとでは天と地ほどの違いがあるだろう。

進化とは有利が蓄積する現象であった。他のものよりもわずかでもいい、早く敵の接近に気がつく。それができたものが生き残り、子孫を残し、他よりもわずかだけ感度が高い目が受け継がれる。これが何世代も※累積してできたのが⑥ダイオウイカの巨大な眼球であった。

彼らの異様な眼差しはマッコウクジラという強敵に対抗するためにできたのである。今日もダイオウウイカは人知れず世界各地の深海でぼんやりと漂っている。そしてマッコウクジラがいないかと深海の闇を※凝視しているだろう。

（『ダイオウイカVS.マッコウクジラ―図説・深海の怪物たち』北村雄一）

※累積…重なり積もること。
※凝視…目をこらして見つめること。

問１　～～～a～eのカタカナを漢字に直しなさい。

［a　イガイ　　b　アツみ　　c　ゲンソク　　d　ラッカン　　e　タッセイ］

問２　［A］に入る言葉を本文中から５字以内で探し、ぬき出して答えなさい。

それができなかった。イカには音をつくる器官がないし、そもそも［　B　］がない。
　人もそうだが、進化とは、今、手持ちにあるものだけでどうにかしないといけない。音をつくれぬ聞こえぬイカが、［　A　］を持つように進化することはない。ダイオウイカができるのは目の感度を上げることのみ。こうしてダイオウイカは巨大な目を持つようになった。そしておそらくマッコウクジラが作り出す光を発見することに全力をあげている。もちろん、マッコウクジラ自体が光るわけではない。海の中には小さな光る生き物が色々いる。マッコウクジラが泳ぐと、クジラの体にあたったこうした生き物が驚いてチカチカ光る。すると暗い深海の中でマッコウクジラの姿が青く浮かび上がる。④ダイオウイカはこれを見つけるのである。
　しかし光が吸収される水中で、遠くの光を見つけるのは困難極まりない。光る生き物というとホタルだが、仮にホタルが水中で光っているとする。陸上だと数百メートル先のホタルの光も見えるが、水中ではそうはいかない。放たれる光はたちまち吸収されて、かすんでしまい、かすかになった光は感度の良い目でないと見つけられない。では人の目だとどのぐらい先のホタルが水中で見えるかというと、計算上は60メートル先のホタルが見える。これは非常にｄラッカン的かつ理想的な話で実際はもっと短いだろうが、まあ60メートルとしよう。
　目を大きくすると感度が上がる。たとえば目の大きさが2倍になると感度は4倍になる。ダイオウイカだとその感度は人間の１２６倍である。もしダイオウイカが陸上にいたら、星明りしかない真っ暗な夜でも、満月の夜のように明るく感じるし、周囲をはっきり見ることができるだろう。ここまで感度の高いダイオウイカの目だ。水中でもさぞかし遠くまで見通せるだろうと期待してしまうが、残念、そうはならない。水中での光の減衰は距離が伸びると急激に大きくなるのだ。このため、ダイオウイカが見通せる距離はせいぜい１２０メートル程度。つまり人間の2倍にしかならない。

イガイ（a）かもしれないが水は不透明な物体なので、水中では見通しが利かない。水が不透明であることはコップの水を見ては実感できないが、プールに潜(もぐ)った時のことを思い出せばわかるだろう。プールの中で目を開けても、プールの端(はし)は青くかすんで暗く、見通せない。水はわずかだが光を吸収する。だから暗く見える。数センチのアツ（b）みの水だとわからないが、数メートルのアツみの水だとそれが実感できる。数十メートルだと光の吸収は顕著(けんちょ)であり、２００メートルのアツみの水は光の99パーセントを吸収してしまう。これは植物が光合成できなくなる光の乏(とぼ)しさだ。２００メートルより深い場所を深海と呼ぶのはこれが理由であった。水による光の※遮断(しゃだん)で植物が光合成できなくなる深さ。それが深海の定義となる。

光合成は食糧(しょくりょう)生産の過程であり、それができない深海では食べ物が生産されず、他とは違う別世界になる。深海の食料は、ゲンソク（c）的に明るい上の世界から沈(しず)んできたおこぼれにすぎない。

さて、暗いのはともかくとして、見通せないというのはダイオウイカにとって大問題であった。なぜなら彼らの敵であるマッコウクジラは光ではなく、音を使って餌を探すからである。光と違って音は水中ではなかなか減衰(げんすい)しない。だから音だと水中を遠くまで見通せる。③潜水艦(せんすいかん)が音を出して周囲を探るのもこのためだ。よく戦争映画でチコーン、チコーンという音を潜水艦が出す場面があるだろう。あれは音の反響を利用して相手を探っているのである。いわゆるソナーだ。マッコウクジラも潜水艦と同様、音を出してその反響で獲物を把握(はあく)する。

反対にダイオウイカは目で相手を探す。音と光。見通せない水中においてこの違いは致命(ちめい)的だった。マッコウクジラはソナーで獲物を探す最新型軍用潜水艦なのに、食われる側のダイオウイカは、乗組員が窓から外を眺(なが)めて目をこらして探している状態なのである。どう考えてもダイオウイカの分が悪い。ダイオウイカも音の反響で周囲を探る力、つまり［Ａ］を進化させれば良いのだが、

※遮断(しゃだん)…流れをさえぎり止めること。

二　次のあらすじと文章を読んで、後の問いに答えなさい。

> ダイオウイカは水深数百から１０００メートル程度の深度にすむ巨大イカである。今まで採取したダイオウイカの胃袋が空だったことからダイオウイカは少食で海の中をぼんやりと漂う生き物だと考えられていた。その体は軽量化のために塩化アンモニウムを大量に含んでいる。そのため、人間にとってはとんでもなくまずいイカだが、マッコウクジラは大好きなのである。

さて、このように浮遊生活に適応した生き物であるから、ダイオウイカは不活発な生き物だろうと一般的に考えられてきた。しかしその一方で泳ぐためのヒレは大きいし、獲物を探す※触腕は力強く、神経の発達も良い。ぷかぷか生活な肉体と裏腹に、実は活動的なハンターではないのか？　①そんな意見もあった。

この推論が正しかったことは観察で明らかになった。生きたダイオウイカを②深海で撮影した映像。それを見た人は多いだろう。そこに写っていたのは餌に勢いよく、しかし優雅に素早く泳ぎ寄って摑む姿。あるいは釣り上げられたので、逃げようと勢いよく水を吐き出す姿であった。体自体はゆったり漂うつくりではあるが、いざとなるとやれる子であることがわかるだろう。

ダイオウイカは体だけではない。目も極めて大きいことが特徴だ。彼らの目玉の直径は27センチ。なんとバスケットボールよりも大きい。ここまで巨大な目を持つ動物は過去の地球に遡ってもほとんどいない。ダイオウイカは地球の歴史上、最大の目を持つ動物なのである。そしてこの巨大な目は、敵であるマッコウクジラを発見するためのものだと考えられている。

※触腕…イカ類が持つ、一対の腕。他の８本のうでよりも細長く、獲物を捕らえる際に用いられる。

問7　――④「溜め込みすぎた憤慨を、十三歳の僕は抑えることができなかった」とありますが、これを別の言葉で表現した部分があります。それを本文中から13字でぬき出して答えなさい。

問8　――⑤「担任が真緒の髪に気づかなかったふりをした理由」とありますが、その理由として最も適当なものを次の中から一つ選び、記号で答えなさい。

ア　マーガリン事件をきっかけにクラス全体からいじめられていると真緒がうったえると大ごとになるから。
イ　今回の事件は、あくまでも僕が潮田に腹を立て、マーガリンを塗りたくったことが問題となったから。
ウ　担任としても真緒がクラスにいじめられることは、本人のせいもあって仕方ないとあきらめていたから。
エ　真緒がクラスのみんなからいじめられているという問題を無視できなくなり、面倒なことになるから。

問9　――⑥「腫れ物に触るような態度」とありますが、友人がそのような態度になった理由がわかる一文を本文中から探し、最初の5字をぬき出して答えなさい。

問４　――①「その特性」とありますが、ここではどういうことですか。最も適当なものを次の中から一つ選び、記号で答えなさい。

ア　転校生が周囲の人々と仲良くできること。
イ　運動が得意な者が活躍し、そうでない者がいじめられること。
ウ　みんなと協力して一つのことができないこと。
エ　勉強ができない者が、何か得意なことを見せること。

問５　――②「メッキが次々に剥がれていった」とありますが、次の各問いに答えなさい。

(1)　ここでいう「メッキ」に当たる内容として最も適当な一文を本文中から探し、最初の3字をぬき出して答えなさい。

(2)　「剥がれていった」結果、わかったことはどのようなことですか。説明しなさい。

問６　――③「こういうこと」とありますが、どのようなことですか。最も適当なものを次の中から一つ選び、記号で答えなさい。

ア　やさしい言葉のうらには必ず悪意があるということ。
イ　いじめをするような者に善意はないのだから、心を許してはいけないということ。
ウ　いじめをする者に対しても、広い心を持って接するべきだということ。
エ　ひどい仕打ちをする者に対して、反抗しないから同じことをされるのだということ。

問１　X に入れる文として最も適当なものを次の中から一つ選び、記号で答えなさい。

ア　いじめるか、それを注意するかだ。
イ　いじめるか、それをかばうかだ。
ウ　いじめるか、それをそそのかすかだ。
エ　いじめるか、それをチクるかだ。

問２　（　）ⅰ～ⅲに当てはまる語句を次の中からそれぞれ選び、記号で答えなさい。

ア　てらてら　　イ　ひそひそ　　ウ　ニヤニヤ
エ　パリパリ　　オ　ギシギシ　　カ　キラキラ

問３　――ａ・ｂの単語の意味として最も適当なものを次の中からそれぞれ選び、記号で答えなさい。

ａ　つつがなく
ア　順調に　　イ　楽しく
ウ　真面目に　　エ　正しく

ｂ　理不尽だ
ア　感動がない　　イ　思いやりがない
ウ　道理に合わない　　エ　終わりがない

b理不尽だ、と思った。大人たちに事実を訴えたかった。しかし、蒼白になって繰り返し頭を下げる母の姿を見て、何も言えなくなってしまった。

「まあ、思春期にはままあることですから。そうご心配なさらずに。私どもも浩介君を注意深く見守ってまいりますので」

担任はそう言って母をなだめた。

おそらく担任は、実情を薄々知ってはいたのだろう。なぜなら、教室には髪を（　　iii　　）光らせた真緒がいるのだから。

⑤担任が真緒の髪に気づかなかったふりをした理由が、今ならなんとなくわかる。早い話が、大ごとにしたくなかったのだ。マーガリン事件をクラス全体が関わるいじめ問題の一角としてではなく、一人の生徒の「ご乱心」で処理したかったのだ。

ともあれ、その日を境に僕を下の名前で呼ぶ者は真緒一人だけになった。僕は「キレると何をするかわからない」危険人物と見なされた。

それまでは仲が良くて、暇さえあれば、東北・上越新幹線のＥ１系がどうこうという話をしていた奴らが、とたんに⑥腫れ物に触るような態度をとるようになった。また、家に戻れば鰯の丸干しやちりめんじゃこが食卓に並ぶようになった。「キレる子にはカルシウムを」ということらしい。

（『陽だまりの彼女』越谷オサム）

ているのだと思い込んでいるらしい。

バカな真緒は、③こういうことを学習できない。何度もいじめられてきたのだから、相手が底意地悪い奴だということは知っているはずなのに、撫でられただけでいともたやすく心を許してしまうのだ。

「いいかげんにしろよ！」

本人に聞こえるくらいの音量で囁くつもりだった声は、教室中に響き渡ってしまった。④溜め込みすぎた憤慨を、十三歳の僕は抑えることができなかった。

髪を撫でていた潮田が、こちらを振り向く。

「……いいかげんにしろよ」

僕は俯き、口を尖らせて同じ台詞を繰り返した。取り巻きたちと顔を見合わせると、潮田は醜い顔をいっそう醜く歪めてせせら笑った。

「ハァ？　なに？　正義の味方ぁ？」

あれこそがいわゆる「カッとなる」というやつなのだろう。

僕は潮田の手からマーガリンを奪い取り、髪といわず顔といわずたっぷり塗りたくってやった。

しばらくの間、相手は何が起こったかわからない様子だった。そして僕も、そうだった。指の隙間から押し出されるマーガリンの生温かさと銀紙の（　ⅱ　）した感触だけは、今でもよく憶えている。

やがて、潮田は「ギィー、ヤーッ」と怪鳥のような悲鳴を発し、廊下に飛び出していった。

そしてどういうわけか、悪いのは僕、ということになった。

僕は母親と一緒に職員室で頭を下げ、校長室で頭を下げ、潮田の自宅の玄関先で頭を下げた。

かった。徒競走では見事に一位を獲得したものの、活躍はそれきりだった。真緒が組み入れられたムカデ競走のチームはわずか五〇メートルのコースを途中リタイアし、組体操の扇は開いたとたんに崩壊した。

　そうして②メッキが次々に剥がれていった結果、「真緒いじめ」が始まった。

上履きが消え、濡れた雑巾が机の中に押し込まれ、体育祭のときに撮影された写真の目の部分にはコンパスで穴を開けられた。クラスでの真緒への対応は、大きく二つに分かれた。［ X ］

また、教師たちの中にも真緒の劣っている点を利用する者がいた。授業を盛り上げるための「オチ」に真緒を使うのだ。

「そう、『A of B』で『BのA』と訳すんだったな。もう、ここまではバカでもわかるな。じゃあ渡来、『BのA』を英語に訳すと?」

「わかりません」

クラス中が爆笑する。教師と一緒に。かくして教室には一体感が生まれ、授業は a つつがなく進行する。

そういう日々がずっと続いていたのだが、年が明けてしばらく経ったある日、ついに堪忍袋の緒が切れてしまった。といっても真緒の堪忍袋ではなく、僕のだ。

「真緒って、髪だけはきれいだよねえ」

潮田という女子生徒が、そう褒めながら真緒のショートヘアを撫でている。一見仲睦まじげな光景だったが、その手の中には給食で出されたマーガリンがあった。ひと撫でごとに真緒の髪は不自然な光沢を増し、潮田は取り巻きたちと目配せしあって(　i　)笑っていた。

ひどい仕打ちを受けているというのに、真緒はされるがままにしていた。善意で髪を撫でてくれ

2023年度

帝京大学系属帝京中学校

【国　語】〈第一回午前試験〉（五〇分）〈満点：一〇〇点〉

（注意）問いのなかで字数に指定のあるときは、特に指示がない限り、句読点などもその字数にふくめます。

一　次の文章を読んで、後の問いに答えなさい。

真緒が僕のクラスに転校してきたのは十二年前、中学一年の二学期の始業日のことだった。

「私、わたらいまお」

休み時間に真緒は僕の前にやってきて、真面目くさった顔でそれだけ告げると自分の席に戻っていった。

僕は「はあ」とだけ答えた記憶がある。ともかく、変な奴だという印象は強く残った。

小柄で愛らしい顔だちの真緒は、性格の素直さもあって初めのうちは皆の人気者だった。――初めのうちはだ。

けちのつき始めは、漢字の小テストだった。もう十年あまり前のことなので細かいところまでは憶えていないが、彼女はそれはそれはひどい点数を取った。十点満点で一点か、あるいは〇点だったか。とにかく、ひどかった。

すこぶるつきのバカであることが判明した次は、その気まぐれな性格が不評を買った。

真緒は、学校生活に不可欠な団体行動が苦手だった。「周囲と協力する」という当たり前のことが、彼女には苦行だったらしい。

①その特性が一日に凝縮されたのが体育祭だった。まず、入場行進で足並みを揃えることができな

2023年度
帝京大学系属帝京中学校　▶解説と解答

算　数　＜第１回午前試験＞（50分）＜満点：100点＞

解　答

1 ①　2023　②　3.2　③　$\frac{2}{7}$　④　$\frac{12}{13}$　⑤　14　⑥　11　⑦　2000　⑧　4　⑨　8.4　⑩　9　**2** ①　31　②　132　**3** ①　8　②　28.4　**4** ①　5　②　5　**5** ①　23分30秒　②　3625　**6** ①　28.5　②　1：2

解　説

1 **四則計算，比例式，最大公約数，比，場合の数，速さ，体積と高さ**

①　$(2020-20)\times(100+1)\div100+3=2000\times101\div100+3=202000\div100+3=2020+3=2023$

②　$0.5\times6+0.6\div(1.2+1.8)=3+0.6\div3=3+0.2=3.2$

③　$\frac{1}{3}\div\frac{5}{21}\times\frac{10}{49}=\frac{1}{3}\times\frac{21}{5}\times\frac{10}{49}=\frac{2}{7}$

④　$\frac{3}{2}\times\frac{16}{5}\div\left(\frac{8}{15}+1.2\right)\div3=\frac{3}{2}\times\frac{16}{5}\div\left(\frac{8}{15}+1\frac{1}{5}\right)\div3=\frac{3}{2}\times\frac{16}{5}\div\left(\frac{8}{15}+1\frac{3}{15}\right)\div3=\frac{3}{2}\times\frac{16}{5}\div1\frac{11}{15}\div3=\frac{3}{2}\times\frac{16}{5}\times\frac{15}{26}\times\frac{1}{3}=\frac{12}{13}$

⑤　$1.5:\frac{7}{2}=6:\square$より，$1.5\times\square=\frac{7}{2}\times6=21$　よって，$\square=21\div1.5=14$

⑥　55，132，231の最大公約数は右の計算より，11である。

$$\begin{array}{r|rrr} 11 & 55 & 132 & 231 \\ \hline & 5 & 12 & 21 \end{array}$$

⑦　兄弟でお小遣い（こづかい）を３：２に分けると，合計金額は兄のもらった金額1200円の，$(3+2)\div3=\frac{5}{3}=1\frac{2}{3}$（倍）になる。よって，合計金額は，$1200\times1\frac{2}{3}=2000$（円）である。

⑧　[0]，[1]，[2]の３枚のカードを使ってできる３桁（けた）の整数は，102，120，201，210の４通りである。

⑨　片道の道のりを６と４の最小公倍数の12とすると，行きにかかる時間は，$12\div6=2$（時間）で，帰りにかかる時間は，$12\div4=3$（時間）だから，往復でかかる時間は，$2+3=5$（時間）とあらわせる。ここで，３時間30分は3.5時間で，５（時間）の，$3.5\div5=0.7$（倍）である。よって，３時間30分で往復した道のりは，$12\times0.7=8.4$（km）である。

⑩　１辺が６cmの立方体の容器に入った水の体積は，$6\times6\times6=216$（cm^3）である。この水を，縦が３cm，横が８cmの直方体の容器に移しかえると，水の高さは，$216\div(3\times8)=9$（cm）になる。

2 **規則性**

①　正方形を１個作ると棒を４本使い，そこから正方形を１個増やすのに棒を３本使う。よって，正方形が10個になったとき，棒は，$4+3\times(10-1)=31$（本）使う。

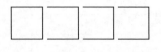

②　１個の正方形の面積は，$2\times2=4$（cm^2）である。そこで，棒100本から１個目の正方形の棒４本を引くと，残りは，$100-4=96$（本）である。２個目の正方形からは棒を３本使うから，正方形を，$96\div3=32$（個）作れるので，正方形は全部で，$1+32=33$（個）になる。よって，棒を100本

使ってできる図形の面積は，$4\times33=132(cm^2)$である。

3 割合

① 卵を２個使うと，1.5個使うときの，$2\div1.5=1\frac{1}{3}$(倍)になるので，ベーキングパウダーも$1\frac{1}{3}$(倍)使うことになる。よって，ベーキングパウダーは，$6\times1\frac{1}{3}=8$(g)使う。

② １kgは1000ｇで，１Ｌは1000mLである。そこで，小麦粉１kgの値段が270円だから，小麦粉150ｇの値段は，$270\div1000\times150=40.5$(円)である。ベーキングパウダー90ｇの値段が330円だから，ベーキングパウダー６ｇの値段は，$330\div90\times6=21.9\cdots$より，22(円)である。砂糖500ｇの値段が200円だから，砂糖30ｇの値段は，$200\div500\times30=12$(円)である。卵10個の値段が240円だから，卵1.5個の値段は，$240\div10\times1.5=36$(円)である。牛乳１Ｌの値段が210円だから，牛乳150mLの値段は，$210\div1000\times150=31.5$(円)である。すると，ホットケーキを６枚作るときの材料費は，$40.5+22+12+36+31.5=142$(円)になる。よって，６枚分の材料費142円でホットケーキが５枚しか作れなかったので，ホットケーキ１枚あたりの材料費は，$142\div5=28.4$(円)である。

4 立体図形―水そうグラフ

① グラフより，10分から25分までの15分間に水面の高さは，$12-6=6$(m)上がるので，１分間に入る水の量は，$15\times8\times6\div15=48(m^3)$である。そこで，０分から10分までの10分間に水は，$48\times10=480(m^3)$入ったことになるので，直方体のおもりの体積は，$15\times8\times6-480=240(m^3)$になる。よって，㋐の長さは，$240\div(6\times8)=5$(m)である。

② ①より，直方体のおもりの体積は$240m^3$だから，このおもりを取り出すと$240m^3$分の水位が下がる。よって，もう一度水を入れていっぱいになるのは，$240\div48=5$(分後)である。

5 速さ

① １kmは1000ｍで，１分は60秒である。最後の６分に分速250ｍで走った道のりは，$250\times6=1500$(m)である。すると，最初に分速200ｍで走った道のりは，$5\times1000-1500=3500$(m)だから，かかった時間は，$3500\div200=17.5$(分)である。よって，５kmを走り終わるのにかかる時間は，$17.5+6=23.5$(分)＝23(分)30(秒)である。

② ①より，17.5分後にはスタート地点から3500ｍの地点にいる。残りの0.5分は分速250ｍで走るので，$250\times0.5=125$(m)進む。よって，18分後にはスタート地点から，$3500+125=3625$(m)のところにいる。

6 平面図形―面積，比

① 図１の色をつけた部分の面積は，おうぎ形の面積から内側の正方形の面積を引いて求められる。おうぎ形の半径は10cmで中心角は90°だから，その面積は，$10\times10\times3.14\times\frac{90}{360}=78.5(cm^2)$になる。また，(正方形の面積)＝(対角線の長さ)×(対角線の長さ)÷２より求められるので，内側の正方形の対角線が10cmだから，その面積は，$10\times10\div2=50(cm^2)$になる。よって，図１の色をつけた部分の面積は，$78.5-50=28.5(cm^2)$である。

② 図２で，三角形BEFは辺BEと辺EFの長さが等しく，角Ｅの大きさが90°の直角二等辺三角形である。また，三角形CHBは角Ｈの大きさが90°であり，三角形BEFと三角形CHBは辺BFと辺CBの長さが等しく，角Ｂが共通(45°)で，角Ｅと角Ｈがそれぞれ90°だから，合同な直角二等辺三角形である。これより，三角形BEIと三角形BHIにおいて，辺BEと辺BHの長さが等しく，辺BIは共通で，角Ｅと角Ｈがそれぞれ90°だから，三角形BEIと三角形BHIは合同な直

角三角形である。同様に，三角形BDFと三角形AHBも合同な直角二等辺三角形となり，三角形BDGと三角形BHGも合同な直角三角形となるから，三角形BEIと三角形BHIと三角形BDGと三角形BHGはそれぞれ合同な直角三角形となる。以上より，辺DGを１とすると，辺GIは辺GHと辺HIの長さを合わせた長さになるので，１＋１＝２となる。よって，アの長さとイの長さの比を最も簡単な整数の比で表すと，１：２になる。

図１

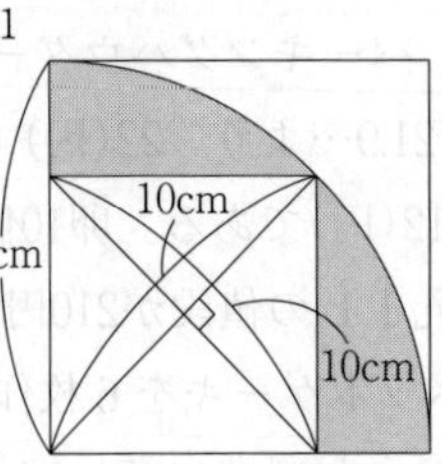

図２

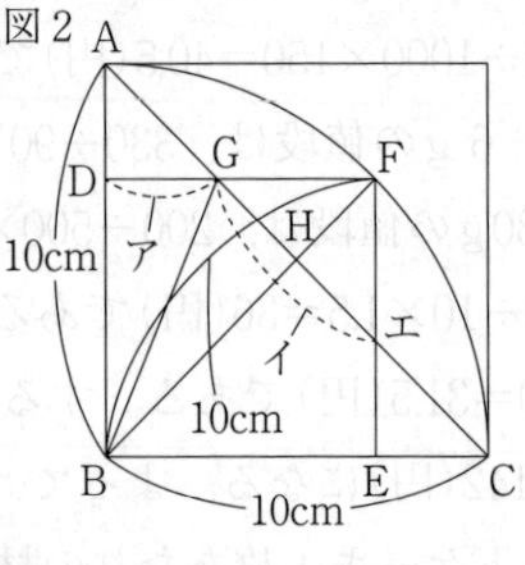

社会 ＜第１回午前試験＞（理科と合わせて50分）＜満点：50点＞

解答

1 **問１** ① イ　② ウ　**問２** (1) イ　(2) 対馬（海流）　**問３** (1) 200海里水域が設定され，魚をとれるはんいが減ったから。　(2) ア　(3) 大陸だな　**問４** (1) イ　(2) エ　**問５** (1) ウ　(2) ウ　**問６** 琉球（王国）　**問７** ア　**問８** ア・ウ（完答）　**2** **問１** (1) ス　(2) シ　(3) エ　(4) ツ　(5) チ　(6) コ　(7) サ　(8) キ　**問２** ウ　**問３** 日清戦争　**問４** ア　**問５** カ　**問６** エ　**問７** ウ　**問８** 個人の才能や能力　**問９** エ　**問10** イ　**問11** 大日本帝国憲法　**問12** エ　**問13** 鉄砲　**3** **問１** エ　**問２** イ　**問３** (1) イ　(2) 非核三原則　(3) ウクライナ　**問４** ウ　**問５** エ　**問６** (1) 税金　(2) イ　**問７** (1) ア　(2) ア　**問８** (1) 基本的人権　(2) イ　**問９** ウ

解説

1 九州地方・中国地方・四国地方についての問題

問１ ① ①の都市は沖縄県の県庁所在地である那覇市である。この地域は，亜熱帯の気候で，１年を通して気温が高く降水量が多い。冬の気温もほかの地域に比べて高いので，１月の気温が17度と高くなっているイが那覇市である。　② ②は熊本県の県庁所在地である熊本市である。九州地方は，梅雨や台風の影響を受けやすいため，冬より夏の降水量が多くなっているウが熊本市となる。なお，③の都市は鳥取県の県庁所在地である鳥取市で，日本海に面しており，冬の北西の季節風の影響を受けるため，夏より冬の降水量が多い。

問２ (1) 海流には，南から北に流れてくる暖流と，北から南に流れてくる寒流の２種類がある。日本の南西部の海域には暖流が流れている。　(2) 日本の周辺を流れる暖流には，対馬沖を通り，日本海を南から北に流れる対馬海流と，太平洋を南から北に流れる日本海流（黒潮）がある。寒流には，日本海を北から南に流れるリマン海流と，太平洋を北から南に流れる千島海流（親潮）とがある。

問３ (1)　図１のイは遠洋漁業である。遠洋漁業とは，数ヶ月前後の日数をかけて遠くの漁場まで出かけて行う漁業である。1977年に200海里水域が設定されたことにより，他国の200海里水域では，その国の許可なく漁業ができなくなり，漁獲量が減った。特に，オホーツク海やベーリング海で，さけ，ます，たら，かになどをとっていた北洋漁場での遠洋漁業が打撃を受けた。　(2)　イの遠洋漁業は，200海里水域の設定の前に，1973年に石油危機がおき，燃料代が高くなり，遠くの海まで行くことが難しくなったこともあり，1970年代に生産量が減った。かわりに増えたのが，数日かけて沖合の海で行う沖合漁業である。なお，ウは，日帰りで行う沿岸漁業である。　(3)　深さ200メートルまでのけいしゃがゆるやかな海底が広がっているところを大陸だなという。えさになるプランクトンが豊富で，海草があるところは魚のすみかになるため，良い漁場となっている。

問４ (1)　Ａは有明海である。有明海では，のりの養殖がさかんである。かきの養殖は広島湾などで，ぶりやまだいの養殖は瀬戸内海などでさかんである。　(2)　有明海は，福岡県，佐賀県，長崎県，熊本県の４つの県にかこまれた海である。遠浅の海であることから，古くから干拓が行われてきた。

問５ (1)　日本の国土を山地と平地に分けた場合，山地が４分の３，平地が４分の１で，山がちな地形といえる。なお，土地利用でみた場合，森林の割合が３分の２である。　(2)　アの阿蘇山は熊本県，イの雲仙普賢岳は長崎県，エの西之島は小笠原諸島に属する東京都にある火山島である。

問６　尚氏が琉球諸島などを統一して，1429年にできたのが琉球王国である。江戸時代には，将軍がかわったときなどに，琉球使節団が慶賀使としてあいさつに訪れた。明治政府によって琉球藩とされ，その後の廃藩置県で沖縄県となったことで，琉球王国は終わった。

問７　竹島は島根県の島であるが，大韓民国によって不法に占拠されている。イの国後島と，エの択捉島は，色丹島，歯舞群島とともに北方領土とよばれ，北海道の島であるが，ロシア連邦に占領されている。ウの尖閣諸島は沖縄県の島であるが，中華人民共和国などが領有を主張している。

問８　Ｅの県は広島県である。厳島神社も原爆ドームも広島県にあり，いずれも世界文化遺産に登録されている。イの石見銀山は島根県，エの姫路城は兵庫県にあり，それぞれ世界文化遺産に登録されている。

2 日本の歴史に関する総合問題

問１ (1)　墨だけを用いて，一色だけの濃淡などで風景などをあらわす絵画を水墨画という。墨だけを用いることから，墨絵とも呼ばれる。　(2)　当時の朝鮮は中国(清)の属国であったため，朝鮮に勢力をのばそうとする日本は，中国と対立することになり，戦争にまで発展した。　(3)　710年に元明天皇によって，奈良に移された都が平城京である。なお，794年に桓武天皇によって京都に移された都は平安京である。　(4)　織田信長がたおした一向宗勢力の拠点であった石山本願寺の跡地に，豊臣秀吉が築いたのが大阪城である。　(5)　聖徳太子は，隋(中国)と対等な立場で国交を結ぶために，小野妹子を使者として送った。これを遣隋使という。　(6)　当時のドイツ(プロシア)の憲法は君主権が強く，日本の憲法も天皇の力が強い憲法にしたいと考えていた伊藤博文は，ドイツの憲法をまねて憲法の案を作った。　(7)　聖武天皇が亡くなった後，生前に愛用していた品々などの遺品を納めた倉庫が東大寺の正倉院である。　(8)　1575年，織田信長は足軽鉄砲隊をひきいて徳川軍と連合して，武田軍の騎馬隊をやぶった。これが長篠の戦いである。

問２　雪舟は２度，明(中国)に渡り，絵の修行をして，日本で水墨画を大成させた。アの歌川広重は，江戸時代の人で，「東海道五十三次」などの浮世絵を残した。イの杉田玄白は江戸時代の蘭学者で，前野良沢と共に，オランダ語の医学書を翻訳した「解体新書」を著した。エの観阿弥は，世阿弥と共に，室町時代に能(能楽)を大成させた。

問３　日清戦争は，1894年に始まり，よく年に，日本の勝利で終結した。下関条約が結ばれて，清は朝鮮の独立を認め，日本は，賠償金とリャオトン半島(遼東半島)や台湾などを得た。

問４　冬に凍らない港を求めて，南に領土を広げることを考えていたロシアは，日清戦争で，どちらが勝利するかに関心をよせていた。資料は，これを魚釣りにたとえた風刺画で，魚(朝鮮)を左側の侍(日本)と右側の人物(中国)のどちらが釣り上げるかを橋の上から見ている人物がロシアである。

問５　東西南北に道がのび，碁盤の目のように区切られた街作りを条里制といい，唐(中国)の都であった長安などに見られる。日本の平城京や平安京は，この唐の都，長安の街作りをまねて作られた。

問６　太平洋戦後，日本は連合国に占領され，GHQによって民主化政策が推し進められた。教育の民主化も進められ，教育勅語にかわり，民主的な教育をめざした教育基本法が制定された。教育勅語が発布されたのは明治時代なので，エが誤りである。

問７　豊臣秀吉は，一揆を防ぐために，農民から武器を取り上げる刀狩令を出した。アは平清盛の説明である。イの武家諸法度は，江戸幕府によって出されたきまりで，最初に出されたのは，２代将軍の徳川秀忠のときである。エは織田信長の説明である。

問８　それまでの朝廷では，家柄によって豪族が代々，役人になっていたが，聖徳太子は家柄によらず，才能や能力のある者を役人として採用し，頭にかぶる冠の色によってその地位を示した。これを冠位十二階という。

問９　下線部⑦を元寇という。この時の活躍を認めてもらい，幕府から御恩を得るために，竹崎季長が描かせたのが，「蒙古襲来絵詞」といわれている。アの武田勝頼とウの今川義元は戦国大名，イの平清盛は平安時代後期の人物で，いずれも鎌倉時代におきた元寇とは関係がない人物である。

問10　1885年に内閣制度ができ，日本初の内閣総理大臣となったのが伊藤博文である。アの板垣退助は自由民権運動の中心人物で，自由党を結成した。ウの大隈重信は，立憲改進党を結成した。エの大久保利通は，薩摩藩出身で，おなじく薩摩藩出身の西郷隆盛と共に，明治維新で活躍した人物である。

問11　大日本帝国憲法は，1889年２月11日に発布された，日本で最初の憲法である。天皇が国民に与える形で発布された欽定憲法で，主権は天皇にあった。

問12　正倉院には，シルクロードを経由して唐から日本にもたらされた西アジアの品物なども納められている。エは江戸幕府がキリシタン(キリスト教信者)をとりしまるために行った絵踏に用いられた踏絵である。

問13　1543年に種子島に流れ着いたポルトガル人によって，日本に初めてもたらされたのが鉄砲である。種子島は鹿児島県にある島である。

3 日本国憲法についての問題

問１　領海や200海里水域などにあてはまらない，どの国のものでもない範囲の海が公海である。なお，領土，領空，領海は他国の船などが許可なく侵入してはならない。

問２　問題文は，日本国憲法の前文をわかりやすくまとめたものである。日本国憲法は，太平洋戦争後に，それまでの大日本帝国憲法にかわるものとして制定された。

問３ (1) 平和主義は，日本国憲法第９条に示されている。国際紛争を解決する手段として戦争を放棄すること，そのために，戦力を持たず，交戦権を認めないことが述べられている。 (2) 世界でただ１つの被爆国であることをふまえ，佐藤栄作内閣の時にかかげられた，核兵器に関する日本の立場を示す原則で，「(核兵器を，)もたない，つくらない，もちこませない」とするものを非核三原則という。 (3) 2022年２月，プーチン大統領の命令により，ロシア軍のウクライナへの侵攻が始まった。これに対して，ウクライナのゼレンスキー大統領は抗戦の立場をとった。

問４ 自衛隊の最高指揮監督権は，内閣総理大臣が持っている。したがって，国民が直接自衛隊の活動に関して命令するようなきまりはない。

問５ 国民などに知らせることを公布，実際に行うことを施行という。日本国憲法は，1946年11月３日に公布され，半年後の1947年５月３日に施行された。なお，11月３日は文化の日，５月３日は憲法記念日として，それぞれ国民の祝日になっている。

問６ (1) 国の１年間の収入のことを歳入という。歳入の中心となるのが税金(租税)である。それ以外では，国民などからの借金である公債(国債)がある。 (2) 法律を作る権力のことを立法権といい，国会が持っている。法律にもとづいて実際に政治を行う権力を行政権といい，内閣が持っている。法律により裁判を行う権力を司法権といい，裁判所が持っている。

問７ (1) それまでの選挙権は，満20歳以上の男女であったが，公職選挙法が改正され，現在の選挙権は，満18歳以上の男女である。イの都道府県知事選挙に立候補できる年齢は，満30歳以上である。ウの参議院議員選挙に立候補できる年齢も満30歳以上である。 (2) 内閣は，衆議院が内閣不信任を決議した時などに，衆議院の解散を決めることができる。参議院には解散はない。

問８ (1) 人が生まれながらに持っている人間らしく生きる権利を基本的人権という。日本国憲法では，基本的人権について，侵すことのできない永久の権利と定めている。 (2) アの高齢者や障害のある人にとって障害となる物をとりのぞくことは，バリアフリーという。

問９ 国民の三大義務は，勤労の義務，納税の義務，普通教育を受けさせる義務である。親は子どもに対して教育を受けさせる義務があり，子どもには教育を受ける権利がある。また，勤労は義務でもあり権利でもある。

理 科 ＜第１回午前試験＞（社会と合わせて50分）＜満点：50点＞

解 答

[1] (1) (ア) がく (イ) 花びら (ウ) おしべ (エ) めしべ (2) (エ) (3) 受粉 (4) 実 (5) 種子 (6) 日光 (7) でんぷん [2] (1) 赤(色) (2) (例) 白くにごる。 (3) 二酸化炭素 (4) 水素 (5) (イ) (6) (a) (エ) (b) (ウ) (c) (ア)
[3] **問１** (1) (ア) (2) (イ) **問２** (3) (ウ) (4) (ア) **問３** (5) (ウ) (6) (イ) **問４** (7) E

解 説

1 アブラナの花のつくりや植物の成長についての問題

(1) (ア)の部分はがく，(イ)の部分は花びら，(ウ)の部分はおしべ，(エ)の部分はめしべである。また，アブラナのがくは4枚，花びらは4枚，おしべは6本，めしべは1本ある。

(2), (3) おしべの先にある部分では花粉がつくられる。花粉がめしべの先について受粉することで，植物はなかまをふやすための種子をつくることができる。

(4), (5) めしべのねもとのふくらんでいる部分は，受粉すると成長して実になる。実の中には種子ができ，種子が発芽して育つことで植物はなかまをふやす。

(6) 発芽した後の植物は，水や空気，適当な温度以外に，日光に当てることで成長する。また，植物に肥料をあたえることも，よく成長する条件の1つである。

(7) 植物の葉に日光が当たると，でんぷんができる。このとき，植物は二酸化炭素をとり入れて，酸素を出している。このはたらきを，光合成という。

2 水よう液の性質についての問題

(1) 青色のリトマス試験紙は，酸性の水よう液に入れると赤色に変化する。また，赤色のリトマス試験紙は，アルカリ性の水よう液に入れると青色に変化する。青色のリトマス試験紙の色が変化したことから，Bの試験管に入っている液体は酸性の塩酸ということがわかる。

(2), (3) ストローで石かい水へ息をふきこむと，息の中にふくまれる二酸化炭素が石かい水と反応して，石かい水が白くにごる。よって，Dの試験管に入っている液体は石かい水ということがわかる。

(4) Aの試験管とCの試験管に入っている液体は，食塩水と水酸化ナトリウム水よう液のいずれかである。水酸化ナトリウム水よう液や塩酸にアルミニウムを入れると，反応して水素が発生する。よって，Cの試験管は水酸化ナトリウム水よう液である。

(5) 気体を集めるとき，空気より軽い気体は(ア)の上方置換法，空気より重い気体は(イ)の下方置換法，水にとけにくい気体は(ウ)の水上置換法を用いると集めやすい。水素は水にとけにくく空気よりも軽い気体なので，下方置換法で集めるのに適さない。

(6) (a) 塩酸は酸性，食塩水は中性，水酸化ナトリウム水よう液と石かい水はアルカリ性の水よう液だから，(1)より，Bの試験管の中に入っている液体は塩酸と考えられる。 (b) (2), (3)のように，Dの試験管に入っている液体は石かい水である。 (c) (4)から，Cの試験管に入っている液体は水酸化ナトリウム水よう液とわかるので，残るAの試験管に入っている液体は食塩水といえる。

3 豆電球のつなぎ方と明るさについての問題

問1 (1) 図1のように，豆電球1個を電池1個とつないだときに豆電球へ流れる電流の大きさを1とすると，図2のように，直列につないだ豆電球2個と電池1個をつないだときに豆電球へ流れる電流の大きさは$\frac{1}{2}$になる。豆電球の明るさは豆電球に流れる電流の大きさが大きいほど明るくなるから，図1のAの豆電球のほうが図2のBの豆電球よりも明るい。 (2) 図1や図2のように豆電球と電池を直列につないだ回路では，豆電球に流れる電流の大きさと電池から出る電流の大きさが等しくなる。したがって，(1)より，図1の電池から流れる電流の大きさは1，図2の電池から流れる電流の大きさは$\frac{1}{2}$とわかる。電池から流れる電流の大きさが小さいほど電池は長持ちするので，図２の電池のほうが図１の電池よりも長持ちする。

問２ (3) 図１のように，豆電球１個を電池１個とつないだときに豆電球へ流れる電流の大きさを１とすると，図３のように，並列につないだ豆電球２個と電池１個をつないだとき，それぞれの豆電球へ流れる電流の大きさは１ずつである。よって，図３のＣの豆電球に流れる電流の大きさは１といえる。豆電球へ流れる電流の大きさが等しければ豆電球の明るさも同じになるので，図１のＡの豆電球と図３のＣの豆電球は同じ明るさと考えられる。 (4) (3)より，図３の豆電球の部分へ流れる電流の合計の大きさは，１＋１＝２といえる。よって，図１の電池から流れる電流の大きさを１とすると，図３の電池から流れる電流の大きさは２になるから，(2)と同様に考えて，(ア)が選べる。

問３ (5) 豆電球のつなぎ方が変わらなければ，電池を並列につないでも豆電球へ流れる電流の大きさは変化しない。したがって，図１のＡの豆電球と図４のＤの豆電球は同じ明るさになるといえる。 (6) (5)のように，図１のＡの豆電球へ流れる電流の大きさと図４のＤの豆電球へ流れる電流の大きさは等しくなる。よって，それぞれの豆電球へ流れる電流の大きさを１とすると，図１の電池から流れる電流の大きさは１，図４の並列につないだ２個の電池それぞれから流れる電流の大きさは，$1 \div 2 = \frac{1}{2}$とわかる。以上のことから，(2)と同様に考えて，(イ)が選べる。

問４ (7) 図５で，Ｅの豆電球へ流れる電流の大きさは，Ｆの豆電球へ流れる電流の大きさとＧとＨの豆電球へ流れる電流の大きさの合計になるので，Ｅの豆電球へ流れる電流の大きさは，ＦやＧ，Ｈの豆電球へ流れる電流の大きさよりも大きいといえる。したがって，Ｅ～Ｈの豆電球の明るさを比べると，Ｅの豆電球が最も明るいとわかる。

英語 <第１回午前試験>（50分）<満点：100点>

解答

1 (1) 3 (2) 4 (3) 3 (4) 3 (5) 1 (6) 1 (7) 4 (8) 4

2 (1) 3 (2) 4 (3) 4 (4) 2 (5) 1 3 (1) 4 (2) 3 (3) 2 (4) 3 4 (1) want to (2) to read (3) enjoyed playing (4) speaks, and (5) go to (6) is not 5 (1) Takashi knows a lot of words (2) What is the date today (3) Is that boy Bob (4) My father finished the work an hour ago (5) I am going to go to the gym (6) Your brother knows our father 6 (1) I did my homework hard. (2) We should study English every day. (3) He drinks water every morning. (4) I met (saw) her in the park. (5) Please wash the dish. (6) What do you have in your hand? 7 (1) 速く走りなさい。 (2) 彼女はその時料理をしているところでした。 (3) 私の兄は私の父よりも背が高い。 (4) 京都には訪れるべきたくさんの場所があります。 (5) 私は来年13歳になります。 (6) この鉛筆を使ってもいいですか？ 8 (1) Yuko must make breakfast every day. (2) I am playing the piano now. (3) I have two cats. (4) We didn't visit Mr. Tanaka. 9 (1) Tuesday (2) June (3) fall / autumn (4) red (5) uncle (6) Canada (7) eleven (8) desk (9) February (10) Friday

国　語　＜第１回午前試験＞（50分）＜満点：100点＞

解　答

一　問１　ウ　問２　i　ウ　ii　オ　iii　ア　問３　a　ア　b　ウ　問４　ウ　問５　⑴　小柄で　⑵　（例）　勉強ができず，気まぐれで，学校生活で大切な団体行動や周囲と協力することが苦手だということ。　問６　イ　問７　堪忍袋の緒が切れてしまった　問８　エ　問９　僕は「キレ　二　問１　a～e　下記を参照のこと。　問２　ソナー　問３　ウ　問４　エ　問５　水による光　問６　音の反響を利用［音を出してその］　問７　（例）　海の中にいる光を発する小さな生き物が，マッコウクジラの体にあたったことで驚いて発した光。　問８　イ　問９　ア

●漢字の書き取り

二　a　意外　b　厚(み)　c　原則　d　楽観　e　達成

解　説

一　**出典は越谷オサム『陽だまりの彼女』による。**女子達の真緒に対する度を越したいじめに，「僕」は今，堪忍袋の緒が切れて，そのいじめをやめさせようとする。しかし，そのことで，キレると何をするかわからない危険人物とみなされることになる，という場面が描かれている。

問１　直後の「また」に着目。「また」は，同等・同格の内容を並べる際に用いる接続語である。つまり，生徒だけでなく，先生までもが真緒のことをバカにしているということをいっている。したがって，クラスでの真緒への対応は，「いじめるか，それをそそのかすかだ」に二分されるが，クラス全体が真緒のいじめに関わっていたという内容になる。

問２　i　直前の「目配せしあって」，直後の「笑っていた」に着目する。前もってやることを打ち合わせていたことがわかる。意味ありげに薄笑いを浮かべるさまを表す「ニヤニヤ」が入る。

ii　マーガリンの包み紙である「銀紙」の感触なので，「ギシギシ」が入る。　iii　真緒の髪は，マーガリンを塗りたくられて光っている。あぶらぎって光っているさまを表す「てらてら」が入る。

問３　a　教師たちの中には，授業を盛り上げるための「オチ」に真緒を使うことで，授業を調子よく進行させている者もいる。　b　「僕」は，自分だけが悪者にされている状況に納得がいっていない。

問４　真緒の性格として，「学校生活に不可欠な団体行動が苦手だった。『周囲と協力する』という当たり前のことが，彼女には苦行だったらしい」とある。それが「一日に凝縮された」のが「体育祭」での出来事だった。

問５　メッキが剥がれるとは，うわべだけのごまかしがきかなくなって，次第に本性があらわれる，という意味である。直前の「そうして」，直後の「結果，『真緒いじめ』が始まった」に着目し，クラスメイトの真緒に対する評価の変化を読み取っていく。「小柄で愛らしい顔だちの真緒は，性格の素直さもあって初めのうちは皆の人気者だった」が，漢字の小テストがけちのつき始めで，「すこぶるつきのバカであることが判明し」，次には，「その気まぐれな性格が不評を買った」という流れになる。⑴は，真緒の初めの印象をとらえる。⑵は，メッキが剥がれて「分かったこと」とは，「すこぶるつきのバカであること」と「気まぐれな性格」の二点であるが，どのように「気まぐれ

な性格」なのかを具体例を挙げてまとめていく。

問６　真緒は，ひどい仕打ちを受けているというのに，善意で髪を撫でてくれているのだと思い込んでいる。その様子を見た「僕」は，真緒は「何度もいじめられてきたのだから，相手が底意地悪い奴だということは知っているはずなのに，撫でられただけでいともたやすく心を許してしまう」と感じ，「心を許してはいけない」と思っている。

問７　「マーガリン事件」の顛末の書き始めである「そういう日々がずっと続いていたのだが，年が明けてしばらく経ったある日，ついに堪忍袋の緒が切れてしまった。といっても真緒の堪忍袋ではなく，僕のだ」に着目。「憤慨」を「抑えることができなかった」ということは，「堪忍袋の緒が切れてしまった」ということである。

問８　担任について「早い話が，大ごとにしたくなかった」と，「僕」は断じている。「マーガリン事件」を「クラス全体が関わるいじめ問題の一角」とすると面倒なことになるので，「一人の生徒の『ご乱心』で処理したかった」，つまり，「僕」個人の問題として終結させたかったのである。

問９　直後の「また」に着目。その後に，家における「僕」への対応が書かれてあり，その理由として「キレる子にはカルシウムを」とらせるためとある。同じように，友人達は，「僕」のことを「『キレると何をするかわからない』危険人物」と見なしたのである。

二　**出典は北村雄一『ダイオウイカVS.マッコウクジラ―図説・深海の怪物たち』による。**音を出してその反響で獲物を把握するマッコウクジラ，一方，目で相手を探すダイオウイカ。ダイオウイカは，マッコウクジラという強敵に対抗するために，巨大な目を持つようになったことが述べられている。

問１　**a**　考えていた状態と非常に違っていること。　**b**　厚さの程度。深み。音読みは「コウ」で，「温厚」「厚意」などの熟語がある。　**c**　多くの場合に共通に適用される基本的な決まり・法則。　**d**　物事の先行きをよいほうに考えて心配しないこと。対義語は「悲観」。　**e**　成し遂げること。

問２　直前の「つまり」は，前の内容の言い換え・まとめを述べる際に使う接続語。「音の反響で周囲を探る力」を言い換えた言葉は「ソナー」である。

問３　「イカには音をつくる器官がない」に関連する内容である。イカには，そもそも「耳」がないのである。

問４　直後の「この推論が正しかったことは観察で明らかになった」から，「そんな意見」は「推論」であることがわかる。ダイオウイカは，「実は活動的なハンターではないのか？」という「推論」が正しかったことが，今，明らかになったのである。

問５　「それが深海の定義となる」という一文に着目。「それ」が指しているのは，直前の「水による光の遮断で植物が光合成できなくなる深さ」である。

問６　マッコウクジラは「音を使って餌を探す」「音を出してその反響で獲物を把握する」とあり，潜水艦は「音の反響を利用して相手を探っている」とある。

問７　「これ」が指す内容をとらえる。直後の「しかし」「遠くの光を見つけるのは困難極まりない」とあるので，「見つける」ものは「光」であることがわかる。ダイオウイカが見つけるのは，どのような「光」であるのかを具体的に書いていく。

問８　「小さく見えて大きな違い」である点に着目。直後に「120メートル先で敵を見つけて回避行動をとるのと，60メートルまで近づかれてようやく気がつくのとでは天と地ほどの違いがある」とある。「見通せる距離が60から120メートルにしか伸びない」けれども，ダイオウイカにとっては，その差は「天と地」ほどの違いがあるという文脈をとらえる。

問９　光の感度の高いダイオウイカの目に関して，「水中でもさぞかし遠くまで見通せるだろうと期待してしまうが，残念，そうはならない」とあるので，「水中を遠くまで見通すため」とあるアはふさわしくない。

2023年度 帝京大学系属帝京中学校

〈編集部注：２教科型受験生は，算数・英語・国語の中から２教科を選択します。本誌においては，英語は第４回を収録しています。〉

【算　数】〈第３回試験〉（50分）〈満点：100点〉

（注意）定規（じょうぎ）・コンパス・電卓（でんたく）は使わないでください。

次の□にあてはまる数を入れなさい。

1 ① $37 \times 27 + 128 \times 8 =$ □

② $\frac{5}{6} \times \frac{12}{7} - \left(1 - \frac{3}{14}\right) =$ □

③ $0.375 \times (25 - 13) + 0.25 \times 16 - 0.125 \times 32 =$ □

④ $4 \times (24 - 15) - \{5 \times 12 \div 3 - 4 \times (33 - 29)\} =$ □

⑤ $12 : \frac{5}{4} =$ □ $: 10$

⑥ $\frac{7}{24}$と$\frac{11}{60}$のどちらにかけても整数となる数のうち、最も小さいものは□です。

⑦ 一の位がわからない4桁（けた）の数425□が9の倍数であるとき、□に入る数は□です。

⑧ A，B，Cの3人のテストの平均点は72点で、D，Eの2人のテストの平均点は80点でした。この5人のテストの平均点は□点です。

⑨ $\frac{1}{7}$を小数で表したとき、小数第20位の数は□です。

⑩　底面の円の直径と高さが等しい円柱の体積が50.24㎝³であるとき、この円柱の高さは[　　　]㎝です。ただし、円周率は3.14とします。

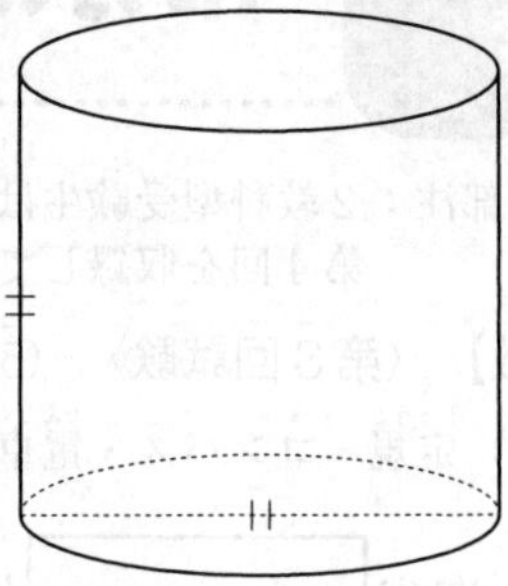

2　下のグラフは、ある食品の成分の割合を表したものです。次の問いに答えなさい。

表1

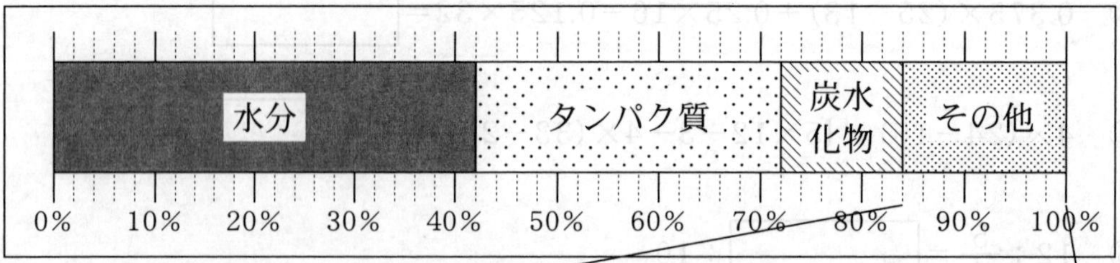

表2

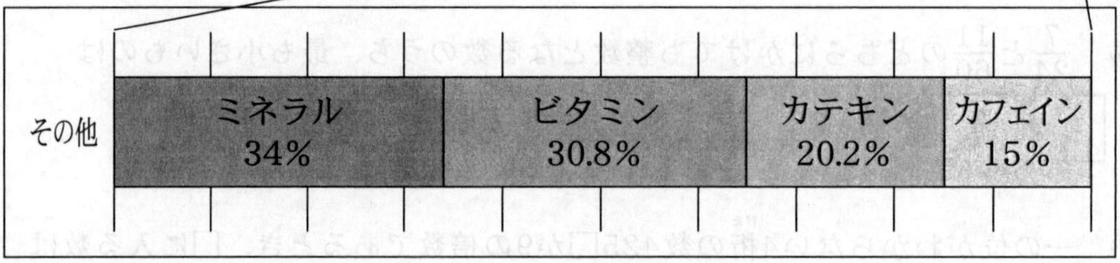

①　タンパク質は炭水化物の[　　　]倍です。

②　この食品の重さは250gです。その他には表2のような成分が含まれます。この食品に含まれるミネラルの重さは[　　　]gです。

3　花子さんは家から1140m離(はな)れた公園に行きます。花子さんの走る速さは分速180m、歩く速さは分速75mです。次の問いに答えなさい。

①　花子さんが家から公園まで歩いていくと［　　分　　秒］かかります。

②　花子さんは歩いて家を出発し、途(と)中から走ったところ11分かかりました。花子さんが歩いた時間は［　　　］分間です。

4　1辺が10cmの正方形のカードをある規則によって並べていきます。次の問いに答えなさい。

1番目　　2番目　　3番目　　……

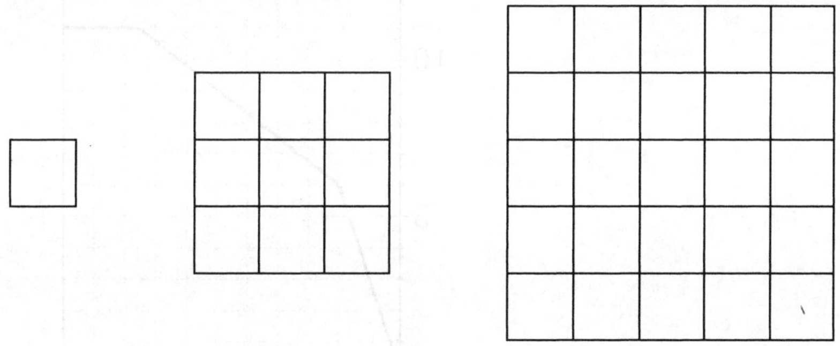

……

①　図のように並べていくと、10番目にできる正方形の面積は［　　　］cm²です。

②　1000枚のカードを使って、1番目から順番に正方形を作って並べていきます。正方形は［　　　］番目まで作れます。

5 下の図のような直方体の容器の中に直方体のおもりが入っています。この容器に蛇口から一定の割合で水を入れていきます。このときの水の深さと時間が下のグラフのようになりました。次の問いに答えなさい。

① この容器が水でいっぱいになるのは［　　分　　秒］後です。

② 水でいっぱいになった容器からおもりを取り除くと、水の深さは［　　　］cm下がります。

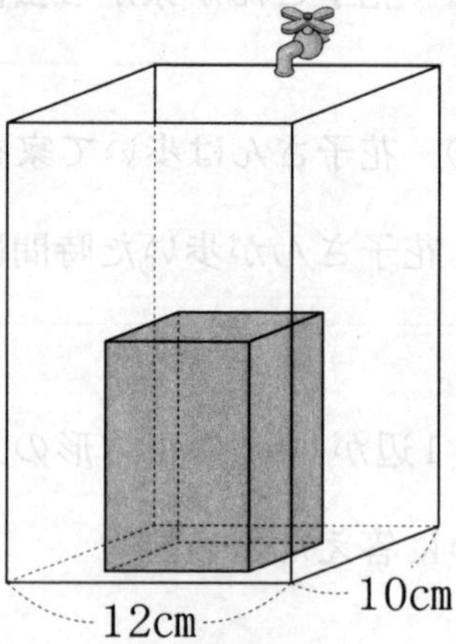

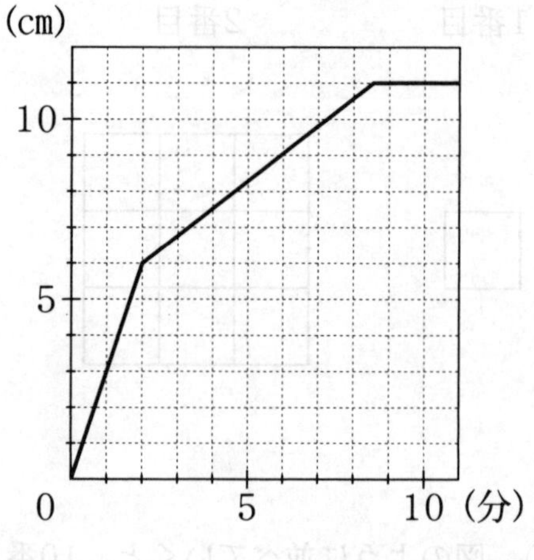

6 右の図は半径が6cmで中心角が90度のおうぎ形の中に半円をかいたものです。半円の円周を3等分するようにおうぎ形の半径を2本ひいたとき、次の問いに答えなさい。ただし、円周率は3.14とします。

① アの長さは［　　　］cmです。

② 色をつけた部分の面積は［　　　］cm²です。

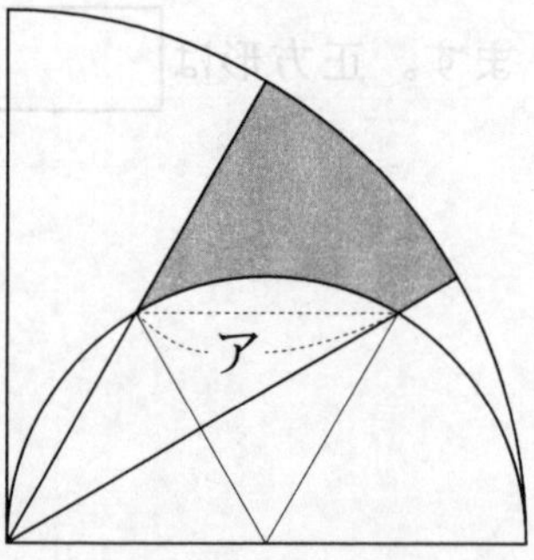

【社　会】〈第３回試験〉（理科と合わせて50分）〈満点：50点〉

（注意）定規・コンパス・電卓は使わないでください。

1　次の地図を見て、以下の問いに答えなさい。

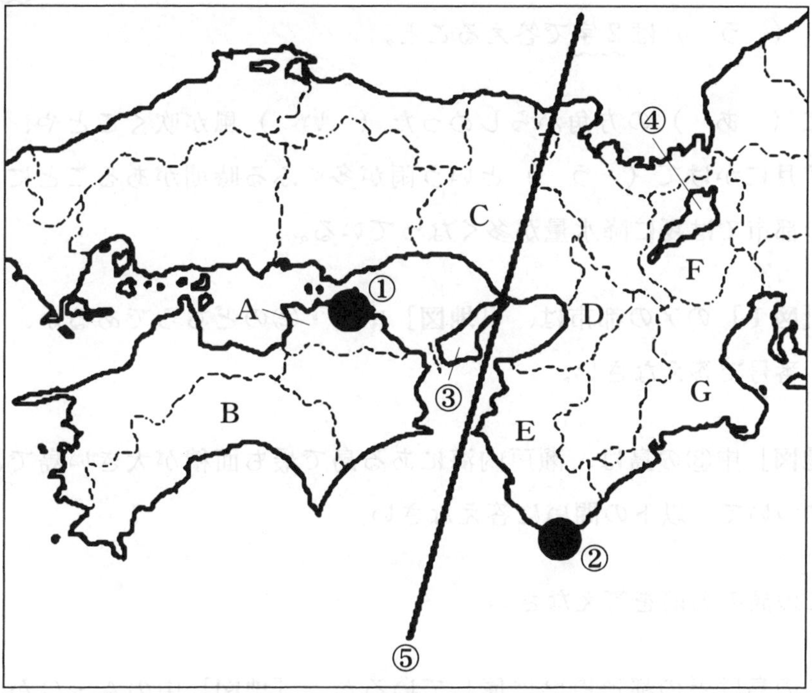

[地図]

問１．次の［**図１**］のア・イは、［**地図**］中①・②いずれかの都市の月別気温と降水量を表したものである。これについて、以下の問いに答えなさい。

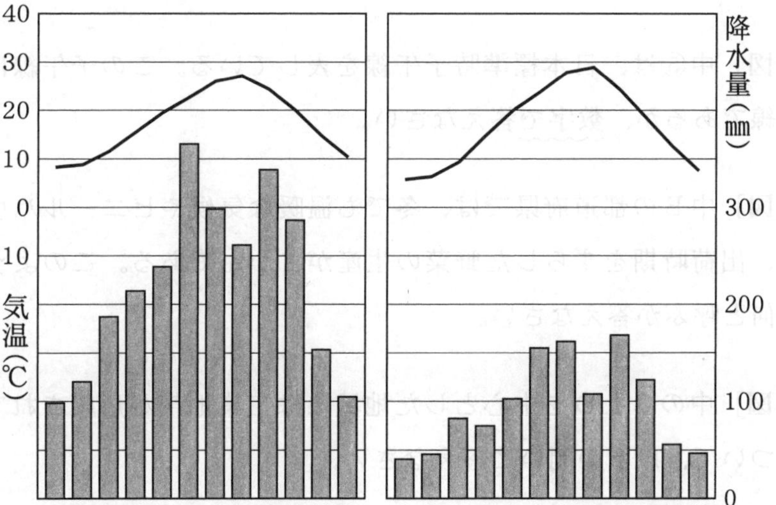

[図１]

⑴　［**図１**］を見ると、アの都市は夏に降水量が多いことがわかる。この理由について説明した次の文中の空らん（　あ　）～（　う　）に当てはまる語をそれぞれ答えなさい。ただし、（　あ　）と（　い　）は**漢字２字**で、（　う　）は**２字**で答えること。

夏に（　あ　）の方角からしめった（　い　）風が吹くことや、６月から７月にかけて（　う　）という雨が多くふる時期があることにより、アの都市では夏に降水量が多くなっている。

⑵　［**図１**］のアの都市は、［**地図**］中①・②のどちらであるか、１つ選び、番号で答えなさい。

問２．［**地図**］中③の島は、瀬戸内海にある島で最も面積が大きい島である。これについて、以下の問いに答えなさい。

⑴　この島の名前を答えなさい。

⑵　この島はどの都道府県に属しているか、［**地図**］中のＡ～Ｇから１つ選び、記号で答えなさい。

問３．［**地図**］中④の湖は、日本で最も面積が大きい湖である。この湖の名前を答えなさい。

問４．［**地図**］中⑤は、日本標準時子午線を表している。この子午線は東経何度の経線であるか、**数字で**答えなさい。

問５．［**地図**］中Ｂの都道府県では、冬でも温暖な気候やビニールハウスを利用して、出荷時期をずらした野菜の生産がさかんである。このような栽培方法を何と呼ぶか答えなさい。

問６．［**地図**］中のＣとＤを中心とした地域には工業地帯が形成されている。これについて、以下の問いに答えなさい。

⑴　この工業地帯の名前を答えなさい。

⑵　次の［**図２**］は、三大工業地帯の製造品出荷額等の構成を表したグラフである。この工業地帯を表しているものを図中のア～ウから１つ選び、記号で答えなさい。

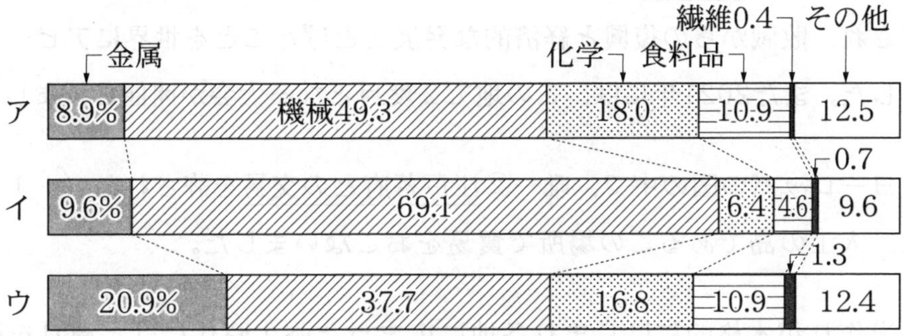

［**図２**］

⑶　次の［**図３**］は大工場と中小工場の特徴について表したグラフであり、［**地図**］中のＣとＤを中心とした地域には中小工場が多く存在している。これについて、中小工場を表しているのは［**図３**］中のア・イのどちらであるか、１つ選び、記号で答えなさい。

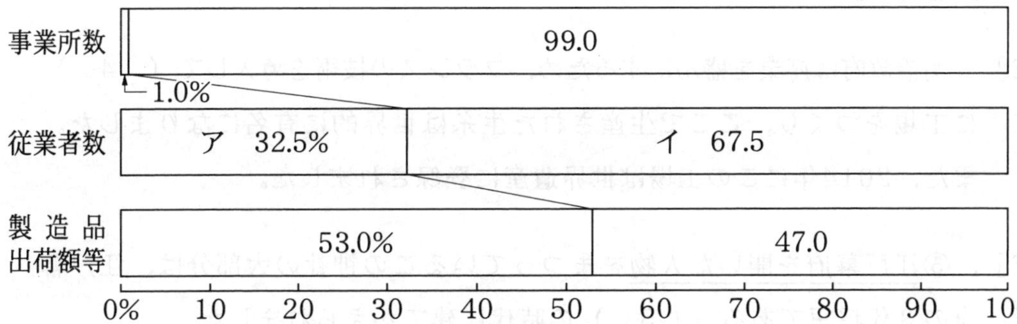

［**図３**］

問７．次のア～ウが説明する都道府県を［**地図**］中のＡ～Ｇからそれぞれ１つ選び、記号で答えなさい。

ア　2019年のみかんの生産量が国内１位である。

イ　かつて四大公害病の１つである四日市ぜんそくが発生した。

ウ　1995年に発生し、多くの死者・行方不明者を出した地震の震源地となった。

（統計資料は『日本国勢図会』2021/22年版より）

2 次の文を読んで、以下の問いに答えなさい。なお、各文は時代順に並んでいません。

［A］　この地で①1964年に日本で最初のオリンピック・パラリンピックが開催され、敗戦からの復興と経済的な発展をとげたことを世界にアピールしました。また2021年には、この地で２度目となる大会が開催されました。

［B］　ヨーロッパの国の中で、唯一②江戸幕府との交易を許された（　１　）は、人工の島であるこの場所で貿易をおこないました。

［C］　米作りが本格的にはじまり各地に広まった弥生時代には、周りを囲むほりや木のさくなどを設けた大きな集落がつくられました。③佐賀県にある遺跡は、この時代最大級の集落の遺跡として有名です。

［D］　平安時代の終わりごろ、平氏の政治に不満をもっていた源氏のかしらであった（　２　）は、弟や関東地方の武士たちと協力して④平氏をほろぼしました。また（　２　）は、のちに（　３　）で幕府を開きました。

［E］　明治政府は産業を盛んにするため、フランスの技術を導入して（　４　）に工場をつくり、ここで生産された生糸は世界的に有名になりました。また、2014年にこの工場は世界遺産に登録されました。

［F］　⑤江戸幕府を開いた人物をまつっているこの神社の大部分は、江戸幕府の３代将軍である（　５　）の時代に建てかえられました。

［G］　1853年に⑥開国を求めて（　６　）が率いるアメリカ合衆国の軍艦４せきがやってきました。

［H］　⑦太平洋戦争中の1945年４月、（　７　）に上陸したアメリカ軍とのあいだで唯一の地上戦がおこなわれました。

［I］　（　８　）年３月に発生した東日本大震災によって、この地にあった原子力発電所で大きな事故がおきました。

問１．文中の（　１　）～（　８　）に当てはまる語を、以下の【語群】からそれぞれ選び、記号で答えなさい。

【語群】

(ア)　群馬県	(イ)　栃木県	(ウ)　2016
(エ)　ドイツ	(オ)　源頼朝	(カ)　ロシア
(キ)　沖縄県	(ク)　徳川家光	(ケ)　オランダ
(コ)　大阪	(サ)　徳川吉宗	(シ)　マッカーサー
(ス)　ペリー	(セ)　源義経	(ソ)　京都
(タ)　鎌倉	(チ)　イギリス	(ツ)　2011

問２．下線部①について、この年に開業した新幹線として正しいものを以下から１つ選び、記号で答えなさい。

(ア)　東海道新幹線　　(イ)　北陸新幹線
(ウ)　東北新幹線　　(エ)　山陽新幹線

問３．［A］で説明されている場所として、正しいものを以下から１つ選び、記号で答えなさい。

(ア)　札幌　　(イ)　東京　　(ウ)　大阪　　(エ)　長野

問４．下線部②について、江戸幕府が（　１　）以外のヨーロッパの国と貿易をしなかったのはなぜか、その理由を簡単に説明しなさい。

問５．［B］で説明されている場所を漢字２字で答えなさい。

問６．下線部③について、この遺跡の名前を答えなさい。

問７．下線部④について、この戦いの名前と現在の所在地の組み合わせとして正しいものを以下から１つ選び、記号で答えなさい。

(ア)　壇ノ浦の戦い－山口県　　(イ)　一ノ谷の戦い－兵庫県
(ウ)　富士川の戦い－静岡県　　(エ)　屋島の戦い　－香川県

問８．［E］で説明されている施設を以下の中から１つ選び、記号で答えなさい。

㋐　長崎造船所　　㋑　八幡製鉄所

㋒　広島紡績(ぼうせき)所　　㋓　富岡製糸場

問９．下線部⑤について、この人物に関する出来事について説明した文のうち、誤っているものを以下から１つ選び、記号で答えなさい。

㋐　豊臣氏をほろぼしたほか、武家のきまりなどを定めた。

㋑　織田信長とともに長篠の戦いで武田軍に勝利した。

㋒　２度にわたって朝鮮に大軍を送って戦った。

㋓　天下分け目の戦いと言われる関ヶ原の戦いに勝利した。

問10．下線部⑥について、1854年に日本がアメリカと結んだ条約を答えなさい。

問11．下線部⑦について、この期間におこった出来事として正しいものを以下から１つ選び、記号で答えなさい。

㋐　衆議院に女性議員が誕生した。

㋑　軍人が政治家らを殺害した二・二六事件がおきた。

㋒　広島と長崎に原子爆弾が投下された。

㋓　日本が国際連盟から脱退した。

問12．［Ｉ］で説明されている場所として正しいものを以下から１つ選び、記号で答えなさい。

㋐　宮城県　　㋑　茨城県　　㋒　岩手県　　㋓　福島県

3 次の文を読んで、以下の問いに答えなさい。

2022年７月10日に、国会議員の中でも（　１　）議員を決める①選挙が行われました。（　１　）の選挙は３年に１度行われ、半数の議席を争うものです。結果は、②内閣を組織(そしき)している与党が選挙前よりも議席を増やしました。これにより、③日本国憲法を変えたほうが良いと考えている（改憲に前向きな）政党が（　１　）の全体の３分の２の議席を占めました。今後憲法が改正されるのかどうかが注目されています。

さて、日本の④国会は（　１　）と（　２　）という２つの議院から成り立ち、慎重(しんちょう)に話し合いを行い、さまざまな国の政治の方針を決めています。（　１　）と（　２　）では、議員定数が異なります。（　１　）は248名、（　２　）は（　３　）名、国会議員を務めることができる任期は、（　１　）は、今回の選挙のように６年で、３年ごとに半数が改選(かいせん)されます。（　２　）は（　４　）年ですが、任期の途中でも（　５　）があるかもしれません。立候補(りっこうほ)できる年齢も（　１　）は（　６　）歳以上ですが、（　２　）は（　７　）歳以上となっています。また、国会の働きはたくさんありますが、その中で最も重要なのは、憲法第41条で、「（　８　）を作ることができる、日本でただ１つの機関である」と定められていることです。⑤国民の祝日も国会で決められた（　８　）にもとづいて定められています。

問１．文中の空らん（　１　）～（　８　）にあてはまる語句や数字を、以下の【語群】から選び、それぞれ記号で答えなさい。

【語群】

(ア)　解散	(イ)　衆議院	(ウ)　参議院	(エ)　貴族院
(オ)　3	(カ)　4	(キ)　5	(ク)　20
(ケ)　25	(コ)　30	(サ)　250	(シ)　465
(ス)　500	(セ)　法律	(ソ)　憲法	

問２．下線部①について、2023年２月現在、選挙権は何歳から与えられているか、その年齢を答えなさい。

問３．下線部②に関係する以下の問いに答えなさい。

⑴　2023年２月現在の日本の内閣総理大臣の名前を答えなさい。

⑵　2023年２月現在の日本の与党として正しいものを以下から１つ選び、記号で答えなさい。

㈠　社会民主党　　㈡　自由民主党

㈢　日本共産党　　㈣　立憲民主党

問４．下線部③について、日本国憲法の「第９条」には、次の３大原則のうち、どれが示されているか、以下から選び記号で答えなさい。

㈠　基本的人権の尊重　　㈡　平和主義　　㈢　国民主権

問５．下線部④について、国会の仕事として正しいものを、以下の【語群】から２つ選び、それぞれ記号で答えなさい。

【語群】

㈠　内閣総理大臣を指名する

㈡　外国と条約を結ぶ

㈢　最高裁判所の長官を指名する

㈣　憲法改正の発議（はつぎ）

問６．下線部⑤について、日本には多くの国民の祝日がある。そのうち、５月３日にあたるものを以下から１つ選び、記号で答えなさい。

㈠　建国記念の日　　㈡　勤労感謝（きんろうかんしゃ）の日

㈢　こどもの日　　㈣　憲法記念日

【理　科】〈第３回試験〉（社会と合わせて50分）〈満点：50点〉

（注意）定規（じょうぎ）・コンパス・電卓（でんたく）は使わないでください。

1 以下の各問いに答えなさい。

問１．下の文章の（　　　）にふさわしい言葉を答えなさい。

植物は、日光に当たると、（　ア　）をつくり、それを使って成長します。動物は自分で養分をつくることが（　イ　）ため、植物やほかの動物を食べることで養分をとり入れます。生物どうしは、「食べる」「食べられる」という関係でつながっており、このつながりのことを（　ウ　）といいます。

問２．下の５種類の生物を、「食べる」「食べられる」のつながりとして正しくなるように並べなさい。生物どうしは、例のように矢印でつなぐこと。

（例）カツオをサメが食べる場合、カツオ　→　サメ

【生物】トノサマバッタ　・　カマキリ　・　草　・　タカ　・　モズ

問３．人は空気や水がなければ生きていくことができません。そしてこれからも地球でくらし続けるために努力や工夫が行われています。

(1)　地球温暖化を進めると考えられている二酸化炭素の量を増やしてしまう原因として考えられるものを１つ答えなさい。

(2)　二酸化炭素の量を増やさないための取り組みとして行われているものを１つ答えなさい。

問４．ある場所で、植物・草食動物・肉食動物が同じ場所で生活しています。草食動物が急に増えてしまった場合に起こることとして正しくなるように、以下の①～④の文章の（　　　）内に「増える」または「減る」のどちらかを入れなさい。ただし、植物・草食動物・肉食動物が絶滅（すべていなくなる）することがないものとします。

①　植物の量が（　ア　）。

②　肉食動物の量が（　イ　）。

③　①や②の後、草食動物の量が（　ウ　）。

④　③の後、肉食動物の量が（　エ　）。また、植物の量が（　オ　）。

2 下の表は、固体Ａ～Ｄがある温度の200ｇの水にとける最大量を示したものです。以下の各問いに答えなさい。

とかすもの	20℃	40℃	60℃	80℃
固体Ａ	405	470	578	722
固体Ｂ	10.2	18.0	28.1	46.6
固体Ｃ	23.0	47.9	115.3	645.6
固体Ｄ	70.2	71.5	72.6	74.0

⑴　ものを水にとかしていくと、いずれそれ以上とかすことができなくなる水よう液ができます。この状態の水よう液を何というか答えなさい。

⑵　温度をあげていくと固体ごとにとける量の変化の割合が異なります。その割合が①最も大きいものと、②最も小さいものを固体Ａ～Ｄから１つ選んで記号で答えなさい。

⑶　固体Ｂを40℃の水100ｇにこれ以上とかすことができなくなるまでとかしました。このときのよう液のこさは何％か。小数第１位を四捨五入して整数で答えなさい。

⑷　20℃の水200ｇに固体Ａを500ｇ入れてよくかき混ぜました。何ｇの固体Ａがとけ残るか答えなさい。

⑸　80℃の水100ｇに固体Ｂを20ｇ入れてよくかき混ぜました。このよう液を20℃まで温度を下げると何ｇの結晶が出てくるか答えなさい。

⑹　60℃の水100ｇに固体Ｃを50ｇ入れてよくかき混ぜました。このよう液を80℃まで温度を上げると、あと何ｇの固体Ｃをとかすことができるか答えなさい。

3 ふりこの性質を調べるために様々な実験を行いました。はじめに、ふりこについているおもりは10ｇで糸の長さは30㎝です。以下の各問いに答えなさい。

問１．図のようにおもりをア、イそれぞれの点から離しその様子を観察しました。

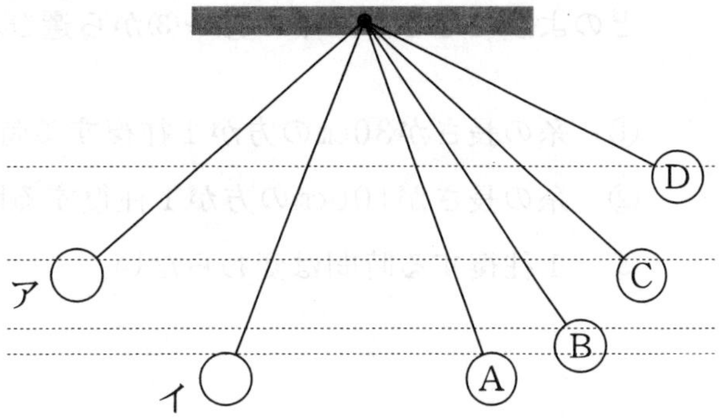

⑴　アからおもりを静かにはなしたとき、おもりはどこまでふれますか。Ａ～Ｄから選び記号で答えなさい。

⑵　イからおもりを静かにはなしたとき、おもりはどこまでふれますか。Ａ～Ｄから選び記号で答えなさい。

⑶　ふりこが１往復するためにかかる時間はア、イでどのようになりますか。下の①～③から選び、番号で答えなさい。

①　アからはなしたときの方が１往復する時間が長い。
②　イからはなしたときの方が１往復する時間が長い。
③　１往復する時間は変わらない。

問２．おもりを10ｇから30ｇにしました。

⑷　アからおもりを静かにはなしたとき、ふりこの速さが１番速い場所はどこか、Ａ～Ｄから選び記号で答えなさい。

⑸　ふりこのおもりが10ｇと30ｇのときふりこが１往復する時間を比べると、どのようになるか。下の①～③から選び、番号で答えなさい。

①　おもりが10ｇの方が１往復する時間が長い。
②　おもりが30ｇの方が１往復する時間が長い。
③　１往復する時間は変わらない。

問３．糸の長さを30cmから100cmにした。

(6) 糸の長さが30cmと100cmのときふりこが１往復する時間を比べると、どのようになるか。下の①～③から選び、番号で答えなさい。

① 糸の長さが30cmの方が１往復する時間が長い。
② 糸の長さが100cmの方が１往復する時間が長い。
③ １往復する時間は変わらない。

【英　語】〈第４回試験〉（50分）〈満点：100点〉

1 次の(1)〜(8)の会話について、(　　　)に入れるのに最も適切なものを１，２，３，４の中から１つ選び、その番号を答えなさい。

(1) A：Where are you from?
B：(　　　).
1．America　2．Right　3．Always　4．Cool

(2) A：How are you?
B：I'm (　　　).
1．cooking　2．birds　3．bye　4．fine

(3) A：How do you feel about this T-shirt?
B：It's (　　　).
1．textbooks　2．happy　3．good　4．Momoko

(4) A：Is your mother a teacher?
B：No, (　　　) isn't.
1．he　2．I　3．we　4．she

(5) A：Do you want a cup of tea?
B：Yes, I (　　　).
1．don't　2．do　3．am　4．does

(6) A：What sport do you like?
B：I like (　　　).
1．tennis　2．movie　3．reading　4．it

(7) A：What event do you have in spring?
B：We have Hinamatsuri in (　　　).　※Hinamatsuri…ひなまつり
1．March　2．April　3．Wednesday　4．America

(8) A：Hello, Mr. Ito. What are you doing now?
B：I'm (　　　).
1．fine　2．came　3．cook　4．cooking

2 次の⑴～⑸の会話について、(　　　)に入れるのに最も適切なものを１，２，３，４の中から１つ選び、その番号を答えなさい。

⑴ A：Whose is this pencil case?

B：(　　　)

１．It's Taro's.　　２．Good idea.

３．This is a pen.　　４．Sorry.

⑵ A：Why do you practice?

B：(　　　)

１．I want to be strong.　　２．We practice in the gym.

３．On Wednesday.　　４．Yes, I do.

⑶ A：Who did you talk with?

B：(　　　)

１．Yes, I did.　　２．Taro.

３．Taro's.　　４．At the park.

⑷ A：Did you play volleyball last weekend?

B：(　　　)

１．No, he isn't.　　２．Yes, I did.

３．I like soccer.　　４．No, I did.

⑸ A：I did my homework yesterday.

B：(　　　)

１．Me too.　　２．I am a student.

３．Do you like playing tennis?　　４．I got up at six.

3 次の(1)〜(4)の会話について、後に続く言葉として最も適切なものを１，２，３，４の中から１つ選び、その番号を答えなさい。

(1) A：Would you like a cup of tea?

B：Yes.

A：Do you want some milk?

B：(　　　)

１．Because I like salty one.　　２．Your cup is very pretty.

３．I want it and some sugar, please.　　４．It's good.

(2) A：What time do you always get up?

B：I get up at ten P.M.

A：Why do you get up at that time?

B：(　　　)

１．I am not reading a book now.　　２．Yes, she does.

３．I hope so.　　４．Because I play video games at night.

(3) A：Which subject do you like the best?

B：I think math is the most interesting. How about you?

A：I think Japanese is more interesting than math.

B：(　　　)

１．Why do you think so?　　２．English is very fun.

３．So do I.　　４．Me too.

(4) A：Do you know my hometown?

B：Is it Tokyo?

A：Yes, it is. I like it. Do you know anything about Tokyo?

B：(　　　)

１．It's good.　　２．Not any.

３．I like Tokyo, too.　　４．I'd love to.

4 次の日本語の意味に合う英文になるように（　）内の語（句）を並べかえなさい。ただし文頭に来る語（句）も小文字で書かれている。

⑴ 私たちは雨の季節が好きです。
(like / rainy / we / season / the).

⑵ 私はいつも朝ご飯にパンを食べます。
(eat / always / breakfast / bread / for / I).

⑶ 私たちはバスケットボールクラブに所属しています。
(belong / to / club / the / basketball / we).

⑷ あなたの家族は何人いますか。
(people / many / family / are there / in / your / how)?

⑸ 私には兄弟が３人と姉妹が２人います。
(sisters / brothers / have / three / and / two / I).

⑹ 私の国では日本語が話されています。
(my country / spoken / Japanese / in / is).

5 次の日本語の意味に合うように（　）に適切な語を答えなさい。

⑴ 太郎は３ヶ国語を話すことができます。
Taro (　　　) (　　　) three languages.

⑵ これらは何ですか。―それらは辞書です。
(　　　) are these? — (　　　) are dictionaries.

⑶ 私たちは昨日川で泳いだ。
We (　　　) (　　　) the river yesterday.

⑷ 東京タワーはスカイツリーより低い。
Tokyo tower is (　　　) than Sky tree.

⑸ 私たちは昨年叔母（おば）に会うためアメリカを訪れました。
We visited America (　　　) see our aunt (　　　) year.

⑹ この家は古いです。
This house (　　　) (　　　).

6 （　　）内の指示にしたがって英文を書きかえなさい。

(1) That tie is Taro's.（疑問文に）
(2) I like studying.（否定文に）
(3) I cooked yesterday.（否定文に）
(4) Many people watched the movie.（疑問文に）
(5) Tom was going to the library then.（疑問文に）
(6) Taro is thirteen.（willを加えて）

7 次の日本文を英文に直しなさい。

(1) 窓を開けてもいいですか。
(2) 私たちは２年前に日本を訪れた。
(3) 私は水を飲(の)みたいです。
(4) 私の母は買い物をするために自転車を使います。
(5) あれはねこですか、それとも犬ですか。―それはねこです。
(6) 彼は私の兄ではありません。彼は私の父です。

8 次の英文を日本文に直しなさい。

(1) What did you buy at the supermarket?
(2) How old are you?
(3) You must not play baseball in this park.
(4) I'm looking for the book.
(5) I'd like something cold to drink.
(6) What time did you get up?

9 次の日本語を英語に直しなさい。

(1) 火曜日　(2) 土曜日　(3) 秋　(4) （数字の）4
(5) 白　(6) 机　(7) オーストラリア　(8) （数字の）12
(9) 12月　(10) ５月

問９ ――⑥「その心がまえ」とありますが、この「心がまえ」とはどのようなことに備えておくことなのですか。最も適当なものを次の中から一つ選び、記号で答えなさい。

ア　ドアが開かないこと。
イ　ドアが外に開いてくること。
ウ　相手と握手をすること。
エ　相手におじぎをすること。

問５　――②「内開きの『いらっしゃいませ』感覚」とありますが、これを説明した次の文の［　　］に当てはまる言葉を本文中から７字で探し、ぬき出して答えなさい。

> ドアが内開きに開くことにより、客を迎える際に、［　　］ように開く感じがする、ということ。

問６　――③「ほとほと」とありますが、ここでの意味として最も適当なものを次の中から一つ選び、記号で答えなさい。

［ア　不本意にも　　イ　本当に　　ウ　とりあえず　　エ　少しは］

問７　――④「別の解釈」とありますが、どのような解釈ですか。「――という解釈」に続くように、本文中から25字以内で探し、ぬき出して答えなさい。

問８　――⑤「ドアはどちらかといえば外に開くほうが日本の生活習慣に適している」とありますが、ここでいう「日本の生活習慣」とはどのようなものですか。説明しなさい。

問１　～～～ａ～ｅのカタカナを漢字に直しなさい。

［ａ　クラベる　　ｂ　メイカイ　　ｃ　セイリ　　ｄ　キボ　　ｅ　ナンテン］

問２　□Ａ～Ｃに入る語として適当なものを次の中からそれぞれ選び、記号で答えなさい。ただし、同じ語を二度用いてはいけません。

［ア　つまり　　イ　もし　　ウ　なぜ　　エ　しかし］

問３　□Ⅰ・Ⅱに入る語として適当なものを次の中からそれぞれ選び、記号で答えなさい。

［ア　消極的　　イ　直接的　　ウ　協力的　　エ　現実的］

問４　――①「日本の玄関のドアはたいてい外に開く」とありますが、その理由としてふさわしくないものを次の中から一つ選び、記号で答えなさい。

ア　履き物をぬぐのに邪魔にならないから。
イ　土間を水洗いするのに便利だから。
ウ　隙間風を効果的に防ぐことができるから。
エ　客を迎え入れるのにぐあいがいいから。

一方、日本はどうかというと、古来、ドア形式が全くなかったわけではないが、圧倒的に多かったのは引き戸である。相対する者のどちらの位置も侵さず、横に軽やかに滑って視界から消える、という引き戸の特徴は、自然に対しても近隣の人々に対しても親和的、融合的な日本人の態度にいかにもふさわしいといえよう。

ドアについては内開き、外開きのどちらが日本的だともいいがたい。けれど、日本でドアが一般化した現在の状況を前提にして改めて考えてみると、履き物や水はけの問題を別にしても、⑤ドアはどちらかといえば外に開くほうが日本の生活習慣に適しているのではないか、と思えてくる。

自分自身が他人の家を訪問し、玄関の前にいるときのことを思い起こすと、僕は、ごく自然に玄関口からかなり離れて、ドアが開かれるのを待っている。これは引き戸であっても同じである。つまり、戸口から距離をとるのは、必ずしも外へ開いてくるドアを避けようとするからではないようだ。それは、相手が出てきたら〝おじぎ〟をするために、無意識のうちに必要な間隔をとっているからではないか。これに対して欧米人の〝握手〟は、〝おじぎ〟よりも相手に近づく必要があるから、⑥その心がまえで戸口に立っていて、ドアが外に開いてくると、あわてて身を避けることになろう。しかし、日本人の場合は〝おじぎ〟の動作に必要とされる距離がたまたま、普通のドアが外へ開いてくる※軌跡の外にあるので、外開きでも大したトラブルが起こらずにすみ、外開き形式はそのことにも助けられてますます定着していったのだと考えられる。つまり、外開きの場合にドアが客を押しのけるというのは欧米人の〝挨拶距離〟を基準とした解釈で、日本人は外開きのドアの外に立っていても、押しのけられる、とは感じていないのではないだろうか。

(『住まい方の演出』渡辺武信)

※軌跡…ここでは、ドアが開くときに通る部分のこと。

の間にわずかの段差をつけて、戸当たりを兼ねさせると、風が吹けば風圧でドアが戸当たりにぴったり押し付けられることになるから、隙間風やほこりも効果的にシャットアウトできる。［Ｃ］、玄関ドアの外開きは「履き物を脱ぐ」「土間を水洗いしたい」「隙間風を嫌う」という日本人の生活様式に適した、現実的な解決ということになろう。

日本の現役の住宅設計者の中には、②内開きの「いらっしゃいませ」感覚に断固としてこだわっている人もいる。ドアの下に隙間風を防ぐクッション材を取り付けるなど、いろいろと工夫をして内開きの玄関をつくり続けていて、その執念には③ほとほと感心するのだが、僕自身はそれほどこだわらずに、これまでのところたいていは、［Ｉ］な解決として玄関ドアを外開き設計にしている。というのは、内開きを「いらっしゃいませ」と解するのは、ある生活場面における一つの解釈であって、場面を変えれば④別の解釈も成り立つと思うからだ。

内開きのドアは、体当たりによって押し破られもするが、外からの力に負けずに押し返せば、開かない。外部からの侵入を防ぐために、ドアの内側に戸棚などを斜めに立てかけるのは、映画の場面によく出てくる。このようにすれば、内開きのドアは、例えば鍵を壊されても侵入を阻止できる。これを、外開きのドアの場合に置き換えてみると、侵入しようとする者と中にいる人が、両側からドアを引っぱり合うかたちになって、なんともさまにならない。内開きのドアの場合は、ドアを挟んで、外からの力と内からの力がぶつかり合う。それは引っぱり合うのに比べてずっと［Ⅱ］な闘争の表現となる。内開きのドアは外来者に対して「いらっしゃいませ」と開くばかりでなく、ときには外来者を敵として頑固に拒みもするのだ。つまり欧米人が内開きを選択したのは外敵の侵入を防ぐため、ともいえる。それは家を厚い壁で囲い、都市に市壁をめぐらして自分の領域を明確に示し、敵対的な存在を厳しく締め出そうとするヨーロッパ的な考え方を反映しているのだろう。

二 次の文章を読んで、後の問いに答えなさい。

日本の住宅のドア、特に玄関(げんかん)のドアのあり方は、欧米(おうべい)とかなり違(ちが)っている。①日本の玄関のドアはたいてい外に開くのに対し、欧米では例外なくといっていいほど内側に開くのである。

外開きか内開きかということになると、客を迎(むか)える際にはどうも内開きのほうがぐあいがよさそうだ。外に開くドアは、ドアの開かれるのを待っている客を押しのけることになる。それにaクラベると内開きのドアは、ちょうど「いらっしゃいませ」とでもいうように、客を招き入れるように開くからはるかに感じがよい。

それなのに、［A］日本の玄関のドアは外に開くのか。その理由はbメイカイで、日本人は玄関で履(は)き物を脱(ぬ)ぐからだ。［B］、ドアが内側へ開くと、脱いである履き物に引っかかりやすい。もちろん広さにゆとりがあって、きちんとcセイリされている玄関なら、何も問題はなかろうが、現在の一般的(いっぱんてき)な住宅のdキボでは、引っかかるおそれが多い。もう一つの理由として、玄関※土間の水洗いの問題も絡(から)んでくる。玄関に流した水をスムーズに排出(はいしゅつ)するためには、ドアの方向に向かって、土間に※水勾配(こうばい)をとるのが最も常識的な方法である。こうすると土間は奥(おく)のほうが少し高くなるので、ぴったりと閉まっているドアが内側へ開いていくと、ドアの下端(かたん)が土間の高い部分をこすることになる。このeナンテンを避(さ)けるためには、ドアの下に、土間の床の高さの変化に応じた隙間(すきま)をつくっておくほかないが、そうすれば隙間風やほこりが入ってくる。

これに比べると、外開きのドアは技術的処理がずっと楽である。子供が脱ぎ散らかした履き物に、ドアが引っかかる心配をしなくてすむし、ドアに向かって水勾配をとれば水はスムーズに流れだす。土間の勾配を考えてドアの下に隙間をつくる必要がないばかりでなく、土間とドアの外のポーチ

※土間…ここでは玄関の土足で入れる部分のこと。

※水勾配をとる…水が流れやすくなるように、土間の表面をわずかに傾(かたむ)かせる。

問8 ――⑤「たちまち熱気に打ち消されてしまう」とありますが、それはなぜですか。その理由を説明したものとして最も適当なものを次の中から一つ選び、記号で答えなさい。

ア 冷めた意見を言った人を周りの人たちが無視したから。
イ 冷めた意見をかきけすほど試合への期待が高まっていたから。
ウ 冷めた意見に思わず納得してしまうような試合展開だから。
エ 冷めた意見を言うと周囲の熱中している人たちに責められるから。

問9 本文中に書かれた内容としてふさわしくないものを次の中から一つ選び、記号で答えなさい。

ア 最初の決勝戦では、九回裏に初めて点数が入り試合が動いた。
イ レフトの彼の送球に観客たちは興奮して歓声を送るが、彼自身は冷静な様子だった。
ウ 再試合が決まり、私はレフトの彼が疲労していないか心配だったが、彼は普段通りの様子だった。
エ レフトの彼の活躍により、決勝戦は二試合連続で再試合となった。

問4 ――①「ため息を漏らした」とありますが、それはなぜですか。その理由として最も適当なものを次の中から一つ選び、記号で答えなさい。

ア 期待していた通りに点数が入って安心したから。
イ 選手たちの好プレーに感心したから。
ウ 期待通りの展開にならず残念に思ったから。
エ 選手たちのミスに怒りがわいたから。

問5 ――②「□を呑む」とありますが、これは「驚き」を意味する表現です。□に入る言葉として適当な漢字1字を答えなさい。

問6 ――③「その時はまだ、レフトの彼が阻止した一点の意味について、誰も気づいていない」とありますが、この後、レフトの彼が一点を阻止したことはどのような意味を持つようになったのですか。説明した次の文の□に入る言葉を本文中から16字で探し、ぬき出して答えなさい。

彼が一点を阻止したことが、□という歴史的な出来事のきっかけになったということ。

問7 ――④「そんなことが起こるはずがない」とありますが、観客たちはどのようなことが起こるはずないと考えているのですか。説明しなさい。

問１ □Ⅰ～Ⅲに入る言葉として最も適当なものを次の中から一つ選び、記号で答えなさい。

ア　もじもじ　　イ　じりじり
ウ　いらいら　　エ　どんどん
オ　とうとう　　カ　またまた

問２ □A に入る言葉として最も適当なものを次の中から一つ選び、記号で答えなさい。

［ア　楽しく　　イ　嬉しく　　ウ　切なく　　エ　恥ずかしく］

問３ 本文中には次の一文がぬけています。これをもどすとするとどこが適当ですか。後に続く５字をぬき出して答えなさい。

もちろん、彼が近くに来るのは私に会うためではなく、レフトの守備位置につくためだとよく分かっていたけれども。

いでしょう？」と叫びたくなる気持ちを、私は懸命に我慢する。一方でレフトの彼が疲労していないかと心配になるが、バットケースを担いでベンチ裏へ消えてゆく後ろ姿が普段どおりに見えたので、ひとまず安心する。

翌日の再試合、０対０のまま、信じられないことにまたしても延長戦になる。十一回、十二回、十三回……と回を重ねるごとに熱狂は高まってゆく。一塁側アルプススタンドのＡの文字も揺れる。このまま十五回まで同点ならどうなるんだ、という期待が［Ⅲ］伝染してゆき、いつしか球場全体を覆い尽くす。④いやいや、そんなことが起こるはずがない、そのうち決着が付くに決まっている、と誰かが冷めた意見を述べても⑤たちまち熱気に打ち消されてしまう。

私はふと、何回でもやればやるほど、その同じ回数だけレフトの彼が自分のそばに近寄ってくれるという事実に気づき、このままいつまでも試合が終わらないことを神様に祈る。

十五回裏、最後のバッターはレフトフライに倒れる。レフトの彼は難なくそれをキャッチする。観客の興奮は頂点に達する。敵も味方もなく精一杯プレーをした高校生たちに激励と感謝の声援を送りながら、同時に、決勝戦が二試合続けて再試合になるという歴史的な場に立ち会った、自分の幸運にも酔いしれている。肩を抱き合って泣いている女子高生もいれば、金網にしがみついて絶叫しているおじさんもいる。紙吹雪が飛び、風船が上がり、爆竹が鳴る。老人は郷土の踊りを舞い、酔っぱらいは酒をぶちまけ、売り子さんはお釣りをまき散らす。ブラスバンド部員はクラリネットをへし折り、赤ん坊はひきつけを起こして泡を噴く。さまざまなものが宙から降ってきて、汚れた私の制服をますます見苦しいものにしてしまう。

（『夜明けの縁をさ迷う人々』所収「再試合」小川洋子）

レフトにヒットを打たれると私はいつも[A]なってしまう。彼は選手の中でたった一人、罰を受ける者のようにダイアモンドに背を向け、芝生を転々とするボールを求めて走る。彼は何にも悪い事などしていないのに、と私は誰かに向かって抗議したい気持ちになる。これでサヨナラ負けをして、優勝を逃したら、レフトの彼が一番惨めな思いをしなくちゃいけないじゃないか……。けれど彼は決して文句を言わない。黙ってボールをつかみ、本塁へ投げる。本塁はあまりにも遠い。キャッチャーミットは舞い上がる土煙ときらめく光に邪魔されて霞んでいる。彼は左足を踏み込み、背中を反らせ、右腕をしならせる。彼のすべてを受け取ったボールが、空を切り裂いてゆく。空の裂けるその音が、歓声を貫いて私の鼓膜だけに響いてくる。観客も敵も味方も審判も売店のおばさんも警備員も鳥も蝉も、そこにいる全員が彼の放ったボールを見つめている。すべてがほんの一瞬の出来事なのに、私の瞳には一刻一刻が鮮やかに焼き付けられる。ボールはただ真っ直ぐに、あらかじめ定められた場所へ吸い寄せられるかのように、キャッチャーミットへ向かって飛んでゆく。何の飾りもない球の形に、彼は②□を呑むほどの流麗さを与える。

逆転サヨナラのランナーは、本塁でタッチアウトとなる。すさまじい歓声が湧き上がる。レフトの彼は落ちた帽子を拾い、土を払い、うつむいてそれを被る。自分は特別なことなど何もしていないかのような穏やかな背中で、一塁側ベンチへ戻ってゆく。1対1のまま試合は延長戦へ突入する。

③その時はまだ、レフトの彼が阻止した一点の意味について、誰も気づいていない。

結局、延長戦を十五回まで戦っても均衡は崩れず、[Ⅱ]決勝戦は再試合となる。好ゲームを観戦できた観客は大喜びし、興奮を抑えきれない。拍手はいつまでも鳴り続ける。近くにいる外野席の人たちは皆、口々にレフトの彼の返球を褒めてくれる。「そうでしょう？　本当に彼は素晴らし

2023年度 帝京大学系属帝京中学校

【国　語】〈第三回試験〉（五〇分）〈満点：一〇〇点〉

（注意）問いのなかで字数に指定のあるときは、特に指示がない限り、句読点などもその字数にふくめます。

一　次のあらすじと文章を読んで、後の問いに答えなさい。

> 「私」が十七歳になったばかりの夏、「私」の通う高校の野球部が七十六年ぶりの全国高校野球選手権大会（甲子園）への出場を決めた。「私」は人知れず弓道場の裏にある銀杏の切り株から野球部の練習を見ており、特に「レフトの彼」に注目していた。甲子園についた後、「私」は学校の集団からはひそかに離れ、レフトスタンドから観戦をしていた。「私」の高校は当初の予想を裏切り、快勝を続け、ついに決勝戦まで勝ち残った。

決勝戦の日も太陽は、まるで沈むのを忘れたかのように照り続けていた。相手は誰でも名前を知っている甲子園の常連校だった。連投の続くピッチャーに疲れが出て、打撃戦になるかと思われたが、両チームともなかなか点が入りそうで入らなかった。満員の観客は［　Ｉ　］①しながら戦況を見つめ、一本のヒット、一個のフォアボール、一つの盗塁にもいちいち歓声を上げ、ため息を漏らした。

先取点を取ったのはこちらの方だった。七回の表、デッドボールとフィールダースチョイスとエラーでノーヒットながら一点をもぎ取った。ところが九回裏、ツーアウト、ランナー一塁二塁のピンチでレフトオーバーのヒットを打たれた。レフトの彼は私のすぐ目の前で、クッションボールを処理し、サヨナラを狙う、一塁ランナーを刺すため、本塁に送球した。

2023年度

帝京大学系属帝京中学校 ▶解説と解答

算　数　＜第３回試験＞（50分）＜満点：100点＞

解　答

1 ①　2023　②　$\frac{9}{14}$　③　4.5　④　32　⑤　96　⑥　120　⑦　7　⑧　75.2　⑨　4　⑩　4　2 ①　2.5　②　13.6　3 ①　15分12秒　②　8　4 ①　36100　②　9　5 ①　８分40秒　②　4.5　6 ①　3　②　4.71

解　説

1 四則計算，比例式，最小公倍数，倍数，平均算，循環小数，体積と高さ

①　37×27＋128×８＝999＋1024＝2023

②　$\frac{5}{6}\times\frac{12}{7}-\left(1-\frac{3}{14}\right)=\frac{5}{6}\times\frac{12}{7}-\frac{11}{14}=\frac{10}{7}-\frac{11}{14}=\frac{20}{14}-\frac{11}{14}=\frac{9}{14}$

③　0.375×(25−13)　＋0.25×16−0.125×32＝0.375×12＋0.25×16−0.125×32＝0.125×３×12＋0.125×２×16−0.125×32＝0.125×(36＋32−32)＝0.125×36＝4.5

④　４×(24−15)−{５×12÷３−４×(33−29)}＝４×９−{５×12÷３−４×４}＝36−(20−16)＝36−４＝32

⑤　12：$\frac{5}{4}$＝□：10より，$\frac{5}{4}$×□＝12×10＝120　よって，□＝120÷$\frac{5}{4}$＝120×$\frac{4}{5}$＝96

⑥　$\frac{7}{24}$×□＝(整数)となるためには，24と□を約分して分母が１になればよいので，□は24の倍数になる。同様に，$\frac{11}{60}$×□＝(整数)となるためには，□は60の倍数になる。すると□は，24と60の公倍数のうち最も小さい最小公倍数になる。よって，右の計算より，２×２×３×２×５＝120であり，$\frac{7}{24}$と$\frac{11}{60}$のどちらにかけても整数になる数のうち，最も小さいものは，120である。

```
2) 24  60
2) 12  30
3)  6  15
    2   5
```

⑦　９の倍数は，各位の数の和が９の倍数になっている。一の位がわからない４桁の数425□の各位の数の和は，４＋２＋５＋□＝11＋□となる。よって，この和が９の倍数になればいいので，□に入る数は７である。

⑧　(合計)＝(平均)×(個数)，(平均)＝(合計)÷(個数)より求められる。Ａ，Ｂ，Ｃの３人のテストの合計点は，72×３＝216(点)であり，Ｄ，Ｅの２人のテストの合計点は，80×２＝160(点)だから，５人のテストの合計点は，216＋160＝376(点)になる。よって，５人のテストの平均点は，376÷５＝75.2(点)である。

⑨　$\frac{1}{7}$を小数で表すと，１÷７＝0.142857142857…となり，小数第１位から，142857の６個の数字がくり返す。そこで，小数第20位までに，20÷６＝３あまり２より，142857の６個の数字が３回くり返し，さらに２個の数字がある。よって，$\frac{1}{7}$を小数で表したとき，小数第20位の数は４になる。

⑩　(柱体の高さ)＝(体積)÷(底面積)より求められる。そこで，この円柱の底面の半径を□cmとすると，高さは底面の円の直径と等しいので，□×２(cm)となる。すると，体積を求める式は，□×□×3.14×□×２＝50.24となり，□×□×□＝50.24÷3.14÷２＝８となる。よって，８＝２×

２×２より，□＝２となるので，円柱の高さは，２×２＝４(cm)である。

2 割合―帯グラフ

①　グラフより，タンパク質はある食品の，72－42＝30(％)であり，炭水化物はある食品の，84－72＝12(％)である。よって，タンパク質は炭水化物の，30÷12＝2.5(倍)である。

②　グラフより，その他は，食品の重さ250ｇの，100－84＝16(％)だから，その他の重さは，250×0.16＝40(ｇ)である。よって，ミネラルの重さはその他の重さの34％だから，40×0.34＝13.6(ｇ)である。

3 速さ―時間，つるかめ算

①　(時間)＝(道のり)÷(速さ)より求められる。花子さんが家から1140m離(はな)れた公園まで，分速75mで歩いていくと，1140÷75＝15.2(分)かかる。ここで，１分は60秒だから，0.2分は，0.2×60＝12(秒)になる。よって，花子さんが家から公園まで歩いていくと，15分12秒かかる。

②　もしも，花子さんが家から分速180mで11分間走ったとすると，180×11＝1980(m)進むことになり，1980－1140＝840(m)多くなる。花子さんが分速180mの走りから，分速75mの歩きに１分間変えると，180－75＝105(m)少なく進むことになるので，840m少なく進むためには，840÷105＝８(分間)歩くことになる。よって，花子さんが歩いた時間は，８分間である。

4 規則性―面積

①　１枚のカードの面積は，10×10＝100(cm^2)である。１番目の図の正方形の一辺のカードの枚数は１枚で，２番目の図の正方形の一辺のカードの枚数は３枚で，３番目の図の正方形の一辺のカードの枚数は５枚と，正方形の一辺のカードの枚数は奇(き)数になっている。そこで，10番目の図の正方形の一辺のカードの枚数は10番目の奇数だから，２×10－１＝19(枚)になるので，全部のカードの枚数は，19×19＝361(枚)になる。よって，10番目にできる正方形の面積は，100×361＝36100(cm^2)である。

②　９番目までの正方形の全部のカードの枚数は，１×１＋３×３＋５×５＋７×７＋９×９＋11×11＋13×13＋15×15＋17×17＝969(枚)になる。10番目までの正方形の全部の枚数は，969＋19×19＝1330(枚)となり，1000枚を超えてしまう。よって，1000枚のカードを使って，１番目から順番に正方形を作って並べていくと，正方形は９番目まで作れる。

5 立体図形―水そうグラフ

①　グラフより，直方体の容器が水でいっぱいになるのは，水の深さが11cmのときである。また，グラフより，２分後の水の深さは６cmで，６分後の水の深さは９cmだから，直方体のおもりより上の部分は１分間に水の深さは，(９－６)÷(６－２)＝0.75(cm)ずつ上がる。すると，水の深さが６cmから11cmまで上がるのに，(11－６)÷0.75＝$6\frac{2}{3}$(分)かかるので，この容器が水でいっぱいになるのは，$2+6\frac{2}{3}=8\frac{2}{3}$(分後)である。よって，１分は60秒だから，$\frac{2}{3}\times60=40$(秒)より，この容器が水でいっぱいになるのは８分40秒後である。

②　蛇口から一定の割合で水を入れると，直方体のおもりのない部分では，１分間に水の深さが0.75cmずつ上がるので，水は１分間に，12×10×0.75＝90(cm^3)ずつ入ることになる。そこで，高さが６cmまでの直方体の容器の体積は，12×10×６＝720(cm^3)であり，水の深さが６cmになるまでに２分かかったので，水の体積は，90×２＝180(cm^3)である。すると，直方体のおもりの体積は，720－180＝540(cm^3)となるので，おもりを取り除くと，540cm^3分だけ水の深さが下がる。よ

って，水でいっぱいになった容器からおもりを取り除くと，水の深さは，540÷(12×10)＝4.5(cm)下がる。

6 平面図形―長さ，面積

① 右下の図のように，９個の点をＡからＩとする。半円の円周を３等分したので，角BHF＝角FHI＝角IHC＝180÷３＝60(度)である。すると，三角形FHIは，角FHIが60°で，辺HFと辺HIが等しいので正三角形になる。正三角形FHIの１辺の長さは，６÷２＝３(cm)だから，辺FIは３cmになる。よって，アは３である。

② 色をつけた部分の面積は，半径６cmで中心角90°÷３＝30°のおうぎ形BDEの面積から，弧IFと辺FBと辺BIで囲まれた部分の面積を引いて求められる。ここで，辺FIと辺BCは平行だから，三角形FBIと正三角形FHIは底辺の長さも高さも等しいので，面積も等しくなる。すると，弧IFと辺FBと辺BIで囲まれた部分の面積は，おうぎ形HIFの面積と等しくなる。よって，色をつけた部分の面積は，(おうぎ形BDEの面積)－(おうぎ型HIFの面積)＝$6\times6\times3.14\times\frac{30}{360}-3\times3\times3.14\times\frac{60}{360}=4.71$(cm²)である，

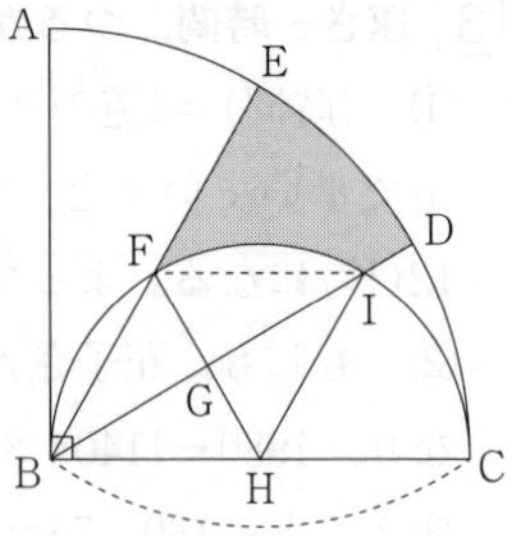

社 会 ＜第３回試験＞（理科と合わせて50分）＜満点：50点＞

解 答

1 **問１** (1) あ…南東，い…季節，う…梅雨(つゆ) (2) ② **問２** (1) 淡路(島) (2) Ｃ **問３** 琵琶湖 **問４** (東経)135(度) **問５** 促成(栽培) **問６** (1) 阪神工業地帯 (2) ウ (3) イ **問７** ア Ｅ イ Ｇ ウ Ｃ **2** **問１** (1) ケ (2) オ (3) タ (4) ア (5) ク (6) ス (7) キ (8) ツ **問２** ア **問３** イ **問４** キリスト教を日本国内で広める恐れが低いため。 **問５** 出島 **問６** 吉野ヶ里(遺跡) **問７** ア **問８** エ **問９** ウ **問10** 日米和親条約 **問11** ウ **問12** エ **3** **問１** (1) ウ (2) イ (3) シ (4) カ (5) ア (6) コ (7) ケ (8) セ **問２** 18(歳) **問３** (1) 岸田文雄 (2) イ **問４** イ **問５** １つ目…ア(エ)，２つ目…エ(ア) **問６** エ

解 説

1 中国地方・四国地方・近畿地方についての問題

問１ (1) 夏は，南東の太平洋上空からしめった季節風が吹き，その影響を受けて，太平洋側の地域では夏の降水量が多くなる。また，６月から７月にかけては梅雨の，夏から秋にかけては台風の影響を受けやすい地域では，その時期に降水量が多くなる。 (2) ①は香川県の高松市，②は和歌山県の串本町である。アの雨温図は夏に降水量が多いので，太平洋側の地域のものだとわかるので，②があてはまる。

問２ (1) 瀬戸内海にある島で最も面積が大きいのは淡路島である。玉ねぎの栽培がさかんである。 (2) 淡路島は兵庫県に属する島で，明石海峡大橋で本州と結ばれている。また，大鳴門

橋で四国の徳島県とも結ばれている。

問３　日本で面積が最も大きい湖は滋賀県にある琵琶湖で，滋賀県の面積の６分の１をしめている。「近畿の水がめ」ともよばれ，近畿地方の多くの地域で，琵琶湖の水が生活用水として利用されている。また，あゆの養殖がさかんである。

問４　日本標準時子午線は，兵庫県明石市を通る，東経135度の経線である。なお，世界標準時子午線は本初子午線といい，イギリスのロンドン郊外にある旧グリニッジ天文台を通る。

問５　冬の温暖な気候とビニールハウスなどを利用して，本来は夏にとれる野菜である，なす，ピーマン，きゅうりなどを時期をずらして生産することを促成栽培という。市場に出回っている量が少ない時期に出荷するので，野菜を高いねだんで売ることができる。Ｂは高知県で，高知平野でのなすやピーマンの促成栽培がさかんである。

問６　(1)　Ｃは兵庫県，Ｄは大阪府である。この２つの府県にまたがり，大阪湾沿岸を中心に発達した工業地帯を阪神工業地帯という。　(2)　阪神工業地帯と，東京都や神奈川県を中心に広がる京浜工業地帯，愛知県や三重県を中心に広がる中京工業地帯の３つをまとめて三大工業地帯という。阪神工業地帯は中小工場が多く，金属工業がさかんなことから，ウがあてはまる。イは京浜工業地帯，アは中京工業地帯のグラフ。　(3)　働く人が300人以上の工場を大工場といい，働く人が299人以下の工場を中小工場という。大工場は，工場の数(事務所数)は少ないが，工場１つあたりの生産額は高いため，製造品出荷額は中小工場よりも多い。

問７　**ア**　2019年のみかんの生産量１位の都道府県は和歌山県，２位は愛媛県，３位は静岡県である。なお，2020年には，２位が静岡県，３位が愛媛県となっている。　**イ**　四日市ぜんそくが発生したのは，三重県四日市である。四日市ぜんそく，熊本県の八代海沿岸で発生した水俣病，新潟県の阿賀野川流域で発生した第二水俣病，富山県の神通川流域で発生したイタイイタイ病を四大公害病という。　**ウ**　1995年１月17日に発生したのは阪神・淡路大震災である。兵庫県の淡路島北部が震源で，淡路島や兵庫県の南部で大きな被害をもたらした。

2　各時代の歴史的出来事などについての問題

問１　(1)　江戸幕府は，キリスト教の「神の前では人はみな平等である」という教えが，幕府の支配体制の妨げになると考え，キリスト教を禁止した。また，キリスト教の禁止を徹底させるために，イギリス船やスペイン船，ポルトガル船の来航を禁止して，ヨーロッパではオランダとだけ貿易を行った。　(2)　源氏は平治の乱で平清盛ひきいる平氏にやぶれた後勢力を弱めたが，伊豆に流されていた源氏のかしらである源頼朝が挙兵し，弟の源義経や関東の武士たちと力を合わせて，平氏をほろぼした。　(3)　三方を山で囲まれ，敵から攻められにくく守りやすい地形であること，源氏ゆかりの地であることなどを理由に，源頼朝は鎌倉に幕府を開いた。　(4)　明治政府は「殖産興業」のスローガンをかかげ，国の産業をさかんにしようとした。その一環として，欧米の技術を取り入れた官営模範工場を各地に建てた。　(5)　江戸幕府３代将軍は徳川家光である。江戸幕府を開いた徳川家康を「東照大権現」としてまつってある日光東照宮を建てかえて，より立派なものにした。　(6)　1853年に，アメリカ合衆国のペリーが，当時，鎖国政策をとっていた日本に対して，開国を求めて４隻の蒸気船で浦賀(神奈川県)に来航した。　(7)　太平洋戦争中，日本はアメリカ軍から空襲を受けるなどして，国土に直接的な被害を受けた。さらに1945年４月には，アメリカ軍が沖縄本島に上陸して，唯一の地上戦が行われた。　(8)　2011年３月11日に発生した東日本大震災は，東北地方を中心に大きな被害をもたらした。特に太平洋側の三陸海岸沿岸で津波による被害が大きく，福島県にあった福島第一原子力発電所では大きな事故が発生した。

問２　高度経済成長期にあった1964年，東京でアジア初となるオリンピック・パラリンピック大会が開かれた。これに合わせて，東京から新大阪間を結ぶ東海道新幹線が開通した。

問３　オリンピック・パラリンピック大会には夏に開かれる夏季大会と，冬に開かれる冬季大会がある。東京では，1964年と2021年（2020年に開催予定であったが新型コロナウイルスの影響で１年延期）の２回，夏季大会が開かれている。また，1972年には札幌で，1998年には長野で冬季大会が開かれている。

問４　江戸幕府はキリスト教を禁止し，キリスト教が国内に広まることを恐れた。オランダはキリスト教の布教活動をいっさい行わないことを約束したため，オランダとは貿易を行い，オランダ以外のヨーロッパの国とは貿易を行わなかった。

問５　オランダと江戸幕府との貿易は，長崎の出島におかれたオランダ商館で行われ，オランダ人の行動は制限がされた。これにより，幕府は貿易の利益を独占することとなった。

問６　佐賀県にある吉野ヶ里遺跡は，弥生時代の遺跡である。大きな集落跡があり，ほりやさく，物見やぐらの跡などが発見されている。これにより，当時はクニどうしの争いがあったことがわかる。

問７　源義経が平氏をほろぼしたのは，1185年３月に現在の山口県でおこった壇ノ浦の戦いである。イの一ノ谷の戦いは1184年，ウの富士川の戦いは1180年，エの屋島の戦いは1185年２月におこった。

問８　蚕を飼ってまゆをとる産業を養蚕業といい，まゆから生糸を作る産業を製糸業という。明治政府によって群馬県に建てられた生糸を作る官営工場が世界文化遺産にも登録されている富岡製糸場である。なお，イの八幡製鉄所は福岡県に建てられた鉄を生産する官営工場である。

問９　下線部⑤の江戸幕府を開いた人物は徳川家康である。家康は大阪の陣で豊臣氏をほろぼし，武家諸法度の制定にもかかわったので，アは正しい。長篠の戦いは，織田・徳川連合軍で武田氏と戦って勝利しているので，イも正しい。また，関ヶ原の戦いで，東軍をひきいて石田三成を中心とする西軍に勝利しているのでエも正しい。ウは豊臣秀吉に関する記述である。

問10　1853年に開国を求めて浦賀に来航したペリーは，1854年に再び来航し，日米和親条約を結んだ。この条約により，日本は下田と函館を開港した。

問11　太平洋戦争の期間は，1941年12月８日～1945年８月15日である。アの日本初の女性の国会議員が誕生したのは，普通選挙法が改正され，婦人参政権が認められた最初の選挙の時なので，1946年である。イの二・二六事件がおきたのは1936年である。ウの原子爆弾は1945年８月６日に広島に，９日に長崎に投下された。エの日本の国際連盟脱退は1933年で，満州事変の後，国際連盟が満州国を認めず，日本軍に撤兵を求めたことが要因である。

問12　アの宮城県には女川原子力発電所が，イの茨城県には東海・東海第二発電所が，エの福島県には福島第一・第二原子力発電所がある。このうち東日本大震災で大きな事故が発生したのは，福島第一原子力発電所である。

3　国会憲法などについての問題

問１　(1)　2022年７月に行われたのは参議院議員の選挙である。参議院議員は，３年ごとに半数を改選するため，定数248名の半数の124の議席をめぐって選挙が行われた。　(2)　日本の国会は，慎重に審議を行うために二院制（両院制）が取り入れられており，衆議院と参議院で構成されている。　(3)　衆議院の議員定数は465名で，内わけは，小選挙区選出が289名，比例代表選出が176名である。参議院の議員定数は，248名で，選挙区選出が148名，比例代表選出が100名である。
(4)　参議院議員の任期は６年で，衆議院議員の任期はそれより短い４年である。このため，衆議院の方が国民の意見をより反映しやすいといわれている。　(5)　衆議院には解散があり，内閣によって解散が決定されれば，任期の途中であっても議員をやめなければならない。　(6)　参議院議員に立候補できる被選挙権は，満30歳以上の国民にあたえられている。被選挙権が満30歳以上の国民にあたえられているものはほかに，都道府県知事がある。　(7)　衆議院議員に立候補できる被選挙権は，満25歳以上の国民にあたえられており，参議院議員の被選挙権があたえられている年齢よりも低くなっている。　(8)　国会は唯一の立法機関と日本国憲法で定められており，法律を作る立法権を持つ。

問２　それまでの選挙権は満20歳以上の男女にあたえられていたが，2015年に公職選挙法が改正されたことで，現在の選挙権は満18歳以上の男女にあたえられている。

問３　(1)　それまでの菅義偉首相に代わり，2023年２月現在の内閣総理大臣は，自由民主党の岸田文雄である。　(2)　政権を担当している政党を与党という。2023年２月現在，自由民主党と公明党の２つの政党が協力して政権を担当している。なお，政権を担当していない政党のことは野党という。

問４　平和主義は，日本国憲法の前文と第９条に示されている。第９条では国際紛争を解決する手段として戦争を放棄すること，そのために，戦力を持たず，交戦権を認めないことが明記されている。

問５　アの内閣総理大臣の指名は，国会が国会議員の中から行う。エの憲法改正の発議は国会が行う。衆議院，参議院それぞれの総議員の３分の２以上の賛成により発議される。その後は，国民投票が行われ，有効投票数の過半数の賛成があれば，憲法が改正される。イとウは内閣の仕事である。

問６　1947年５月３日に日本国憲法が施行されたのを記念して，５月３日は憲法記念日として国民の祝日に定められた。建国記念の日は２月11日，勤労感謝の日は11月23日，こどもの日は５月５日である。

理　科　＜第３回試験＞（社会と合わせて50分）＜満点：50点＞

解　答

1　**問１**　(ア)　でんぷん　(イ)　できない　(ウ)　食物連鎖　**問２**　草→トノサマバッタ→カマキリ→モズ→タカ　**問３**　(1)　（例）　化石燃料が使われる。　(2)　（例）　風力発電を行う。
問４　(ア)　減る　(イ)　増える　(ウ)　減る　(エ)　減る　(オ)　増える　**2**　(1)　ほう和水よう液　(2)　①　C　②　D　(3)　8％　(4)　95g　(5)　14.9g　(6)　272.8g
3　**問１**　(1)　C　(2)　A　(3)　③　**問２**　(4)　A　(5)　③　**問３**　(6)　②

解　説

1　**生物どうしのつながりについての問題**

問１　植物は日光に当たると成長に必要なでんぷんをつくれるが，動物は自分で養分をつくれないため，植物やほかの動物を食べることで養分をとり入れる。このような生物どうしの食べる・食べられる関係のことを食物連鎖という。

問２　植物は草食動物に食べられ，草食動物は小型の肉食動物や大型の肉食動物に，小型の肉食動物は大型の肉食動物に食べられる。５種類の生物を，「食べられる」ものから「食べる」ものの順に並べると，植物である草，草を食べるトノサマバッタ，トノサマバッタを食べるカマキリ，カマキリを食べるモズ，モズを食べるタカのようになる。

問３　⑴　炭素をふくむものを燃やすと，二酸化炭素が発生する。石油や石炭などの化石燃料には炭素がふくまれるため，化石燃料を使うと二酸化炭素が発生し，地球温暖化の原因となると考えられる。なお，二酸化炭素やメタンのように，地球温暖化の原因となる気体を温室効果ガスという。　⑵　風力のほか，太陽光や水力，地熱，潮力，バイオマスなど，持続的に利用できるエネルギーを再生可能エネルギーという。再生可能エネルギーを利用した発電方法は，直接的には二酸化炭素が発生しないため，二酸化炭素を増やさない取り組みとして注目されている。

問４　①　植物を食べる草食動物が急に増えると，草食動物に食べられる植物は減ると考えられる。②　えさとなる草食動物が増えるため，肉食動物は増えると予想できる。　③　①や②の結果，えさとなる植物の量が減り，また，肉食動物に食べられる草食動物が増えるため，草食動物の量は減ると考えられる。　④　③の結果，えさとなる草食動物が減るため，肉食動物は減ると予想できる。また，草食動物に食べられてしまう植物が減ることから，植物の量は増えるといえる。

2 もののとけ方についての問題

⑴　水に限界の量までものがとけている水よう液を，ほう和水よう液という。

⑵　表で，Ａ～Ｄそれぞれの固体が20℃の水200ｇにとける最大量と，80℃の水200ｇにとける最大量を比べればよい。80℃の水200ｇにとける最大量は，20℃の水200ｇにとける最大量と比べて，固体Ａは，722÷405＝1.7…（倍）に，固体Ｂは，46.6÷10.2＝4.5…（倍）に，固体Ｃは，645.6÷23.0＝28.0…（倍）に，固体Ｄは，74.0÷70.2＝1.0…（倍）になっているから，温度を上げていったときに水へとける最大量の変化の割合が最も大きい固体はＣで，最も小さい固体はＤとわかる。

⑶　40℃の水100ｇにとける固体Ｂの最大量は，表より，$18.0\times\frac{100}{200}=9$（ｇ）と求められる。したがって，固体Ｂを40℃の水100ｇに限界までとかしたときの水よう液のこさは，$\frac{9}{100+9}\times100=8.2\cdots$から，約８％と考えられる。

⑷　表より，20℃の水200ｇにとける固体Ａの最大量は405ｇとわかるので，このときにとけ残る固体Ａの量は，500－405＝95（ｇ）と求められる。

⑸　表から，20℃の水200ｇにとける固体Ｂの最大量は10.2ｇとわかる。よって，20℃の水100ｇにとける固体Ｂの最大量は，$10.2\times\frac{100}{200}=5.1$（ｇ）である。したがって，このときに結晶になり出てくる固体Ｂの量は，20－5.1＝14.9（ｇ）と考えられる。

⑹　80℃の水100ｇにとける固体Ｃの最大量は，表より，$645.6\times\frac{100}{200}=322.8$（ｇ）と求められる。よって，さらにとかすことができる固体Ｃの量は，322.8－50＝272.8（ｇ）とわかる。

3 ふりこの性質についての問題

問１　⑴　ある位置でふりこのおもりを静かに手からはなしたとき，ふりこのおもりは元の高さと同じ位置までふれる。したがって，図のふりこでは，アでふりこのおもりを静かに手からはなしたときはＣまでふりこのおもりがふれると考えられる。　(2)　(1)と同様に，イでふりこのおもりを静かに手からはなしたときは，Ａまでふりこのおもりがふれると考えられる。　(3)　ふりこのふれはばは，ふりこが１往復をする時間に影響しないから，③が選べる。なお，ふりこが１往復するのにかかる時間はふりこの長さによって決まる。このとき，ふりこの長さが長いほど，ふりこが１往復するのにかかる時間は長くなる。

問２　(4)　ふりこの速さは，ふりこがふれ始めて最も低い位置を通るときに１番速くなる。したがって，図のふりこでは，Ａを通るときのふりこの速さが１番速いと考えられる。　(5)　ふりこが１往復するのにかかる時間はふりこの長さによって決まり，ふりこのおもりの重さはふりこが１往復する時間に影響しない。

問３　(6)　糸の長さが30cmのときと100cmのときでは，糸の長さが100cmのときのほうがふりこの長さが長くなるので，(3)より，②が選べる。なお，実験でふりこが１往復する時間を考えるときは，誤差の影響を小さくするため，ふりこが10往復するのにかかる時間をはかり，かかった時間を10で割って１往復あたりにかかる時間を求めるとよい。

英　語　＜第４回試験＞（50分）＜満点：100点＞

解　答

1 (1)　1　(2)　4　(3)　3　(4)　4　(5)　2　(6)　1　(7)　1　(8)　4
2 (1)　1　(2)　1　(3)　2　(4)　2　(5)　1　3 (1)　3　(2)　4　(3)　1　(4)　2　4 (1)　We like the rainy season　(2)　I always eat bread for breakfast　(3)　We belong to the basketball club　(4)　How many people are there in your family　(5)　I have three brothers and two sisters　(6)　Japanese is spoken in my country　5 (1)　can speak　(2)　What, They　(3)　swam in　(4)　shorter　(5)　to, last　(6)　is old　6 (1)　Is that tie Taro's?　(2)　I don't like studying.　(3)　I didn't cook yesterday.　(4)　Did many people watch the movie?　(5)　Was Tom going to the library then?　(6)　Taro will be thirteen.　7 (1)　May I open the window?　(2)　We visited Japan two years ago.　(3)　I want to drink water　(4)　My mother uses a bike to go shopping.　(5)　Is that a cat or a dog?　It's a cat.　(6)　He is not my brother. He is my father.　8 (1)　あなたはスーパーで何を買いましたか。　(2)　あなたは何歳ですか。　(3)　あなたはこの公園で野球をしてはいけません。　(4)　私はその本を探しているところです。　(5)　私は何か冷たい飲むべきものがほしいです。　(6)　あなたは何時に起きましたか。　9 (1)　Tuesday　(2)　Saturday　(3)　fall または autumn　(4)　four　(5)　white　(6)　desk　(7)　Australia　(8)　twelve　(9)　December　(10)　May

国語　＜第３回試験＞（50分）＜満点：100点＞

解答

一　問１　Ⅰ　イ　Ⅱ　オ　Ⅲ　エ　問２　ウ　問３　十五回裏，　問４　ウ　問５　息　問６　決勝戦が二試合連続で再試合になる　問７　（例）　十五回で決着がつかず，二試合連続で再試合になること。　問８　イ　問９　ア　二　問１　a～e　下記を参照のこと。　問２　A　ウ　B　イ　C　ア　問３　Ⅰ　エ　Ⅱ　イ　問４　エ　問５　客を招き入れる　問６　イ　問７　欧米人が内開きを選択したのは外敵の侵入を防ぐため（という解釈）　問８　（例）　日本人は挨拶の際におじぎをするという生活習慣。　問９　ウ

●漢字の書き取り

二　問一　a　比(べる)　b　明快　c　整理　d　規模　e　難点

解説

一　**出典は小川洋子『夜明けの縁をさ迷う人々』所収「再試合」による。**全国高校野球選手権大会の決勝戦は，十五回で決着がつかず再試合になった。翌日の試合でも決着がつかず，さらに再試合になるという歴史的な場に立ち会う場面が描かれている。

問１　Ⅰ　「両チームともなかなか点が入りそうで入らなかった」のである。いらだたしい気持ちがつのって落ち着かなくなるさまを表す「じりじり」が入る。　Ⅱ　ついに，結局という意味を表す「とうとう」が入る。　Ⅲ　期待が「伝染してゆき，いつしか球場全体を覆い尽くす」とある。物事が増大することを表す「どんどん」が入る。

問２　「私」は，レフトを守る彼に好意を抱いているので，レフトにヒットを打たれるたびに，これでサヨナラ負けをして優勝を逃すようなことになったら，彼が「一番惨めな思い」をすることになるのではないかと，胸がしめつけられるようなやるせない気持ちになってしまう。

問３　挿入文は，本文の「私はふと，何回でもやればやるほど，その同じ回数だけレフトの彼が自分のそばに近寄ってくれる」を受け，その内容を補っている。

問４　なかなか点が入りそうで入らない，つまり，攻撃が思うようにうまくいかない試合展開で，満員の観客は歓声を上げたり，「残念」に思ったりしている。

問５　「逆転サヨナラのランナーは，本塁でタッチアウトとなる」場面である。観客は，ランナーがアウトになるのか，セーフになるのかと緊張しながら，彼がレフトからキャッチャーミットへ向けて投げる，驚くほどの流麗さを与える球をじっと見守っている。「驚いてはっとする」という意味の慣用句は，「息を呑む」である。

問６　「歴史的な出来事」とは，「決勝戦が二試合続けて再試合になる」ということである。

問７　再試合も，「０対０のまま，信じられないことにまたしても延長戦になる。十一回，十二回，十三回……と回を重ねる」という展開である。「このまま十五回まで同点ならどうなるんだ，という期待」が現実となって，「決勝戦が二試合続けて再試合」になったのである。

問８　回を重ねるごとに観客の熱狂は高まっている。決勝戦が二試合続けて再試合になるという歴史的な出来事が起こることへの「期待」が，いつしか球場全体を覆い尽くす状況に，「冷めた意見」は打ち消されてしまう。

問９　「先取点を取ったのはこちらの方だった。七回の表，デッドボールとフィールダースチョイスとエラーでノーヒットながら一点をもぎ取った。」とある。初めて点数が入り試合が動いたのは，「七回の表」である。

二　**出典は渡辺武信『住まい方の演出』による。**住宅のドア，特に玄関のドアを「外開き」にするか「内開き」にするかという設計思想には，その国の生活様式や国民性，及び生活習慣が表れていることを，日本と欧米とを対比させながら考察した文章である。

問１　**a**　二つ以上のものをつき合わせて差異や優劣などを調べる。音読みは「ヒ」で，「比例」「対比」などの熟語がある。　**b**　筋道があきらかでわかりやすいこと。　**c**　乱れた状態にあるものを整えて，きちんとすること。無駄なもの，不要なものを処分すること。　**d**　物事の構造・内容・仕組みなどの大きさ。　**e**　むずかしいところ。非難すべきところ。

問２　**A**　文末表現の「～か。」に着目。また，直後の一文にその「理由」が述べられている点をとらえる。原因・理由を問うのに用いる「なぜ」が入る。　**B**　「内側へ開くと」と，仮に想定した内容を述べているので，「もし」が入る。　**C**　前の具体的な要素を，後ろで「日本人の生活様式に適した，現実的な解決」とまとめているので，言い換え・まとめの働きをする「つまり」が入る。

問３　Ⅰ　玄関ドアの外開きは「日本人の生活様式に適した，現実的な解決」だというのが，筆者の考えである。　Ⅱ　ドアを「引っぱり合う」のは，自分の側に引き込む形であるのに対し，「内開きのドア」は，相手側へ押し込む形となり，「ドアを挟んで，外からの力と内からの力がぶつかり合う」ので，直接的な「闘争」の表現となる。

問４　「内開きのドアは，ちょうど『いらっしゃいませ』とでもいうように，客を招き入れるように開く」ので，「客を迎える際にはどうも内開きのほうがぐあいがよさそうだ」とある。「客を迎え入れるのにぐあいがいい」のは，「内開きのドア」である。

問５　「内開きのドア」は，「客を招き入れるように開く」のである。

問６　いろいろと工夫をして内開きの玄関をつくり続けようとしている住宅設計者に，筆者は本心から「感心」している。

問７　内開きのドアは外来者に対して「いらっしゃいませ」と開くばかりでなく，ときには外来者を敵として頑固に拒みもするので，「欧米人が内開きを選択したのは外敵の侵入を防ぐため」ともいえる。

問８　筆者は，他人の家を訪問するときの自身は，玄関口からかなり離れて，ドアが開かれるのを待っているが，それは，「必ずしも外へ開いてくるドアを避けようとするから」ではなく，「相手が出てきたら“おじぎ”をするために，無意識のうちに必要な間隔をとっているからではないか」と述べている。

問９　日本人は，「おじぎ」をするつもりで戸口に立つのに対し，欧米人は，相手が出てきたら，「握手」をするつもりで戸口に立つというのが，筆者の考えである。

Memo

2022年度　帝京大学系属　帝京中学校

〔電　話〕　(03) 3963－6383
〔所在地〕　〒173－8555　東京都板橋区稲荷台27－１
〔交　通〕　JR埼京線 ―「十条駅」より徒歩12分
都営三田線 ―「板橋本町駅」より徒歩８分

〈編集部注：２教科型受験生は，算数・英語・国語の中から２教科を選択します。〉

【算　数】〈第１回午前試験〉（50分）〈満点：100点〉

（注意）定規（じょうぎ）・コンパス・電卓（でんたく）は使わないでください。

□にあてはまる数を入れなさい。

1　①　$146+56\div2\times67=$□

②　$7.2\div1.2-3\times1.25=$□

③　$(99-76\div4)\times(5-3\times0.125)=$□

④　$\frac{1}{2}+\left(1\frac{2}{3}\div\frac{5}{6}-\frac{3}{2}\right)=$□

⑤　□$:\frac{1}{5}=4:5$

⑥　780円で仕入れた商品に□％の利益を見込（こ）んでつけた定価は、975円です。

⑦　あるクラスのテストで4人の平均点が60点、他の6人のテストの平均点が64点のとき、この10人の平均点は□点です。

⑧　100mを18秒で走る人の速さは、時速□kmです。

⑨　1辺が3cmの立方体の表面積は、1辺が2cmの立方体の表面積の□倍です。

⑩　1から200までの整数のなかで、4でも5でも割り切れない数は

［　　　］個あります。

2　下の表は、あるふりかけの栄養成分を表したものです。下の図はそれを円グラフに表したものです。次の問いに答えなさい。

表

栄養成分表(2.5g中)	
たんぱく質	0.56g
脂質	0.53g
炭水化物	1.0g
食塩相当量	0.22g
カルシウム	0.18g
その他	0.01g

図

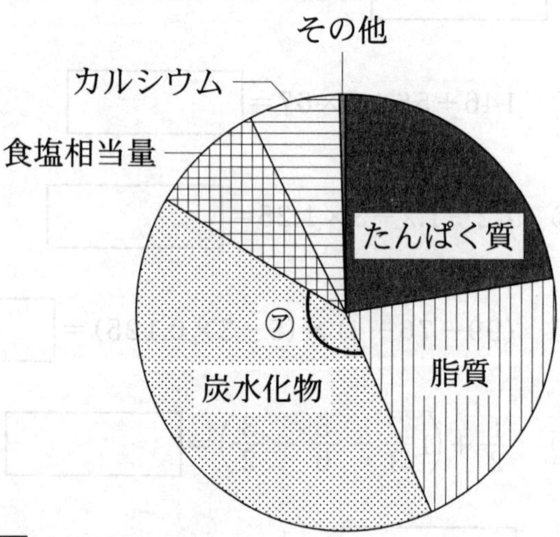

①　カルシウムは全体の［　　　］％含まれています。

②　図の㋐の角度は［　　　］度です。

3　7桁の数を、最初は下の図の1番のように並べます。その後は、1番右の数を左から1番目と2番目の間に入れて7桁の数を作ります。以下、同じ規則にしたがって、2番、3番、4番…と並べかえていきます。次の問いに答えなさい。

1234567	→	1723456	→	1672345	→	1567234	→	…
1番		2番		3番		4番		

①　7番の数は［　　　］です。

②　2022番の数は［　　　］です。

4　図1は直径がそれぞれ6cm、4cmの半円を組み合わせた図形です。半円上の点A、点Bは、それぞれの半円の円周の長さを二等分する位置にあります。次の問いに答えなさい。

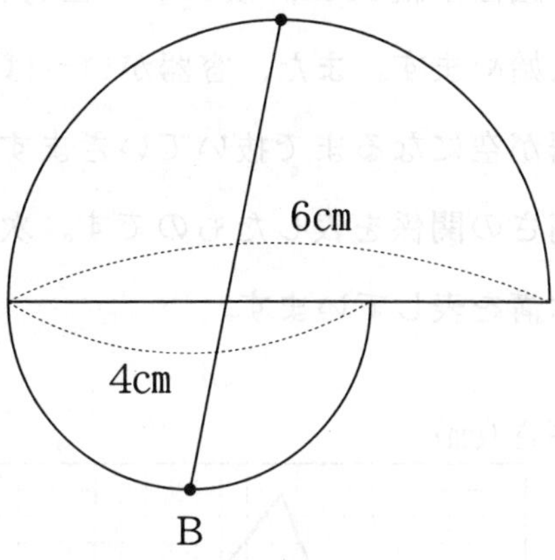

図1

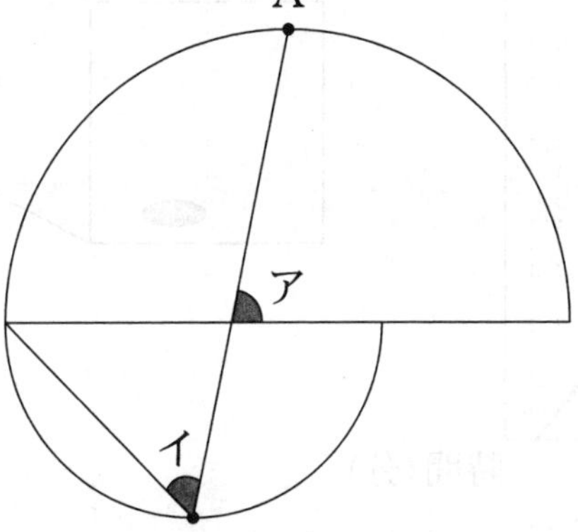

図2

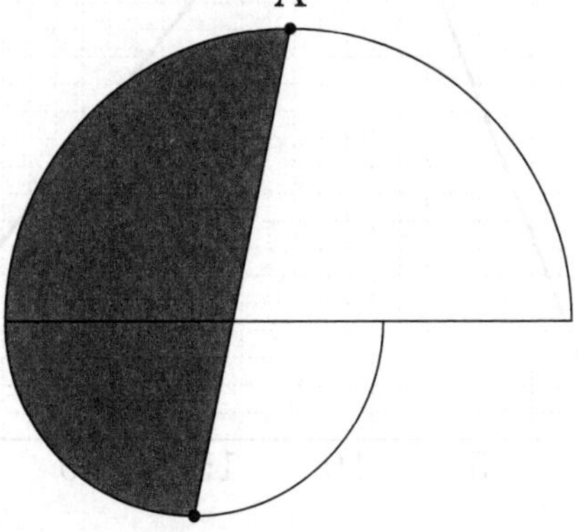

図3

①　図2は図1の図形に線をつけ足したものです。図2の角アと角イの角度の和は［　　　］度です。

②　図3は図1の図形に色をつけたものです。図3の色をつけた部分の面積は［　　　］cm²です。ただし、円周率は3.14とします。

5 底面が縦30㎝，横40㎝の直方体の容器に、蛇口(じゃくち)から一定の割合で水を入れ始めます。また、容器がいっぱいになったら水を止め、排水溝(はいすいこう)から水を容器が空になるまで抜いていきます。下のグラフは、そのときの時間と水面の高さの関係を表したものです。次の問いに答えなさい。ただし、　は排水溝を表しています。

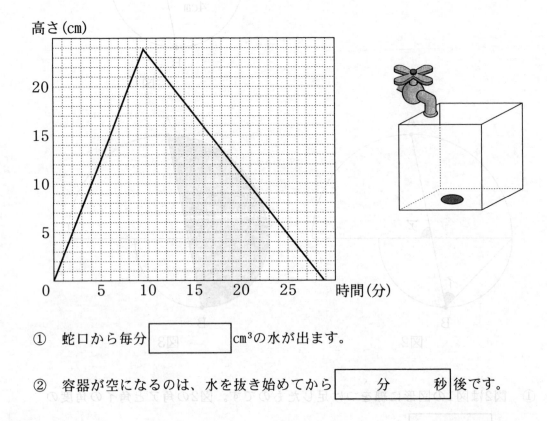

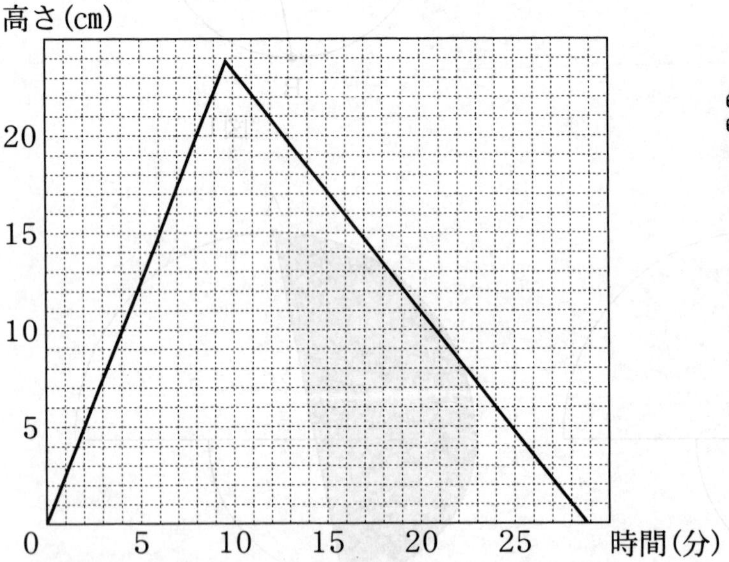

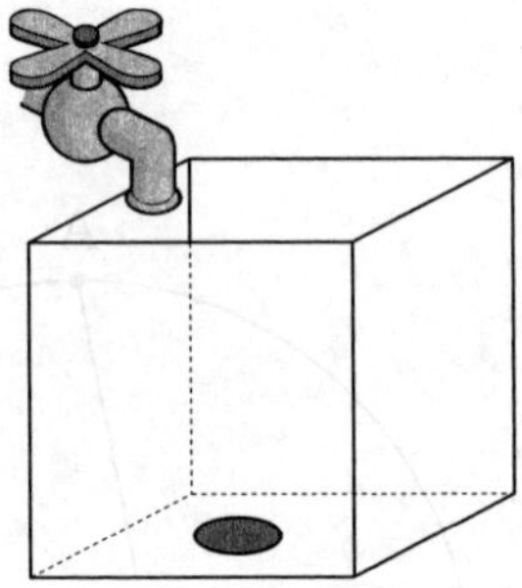

① 蛇口から毎分[　　　]㎝³の水が出ます。

② 容器が空になるのは、水を抜き始めてから[　　分　　秒]後です。

6 商店Aではある品物が100gあたり880円で売られており、その品物を1kg以上買うと、1kgを超えた分の値段については2割引きになります。商店Bでは同じ品物が100gあたり1072円で売られています。次の問いに答えなさい。

① この品物を1250g買うとき、AよりBの方が[　　　]円高くなります。

② Bでは、特売日にこの品物が25％引きで売っています。特売日にこの品物を買う場合、BよりAの方が安くなるのは、[　　　]gより多く買うときです。

【社　会】〈第１回午前試験〉（理科と合わせて50分）〈満点：50点〉

（注意）定規（じょうぎ）・コンパス・電卓（でんたく）は使わないでください。

1　次の文を読んで、以下の問いに答えなさい。

［A］　野辺山原は標高が高く、夏でもすずしいため、そのすずしさを生かして①高原野菜などの栽培がさかんである。暑さに弱い野菜を他の地域では生産しにくい夏の時期に出荷することができます。また、牛を育てて牛乳をとる（　１　）も行われています。

［B］　三重県の（　２　）市では1959年に石油化学コンビナートでの製品生産が本格的になる一方で、工場からおせんされた空気が出され、多くの人々は息をするのが苦しくなり、のどが痛み、はげしい（　３　）の発作が起こりました。

［C］　米の生産量が多い新潟県は、（　４　）平野を中心に安全でおいしい米を作るために、②農薬や化学肥料にたよらない工夫をしています。そして、味の良い、病気に強い米づくりをめざして、（　５　）の研究をすすめています。とれた米の多くは③農業協同組合が保管し、注文に応じて出荷します。

［D］　山梨県の（　６　）盆地は、なだらかな斜面に広がる水はけのよい土地と、昼と夜の気温差が大きい気候を生かして果樹栽培がおこなわれています。特に④ぶどうや桃の生産量は日本１位になっています。果樹は高速道路を使い大都市へ出荷されています。

［E］　四大工業地帯のひとつである（　７　）工業地帯の愛知県豊田市では輸送機械の生産がさかんです。⑤さまざまな種類の自動車を生産するため、組み立て工場に必要な部品をすぐにとどける（　８　）方式が、多くの関連工場の協力によって成り立っています。

［F］　阪神工業地帯の大阪府東大阪市には、中小の工場がたくさん集まっている。そのなかのひとつの工場で作られたゆるまないナットは、品質の高さから⑥東京にある高さ634mの建物などに利用されています。

問１．文中の空らん（　１　）～（　８　）に入る語句を答えなさい。

問２．下線部①について、この代表的な野菜を以下から１つ選び、記号で答えなさい。

㋐　大根　　㋑　きゅうり　　㋒　トマト　　㋓　レタス

問３．下線部②について、雑草や害虫を食べるため利用されている動物を以下から１つ選び、記号で答えなさい。

㋐　ヘビ　　㋑　カエル　　㋒　アイガモ　　㋓　モルモット

問４．下線部③について、農業協同組合の別の表し方を以下から１つ選び、記号で答えなさい。

㋐　JA　　㋑　JT　　㋒　JAL　　㋓　JTB

問５．下線部④について、ぶどうの主な品種を１つ答えなさい。

問６．下線部⑤について、ガソリンと電気を組み合わせて使う自動車を何と呼ぶか答えなさい。

問７．下線部⑥について、この建物を何と呼ぶか答えなさい。

問８．静岡県でマグロの水あげ量が一番多い港を答えなさい。

2 次の日本と外国との交流に関する［**文章**］を読み、［**資料**］を参考にして、以下の問いに答えなさい。

［**文章**］

［A］ 中国の古い歴史の本である『三国志』の「魏志」倭人伝には、邪馬台国の女王である（ 1 ）が倭を治めていた様子が記されている。

［B］ 古墳がつくられはじめたころ、中国や朝鮮半島から移り住んだ①渡来人が鍛冶（かじ）、機織（はたお）りなどの技術や漢字、（ 2 ）などの文化を日本に伝えた。

［C］ 聖徳太子が②中国との国交を開くため、（ 3 ）らを使いとして送った。

［D］ （ 4 ）天皇は仏教の力を借りて人々の不安をしずめようと考え、全国に国分寺を建てた。その中心となる③東大寺には大仏をつくり、完成を祝う開眼（かいげん）式には、インドの僧（そう）も招かれていた。

［E］ 武士として初めて太政大臣となった（ 5 ）は、摂津（せっつ）（兵庫県）の港を整え、中国（宋）と盛んに貿易を行った。

［F］ スペインの宣教師フランシスコ＝ザビエルが鹿児島に来て、キリスト教を伝えた。その後、（ 6 ）やスペインの商人も日本に来るようになった。

［G］ 徳川家光は、キリスト教の取り締まりを強め、④中国（清）と、オランダの商人だけに、長崎で貿易することを認めた。⑤朝鮮とは（ 7 ）藩を窓口にして貿易が行われた。

［H］ アメリカ合衆国の使節ペリーが、日本の開国を求める大統領の手紙を持って（ 8 ）に来航した。アメリカの態度におされた幕府は、⑥翌年に日米和親条約を結んだ。

［Ｉ］　外務大臣（　９　）がイギリスと交渉を行い、⑦治外法権を廃止した。

［Ｊ］　第二次世界大戦後、アメリカのサンフランシスコで開かれた講和会議で日本は世界の48か国と平和条約を結んだ。同時にアメリカと（　10　）条約を結び、独立後もアメリカ軍が日本にとどまることになった。

［資料１］

［資料２］

［資料３］

［資料４］

問１．文章中の空らん（　１　）～（　10　）に入る語句を、以下の【語群】から選び、それぞれ記号で答えなさい。

【語群】

(ア)　平清盛	(イ)　小野妹子	(ウ)　陸奥宗光
(エ)　小村寿太郎	(オ)　日米修好通商	(カ)　日米安全保障
(キ)　仏教	(ク)　道教	(ケ)　卑弥呼
(コ)　天武	(サ)　聖武	(シ)　浦賀
(ス)　対馬	(セ)　ロシア	(ソ)　ポルトガル

問2．下線部①について、**［資料1］**は奈良県明日香村にある古墳の壁画であり、中国や朝鮮文化の影響をうかがうことができる。この壁画が描かれた古墳を答えなさい。

問3．下線部②について、［C］の時代の中国は何と呼ばれていたか答えなさい。

問4．下線部③について、**［資料2］**は東大寺正倉院に収められている宝物である。この資料について説明している以下の文章㋐、㋑のうち、正しいものを選び、記号で答えなさい。

㋐　この杯は、西アジアやペルシア（イラン）の影響を受けていると考えられる。これは、当時の東アジアがシルク＝ロードを通じて西方とつながっていたことを示している。

㋑　この杯は、それまでの中国の強い影響を受けた品物と違い、日本独自の文化を代表している。これは、日本が中国から文化的、政治的に自立したことを示している。

問5．下線部④について、なぜ中国とオランダは貿易が許されたのか、簡単に説明しなさい。

問6．下線部⑤について、**［資料3］**は朝鮮から江戸に送られた使節を描いている。この使節を何と呼ぶか答えなさい。

問7．下線部⑥について、この条約で函館と共に開くことが定められた港を答えなさい。

問8．下線部⑦について、**［資料4］**は治外法権廃止を求める国民の声が高まるきっかけとなった事件を風刺（ふうし）した絵である。この事件を答えなさい。

問9．次の出来事と同じ時期の文章を［A］～［J］より選び、記号で答えなさい。

武家諸法度に参勤交代の制度が加えられた。

3 次の会話文を読んで、以下の問いに答えなさい。

ＡさんとＢさんは、授業で習った国会についての話をしています。

Ａさん：勉強した内容を、テストの前に復習しておこうよ。

Ｂさん：そうだね。では早速、僕から質問。裁判所は司法権を持っているけど、国会と内閣はそれぞれ何権を持っている？

Ａさん：国会が（　１　）権で、内閣が（　２　）権！

Ｂさん：正解。では、国会にある２つの議院の名称は？

Ａさん：えーっと、（　３　）議院と（　４　）議院だね。（　３　）議院には、解散っていう仕組みがあって、選ばれる議員の人数も（　４　）議院より多かったね。

Ｂさん：そう！ちなみに、（　３　）議院の議員の数は（　５　）人で任期は（　６　）年、（　４　）議院は（　７　）人で任期は（　８　）年だったよ。

Ａさん：国会では、①内閣総理大臣も選ばれるよね。

Ｂさん：そうだったね。そういえば昨年、内閣総理大臣が交代したね。

Ａさん：ほかにも、国会は②色々な仕事をしているよね。

Ｂさん：僕はまだ、国会がどんな仕事をしているか、あまりわかってない気がする。

Ａさん：国会で行われる仕事については、また勉強し直そう。あと、国会議員はどうやって選ばれるのだったかな？

Ｂさん：③選挙だね。

Ａさん：僕も、はやく投票してみたいなあ！

問１．会話文中の空らん（　１　）～（　４　）に入る語句を答えなさい。

問２．会話文中の空らん（　５　）～（　８　）に入る数字を、以下の【語群】から選び、それぞれ答えなさい。

【語群】

4　　265　　55　　6　　465

問３．下線部①について、2021年10月に内閣総理大臣になった人物の名前を以下から１つ選び、記号で答えなさい。

(ア)　伊藤博文　　　(イ)　岸田文雄　　　(ウ)　鳩山由紀夫

問４．下線部②について、次の文章(1)～(3)のうち、国会の仕事として、正しいものには〇を、誤っているものには×で答えなさい。

(1)　都道府県の知事を選ぶ。
(2)　法律を作る。
(3)　条約を承認する。

問５．下線部③について、現在、国会議員を選ぶ選挙で国民が投票できる年齢は何歳以上か。解答らんに合う形で答えなさい。

問６．国の政治の権限を持たない天皇の地位について、憲法第１条では「日本国の〇〇であり日本国民統合の〇〇である」と定められている。〇〇に入る語を**漢字２字**で答えなさい（２か所とも同じ語が入る）。

【理　科】〈第１回午前試験〉（社会と合わせて50分）〈満点：50点〉

（注意）定規（じょうぎ）・コンパス・電卓（でんたく）は使わないでください。

1 (i) 下の図１はある冬の日の南東の空にあるオリオン座をもしき的に表しています。これについて以下の問いに答えなさい。

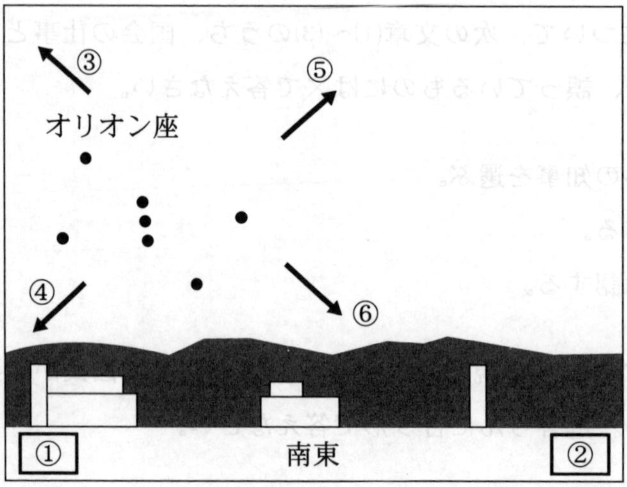

図１

(1) 図１の①と②に当てはまる方位を次の(ア)〜(エ)からそれぞれ１つずつ選んで、記号で答えなさい。

(ア) 北　　(イ) 東　　(ウ) 南　　(エ) 西

(2) 次の文章は星座の移動について述べています。文章の（　１　）、（　２　）に当てはまる言葉をかっこの中から選んで、答えなさい。

星座は時間が経つと、位置は（　１　変わります・変わりません　）が、並び方は（　２　変わります・変わりません　）。

(3) 図１のオリオン座はこのあと時間がたつと、どのように移動しますか。図の中の③〜⑥から１つ選んで、記号で答えなさい。

(ii) 下の図２はある日の北の空のようすです。これについて、以下の問いに答えなさい。

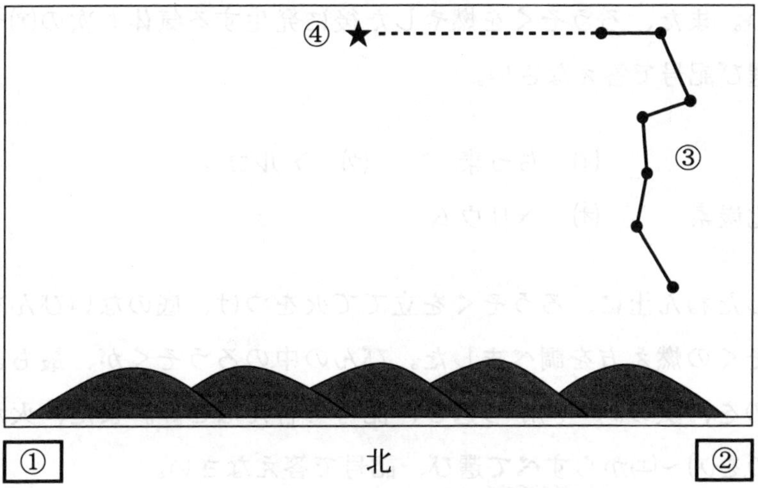

図２

(4) 図２の①と②に当てはまる方位を次の(ア)～(エ)から１つずつ選んで、記号で答えなさい。

(ア) 北 東　(イ) 南 東　(ウ) 南 西　(エ) 北 西

(5) 図２の③の星の集団を何といいますか。次の(ア)～(ウ)の中から１つ選び、記号で答えなさい。

(ア) カシオペア座　(イ) 冬の大三角　(ウ) ほくと七星

(6) 図２の④の星は③が移動するときに中心となっている星です。この星を何といいますか。次の(ア)～(ウ)から１つ選んで、記号で答えなさい。

(ア) ほっきょく星　(イ) デネブ　(ウ) リゲル

2 ものの燃え方について以下の問いに答えなさい。

(1) ろうそくを燃やすときに必要な気体を次の(ア)～(オ)の中から１つ選び記号で答えなさい。また、ろうそくを燃やした後に発生する気体も次の(ア)～(オ)の中から１つ選び記号で答えなさい。

(ア) 酸素　(イ) ちっ素　(ウ) アルゴン
(エ) 二酸化炭素　(オ) ヘリウム

(2) 平らにしたねん土に、ろうそくを立てて火をつけ、底のないびんをかぶせて、ろうそくの燃え方を調べました。びんの中のろうそくが、最もよく燃え続けるものを、次の(ア)～(エ)から選び、記号で答えなさい。また、火が消えてしまうものを(ア)～(エ)からすべて選び、記号で答えなさい。

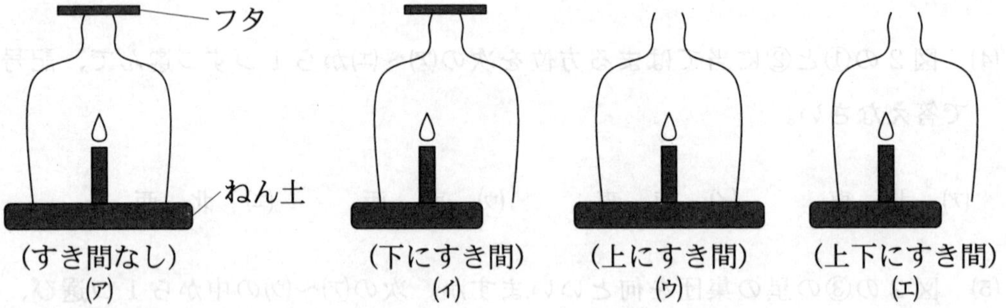

(3) ろうそくを燃やした後に発生する気体を石灰水に入れるとどうなりますか。簡単に説明しなさい。

(4) ろうそくを燃やした後に発生する気体を水に溶かすと何性を示しますか。次の(ア)～(ウ)から正しいものを選び記号で答えなさい。

(ア) 酸性　(イ) アルカリ性　(ウ) 中性

(5) 空気中に一番多く存在する気体は何ですか。答えなさい。

3 植物の種子の発芽には、「水」、「空気」、「適当な温度」の３つが必要となります。このことを調べるために、インゲンマメの種子を使って実験１～５の操作を行いました。また、この結果は下の表のようになりました。ただし実験中の温度は、室内は20℃、冷蔵庫内は５℃とし、冷蔵庫内は光の当たらない暗い状態となります。下の実験１～５を読み、以下の問いに答えなさい。

実験１　透明容器の中にしめっただっし綿を入れ、その上にインゲンマメの種子をのせたものを室内においた。

実験２　透明容器の中にかわいただっし綿を入れ、その上にインゲンマメの種子をのせたものを室内においた。

実験３　透明容器の中にしめっただっし綿を入れ、その上にインゲンマメの種子をのせたものを冷蔵庫の中においた。

実験４　透明容器の中にしめっただっし綿を入れ、その上にインゲンマメの種子をのせたあと、水を入れてインゲンマメの種子を水中にしずめたものを室内においた。

実験５　透明容器の中にしめっただっし綿を入れ、その上にインゲンマメの種子をのせたものを光の当たらない暗い室内においた。

実験結果	実験１	実験２	実験３	実験４	実験５
発芽した　→　○ 発芽しなかった　→　×	○	×	×	×	○

(1)　発芽に水が必要ということを調べるためには、実験１～５のうち、どの実験結果を比べればよいか、例のように答えなさい。（例：６と７）

(2)　発芽に空気が必要ということを調べるためには、実験１～５のうち、どの実験結果を比べればよいか、(1)の例のように答えなさい。

(3)　発芽に適当な温度が必要ということを調べるためには、実験１～５のうち、どの実験結果を比べればよいか、(1)の例のように答えなさい。

(4) 植物の種子には、レタスの種子のように「光発芽種子」（ひかりはつがしゅし）という、発芽に光を必要とするものがあります。

① 実験１～５のうち、１つの実験結果を確認することで、インゲンマメの種子が発芽に光を必要とするか必要としないかがわかります。どの実験結果を確認すればよいか、実験１～５から１つ選んで答えなさい。

② インゲンマメの種子は発芽に光を必要とするかしないか答えなさい。

【英　語】〈第１回午前試験〉(50分)〈満点：100点〉

1　次の⑴から⑻までの会話について、(　　　)に入れるのに最も適切なものを１，２，３，４の中から一つ選び、その番号を答えなさい。

⑴　A：Hello, Mary. How are you today?
　　B：(　　　).
　　1．Fine　　2．Right　　3．Go　　4．Talking

⑵　A：You're late, Tom.
　　B：I'm (　　　).
　　1．welcome　　2．fine　　3．late　　4．sorry

⑶　A：What are those?
　　B：I think they are (　　　).
　　1．Yuki's　　2．birds　　3．blue　　4．water

⑷　A：Are you a math teacher?
　　B：No, I'm not. I (　　　) English.
　　1．tell　　2．speak　　3．take　　4．teach

⑸　A：Does your father like fishing?
　　B：Yes, (　　　) does.
　　1．he　　2．she　　3．I　　4．you

⑹　A：What time is it now?
　　B：It's (　　　) o'clock.
　　1．hundred　　2．watch　　3．eight　　4．July

⑺　A：Whose pencil is this?
　　B：It is (　　　).
　　1．my　　2．you　　3．Taro　　4．Bob's

⑻　A：How many people are there in your family?
　　B：There are (　　　) people in my family.
　　1．three　　2．any　　3．brother　　4．parents

2 次の⑴から⑸までの会話について、(　　　)に入れるのに最も適切なものを１，２，３，４の中から一つ選び、その番号を答えなさい。

⑴ A：How did you come here today?

B：(　　　)

1．I like to walk.　　2．By train.

3．Yes, I came here.　　4．It's hot today.

⑵ A：When is your birthday, Megumi?

B：(　　　)

1．On Wednesday.　　2．It's June 10th.

3．It's ten thirty.　　4．At noon.

⑶ A：Where do you want to visit in spring?

B：(　　　)

1．I want water.　　2．I like spring the best.

3．Of course.　　4．I want to go to Hokkaido.

⑷ A：Does she play the piano?

B：(　　　)

1．No, she isn't.　　2．Yes, I can play it.

3．I ate dinner.　　4．No, she doesn't.

⑸ A：May I have your name, please?

B：(　　　)

1．No, you don't have to.　　2．Yes. I am a doctor.

3．Yes. My name is Keiko Oka.　　4．That's a good idea.

3 次の(1)〜(4)の会話について、後に続く言葉として最も適切なものを１，２，３，４の中から一つ選び、その番号を答えなさい。

(1) A：I feel hungry. How about you, Takashi?

B：Me too, Yuki. Shall we go to Shinjuku to eat lunch?

A：Yes, let's. What food do you want to eat?

B：(　　　)

１．I want to meet Tomoko.　　２．It's too long.

３．I want to eat sushi.　　４．Thank you.

(2) A：What are you doing, Tomoko?

B：I am reading a book.

A：What is it about?

B：(　　　)

１．It's a lot of fun.　　２．I like reading better.

３．No problem.　　４．It's about soccer.

(3) A：Who is the most famous baseball player?

B：I think Shohei Otani is the most famous in Japan. What do you think of it?

A：I think Ichiro is more famous.

B：(　　　)

１．I like soccer the best.　　２．You're welcome.

３．Baseball is popular.　　４．I don't know Ichiro.

(4) A：I watched the new movie with my sister yesterday.

B：Oh, really? How was that?

A：Well, music is not good. But the story is very good. I enjoyed it. Do you want to watch it?

B：(　　　)

１．My sister is tired now.　　２．No, I'm not.

３．Yes, I do.　　４．Let's have lunch.

4 次の日本文の意味に合うように(　　)内の語(句)を並べかえなさい。ただし、文頭にくる語(句)も小文字で書いてある。

⑴　トムはケビンと同じくらい背が高い。
(is / Tom / as / Kevin / tall / as).

⑵　彼は毎日犬と散歩する。
(every / walks a dog / he / day).

⑶　私たちは大阪出身です。
(Osaka / are / from / we).

⑷　私の母は私を出むかえに空港へ行った。
(to meet / went to / my mother / me / the airport).

⑸　私の兄はきのう図書館で宿題をした。
(did / my brother / yesterday / in the library / his homework).

⑹　その本はナガシマ先生によって書かれた。
(written / the book / Mr. Nagashima / was / by).

5 次の日本文の意味に合うように(　　)に適切な語を答えなさい。

⑴　私はたくさんの星を見るためにここに来た。
I came here (　　　　) (　　　　) many stars.

⑵　そのコンピューターは今日の朝タロウによって使われた。
The computer (　　　　) (　　　　) by Taro this morning.

⑶　彼らは先週の日曜日に野球をした。
They (　　　　) baseball last Sunday.

⑷　このボールはあのボールより大きいです。
This ball is (　　　　) than that ball.

⑸　このノートはあなたのものですか。
(　　　　) this notebook yours?

⑹　あれは何ですか。－それはりんごです。
What is that? － It is (　　　　) apple.

6 (　　　)内の指示にしたがって英文を書きかえなさい。

(1) This movie is interesting.（疑問文に）
(2) His friends are American.（否定文に）
(3) This song was sung by many people.（否定文に）
(4) Speaking English is easy.（疑問文に）
(5) I like to study history.（文のおわりにlast yearをつけて過去形の文に）
(6) Tom’s father makes a chair.（canを加えて）

7 次の日本文を英文に直しなさい。

(1) 彼はあなたのお兄さんではありません。
(2) 早く起きなさい。
(3) 彼は毎朝お皿を洗う。
(4) この公園に３人の少年がいる。
(5) 彼は今海で泳いでいるところです。
(6) この歌を歌ってくれませんか。

8 次の英文を日本文に直しなさい。

(1) How many books do you have?
(2) Shall I help you?
(3) Are you a good basketball player?
(4) Please give me something to eat.
(5) Let’s enjoy talking.
(6) When I was a child, I practiced tennis hard.

9 次の日本語を英語に直しなさい。

(1) 木曜日　(2) 月曜日　(3) 夏　(4) （数字の）５
(5) 赤い　(6) 猫　(7) おじいさん(祖父)　(8) 中国
(9) ２月　(10) ５月

問７ ——⑤「うながす」とありますが、この言葉の意味として最も適当なものを次の中から一つ選び、記号で答えなさい。

ア　物事の進行をはやくさせること。
イ　物事をすばやくすませること。
ウ　物事から多く学ぶこと。
エ　物事のよい点をみつけること。

問８ ——⑥「この点でも、インコと人間はつながっていたのです」とありますが、筆者はインコと人間がどのような点でつながっていると考えていますか。本文中の言葉を使ってわかりやすく説明しなさい。

問９ 次の中から本文の内容と一致するものを一つ選び、記号で答えなさい。

ア　歯を動かす筋肉はとても重いので、それを使って表情をつくることはなかなかむずかしいことである。
イ　鳥のオスは子孫を残さなければならないので、目を使って精いっぱいメスにアピールをする。
ウ　重い歯がなくなり身軽になった鳥は樹上で軽いステップを踏み、さらにパフォーマンスの幅を広げた。
エ　自在に呼吸をコントロールできる鳥は、他の陸上の哺乳類と同じような体のしくみになっている。

問4　――②「鳥の顔は複雑な表情がつくれなくなってしまったのです」とありますが、鳥はどのような方法で気持ちや感情を伝えるのですか。それが書かれた一文を本文中から探し、はじめの5字をぬき出して答えなさい。

問5　――③「同じようなこと」とありますが、これはどのようなことですか。最も適当なものを次の中から一つ選び、記号で答えなさい。

ア　原始の時代から鳥は、周りの様子や雰囲気から考えや気持ちを想像してきたということ。
イ　恐竜から鳥に進化した時代から、人間は鳥や動物の様子に気を配ってきたということ。
ウ　人間と深いつながりのあるイヌは、考えや気持ちを表情豊かに表現してきたということ。
エ　かなり前の時代から、人間は相手の声や表情からその思考や気持ちを読み取ってきたということ。

問6　――④「まさに『くちばし万能』です」とありますが、鳥はくちばしにどのような機能をもたせたのですか。本文中にあげられている機能として適当でないものを次の中から一つ選び、記号で答えなさい。

ア　舌とあわせて、くわえたものの質感や材質、重さ、味などを知ることができる機能。
イ　手のかわりにものをつまみ上げたり、持ち運んだりすることができる機能。
ウ　先端が尖っていることを利用して、敵を攻撃(こうげき)することができる機能。
エ　手や指のかわりをするだけでなく、精密なピンセットのようにつまむことができる機能。

る、現在は鳥のみに見られる「気嚢（きのう）」と呼ばれる呼吸の補助システムの存在を無視することはできません。気嚢システムを自分のものにしたおかげで、鳥は息を止めたり、速めたりという呼吸のコントロールができるようになり、それによって「さえずり」や「おしゃべり」が可能になったからです。さえずる鳥もインコ類も自在に呼吸をコントロールできますが、陸上の哺乳類（ほにゅうるい）でそれができるのは人間だけで、そのことが人間が話せるようになった大きな要因と考えられています。⑥この点でも、インコと人間はつながっていたのです。

（『インコの謎』細川博昭・誠文堂新光社）

問１　［１］にあてはまる言葉として最も適当なものを次の中から一つ選び、記号で答えなさい。

［ア　宇宙　　イ　地球　　ウ　呼吸　　エ　空気］

問２　［２］にあてはまる漢字１字を答えなさい。

問３　――①「鳥が実際に捨てたのは歯というより、『噛む』『咀嚼する』という行為でした」とありますが、鳥が噛むのをやめたためにできるようになったことを説明した次の文の［　］Ⅰ・Ⅱにあてはまる表現を本文中からⅠは11字、Ⅱは５字で探し、それぞれぬき出して答えなさい。

> 鳥は噛むことをやめたことで、［Ⅰ］ができ、さらに［Ⅱ］できるようになった。

ような使い方さえします。

鳥のくちばしは、先端が尖っていて、その先端を使うと、極めて精巧な作業をすることができます。手や指のかわりをするだけでなく、精密なピンセットの機能さえもたせることに成功したのです。その繊細なくちばしで、鳥たちは日々、羽づくろいに精をだします。

そんなくちばしの機能はまだまだあります。舌とあわせて、くわえたものの質感や材質、重さ、味や温度まで知ることができます。④まさに「くちばし万能」です。

くちばしは目や脳のそばにあり、食べたり作業したりするにあたっては、味覚や嗅覚、固さや舌触りなどの触覚の情報が、目からの視覚情報とともに、脳へと直送されます。それが、脳に対して発達を⑤うながす強い刺激になったことはまちがいありません。

あらためてまとめます。くちばしは、恐竜が鳥へと進化する際の軽量化にあたって捨て去った、顔の筋肉と歯とあごの骨に代わるものとして生み出されたものでした。その際、鳥の祖先は、感情や気持ちを伝えられる「表情」をつくることもできなくなってしまったため、それにかわるものを生み出す必要がありました。おそらく祖先の恐竜時代から行われていたと推察される「全身の羽毛を使った※ディスプレイ」のパフォーマンスを向上させたのもその一環です。祖先の恐竜の数百分の1の体重となり、身軽になった鳥は、樹上で軽くステップも踏めるようになって、さらにパフォーマンスの幅を広げました。

「声」は恐竜時代から発することができたはずですが、鳥はさらにもう一段進化させて、美しく自在な「歌」、すなわち「さえずり」を身につけました。※オウム目の鳥では、それが「話す」というかたちにもなりました。

なお、鳥がさえずったり話したりできるようになったことについては、章の最後で紹介してい

※ディスプレイ…動物が自分の存在を目立たせるような姿勢や行動をとること。

※オウム目…オウムやインコの仲間のこと。

なくしてしまいました。その結果、②鳥の顔は複雑な表情がつくれなくなってしまったのです。

人間は原始の時代から、声を聞き、相手の表情を見て、その考えや感情を読み取ってきました。身の周りの動物に対しても、③同じようなことをしてきました。表情や雰囲気から「 1 を読む」、というのはその頃に始まったと考えられています。

人間と相互に影響を及ぼしあいながら進化してきたイヌは、笑顔に似た表情や、困惑した表情など、さまざまな表情をつくることができます。その顔に人間ほどの筋肉はありませんが、それでもかなり表情豊かに見えます。

イヌを見るのと同じ目で鳥を見た場合、鳥はきわめて 2 表情です。なんの知識もないままに鳥を見てしまうと、昆虫などのようになんの感情もない生き物に見えてしまいます。そんなこともあって、専門家をふくむ世の東西の人々が、「鳥に心などない」、「鳥は頭が悪い」と思い込んでしまうことになったのでしょう。

表情で伝えられなくなった気持ちや感情を伝える手段を、鳥は新たにつくりださなければなりませんでした。その新たな手段こそ、進化した鳴き声「さえずり」でした。

オスは子孫を残すために、メスに自分を精いっぱいアピールしなくてはなりません。さえずりは、そうしたことにも、とても有効でした。インコやオウムの一部で、こうして得た「声」を「話すこと」に活用しているのは、よく知られたとおりです。

鳥が口をくちばしに変えたのは、軽量化目的だけではありませんでした。ものを食べる器官であると同時に、前足をつばさに変えてしまったことで失った、手のかわりでもありました。鳥はそのくちばしに、つまみ上げたり、持ち運んだりする機能をもたせるようになります。また、インコなどでは、くちばしで叩いて音を出してみるなど、まるでドラムのスティックのような、楽器の一部の問８　――⑤「体育館でのトラブル」とありますが、その内容が具体的に書かれた一文を本文中から探し、はじめの５字をぬき出して答えなさい。

問９　――⑥「やんなきゃよかった、あんなこと」とありますが、「あたし」がトラックを十周走らないで帰ってしまったのは、どういう気持ちからですか。わかりやすく説明しなさい。

二　次の文章を読んで、後の問いに答えなさい。

くちばしは、つばさと並ぶ「鳥」の大きな特徴(とくちょう)の１つです。鳥や恐竜(きょうりゅう)の本のなかには、鳥は体を軽くするために重い歯をなくし、口をくちばしに替(か)えたと説明されているものもありますが、①鳥が実際に捨てたのは歯というより、「嚙(か)む」「咀嚼(そしゃく)する」という行為(こうい)でした。

嚙むためには歯が必要で、さらには歯の土台である、骨でできた顎(あご)を動かす筋肉が必要です。筋肉って、実はとても重いのです。そして、強い力を発揮するには、たくさんの筋肉が必要になります。

つまり鳥は、嚙むことをやめたことで、一気に頭部の重量を減らすことができたと考えてください。それによって、頭が重いというバランスの悪さが解消されて、さらにうまく飛行できるようになったと考えられます。

ただ、これにはマイナス面もありました。嚙む筋肉は食事用途(ようと)だけでなく、顔に表情をつくる「表情筋」という役割も担っていたからです。鳥の祖先は、嚙むことをやめたおかげで、くちばしを開けたり閉じたり、左右に動かしたりする働きをもった本当に最低限のものを除いて、頭部から筋肉を

問４ ――①「予約のダブルブッキング」とありますが、この状況を知った時の音楽教師の気持ちを説明した次の文章の［　］にあてはまる言葉を本文中から７字で探し、ぬき出して答えなさい。

> 球技大会はそれほど重要な行事ではない。練習ができれば、それでいいのではないか。［　］で言い合いをしないで、今日は早く来た二組が体育館を使い、次は三組というようにゆずりあって使えばいいだろう。

問５ ――②「ずいぶんヒイキがきつすぎる」とありますが、この内容を言いかえた言葉を本文中から漢字３字で探し、ぬき出して答えなさい。

問６ ――③「それ」とありますが、これは何を指していますか。本文中から10字の表現を探し、ぬき出して答えなさい。

問７ ――④「村八分」とありますが、この言葉のもともとの意味として最も適当なものを次の中から一つ選び、記号で答えなさい。

ア　村の多くの人々の意見をまとめること。
イ　村のおきてをやぶった者と、すべての交際を絶つこと。
ウ　村の決まりを守れなかったとき、多くの仲間に許しを請うこと。
エ　村の人々の大多数の意見に対して、異なる考えを主張すること。

た。ドウジに、自分の実力のほどをいやというほど思い知らされた。家庭内での人気度だとか、教室内での立ち位置だとか、それまで特に意識して考えたことはなかったけれど。だれ一人として、あたしのことを慰めてくれやしなかった。あたしの意見に耳をかたむけてくれる人さえいなかった。見渡す限り味方なし。頼りにできる友もなし。愚痴をこぼせる友もなし。そんな自分に希望なし。その晩、部屋の窓からながめた夜空はどんよりにごっていた。

(『サンネンイチゴ』笹生陽子・角川文庫)

問１ ～～～ａ～ｅのカタカナを漢字に直しなさい。

［ａ　ジジツ　ｂ　ジテン　ｃ　ケンリ　ｄ　タチバ　ｅ　ドウジ］

問２ 本文中には次の一文がぬけています。どこに入れるのが最も適当ですか。文が入る部分の直前の５字を本文中からぬき出して答えなさい。

> もちろん男子は関係ないから、だまって騒ぎを見てただけ。

問３ Ａ にあてはまる言葉として最も適当なものを次の中から一つ選び、記号で答えなさい。

［ア　肩　イ　腹　ウ　足　エ　顔　オ　頭］

やだ、と思ったからだ。いくら無口でおとなしくても感情がないわけじゃない。プライドもあるし、意地もある。ゆずりたくない一線がある。

「あれ、もう走り終わったの？」

昇降口（しょうこうぐち）に向かう途中（とちゅう）で、だれかに声をかけられたけど、聞こえなかったふりをした。あたしは校舎を飛び出すと、息せき切って家に帰った。耳たぶが熱くなっていたのは興奮してたせいだと思う。でも、せっかくの胸の高鳴りも、そんなに長くはつづかなかった。その日のうちに担任が家に電話をかけてきて、その日のできごとがすべてバレた。親にも、もちろんユウタにも。

個人的に大変なことになったのは、そのあとだった。つぎの日の放課後、あたしはさっそく職員室に呼び出され、担任にきつくシメられたあとで反省文を書かされた。そのつぎの日には、おかあさんが学年主任に呼び出され、家庭環境（かんきょう）やしつけに関する面談を受けたらしかった。あたしはすっかりちぢみ上がって、いいわけひとつできなくなった。まちがったことをやったつもりは、これっぽっちもなかったはずなのに。

「なにやってんのよ。ほんとに、もう。はずかしいったらありゃしない。あんたみたいなことしたの、クラスでたったの一人でしょ？　先生がたもあきれかえって言葉もないってふうだったわよ。『よりにもよって、あのおとなしい森下さんがねぇ』だって」

面談を終えて帰ってくるなり、おかあさんはぶつぶついった。

「なに。おねえちゃん、悪いことして怒られてんの？　バカじゃん。ぎゃはははっ」

なにもわかっちゃいないくせして、ユウタはやけにはしゃいでいった。

がっくりきすぎて、この時ばかりは涙（なみだ）のひとつも出なかった。がらに合わないことをして、いらぬ恥（はじ）をかいてりゃ世話はない。⑥やんなきゃよかった、あんなこと。あたしはめちゃめちゃ後悔（こうかい）をし授業の前半、先生は女子にくり返し注意した。それでもらちがあかないとなると、今度はおたしはじめた。⑤体育館でのトラブルのことは、さっぱり覚えてなかったみたい。そんな程度の認識だからボイコットなんかされるんだ。

ざまぁみさらせ。と※意気軒高(いきけんこう)でいられたのはそこまでだった。授業の後半、先生は音楽室を飛び出すと、五年二組の担任と学年主任をつれてもどった。そこで一気に形勢逆転。向こうはおとなでこっちは子ども。向こうは教師でこっちは生徒。当然、こっちのdタチバが弱い。だいたい、ツメが甘(あま)かったんだ。いきおいに乗ってやったはいいけど、騒ぎを起こしたあとのことなんて、だれも考えてなかったし。

「理由はどうあれ、やっていいこととい けないことがあるだろう」

学年主任にそういわれたら、なんとなくそんな気もしたし。

危機を察した女子の一部は、うつむいたまま泣き出した。泣けばいいってもんじゃないけど、そういう子って、けっこう多い。団結力が弱まれば、あとは向こうの思うつぼ。おとな三人がよってたかって説教するは。なだめるは。あげくのはてに教室内の秩序(ちつじょ)を乱した罰(ばつ)として、二百メートルトラックを十周しろって話になって。授業が終わると帰りの会をとっととすませて帰っていった。

なぜあんなことをしちゃったんだか、自分でもよくわからない。肩を落とした仲間にまじって校庭へ出ていった時。あたしはとつぜん、みんなといっしょに罰を受ける気がなくなった。みんなといっしょにやってはいけないことをしたのはじじつだけれど。だからといって、一方的に責められたんじゃやかなわない。十一歳(さい)の小学生にとっては、あれが精一杯(せいいっぱい)。体育館での一件でどれほど不快な思いをしたか、理路整然と訴(うった)えることができればとっくにそうしてた。

あたしは校舎に逆もどりして帰りじたくをはじめた。納得できないことをするのは死んでもい

※意気軒高…意気込(いきご)みが盛んで、元気いっぱいな様子。

「つまんないことじゃないってば。大会のためにスケジュール組んで必死で練習してんのに」

「負けたら、あいつのせいだよね」

そんな会話が練習中に飛びかったのも無理はない。この年ごろの女子が怒(おこ)ると、すさまじいパワーを発揮する。じっさい、球技大会当日、二組の女子はAチームBチームともに初戦敗退。優勝どころじゃなくなった。

最初に③それをいい出したのは、はたしてだれだったんだろう。たしかにアサミは当時から派手で目立つ子だったけど、みんなを扇動(せんどう)するようなタイプじゃなかった気がする。五年二組にはアサミのほかにも元気な女子が何人かいた。アサミがいてもいなくても、騒(さわ)ぎは起きていたはずだ。

「二組の女子のみなさんへ

あしたの五時間め(音楽の時間)にボイコットをやります。

みんな、ぜったい協力してね！　うらぎり者は④村八分

ボイコット実行委員会より　」

球技大会のあと、極秘のメモが女子全員に回された。試合に負けたくやしさもあって、女子はまじギレ寸前だった。この温厚なあたしでさえもカッカしていたほどだから、女子二十一名のだれからも反対意見は出なった。

で、あたしたちはやったのだ。授業の集団ボイコット。まず「起立、礼」の号令を無視することからはじまって、机の上に出すべきものをひとつも出さずに下を向く。課題曲のピアノ伴奏(ばんそう)が流れてきても歌わない。リコーダーも手に取らない。なにがなんでも動かない。はたから見ると、すこぶる異様な光景だったにちがいない。男子は口をあんぐりあけて、女子の様子をながめていた。

「どうしちゃったの、あなたたち。いわれたとおりにやりなさい」

ていたバレーコートで、放課後、二組と三組の女子チームがかち合った。貸し出しは予約制だったから、多分※ダブルブッキング。でも受け付けをした先生は出張中でいなかった。

「どうする？　半面ずつ使う？」

「半面ずつだときゅうくつでちゃんとした練習なんかできっこないよ」

「そうだよねぇ」

両チームが話し合っているところへ通りかかった音楽教師。それがたまたま三組の担任だったというわけで。

「そんなつまらないことでもめてるの？　いいじゃない。今日はうちのクラスが少し早めにきたんでしょ？　だったら二組がゆずりましょうよ。校庭だったらすいてるんだし、問題ないと思うけど」

いったい、どういう考えでそういったのかと、いまでも思う。その b ジテンで球技大会の日は二日後に迫(せま)っていた。バレーのレシーブ練習は室内のほうがやりやすい。校庭でやる練習だけだと本番に向けて不安が残る。

当然ながら、二組の女子は口をとがらせて抗議(こうぎ)した。たかが球技大会とはいえ、勝負ごとに燃える女子もいる。①予約のダブルブッキングなら、どちらの c ケンリも有効なはず。せめてジャンケンかくじ引きで決着をつけてほしかった。しかも自分が受け持っているクラスの肩(かた)を持つなんて、若い女の先生とはいえ、②ずいぶんヒイキがきつすぎる。でも、先生はうるさそうに A をしかめてみせただけ。三組の女子はコートに入って、さっさと練習しはじめちゃうし。

二組の女子は、しかたなくコートをゆずって校庭に出た。

「なに、あの先生。不公平。あんなやつだとは思わなかった」

※ダブルブッキング…約束などを二重にしてしまうこと。

二〇二二年度 帝京大学系属 帝京中学校

【国　語】〈第一回午前試験〉（五〇分）〈満点：一〇〇点〉

（注意）問いのなかで字数に指定のあるときは、特に指示がない限り、句読点などもその字数にふくめます。

一 次のあらすじと文章を読んで、後の問いに答えなさい。

森下ナオミは中学二年生。学校では目立たない存在だった。ある日、古本屋に寄った際、バックを盗(ぬす)まれてしまう。その解決に協力してくれたのが、小学校の同級生の柴咲(しばさき)アサミだった。現在、学年の※トラブルメーカーといわれるアサミとの関係を心配してくれる野々村(ののむら)さんは、アサミが小学校五年生の時、担当教師を退職に追い込(こ)んだといううわさ話をしてくれた。しかし、その内容はでたらめで、実はナオミもこの騒動(そうどう)には深くかかわっていた。これはナオミが当時を思い返している場面である。

思い出すのもおっくうだから、忘れたふりをしてたけど。あくまでもふりはふり。決して忘れたわけじゃない。第二小学校五年二組のクラスで起こった、ある騒動。野々村さんがいっていた「事件」というのは、このことだ。ただし、彼女の聞いた噂話(うわさばなし)はａジジツとはだいぶ食いちがう。まず第一に、事件はアサミ一人が起こしたものじゃない。あたしをふくめた五年二組の女子全員がかかわっていた。事件のショックで先生が辞めたというのも、うそっぱち。騒動があった翌年の春に結婚(けっこん)退職しただけだ。

ことの起こりは、体育館でのちょっとしたトラブルだった。秋の球技大会の練習用に貸し出され

※トラブルメーカー…もめごとをよく起こす人。

2022年度

帝京大学系属帝京中学校 ▶解説と解答

算 数 ＜第１回午前試験＞（50分）＜満点：100点＞

解 答

[1] ① 2022 ② 2.25 ③ 370 ④ 1 ⑤ $\frac{4}{25}$ ⑥ 25 ⑦ 62.4 ⑧ 20 ⑨ 2.25 ⑩ 120

[2] ① 7.2 ② 144

[3] ① 1234567 ② 1345672

[4] ① 135 ② 9.705

[5] ① 3000 ② 19分12秒

[6] ① 2840 ② 1760

解 説

[1] 四則計算，計算のくふう，比例式，売買算，平均算，速さ，表面積，倍数と公倍数

① $146+56\div2\times67=146+28\times67=146+1876=2022$

② $7.2\div1.2-3\times1.25=6-3.75=2.25$

③ $(99-76\div4)\times(5-3\times0.125)=(99-19)\times(5-0.375)=80\times4.625=370$

④ $\frac{1}{2}+\left(1\frac{2}{3}\div\frac{5}{6}-\frac{3}{2}\right)=\frac{1}{2}+\left(\frac{5}{3}\times\frac{6}{5}-\frac{3}{2}\right)=\frac{1}{2}+\left(2-\frac{3}{2}\right)=\frac{1}{2}+\frac{1}{2}=1$

⑤ $\square:\frac{1}{5}=4:5$より，$\square\times5=\frac{1}{5}\times4=\frac{4}{5}$ よって，$\square=\frac{4}{5}\div5=\frac{4}{25}$

⑥ 利益は，975－780＝195(円)となるので，利益率は，195÷780×100＝25(％)である。

⑦ (平均)＝(合計)÷(個数)より求められる。あるクラスの10人の合計点は，60×４＋64×６＝624(点)となるので，平均点は，624÷10＝62.4(点)になる。

⑧ (速さ)＝(道のり)÷(時間)より求められる。１kmは1000mだから，100mは，100÷1000＝0.1(km)で，１時間は3600秒だから，18秒は，18÷3600＝0.005(時間)である。100mを18秒で走る人は，0.1kmを0.005時間で走るので，その速さは時速，0.1÷0.005＝20(km)である。

⑨ 立方体は６個の合同な正方形で囲まれた立体である。１辺が３cmの立方体の表面積は，３×３×６＝54(cm^2)で，１辺が２cmの立方体の表面積は，２×２×６＝24(cm^2)となる。１辺が３cmの立方体の表面積は，１辺が２cmの立方体の表面積の，54÷24＝2.25(倍)である。

⑩ １から200までの整数のなかで，４の倍数は，200÷４＝50(個)，５の倍数は，200÷５＝40(個)，４または５の倍数，つまり，20の倍数は，200÷20＝10(個)ある。また，４または５で割り切れる数は，50＋40－10＝80個ある。よって，４でも５でも割り切れない数は，200－80＝120(個)ある。

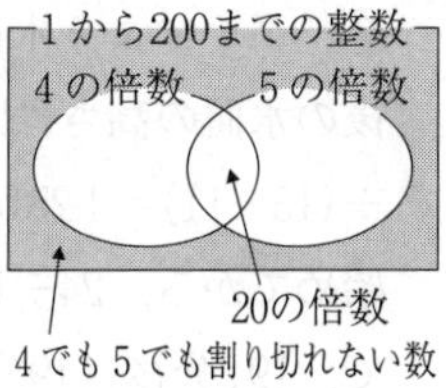

[2] 割合

① ふりかけの栄養成分2.5ｇの中に，カルシウムは0.18ｇ含(ふく)まれているから，カルシウムは全体の，0.18÷2.5×100＝7.2(％)含まれている。

② ふりかけの栄養成分2.5ｇの中に，炭水化物は1.0ｇ含まれているから，炭水化物は全体の，1.0÷2.5＝0.4(倍)である。よって，㋐の角度は，360×0.4＝144(度)である。

3 規則性―周期算

① １番の数から並べると，1234567→1723456→1672345→1567234→1456723→1345672→1234567→…となり，７番の数は，1234567である。

② ①より，６個の数がくり返し並んでいることがわかる。よって，2022÷６＝337より，2022番目までに６個の数がちょうど337回くり返しているので，2022番の数は1345672である。

4 平面図形―角度，面積

図１

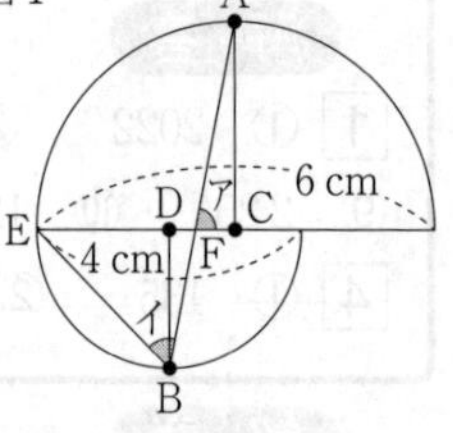

① 右の図１のように，半径が，６÷２＝３(cm)の半円の中心をＣ，半径が，４÷２＝２(cm)の半円の中心をＤ，他の頂点をＥ，Ｆとする。点Ａと点Ｂは半円の円周の長さを二等分する位置にあるので，角ECAと角BDEは90度であり，角アと角BFEは対頂角だから角の大きさは等しくなる。また，三角形DEBは角BDEが90度で，DEとDBの長さは半径で等しいから，三角形DEBは直角二等辺三角形になり，角DEBは，(180－90)÷２＝45(度)である。よって，角アと角イの角度の和は，角ア＋角イ＝角BFE＋角イ＝180－45＝135(度)である。

図２

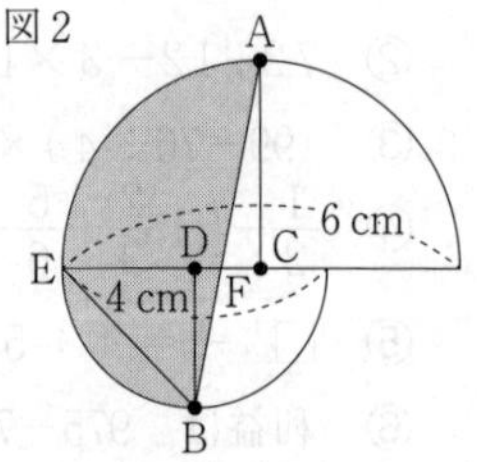

② 右の図２の色をつけた部分の面積は，(おうぎ形CAEの面積)＋(おうぎ形DEBの面積)＋(直角三角形DBFの面積)－(直角三角形AFCの面積)より求められる。AC：BD＝(６÷２)：(４÷２)＝３：２であり，三角形AFCと三角形BFDは相似だから，CF：FD＝AC：DB＝３：２になる。CDの長さは，３－２＝１(cm)だから，CFの長さは，$1\times\frac{3}{3+2}=0.6$(cm)，FDの長さは，$1\times\frac{2}{3+2}=0.4$(cm)である。おうぎ形CAEは半径３cmの円の$\frac{1}{4}$，おうぎ形DEBは半径２cmの円の$\frac{1}{4}$だから，色をつけた部分の面積は，$3\times3\times3.14\times\frac{1}{4}+2\times2\times3.14\times\frac{1}{4}+2\times0.4\div2-3\times0.6\div2=9.705$($cm^2$)である。

5 立体図形―水そうとグラフ

① グラフより，０分から４分までの４分間に水面の高さは10cm上がるので，１分間に水面の高さは，10÷４＝2.5(cm)上がることがわかる。よって，蛇口から毎分，30×40×2.5＝3000(cm^3)の水が出る。

② グラフより水面の高さが24cmになったとき，水を抜き始めている。また，グラフより，11分後の水面の高さは22cmで，15分後の水面の高さは17cmだから，水面の高さは１分間に，(22－17)÷(15－11)＝1.25(cm)ずつ下がっていることがわかる。よって，容器が空になるのは，水を抜き始めてから，24÷1.25＝19.2(分後)である。１分は60秒だから，0.2分は，0.2×60＝12(秒)となるので，19.2分後は19分12秒後となる。

6 割合―売買算

① １kgは1000ｇである。商店Ａでは，ある品物が100ｇあたり880円で売られているので，１ｇあたりでは，880÷100＝8.8(円)になり，１kg以上買うと，１kgを超えた分の値段については２割引きになるので，１ｇあたりの値段は，8.8×(１－0.2)＝7.04(円)になる。商店Ａでこの品物を1250ｇ買うときの値段は，8.8×1000＋7.04×(1250－1000)＝10560(円)になる。また，商店Ｂで同じ品物

が100ｇあたり1072円で売られているので，１ｇあたりでは，1072÷100＝10.72(円)になるので，1250ｇ買うときの値段は，10.72×1250＝13400(円)になる。よって，商店Ａより商店Ｂの方が，13400－10560＝2840(円)高くなる。

②　商店Ａでこの品物を１kg買うときの値段は，8.8×1000＝8800(円)である。また，商店Ｂで特売日にこの品物を買うと，１ｇあたりの値段は，10.72×(１－0.25)＝8.04(円)になる。商店Ｂで，特売日に１kg買うときの値段は，8.04×1000＝8040(円)になり，この品物を特売日に１kg買うときの値段は，商店Ｂより商店Ａの方が，8800－8040＝760(円)高いことになる。また，１kgを超えると，特売日の１ｇあたりの値段は，商店Ａより商店Ｂの方が，8.04－7.04＝１(円)高いので，２つの商店が同じ値段になるのは，１kgより，760÷１＝760(ｇ)多く買うときである。よって，特売日にこの品物を買う場合，商店Ｂより商店Ａの方が安くなるのは，1000＋760＝1760(ｇ)より多く買うときである。

社　会　＜第１回午前試験＞（理科と合わせて50分）＜満点：50点＞

解　答

1 **問１**　(1)　酪農　(2)　四日市　(3)　ぜんそく　(4)　越後　(5)　品種改良　(6)　甲府　(7)　中京　(8)　ジャストインタイム　**問２**　エ　**問３**　ウ　**問４**　ア　**問５**　巨峰　など　**問６**　ハイブリッド車　**問７**　東京スカイツリー　**問８**　焼津　**2** **問１**　(1)　ケ　(2)　キ　(3)　イ　(4)　サ　(5)　ア　(6)　ソ　(7)　ス　(8)　シ　(9)　ウ　(10)　カ　**問２**　高松塚(古墳)　**問３**　隋　**問４**　ア　**問５**　キリスト教を広めるおそれがないため。　**問６**　朝鮮通信使　**問７**　下田　**問８**　ノルマントン号(事件)　**問９**　G　**3** **問１**　(1)　立法　(2)　行政　(3)　衆　(4)　参　**問２**　(5)　465　(6)　４　(7)　245　(8)　６　**問３**　イ　**問４**　(1)　×　(2)　○　(3)　○　**問５**　(満)18(歳以上)　**問６**　象徴

解　説

1　日本各地の産業についての問題

問１　(1)　乳牛を飼って牛乳をとったり，とれた牛乳からチーズやヨーグルトなどの乳製品を作る農業のことを酪農(らくのう)という。　(2)　三重県の四日市(よっかいち)市は石油化学工業がさかんで，中京(ちゅうきょう)工業地帯を代表する工業都市の１つである。　(3)　四日市市では，石油化学コンビナートから排出(はいしゅつ)された亜硫酸(ありゅうさん)ガス(二酸化硫黄(いおう))が原因で，ぜんそく病が発生した。これを四日市ぜんそくといい，公害病に認定された。　(4)　日本で最も長い川である信濃(しなの)川が流れる越後(えちご)平野は米作りがさかんで，新潟県は，例年，都道府県別の米のとれ高で，北海道と１位を争っている。　(5)　夏にあまり気温が上がらない地域でも稲作(いなさく)ができるように，寒さに強い稲の品種を作る品種改良が行われてきた。近年ではさらに，味の良さを求める品種改良がさかんである。新潟県で多く栽培(さいばい)されている品種は，こしひかりである。　(6)　山梨県の県庁所在地である甲府(こうふ)市がある甲府盆地(ぼんち)は，くだものの栽培がさかんで，ぶどうや桃の都道府県別生産量は日本１位である(2020年)。　(7)　四大工業地帯は，大正(たいしょう)時代に形成された工業がさかんな一帯で，中京工業地帯，京浜(けいひん)工業地帯，阪神(はんしん)工業地帯，北(きた)

九州工業地帯をさす。北九州工業地帯の生産額がのびなやんでいることから，最近では，北九州工業地帯をのぞき，三大工業地帯ともいう。　(8)　自動車などの製品本体を組み立てる工場では，その部品の在庫を工場内に置かず，必要なときに必要な量の部品を関連工場に注文する。このような生産方式を，ジャストインタイム方式という。

問２　高原野菜とは，キャベツ，レタス，はくさいなどのことで，高冷地野菜ともいう。夏のすずしい気候を利用して高原野菜を作る農業を抑制栽培(高冷地農業)という。長野県の野辺山原や群馬県の嬬恋村などでさかんである。

問３　アイガモのひなを水田で放し飼いにして雑草や害虫を食べてもらい，農薬を使わずに稲の栽培を行う方法をアイガモ農法という。アイガモが泳ぐことで土がかき回され肥料の吸収が良くなる，フンなどが肥料になる，といった効果もあるとされている。

問４　農業協同組合の略称をJAといい，農家が農業をしていくうえでの必要な支援などを行っている。イのJTは日本たばこ産業，ウのJALは日本航空，エのJTBは日本交通公社のそれぞれ略称である。

問５　甲府盆地では，巨峰や，シャインマスカット，ピオーネなどのブドウの品種が栽培されている。

問６　ハイブリッドとは，組み合わせる，混合する，といった意味の言葉であり，ハイブリッド車(ハイブリッドカー)とは，２つ以上の動力源を組み合わせた車である。代表的なものは，ガソリンで動くエンジンと，電気によって動くモーターの２つの動力源を持つ車である。

問７　地上波デジタル放送の開始にともない，より高い位置から電波を送信する必要に迫られ，それまでの電波塔である東京タワーよりも高い，東京スカイツリーが新たな電波塔として建設された。高さは，600メートル以上が必要であったが，建設地が，かつての武蔵国であったことから，「むさし」にちなんで634メートルとなった。

問８　遠洋漁業の基地として，まぐろやかつおの水あげが多いのが静岡県の焼津港である。まぐろは高値で取り引きされることから，焼津港は水あげ金額も多い。

2　日本と外国の交流についての問題

問１　(1)　「魏志」倭人伝は，日本の弥生時代のころ，３世紀ごろの様子が書かれた中国の歴史書で，邪馬台国やその女王であった卑弥呼などについての記述がある。　(2)　古墳時代には，大陸から日本に移り住んだ人達がいて，これを渡来人とよんだ。渡来人によって，漢字や仏教，機織りや土木などの技術が伝えられた。　(3)　聖徳太子は隋(中国)と対等な立場で国交を結ぶために，小野妹子を遣隋使として派遣した。　(4)　聖武天皇は，即位した当時にはやっていた病気や地方の反乱を，仏教の力でしずめようとした。そのため各地に国分寺を建て，総国分寺として奈良に東大寺を建てた。　(5)　平治の乱で源氏に勝利をおさめた平清盛は，1167年に武士として初めて太政大臣になって政治を行った。また，摂津(兵庫県)の港で日宋貿易を行い，大きな利益を得た。　(6)　1549年，スペイン人のフランシスコ＝ザビエルが鹿児島に上陸して，日本にキリスト教を伝えた。また，その少し前の1543年には，ポルトガル船が種子島(鹿児島県)に漂着して，日本に鉄砲を伝えた。このころからポルトガルやスペインとの貿易が始まった。これを南蛮貿易という。　(7)　徳川家光がポルトガル船の来航を禁止して，鎖国が完成した。貿易は清(中国)とオランダのみと長崎で行われた。それ以外では，琉球王国(今の沖縄)とは薩摩藩を介して，朝鮮とは対馬藩を介して使者が訪れた。 (8) 1853年，アメリカ合衆国のペリーが，鎖国政策を行っていた江戸幕府に対して，開国を求めるために，４隻の蒸気船(黒船とよばれた)で浦賀に来航した。 (9) 1858年に江戸幕府が結んだ日米修好通商条約の不平等な点の１つが，外国に認めた治外法権(領事裁判権)である。1894年に外務大臣であった陸奥宗光がイギリスとの交渉に成功し，これを撤廃した。 (10) 太平洋戦争の終戦後，日本は連合国軍に占領され，GHQによって統治された。1951年にアメリカ合衆国のサンフランシスコで開かれた講和会議でサンフランシスコ平和条約が結ばれ，日本は独立をはたした。同時に，日本はアメリカ合衆国と日米安全保障条約を結んだ。これにより，日本にすでにあったアメリカ軍の基地は，そのまま使用されることになった。

問２ 高松塚古墳は奈良県明日香村にある古墳で，古墳内で色がついたままの壁画(極彩色壁画)が発見された。この壁画により，当時の人の服装などを知ることができ，当時は大陸の影響を受けていたことがわかった。

問３ 日本の飛鳥時代のころの中国の王朝名は隋であり，隋への使者が遣隋使である。隋がほろびた後は唐が中国を統一した。

問４ 聖武天皇の遺品などが収められているのが東大寺正倉院で，校倉造で建てられている。正倉院には，西アジアやペルシアに関連した品々も収められている。これは，西アジアやペルシアと唐がシルクロードによって結ばれていて，その品々が唐を通じて日本にも伝わったためと考えられる。

問５ 江戸幕府はキリスト教の禁止を徹底させるために鎖国政策を行った。中国はキリスト教と関係がなく，オランダは幕府にキリスト教の布教をしないことを約束したので，この２国とは貿易を行った。

問６ 江戸時代に，将軍がかわるごとに訪れた朝鮮からの使者を朝鮮通信使という。対馬藩を仲立ちにして使者が訪れた。

問７ 1854年，江戸幕府はアメリカ合衆国との間で日米和親条約を結び，下田(静岡県)と函館(北海道)の２つの港を開港し，アメリカ船に対して食料や水，燃料などを補給することとした。これにより，江戸幕府の鎖国政策は終わった。

問８ イギリス船ノルマントン号が和歌山県沖合で沈んだときに，イギリス人船長はイギリス人だけを助け，日本人などは見捨てられた。しかし，1858年に江戸幕府が結んだ条約により，治外法権(領事裁判権)が認められていたために，日本で裁判をすることができず，イギリスの領事裁判により，イギリス人船長は軽い罪ですんだ。これをノルマントン号事件という。

問９ 大名を取りしまるためのきまりである武家諸法度に参勤交代を定めたのは，江戸幕府３代将軍の徳川家光である。参勤交代とは，大名が領地と江戸とを１年おきに行き来するきまりである。文章のGにも徳川家光のことが述べられているので，Gが正解となる。

3 国会についての問題

問１ (1) 権力の集中をふせぎ，国民の権利や自由を守るために，国の政治に関する権力を３つに分けることを三権分立という。そのうち法律を作る権力である立法権は国会が持っている。 (2) 三権分立のうち，国会が作った法律にもとづき政治を行う権力を行政権といい，内閣が持っている。 (3)(4) 国会は，衆議院と参議院で構成されている。これを両院制(二院制)という。そのうち，解散というしくみがあるのは衆議院である。

問２ (5) 衆議院議員の定数は，小選挙区制で選ばれるのが289名，比例代表制で選ばれるのが176名の合計465名である。 (6) 衆議院議員の任期は４年間である。ただし解散があるので，解散となった場合には，任期途中でも議員を辞めなければならない。 (7) 参議院議員の定数は，選挙区制147名，比例代表制98名の合計245名である(2021年当時)。ただし，2022年の参議院議員選挙より，選挙区１名，比例代表２名の合わせて３名が増えて，合計248名となった。 (8) 参議院議員の任期は６年間である。ただし，３年ごとに半数を改選する。

問３ 2021年10月に，それまでの菅義偉にかわり，新しく内閣総理大臣になったのは，岸田文雄である。アの伊藤博文は日本初の内閣総理大臣である。ウの鳩山由紀夫は，民主党代表として2009年に内閣総理大臣になった。

問４ (1) 都道府県知事は，各都道府県の住民によって選挙で選ばれる。 (2) 法律を作るのは，立法権を持つ国会の仕事である。 (3) 外国と条約を結ぶのは内閣の仕事で，内閣が結ぶ条約を承認するのが国会の仕事である。

問５ 国会議員を選ぶ選挙権は，満18歳以上のすべての国民に与えられている。議員に立候補できる被選挙権は，衆議院議員が満25歳以上，参議院議員が満30歳以上である。

問６ 大日本帝国憲法においては，天皇は主権を持つ主権者であったが，日本国憲法では主権は国民が持つこととなった(国民主権)。これにより日本国憲法における天皇の地位は，日本国およびその国民をまとめる象徴となっている。

理 科 ＜第１回午前試験＞（社会と合わせて50分）＜満点：50点＞

解 答

1 (i) (1) ① (イ) ② (ウ) (2) 1 変わります 2 変わりません (3) ⑤ (ii) (4) ① (エ) ② (ア) (5) (ウ) (6) (ア) 2 (1) **燃やすときに必要な気体**…(ア) **燃えた後に発生する気体**…(エ) (2) **最もよく燃え続けるもの**…(エ) **火が消えてしまうもの**…(ア), (イ) (3) (例) 白くにごる。 (4) (ア) (5) ちっ素 3 (1) 1と2 (2) 1と4 (3) 3と5 (4) ① 実験５ ② 必要としない

解 説

1 星の動きと星座についての問題

(i) (1) 右の図は，八方位を表したものである。図１のように南東の空に向かったとき，左側は東，右側は南になる。 (2) 星座は時間がたつと，位置が変わる。これは，地球が自転しているためである。ただし，星座をつくる星の並び方は変わらない。 (3) 東からのぼったオリオン座は，南の空高くを通り，西にしずんでいく。図１のように東の空にあるオリオン座は，この後，南の空高くに向かって，⑤の矢印の向きに動いていく。

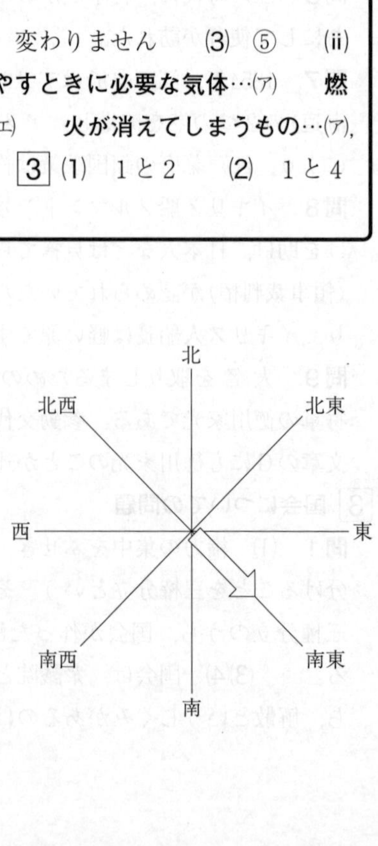

(ii) (4) 図２のように北の空に向かったとき，左側は北西，

右側は北東になる。　(5)　③の星の集団をほくと七星という。ほくと七星は，おおぐま座の一部である。　(6)　④の星は，ほっきょく星である。ほっきょく星は，こぐま座にふくまれる２等星で，真北にあり，ほとんど動かない。

2　ものの燃え方についての問題

(1)　ものが燃えるときには，酸素が必要である。また，ろうそくには炭素がふくまれており，炭素が燃えると二酸化炭素が発生する。なお，ろうそくには水素もふくまれており，水素が燃えると水蒸気が発生する。

(2)　(エ)のとき，下のすき間から入った空気がびんの上から出ていくので，つねに新しい空気がびんの中にあり，ろうそくは燃え続ける。また，(ア)，(イ)は，燃えたあとの気体がびんの外に出ていかず，新しい空気がびんの中に入ってこないので，ろうそくの火が消えてしまう。

(3)　ろうそくを燃やしたときに発生した二酸化炭素を石灰水に通すと，石灰水が白くにごる。

(4)　ろうそくを燃やしたときに発生した二酸化炭素を水に溶かすと，炭酸水という酸性の水溶液になる。

(5)　空気中に一番多く存在する気体はちっ素で，体積の割合で約78％をしめている。なお，空気中に二番目に多く存在する気体は酸素で，体積の割合で約21％をしめている。

3　植物の種子の発芽についての問題

(1)　水をあたえているかどうか以外の条件がすべて同じになっている実験１と実験２を比べると，水をあたえた実験１の種子は発芽し，水をあたえなかった実験２の種子は発芽しなかったので，発芽には水が必要であることがわかる。

(2)　種子が空気とふれているかどうか以外の条件がすべて同じになっている実験１と実験４を比べると，種子が空気とふれている実験１は発芽し，種子が空気とふれていない実験４は発芽しなかったので，発芽には空気が必要であることがわかる。

(3)　温度の条件以外がすべて同じになっている実験３と実験５を比べると，温度が20℃の実験５は発芽し，温度が５℃の実験３は発芽しなかったので，発芽には適当な温度が必要であることがわかる。なお，実験１と実験３を比べると，温度の条件に加え，光の条件も異なってしまうので，比べることができない。

(4)　①，②　実験５の結果より，インゲンマメの種子を，光の当たらない暗い室内においたままでも発芽したことから，インゲンマメの発芽には，光は必要でないことがわかる。

英　語　＜第１回午前試験＞（50分）＜満点：100点＞

解　答

1　(1)　1　(2)　4　(3)　2　(4)　4　(5)　1　(6)　3　(7)　4　(8)　1

2　(1)　2　(2)　2　(3)　4　(4)　4　(5)　3　　3　(1)　3　(2)　4　(3)　4　(4)　3

4　(1)　Tom is as tall as Kevin.　(2)　He walks a dog every day.　(3)　We are from Osaka.　(4)　My mother went to the airport to meet me.　(5)　My brother did his homework in the library yesterday.　(6)　The book was written by Mr. Nagashima.

5　(1)　(to) (see)　(2)　(was) (used)　(3)　(played)　(4)　(larger[bigger])　(5)

(Is)　(6)　(an)　**6** (1)　Is this movie interesting?　(2)　His friends are not American.　(3)　This song was not sung by many people.　(4)　Is speaking English easy?　(5)　I liked to study history last year.　(6)　Tom's father can make a chair.　**7** (1)　He is not your brother.　(2)　Get up early[soon].　(3)　He washes the dishes every morning.　(4)　There are three boys in the park.　(5)　He is swimming in the sea now.　(6)　Can you sing this song?　**8** (1)　あなたは本を何冊持っていますか。　(2)　お手伝いしましょうか。　(3)　あなたは良いバスケットボール選手ですか。　(4)　わたしに食べ物をください。　(5)　おしゃべりを楽しみましょう。　(6)　私は子供の時，一生けんめいテニスを練習しました。　**9** (1)　Thursday　(2)　Monday　(3)　summer　(4)　five　(5)　red　(6)　cat　(7)　grandfather　(8)　China　(9)　February　(10)　May

国　語　＜第１回午前試験＞（50分）＜満点：100点＞

解　答

一 **問１**　a～e　下記を参照のこと。　**問２**　になって。　**問３**　エ　**問４**　つまらないこと　**問５**　不公平　**問６**　授業の集団ボイコット　**問７**　イ　**問８**　秋の球技大　**問９**　（例）　いけないことをしたのは確かだが，一方的に悪者にされることは納得できず，ゆずれない。だから走れないという気持ち。　**二** **問１**　エ　**問２**　無　**問３**　Ⅰ　頭部の重量を減らすこと　Ⅱ　うまく飛行　**問４**　その新たな　**問５**　エ　**問６**　ウ　**問７**　ア　**問８**　（例）　鳥と人間は息を止めたり，速めたりという呼吸のコントロールができるという点。　**問９**　ウ

●漢字の書き取り

一 a　**事実**　b　**時点**　c　**権利**　d　**立場**　e　**同時**

解　説

一 **出典は笹生陽子（さそうようこ）『サンネンイチゴ』による。**中学２年生の主人公が，小学校のころに起こった授業の集団ボイコット騒動（そうどう）にまつわる出来事やその時に抱（いだ）いた気持ちを思い出している場面が描（えが）かれている。

問１　a　実際に起こったことがらのこと。　b　時の流れの上で，ある一点またはある時期のこと。　c　ある物事を自分の意志によって自由に行ったり，他人に要求したりすることのできる資格・能力。対義語は「義務」である。　d　その人の置かれている地位や状況（じょうきょう）。また，その人の面目などをいう。　e　同じ時に。ともに。

問２　ぬけている一文の「もちろん男子は」に着目する。「罰（ばつ）」を言いわたされた女子に対して，男子は……，という文脈であるので，その後の行動である「授業が終わると帰りの会をとっととすませて帰っていった」につながる。

問３　直前の「うるさそうに」に着目する。その気持ちが表情に出ているのである。「顔をしかめる」という慣用表現は，不快・不機嫌（ふきげん）な気持ちから表情をゆがめる，という意味である。

問４　「両チームが話し合っているところへ通りかかった音楽教師」が言った内容である「そんなつまらないことでもめてるの？　いいじゃない。今日はうちのクラスが少し早めにきたんでしょ？　だったら二組がゆずりましょうよ。校庭だったらすいてるんだし，問題ないと思うけど」をおさえる。

問５　「ヒイキ」とは，扱いに不公平に差をつけて，愛情を注ぐこと，であるので，二組の女子が，音楽の先生を評して，「なに，あの先生。不公平。あんなやつだとは思わなかった」と言っている点をとらえる。

問６　指示語の指す内容は，前述の内容だけでなく後ろの内容を指すこともあるので，前後の文脈をしっかりおさえる。「それをいい出した」→「だれからも反対意見は出なかった」→「で，あたしたちはやったのだ」→「授業の集団ボイコット」という流れをとらえる。

問７　「村八分」とは，江戸時代以降，村落で行われた私的制裁のことで，村のおきてに従わない者に対し，村民全体が申し合わせて，その家と絶交することである。「はちぶ」については，火事と葬式の二つを例外とするところからとも，また「はずす」「はねのける」などと同義の語からともいう。

問８　第二段落「ことの起こりは，体育館でのちょっとしたトラブルだった」に着目。その直後に「秋の球技大会の練習用に貸し出されていたバレーコートで，放課後，二組と三組の女子チームがかち合った」という具体的内容がある。

問９　「あんなこと」とは，罰を受けずに帰宅してしまうということである。その理由を，「なぜあんなことをしちゃったんだか，自分でもよくわからない」としつつも，「あたしはとつぜん，みんなといっしょに罰を受ける気がなくなった」「みんなといっしょにやってはいけないことをしたのはじじつだけれど。だからといって，一方的に責められたんじゃかなわない」とあり，「帰りじたくをはじめた」のは，「納得できないことをするのは死んでもいやだ，と思ったから」「いくら無口でおとなしくても感情がないわけじゃない。プライドもあるし，意地もある。ゆずりたくない一線がある」と理由付けている。

二　**出典は細川博昭『インコの謎』による。**鳥のくちばしは，恐竜が鳥へと進化する際の軽量化にあたって捨て去った，顔の筋肉と歯とあごの骨に代わるものとして生み出されたものである。その際，鳥の祖先は，感情や気持ちを伝えられる「表情」をつくることもできなくなってしまったため，それにかわる「さえずり」を身につけた，ということについて書かれた文章。

問１　「声を聞き，相手の表情を見て，その考えや感情を読み取ってきました」とある。その場の雰囲気から状況を推察することを「空気を読む」と言う。

問２　空欄２の前の，イヌは「かなり表情豊かに見えます」に着目する。それに対して鳥は，という文脈なので，第４段落で述べられている噛むのをやめたことのマイナス面の内容，「鳥の顔は複雑な表情がつくれなくなってしまったのです」をおさえる。鳥の顔には表情が無い，つまり「無表情」なのである。

問３　噛むのをやめたことのプラス面の内容である。第３段落に「噛むことをやめたことで，一気に頭部の重量を減らすことができたと考えてください。それによって，頭が重いというバランスの悪さが解消されて，さらにうまく飛行できるようになったと考えられます」とある。

問４　第８段落に「表情で伝えられなくなった気持ちや感情を伝える手段を，鳥は新たにつくりださなければなりませんでした。その新たな手段こそ，進化した鳴き声『さえずり』でした」という文脈をとらえる。

問５「人間は原始の時代から，声を聞き，相手の表情を見て，その考えや感情を読み取ってきました」を受けている点をとらえる。アは「鳥は」が，イは「鳥や動物の様子に」が不適。ウはイヌについての内容なので不適。

問６　くちばしの機能として，「軽量化」することで「うまく飛行できる」・「つまみ上げたり，持ち運んだりする機能をもたせる」・「叩いて音を出してみる」・「精密なピンセットの機能さえもたせる」・「舌とあわせて，くわえたものの質感や材質，重さ，味や温度まで知ることができます」ということが挙げられている。ウの「敵を攻撃する」という内容は書かれていない。

問７　「うながす」とは，物事を早くするようにせきたてることである。

問８「この点でも」の「この」の内容である「自在に呼吸をコントロールできます」に着目し，どのような「呼吸」の「コントロール」なのか，その内容をとらえてまとめる。ぼう線⑥の前の段落に「息を止めたり，速めたりという呼吸のコントロール」とある。

問９　「鳥の祖先は，感情や気持ちを伝えられる『表情』をつくることもできなくなってしまったため，それにかわるものを生み出す必要」があり，その内容として，「『全身の羽毛を使ったディスプレイ』のパフォーマンスを向上させた」とある。そして，「身軽になった鳥は，樹上で軽くステップも踏めるようになって，さらにパフォーマンスの幅を広げました」とあるので，ウの内容と一致する。アは，「筋肉はとても重いので，それを使って表情をつくることはなかなかむずかしい」の部分が，イは「目を使って」の部分が，エは「他の陸上の哺乳類と同じような体のしくみ」の部分がそれぞれ本文の内容に合わない。

2022年度　帝京大学系属　帝京中学校

〔電　話〕　(03) 3963－6383
〔所在地〕　〒173－8555　東京都板橋区稲荷台27－１
〔交　通〕　JR埼京線 ―「十条駅」より徒歩12分
都営三田線 ―「板橋本町駅」より徒歩８分

〈編集部注：２教科型受験生は，算数・英語・国語の中から２教科を選択します。本誌においては，英語は第４回を収録しています。〉

【算　数】〈第３回試験〉（50分）〈満点：100点〉

（注意）定規・コンパス・電卓は使わないでください。

□ にあてはまる数を入れなさい。

1　①　(2020―20)×(123―22)÷100＋2＝□

②　0.25×4＋0.5÷(4.2＋1.8)＝□

③　$\frac{5}{3}\div\frac{7}{12}\times\frac{14}{5}=$ □

④　$\frac{1}{2}+\frac{1}{8}+\frac{1}{12}+\frac{1}{24}+\frac{1}{56}=$ □

⑤　秒速2mの速さで1時間走ったときの距離は □ kmです。

⑥　ある学校の男子生徒の人数は220人で全体の55％にあたります。この学校の全校生徒の人数は □ 人です。

⑦　66，174，246の最大公約数は □ です。

⑧　お母さんが1万円のおこづかいを兄と弟へ3：1に分けて渡しました。その後、兄が受け取った金額の2割を弟に渡すと、弟が受け取った金額は全部で □ 円になります。

⑨　A君の5教科のテストの平均点は77点でした。5教科の点数は69点、80点、73点、91点、□ 点です。

⑩　底面が半径4cmの円で高さが5cmの円柱の体積は［　　　　］cm^3です。ただし、円周率は3.14とします。

2　濃度（のうど）が10％の食塩水が300gあります。次の問いに答えなさい。

①　この食塩水に含まれる食塩の量は［　　　　］gです。

②　食塩水を加熱し、水を蒸発させたところ、濃度が24％になりました。このとき、水は［　　　　］g蒸発しました。

3　図のような直方体の水そうに、最初は蛇口（じゃぐち）㋐だけで水を入れ始め、途中（とちゅう）から蛇口㋐と蛇口㋑の両方で水を入れます。このときの水の深さと時間が下のグラフのようになりました。次の問いに答えなさい。

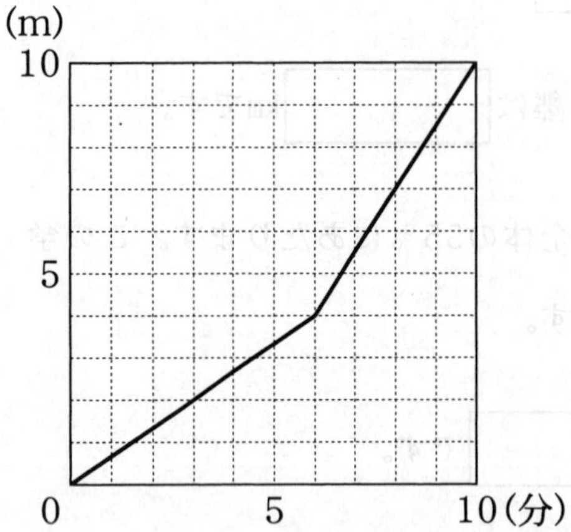

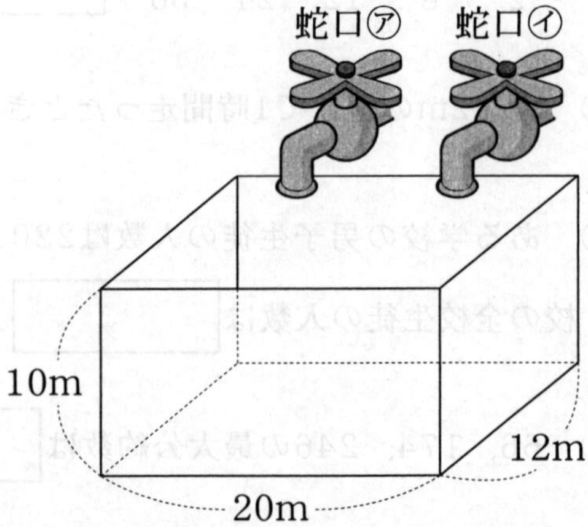

①　蛇口㋐からは毎分［　　　　］m^3の水が入ります。

②　蛇口㋐と蛇口㋑の両方で最初から水を入れると、水そうが水でいっぱいになるのは［　　分　　秒］後です。

4 図1は、点Oを円の中心とする半径4cmの円の円周を4等分し、その点をそれぞれA、B、C、Dとしたものです。次の問いに答えなさい。ただし、円周率は3.14とします。

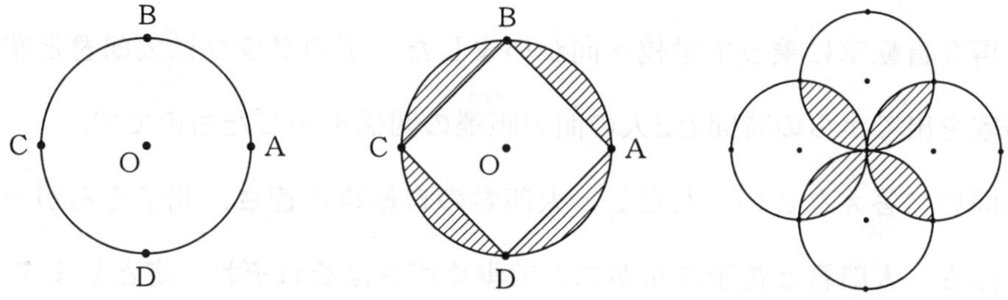

図1　図2　図3

① 図1の円に線を引いて、図2のような図形をつくるとき、斜線(しゃせん)部分の面積の合計は［　　　］cm^2になります。

② 図1の円を組み合わせて図3のような図形をつくるとき、斜線部分の面積の合計は［　　　］cm^2になります。

5 ある規則にしたがって1段目、2段目、3段目、… の順に数が並んでいます。次の問いに答えなさい。

1段目	1
2段目	2, 4
3段目	3, 6, 9
4段目	4, 8, 12, 16
5段目	5, 10, 15, 20, 25
6段目	6, 12, 18, …

① 52がはじめて出てくるのは、［　　　］段目です。

② 84は全部で［　　　］回出てきます。

6 太郎君は自転車を使って分速160mの速さで学校へ通います。花子さんは太郎君より400m学校へ近い所に住んでいて、一定の速さで歩いて学校へ通います。ある日の朝、太郎君と花子さんが同じ時間に家を出て学校へ向かいました。太郎君は花子さんに出会ってからしばらく2人で分速50mの速さで歩き、再び自転車に乗って学校へ向かいました。下のグラフは太郎君と花子さんが家を出てからの時間と2人の間の距離（きょり）の関係を表したものです。

次の問いに答えなさい。ただし、太郎君の自転車の速さ、花子さんが一人で歩く速さ、太郎君と花子さんが二人で歩く速さはそれぞれ一定とします。

① 花子さんが一人で歩くときの速さは分速［　　　］mです。

② 太郎君の家から学校までの距離は［　　　］mです。

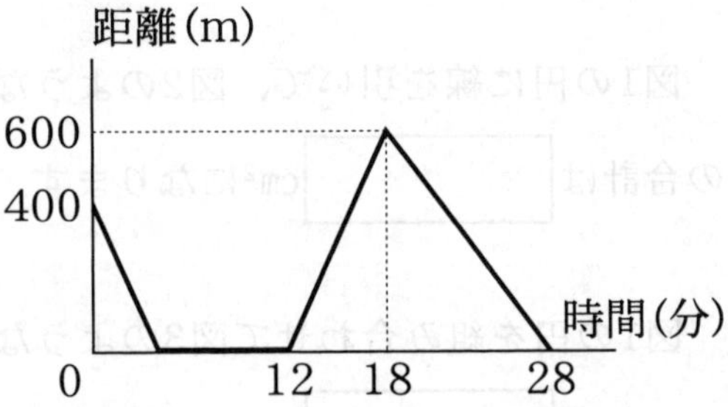

【社　会】〈第３回試験〉（理科と合わせて50分）〈満点：50点〉

（注意）定規(じょうぎ)・コンパス・電卓(でんたく)は使わないでください。

1 次の文を読んで、以下の問いに答えなさい。

日本は世界の中でも比較的温暖で、四季の変化がはっきりした気候で、豊かな自然に恵まれています。日本の各地域では、①自然環境に応じてさまざまな生活の工夫がされています。各地域でおこなわれている産業も、自然環境が生かされているものが多いです。

第１次産業では②農業や③水産業、第２次産業では④工業、第３次産業では商業やサービス業、⑤情報産業など、さまざまな産業が発達しています。

問１．下線部①について、以下の問いに答えなさい。

⑴　東北地方東部では、夏に北東から吹きつけるしめった風の影響で、不作にみまわれる年がありました。この風の名前を答えなさい。

⑵　次の図１の川は、平地をゆっくりと流れているため川が曲がって流れています。このような川の一部が、はなれてできた湖の名前を答えなさい。

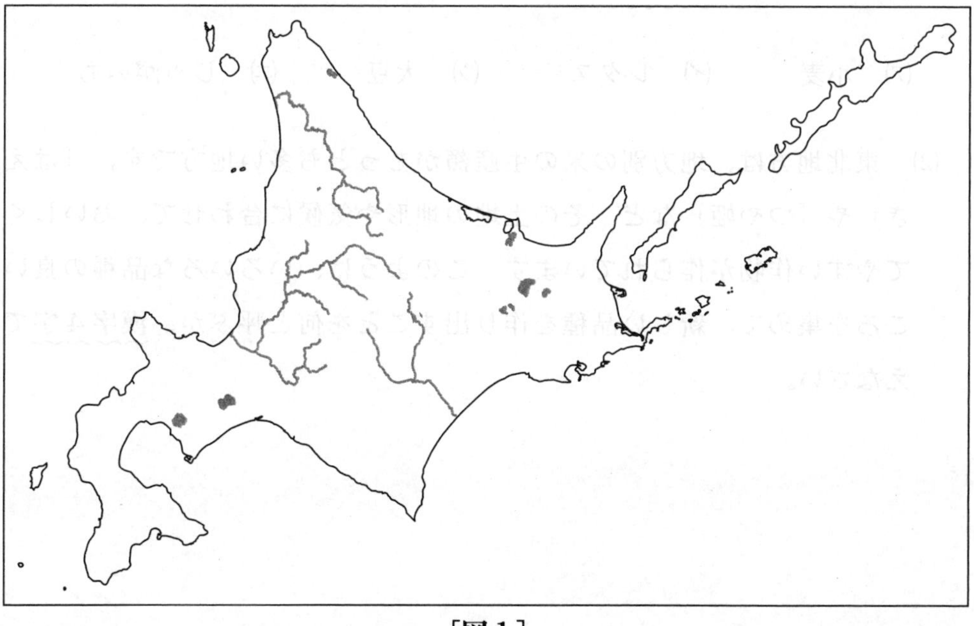

［図１］

(3)　次の図2の(ア)〜(ウ)の図は、札幌市・上越市・静岡市のいずれかの気温と降水量を示しています。上越市の気温と降水量を示したものを以下から1つ選び、記号で答えなさい。

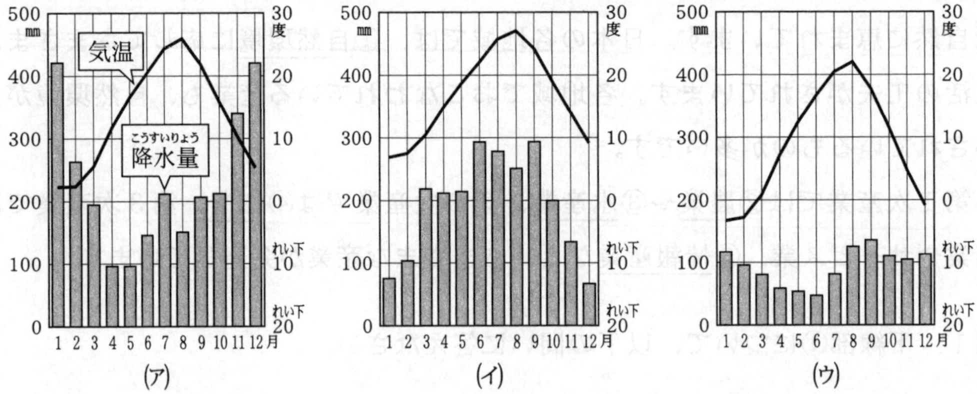

(『2017年　理科年表　平成30年』より)

[図2]

問2．下線部②について、以下の問いに答えなさい。

(1)　日本の都道府県別の農業生産額は、北海道が1兆2762億円ともっとも多くなっています。都道府県別の農業生産額で、北海道が第1位の農作物として、誤っているものを以下から1つ選び、記号で答えなさい。

(ア)　小麦　　(イ)　レタス　　(ウ)　大豆　　(エ)　じゃがいも

(2)　東北地方は、地方別の米の生産額がもっとも多い地方です。「はえぬき」や「つや姫」など、その土地の地形や気候に合わせて、おいしく育てやすい作物が作られています。このように、いろいろな品種の良いところを集めて、新しい品種を作り出すことを何と呼ぶか、漢字4字で答えなさい。

⑶　米の生産は自給を目的として生産することが多いため、人口の多い国の生産量が多くなる傾向があります。このことを参考にして、次の表１（世界の米の生産量上位５か国）の空らん（　１　）に当てはまる国を以下から１つ選び、記号で答えなさい。

	2017年(%)
中国	27.6
（　１　）	21.9
インドネシア	10.6
バングラデシュ	6.4
ベトナム	5.6

（『日本国勢図会　2019/20』より）

［表１］

㈠　アメリカ合衆国　　㈡　ロシア連邦
㈢　フランス　　㈣　インド

問３．下線部③について、以下の問いに答えなさい。

⑴　東北地方の東海岸付近は、暖流と寒流がぶつかっているため、良い漁場となっています。このように、暖流と寒流がぶつかる場所を何と呼ぶか、**漢字２字**で答えなさい。

⑵　東北地方は、漁獲量が多い地域だったが、2011年３月11日に発生した出来事をきっかけに減少した。この出来事を、**漢字６字**で答えなさい。

(3)　次の図３は、漁業の種類ごとの生産量の移り変わりを示しています。遠洋漁業が1970年代前半に減少した理由について、簡単に説明しなさい。

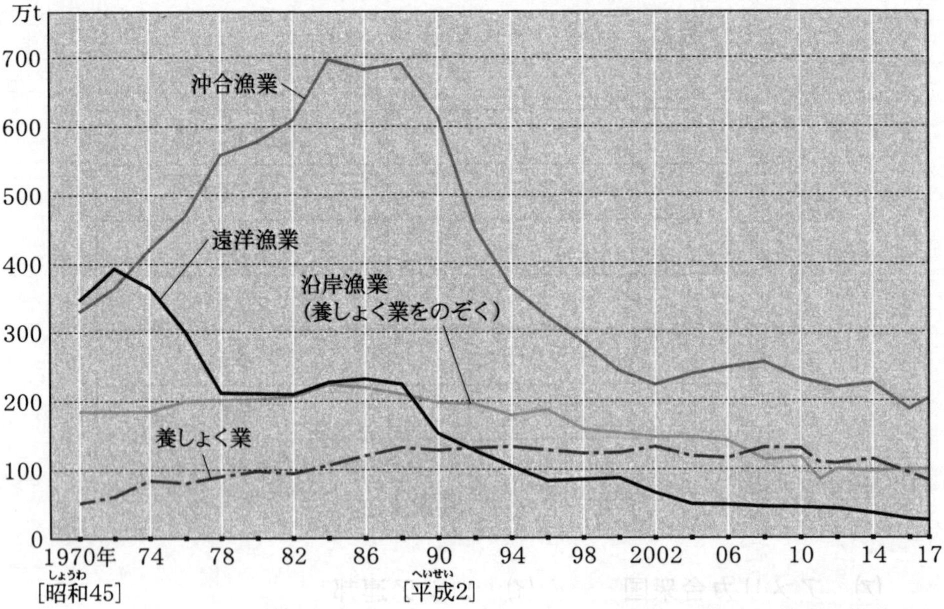

（『平成30年　漁業・養殖業生産統計年報』より）

［図３］

問４．下線部④について、以下の問いに答えなさい。

(1)　自動車などの工業製品をつくるには、大量の原料が必要となります。日本がサウジアラビアやアラブ首長国連邦などの国から輸入している資源として、正しいものを以下から１つ選び、記号で答えなさい。

(ア)　鉄鉱石　　(イ)　石油　　(ウ)　綿花　　(エ)　石炭

(2)　日本では、今から50年ほど前は、原料を輸入してそれらを用いて工業製品をつくり、輸出していました。このような貿易を何と呼ぶか、解答らんに合う形で、漢字２字で答えなさい。

(3)　1980年代の日本は、自動車を大量にアメリカへ輸出したため、アメリカの自動車産業がおとろえ、争いに発展しました。このような、輸出国と輸入国の貿易に関する争いを何と呼ぶか、答えなさい。

問5．下線部⑤について、以下の問いに答えなさい。

(1) 情報を伝える方法のなかでも、新聞やざっし、テレビなどのように多くの人に大量の情報を送る方法を何と呼ぶか、答えなさい。

(2) 次の図4の（　1　）～（　4　）は、「固定電話」「携帯電話・PHS」「スマートフォン」「パソコン」の世帯保有率のうつり変わりを示しています。（　4　）に当てはまるものを以下から1つ選び、記号で答えなさい。

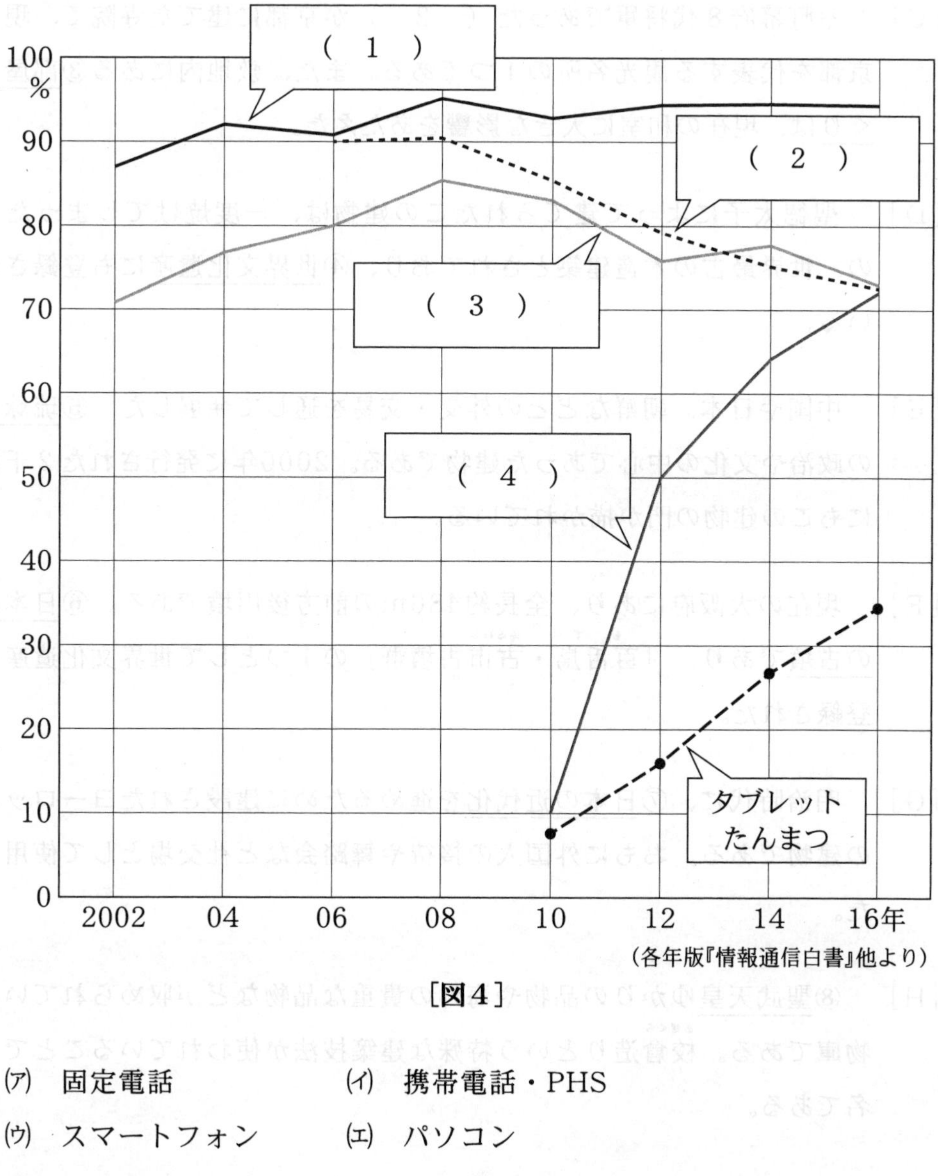

(各年版『情報通信白書』他より)

[図4]

(ア) 固定電話　　(イ) 携帯電話・PHS

(ウ) スマートフォン　　(エ) パソコン

2 次の建造物に関する文を読んで、以下の問いに答えなさい。（なお、各文は時代順に並んでいません。）

［A］　江戸幕府を開いた（　１　）がまつられている神社である。現在の建物のほとんどは、①江戸幕府３代将軍によってつくられた。権現造（ごんげんづくり）という建築様式の代表例でもある。

［B］　1960年代に②冷戦の象徴となった建造物がドイツに建設された。1989年にそれは壊され、翌年には東西ドイツが統一された。

［C］　室町幕府８代将軍であった（　２　）が京都に建てた寺院で、現在も京都を代表する観光名所の１つである。また、敷地内にある③部屋のつくりは、現在の和室に大きな影響をあたえた。

［D］　聖徳太子によって建てられたこの建物は、一度焼けてしまったものの、世界最古の木造建築とされており、④世界文化遺産にも登録されている。

［E］　中国や日本、朝鮮などとの外交・交易を通して発展した、⑤琉球王国の政治や文化の中心であった建物である。2000年に発行された２千円札にもこの建物の門が描かれている。

［F］　現在の大阪府にあり、全長約486mの前方後円墳である。⑥日本最大の古墳であり、「百舌鳥（もず）・古市（ふるいち）古墳群」の１つとして世界文化遺産にも登録された。

［G］　明治時代に、⑦日本の近代化を進めるために建設されたヨーロッパ風の建物である。おもに外国人の接待や舞踏会など社交場として使用された。

［H］　⑧聖武天皇ゆかりの品物や海外の貴重な品物などが収められている宝物庫である。校倉（あぜくら）造りという特殊な建築技法が使われていることでも有名である。

問１．［A］～［H］で説明されている建造物を、以下の【語群】から選び、それぞれ記号で答えなさい。

【語群】

㈠	首里城	㈡	銀閣寺	㈢	伊勢神宮
㈣	金閣寺	㈤	鶴岡八幡宮	㈥	ベルリンの壁
㈦	安土城	㈧	富岡製糸場	㈨	大仙古墳
㈩	法隆寺	(サ)	日光東照宮	(シ)	東大寺正倉院
(ス)	鹿鳴館	(セ)	万里の長城	(ソ)	吉野ヶ里遺跡

問２．（　１　）に入る人物を答えなさい。

問３．下線部①について、この人物に関する出来事について説明した文のうち、**誤っているもの**を以下から１つ選び、記号で答えなさい。

(ア) 貿易相手を中国とオランダに限定し、鎖国をおこなった。

(イ) 武家諸法度を改正して、参勤交代の制度をつくった。

(ウ) 大政奉還をおこなって、政治の実権を朝廷に返還した。

(エ) キリスト教の信者を中心に島原・天草一揆がおこった。

問４．下線部②について、この対立は、世界を２つのグループに分けた。それぞれのグループの特に中心となった国を答えなさい。

問５．（　２　）に入る人物を以下から１人選び、記号で答えなさい。

(ア) 足利義満　(イ) 足利尊氏　(ウ) 足利義昭　(エ) 足利義政

問６．下線部③について、このつくりを何と呼ぶか、答えなさい。

問７．下線部④について、下の資料の建物は、現在世界文化遺産に登録されている。建物の名称を以下から１つ選び、記号で答えなさい。

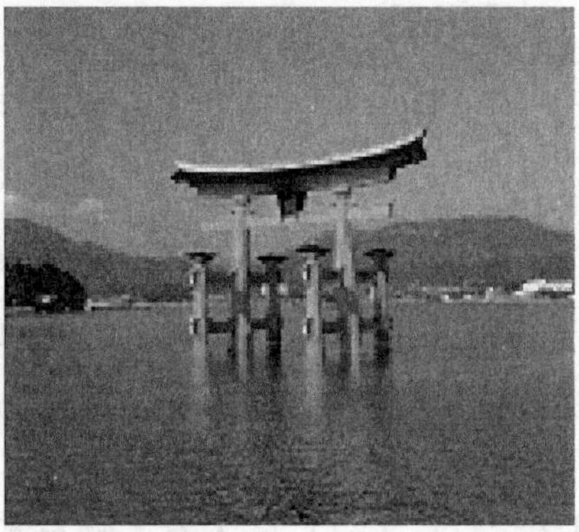

[資料]

(ア)　出雲大社　　(イ)　厳島神社　　(ウ)　平等院鳳凰堂　　(エ)　中尊寺

問８．下線部⑤について、この王国があった道県を以下から１つ選び、記号で答えなさい。

(ア)　福岡県　　(イ)　沖縄県　　(ウ)　北海道　　(エ)　長崎県

問９．下線部⑥について、この古墳は誰の墓と考えられているかを以下から１人選び、記号で答えなさい。

(ア)　仁徳天皇　　(イ)　推古天皇　　(ウ)　明治天皇　　(エ)　天智天皇

問10．下線部⑦について、明治時代に日本が近代化を進めた理由は何か、簡単に説明しなさい。

問11．下線部⑧について、この人物に関する出来事について説明した文のうち正しいものを以下から１つ選び、記号で答えなさい。

(ア)　役人の心がまえとして、憲法十七条を定めた。
(イ)　米の生産量を調べるため、検地をおこなった。
(ウ)　仏教の力で国を安定させるため、大仏をつくった。
(エ)　天皇中心の国をつくるため、大化の改新をおこなった。

3 次の文を読んで、以下の問いに答えなさい。

2021年も「コロナ禍」により、国民の生活は非常に混乱しました。帝京中学校がある東京都では、2021年の７月より、４度目の（　１　）が出され、９月まで度重なる延長をしました。そんな中で７月から９月にかけて、「東京2020」大会として（　２　）や障害を持つ方々のスポーツの祭典である（　３　）が開催されました。選手たちの活躍には多くの勇気と感動をもらいました。その一方で、８月中旬には5000人を超える新たな感染者が確認される日が続きました。また、「変異株」と呼ばれるものが猛威をふるいました。

これらに対して、日本の政府が対策として挙げているのが、基本的な予防である「マスクの着用」・「ソーシャル・ディスタンス」などに加えて、「ワクチン」の接種です。2021年秋頃、日本では、アストラゼネカ社のワクチンを除いて、（　４　）社製のワクチンと（　５　）社製のワクチンを（　６　）回接種することを中心に進めた結果、ほぼ８割以上の高齢者が（　６　）回の接種を終えることができました。しかし、芸能人の感染報道にもあったように、一度かかった人がもう一度感染する事例や、ワクチン接種を（　６　）回終わっている人でも感染する、（　７　）感染も確認され、コロナウィルスの脅威を改めて感じることとなりました。

さて、これだけ政府が力を入れてワクチンの接種を進めているにも関わらず、なぜワクチン接種が100％にならないのでしょうか。ワクチン接種そのものに様々な問題点があることも大きな理由として考えられますが、もう一つは日本が民主的な国だからだとも言えます。現在のワクチン接種は、基本的に希望制となります。なぜ希望制なのでしょうか。それは日本国憲法で「基本的人権」を保障しているからです。

そもそも、日本国憲法には三大原則があります。「基本的人権の尊重」、「（　あ　）」、「（　い　）」です。（　あ　）とは、国の政治のあり方は国民が決めるという原則です。また（　い　）とは、戦争を二度と繰り返さないという原則です。

憲法が国民に保障している基本的人権は、代表的なものに①［表１］に示されているものがあります。このように、すべての国民は（　８　）で文化的な生活を送る権利があると定められ、生命や身体の自由を大切にされ、人間らしく生きる権利を生まれたときから持っています。

つまり、ワクチンの接種についても自由な権利が認められているので、その人の考え方により、接種するか、しないかは決めることができます。しかし、人権の尊重には、お互いの権利を尊重する態度もとても大切です。早くコロナ禍が収束(しゅうそく)し、平穏(へいおん)な日々が訪れることを願うばかりです。

問１．文中の空らん（　１　）～（　８　）にあてはまる語句や数字を、以下の【語群】から選び、それぞれ記号で答えなさい。

【語群】

(ア)　健康	(イ)　ブレイクスルー	(ウ)　ドライブスルー
(エ)　まん延防止措置	(オ)　緊急事態宣言	(カ)　モデルナ
(キ)　１	(ク)　２	(ケ)　３
(コ)　４	(サ)　ファイザー	(シ)　デルタ
(ス)　オリンピック	(セ)　パラリンピック	(ソ)　インターハイ

問２．文中の空らん（　あ　）・（　い　）に当てはまる語句を、漢字４字で、それぞれ答えなさい。

問3．下線部①について、次の［表1］の空らん（　1　）～（　5　）に当てはまる語句を、以下の【語群】から選び、それぞれ記号で答えなさい。

憲法が保障する権利	第〇条
個人の尊重、(　1　)の平等	第13・14条
政治に(　2　)権利	第15条
居住や移転、職業を(　3　)権利	第22条
言論や集会の自由	第21条
裁判を受ける権利	第32条
働く人が(　4　)権利	第28条
教育を受ける権利	第26条
(　5　)や学問の自由	第19・23条
仕事について働く権利	第27条

［表1］

【語群】

(ア)　年齢　　(イ)　参加する　　(ウ)　団結する

(エ)　選択する　　(オ)　男女　　(カ)　放棄(ほうき)する

(キ)　思想　　(ク)　お金をもらう　　(ケ)　従わない

【理　科】〈第３回試験〉（社会と合わせて50分）〈満点：50点〉

（注意）定規（じょうぎ）・コンパス・電卓（でんたく）は使わないでください。

1 次の水よう液について以下の問いに答えなさい。

(ア) うすいアンモニア水　　(イ) 食塩水

(ウ) 炭酸水　　(エ) うすい塩酸

(オ) うすい水酸化ナトリウム水溶液　　(カ) 石灰水

(1) 赤色リトマス紙を青く変化させる水よう液を(ア)～(カ)の中からすべて選び記号で答えなさい。また、このような水よう液を何性といいますか。答えなさい。

(2) 赤色リトマス紙、青色リトマス紙ともに色を変化させない水よう液を(ア)～(カ)の中からすべて選び、記号で答えなさい。また、このような水よう液を何性といいますか。答えなさい。

(3) スチールウールを加えると気体が発生する水よう液を(ア)～(カ)の中からすべて選び、記号で答えなさい。

(4) 同じ濃さの(ウ)と(カ)を同じ量ずつ混ぜ合わせるとどうなりますか。次の①～④から１つ選び、数字で答えなさい。

①　白くにごる。　　②　気体が発生する。

③　沸とうする。　　④　何もおこらない。

(5) 同じ濃さの(エ)と(オ)を同じ量ずつ混ぜ合わせてから、その水溶液にスチールウールを加えるとどうなりますか。次の①～④から１つ選び、数字で答えなさい。

①　スチールウールが溶ける。　　②　白くにごる。

③　気体が発生する。　　④　何もおこらない。

(6) (ア)と(イ)の水溶液を加熱し、水を蒸発させるとどうなりますか。それぞれについて、次の①～③から１つずつ選び、数字で答えなさい。

①　白い固体が残る。

②　強いにおいの気体が発生する。

③　何も残らない。

2 ばねの性質について以下の問いに答えなさい。

自然の長さが20cmのばねＡがある。ばねＡに10ｇのおもりをつるすと３cm伸びる。

(1) ばねＡに30ｇのおもりをつるすとばねＡの**全体の長さ**は何cmになるか。答えなさい。

(2) ばねＡの全体の長さが35cmになるとき、何ｇのおもりがつるされているか。答えなさい。

(3) ばねＡに図１のように20ｇのおもりを２つ、つるした。ばねの**全体の長さ**は何cmになるか。答えなさい。

図１

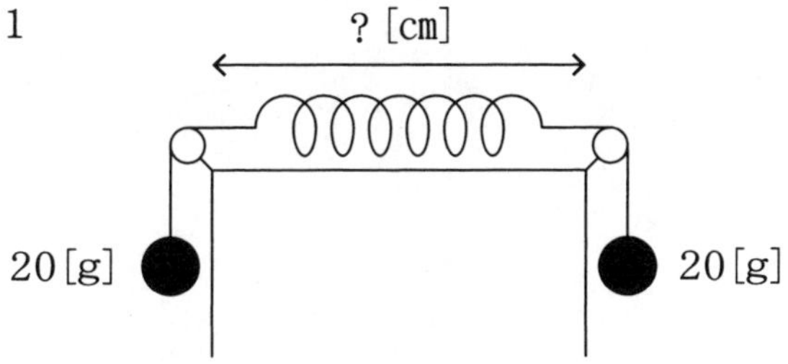

(4) ばねＡ２本に、図２のように50ｇのおもりをつるした。この２本のばねの**全体の長さ**はともに何cmになるか。答えなさい。

図２

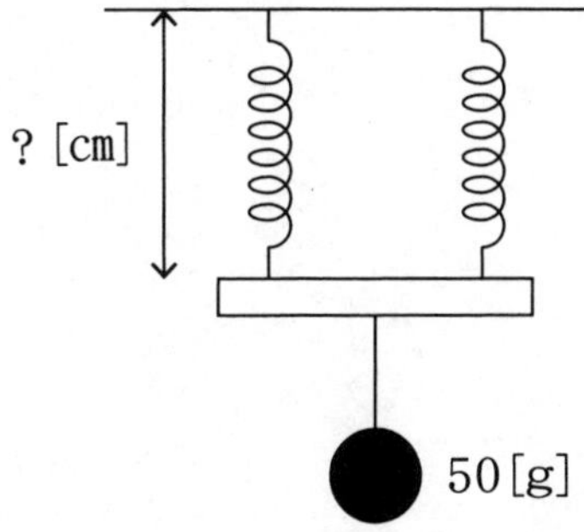

(5)　ばねＡ２本に図３のように40ｇのおもりをつるした。この２本のばねを合わせた**全体の長さ**は何cmになるか。答えなさい。

図３

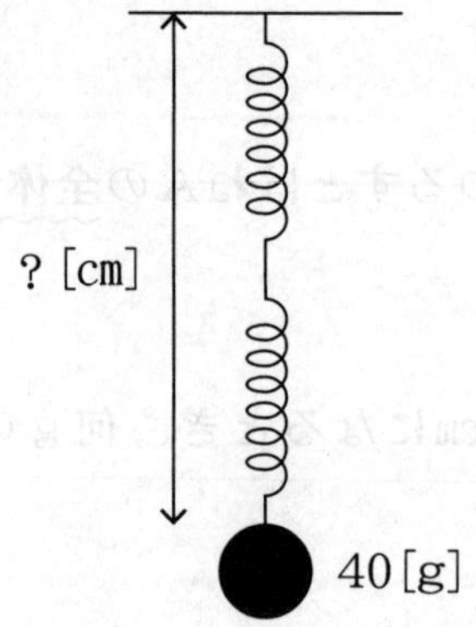

(6)　40ｇのおもりをつるすと全体の長さが18cm、70ｇのおもりをつるすと全体の長さが24cmになるばねＢがある。ばねＢの自然の長さは何cmか答えなさい。

3 図のように、土で山をつくって上から水を流す実験をしました。以下の問いに答えなさい。

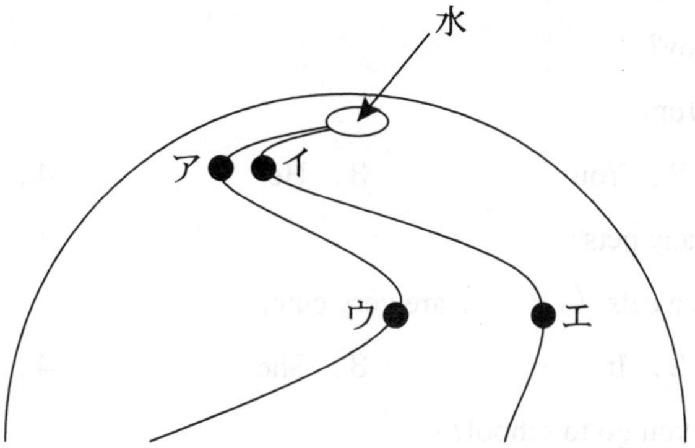

(1) 水の流れが一番早かったのはどこですか。図のア～エから１つ選び記号で答えなさい。

(2) 土が積もったのは、どこですか。図のア～エから２つ選び記号で答えなさい。

(3) 流れる水が地面をけずるはたらきを何といいますか。答えなさい。

(4) 図のような形の川で川岸がけずられるのを防ぐてい防をつくります。どの位置にてい防をつくるとよいですか。図のア～エから２つ選び記号で答えなさい。

(5) 図のような形の川では、ウとエのどちらの方が川が深くなっていますか。記号で答えなさい。

(6) 河原で、丸い形の小さな石を集めるには、山の中と平地のどちらに行くとよいですか。答えなさい。

【英　語】〈第４回試験〉（50分）〈満点：100点〉

1　次の(1)～(8)の会話について、(　　　)に入れるのに最も適切なものを１，２，３，４の中から１つ選び、その番号を答えなさい。

(1)　A：Who is that boy?

B：(　　　) is Tom.

１．I　　２．You　　３．He　　４．She

(2)　A：Do you have any pets?

B：Yes, I have two cats. (　　　) are very cute.

１．He　　２．It　　３．She　　４．They

(3)　A：(　　　) do you go to school?

B：I walk to school.

１．When　　２．How　　３．What　　４．Who

(4)　A：Do you know about Ms. Yamada?

B：Yes. (　　　) is very kind.

１．She　　２．It　　３．They　　４．He

(5)　A：(　　　) English books do you have?

B：I have two.

１．How　　２．How much　　３．How often　　４．How many

(6)　A：How (　　　) I help you?

B：I'd like to have a hamburger and small French fries.　※French fries…フライドポテト

A：Sure.

１．can　　２．about　　３．will　　４．does

(7)　A：Where do you (　　　) from?

B：I'm from Australia.

１．are　　２．come　　３．go　　４．be

(8)　A：How do you say "kaeru" (　　　) English?

B：We say "frog."

１．about　　２．in　　３．of　　４．at

2 次の(1)〜(5)の会話について、(　　)に入れるのに最も適切なものを１，２，３，４の中から１つ選び、その番号を答えなさい。

(1)　A：What is the date today?

B：(　　　)

１．It's Monday.　　２．It's sunny.

３．It's September 15.　　４．I'm good.

(2)　A：Can you pass me the salt, please?

B：(　　　)

１．Thank you.　　２．You're welcome.

３．That's good.　　４．Here you are.

(3)　A：Whose notebook is this?

B：(　　　)

１．Yes, it is.　　２．It's Ken's.

３．It's me.　　４．I use it.

(4)　A：How many books do you have?

B：(　　　)

１．Yes, I do.　　２．I have them.

３．I have three books.　　４．I have some notebooks.

(5)　A：What is your plan today?

B：(　　　)

１．I have a guitar lesson today.　　２．No, they are not.

３．I can do it.　　４．I'd love to.

3 次の(1)〜(4)の会話について、後に続く言葉として最も適切なものを１，２，３，４の中から１つ選び、その番号を答えなさい。

(1) A：Let's have shaved ice!　※shaved ice…かき氷

B：Sounds good to me. Which do you want, lemon or melon?

A：(　　　)

１．I am fine.　　２．I have one.

３．I want lemon.　　４．I know them.

(2) A：What are you doing?

B：I'm reading a book.

A：What is it about?

B：(　　　)

１．It is interesting.　　２．I think so.

３．Yes, it.　　４．It is about space travel.

(3) A：Hello, this is George. Can I speak to Ken?

B：I'm sorry. He is out now.

A：I see. Will you give him a message?

B：(　　　)

１．Of course.　　２．I'll call you back.

３．No, I'm not.　　４．Yes, he will.

(4) A：It is going to rain soon. What is your plan for this afternoon?

B：Well, I don't have any plan.

A：Then, shall we go to see movies?

B：(　　　)

１．Yes, they can.　　２．Good idea! I like movies!

３．He looks happy.　　４．Good afternoon.

4 次の日本語の意味に合う英文になるように(　　)内の語(句)を並べかえなさい。ただし文頭に来る語(句)も小文字で書かれている。

⑴ あの白い家はとても大きいです。
(big / house / is / very / white / that).

⑵ これらは私の父の車です。
(are / cars / my father's / these).

⑶ どんなマンガが好きですか。
(manga / like / do / what / you)?

⑷ ＡＢＣスーパーへどう行けばいいのですか。
(to / I / ABC supermarket / can / how / go)?

⑸ この青いシャツはどうですか。
(this / shirt / about / blue / how)?

⑹ アン(Ann)は家で家族のお手伝いをしますか。
(at / Ann / help / home / her family / does)?

5 次の日本語の意味に合うように(　　　)に適切な語を答えなさい。

⑴ あれは誰のカップですか。
(　　　)(　　　) is that?

⑵ 私たちの学校は８時30分に始まります。
Our school (　　　)(　　　) 8:30.

⑶ 佐藤先生はフランス語を話すことができます。
Ms. Sato (　　　) speak French.

⑷ もっとゆっくり話していただけますか。
Could you speak (　　　) slowly?

⑸ 駅にたくさんの人がいる。
(　　　) are many people at the station.

⑹ 私は歌を歌うことが好きです。
I like (　　　) songs.

6 (　)内の指示にしたがって英文を書きかえなさい。

⑴ The students are from Australia. (下線部が答えの中心になるような疑問文に)

⑵ I gave Takashi and Ken a present. (否定文に)

⑶ I like music very much. (下線部を "he"にかえて)

⑷ Tom sings songs on the stage. (文の最後に"yesterday"をつけて)

⑸ She can swim very fast. (疑問文に)

⑹ The shop is opened at ten. (否定文に)

7 次の日本文を英文に直しなさい。

⑴ 大きい箱を作ってください。

⑵ 私の父は英語の先生です。

⑶ トムは今彼の部屋で勉強しているところです。

⑷ 京都(Kyoto)には訪れるべき場所がたくさんあります。

⑸ 私は料理をすることが得意です。

⑹ 私はあなたほど若くはありません。

8 次の英文を日本文に直しなさい。

⑴ Mt. Fuji is the highest mountain in Japan.

⑵ That story may be true.

⑶ Which do you like better, meat or fish?

⑷ Taro is a soccer player, and his brother is a soccer player, too.

⑸ Baseball is played in America.

⑹ What does it mean?

9 次の日本語を英語に直しなさい。

⑴ (数字の) 9　⑵ 11月　⑶ 水曜日　⑷ 白色　⑸ おじ

⑹ えんぴつ　⑺ 月曜日　⑻ 冬　⑼ 耳　⑽ 猫

ア　おそらくは店に入るなり、片っ端からケーキを手に取り、食べまくることになる。
イ　おそらくは店員に正規の価格を支払い、箱詰めされたケーキを手にすることになる。
ウ　おそらくは両親にケーキを食べたい旨を伝えて代金をもらい、ケーキを手に入れることになる。
エ　おそらくは店に入るのをためらい、ケーキを手にすることのできない不運をなげくことになる。

問7　――⑥『内在化された基準＝ルール』と、言い切ることもできない」とありますが、次の各文の中でルールとしては成り立たないものを一つ選び、記号で答えなさい。

ア　ものを買うときは、お金を払わないといけない。
イ　赤信号のときには、道路を渡ってはいけない。
ウ　英語の勉強をしなければいけない。
エ　人に理由なく危害を与えてはいけない。

問8　――⑦「最低限、以下のことはいえる」とありますが、筆者はどのようなことがいえると考えているのですか。次の各文が筆者の考えと合っていれば〇を、違っていれば×を答えなさい。

ア　「やってはいけないこと」が自分の中で意識されていなければ、行動に結びつかない。
イ　個人の勝手な思いこみもルールといえる。
ウ　ルールは他者と共有されていなければいけない。
エ　現在は個人の思いこみであっても、今後その基準が社会で共有されればルールとなる。

問2　――②「制裁」とありますが、これを言いかえた言葉を本文中から漢字1字で探し、ぬき出して答えなさい。

問3　――③「ヘリクツ」とありますが、ここではどのような理屈（りくつ）を「ヘリクツ」と言っているのですか。それを説明した次の文の［Ⅰ］・［Ⅱ］にあてはまる表現を本文中からⅠは12字、Ⅱは2字で探し、それぞれぬき出して答えなさい。

> ルールと法律は「［Ⅰ］」という点で共通しているので、「法律＝ルール」とした時、ルールとして明文化されていない行為は［Ⅱ］行為ではないとする理屈。

問4　――④「このジベタリアンは、明らかに迷惑な存在なのだが、よくよく考えると、何が問題なのか、説明のつかないところもたしかにある」とありますが、なぜ説明がつかないのですか。その理由を本文の内容にそってわかりやすく説明しなさい。

問5　――⑤「強いて」とありますが、この言葉の意味として最も適当なものを次の中から一つ選び、記号で答えなさい。

「ア　自然に　イ　あたりまえに　ウ　かたくなに　エ　むりやりに」

問6　［A］にあてはまる一文として最も適当なものを次のページの中から一つ選び、記号で答えなさい。

しかしそれでも、行為が社会的に意味づけされ、個人を超(こ)えて共有されていない限り、すなわち外在化されていない限り、ルールは成立しない。「英語の勉強をしなければいけない」などというのは、勝手な思いこみの域を出ないのである。

もっとも今後、日本の※グローバル化がますます進んで、日本に※英語ファシズムのようなものが※蔓延(まんえん)し、「英語力※あらずんば人にあらず」といわれる状況になれば、話は別である。日本のすべての会社が、楽天やファーストリテイリングのように、社内公用語を英語にすることになれば、筆者程度の英語力では、日常生活を営むことが不可能となる。英会話学校に人が殺到(さっとう)し、英語力を身につけることが、「強固なルール・絶対的な目標」として、社会の中で共有されることになる。

ここでいう「共有される」とは、家族や同僚(どうりょう)、他人からメディアに至るまで、非常に広範囲(こうはんい)にわたる。いずれにせよ、他者と共有されることが前提である以上、ルールは「外在化された基準」であると結論できる。

(『迷惑行為はなぜなくならないのか？』北折充隆・光文社新書)

※グローバル化…政治・経済・文化などが世界規模で広がっていく様子。
※英語ファシズム…英語の使用を強要すること。
※蔓延…病気や悪い習慣がどんどん広がること。
※あらずんば…なければ。

問１ ——①「専門的な言い方になるが、１つめは『みんなそう思っている』といった、『外在化した基準』である」とありますが、ルールのもう一つの考え方である「内在化した基準」はどのように言いかえることができますか。最も適当なものを次の中から一つ選び、記号で答えなさい。

ア　家族がそう思っている。
イ　メディアにそう思わされている。
ウ　自分がそう思っている。
エ　同僚にそう思わされている。

しかし、⑥「内在化された基準＝ルール」と、言い切ることもできない。

２０１０年、ある研究※プロジェクトチームの一員として、イギリスへ海外視察に行く機会に恵(めぐ)まれた。しかし、もともと英語が得意ではないので、このときは本当に困り果てた。

ふだん、ごくわずかだが英語の文献(ぶんけん)は読んでいるので、先方の※パワーポイントによる※プレゼンテーションは、不完全だが何となくは理解できた。しかし、話の方はまったくといっていいほど聞きとれない。相手が何をいっているのか、本当にさっぱりわからないのである。

結局、非常に英語の※堪能(たんのう)なリーダーに、金魚のフンのように同行するかたちだったので、視察自体は何の問題もなく進められた。しかし、どう考えても筆者はお荷物であり、迷惑行為の研究者が、さんざん迷惑をまき散らして帰国することとなった。これにはさすがに懲(こ)りたので、現在に至るまで、車の中と寝(ね)る前に、リスニングの勉強を続けている。

今のところ、この「毎日英語を続けるべきだ」というのは、筆者個人の「内在化した基準」である。しかし、道徳意識や正義感に根ざしたものではないから、ルールとはいえない。

こんなぐあいに、ルールとは何かを考えていくと、定義された枠組(わくぐ)みに当てはまらないものが、後から後から出てくる。それを突(つ)きつめていくと、何だか訳がわからなくなってくるのである。

まぁ、それでもとりあえず、⑦最低限、以下のことはいえる。

まず、ルールが「内在化された基準」ではないといっても、これを否定・無視することはできないということである。「やってはいけない」ことだと意識されなければ、行動へ影響(えいきょう)することもないからである。物の対価にお金を払うことを理解していなければ、売り物のベビーシュークリームを食べても平気なわけなので、「良いこと・悪いこと」が内在化されているかどうかが重要なのは、疑う余地がない。

※プロジェクトチーム…新しい事業を完成させるために組む専門家によるチームのこと。

※パワーポイント…発表する際の資料を作るコンピュータのソフトウェア。

※プレゼンテーション…発表・説明すること。

※堪能な…学芸に優れている様子。

ジベタリアンについて、筆者は個人的に「みっともないから電車内の床には座るべきでない」と思っている。この「みっともない」とか「目障りだ」とか「邪魔くさい」から、「電車の床には座らない」というのが、「内在化した基準」であり、ルールについての２つめの考え方である。

こちらは、「固定化された基準ではなく、※受容可能な行動のレベルである」などと定義されることもある。かんたんにいえば、道徳意識や正義感のようなものである。

これがなければどうなるか。たとえば、筆者は無類の甘い物好きである。近所のケーキ屋さんが発行する、１００円で1ポイントの会員カードが、先日見たら１９５０ポイント貯まっていた。「この分が全部胃袋に入ったのか」と思うと、わがメタボ体型も致し方ないのだが、ポイントが貯まったのは、お店でケーキと引き換えに、お金を払っているからである。

もしも、ケーキが食べたいというだけで、お金を払うというルールが自分の中に内在化されていなかったら、果たしてどうなるであろうか。

A

ふざけていっているのではなく、筆者は3歳くらいの頃、店頭に置いてあった売り物のベビーシュークリームを、勝手に開けて食べてしまったことがあった。そのときは、両親が店員さんに頭を下げ、代金を払ったのだが、その後両親から「お店のものを勝手に開けて食べちゃダメでしょう！」と、ひどく怒られたのはいうまでもない。そんなこともあってか、今でもベビーシュークリームは得意でない。

ともかく、ここで大切なことは、「ものを買うときは、お金を払わないといけない」と、個人が強く認識している点である。万引きはいけないとか、人のものを盗んではいけないなどというのは、生きていく上で、基本中の基本となるルールである。

※受容可能…受け入れることができるということ。

そして、ルールは②制裁があるからこそ、守られている面も強い。罰を受けることが、※逸脱行為への強い抵抗につながるのである。

その意味で、「外在化した基準」であるルールと法律は、「守らなくてはならないもの」という点で共通しているのだが、そこに※詭弁の付け入るスキが生まれてくる。

「法律＝ルール」であれば、「法律として明文化されていない＝ルールではない」という発想が、当然出てくる。同様に「ルールに反する行為＝迷惑行為」であれば、「(外在化されていても)ルールとして明文化されていない＝迷惑行為ではない」という、③ヘリクツが成り立つこととなる。

少し前のことだが、電車内で床に座りこむ、いわゆるジベタリアンが問題になったことがあった。最近でいうところの「やんちゃな若者」たちが、電車の床にドシッと座りこんでいて、乗ろうとしたときに驚いた経験がある人は、結構多いのではないだろうか。

④このジベタリアンは、明らかに迷惑な存在なのだが、よくよく考えると、何が問題なのか、説明のつかないところもたしかにある。

道路交通法や鉄道事業法に、「電車の床に座ってはいけません」と、明確に書かれているわけでもない。⑤強いて挙げるなら、鉄道会社が「座りこみをしないでください」と、車内アナウンスする程度のことであろう。つまり、「ジベタリアンは禁止！」と、法律で決められているわけではないのである。

これでは、勇気を出してジベタリアンに注意しても、「そんな法律どこにあるんだ！　ガラガラ電車で床に座って何が悪い!!」と反論されれば、言葉を失ってしまう。大声で騒いでいたら、「人に迷惑をかけているからだ」ということもできようが、1人だったり、複数でも小さい声でしゃべっている分には、たしかに人の迷惑にはならない気もする。「見苦しい」とか「目障り」は、注意する側の主観に基づいた印象なので、注意の根拠としては弱い。

※逸脱行為…一般的な基準から外れた望ましくない行為のこと。

※詭弁…誤っていることを正しいと思うように仕向けた議論のこと。こじつけ。

問8 ――④「そんなふう」とありますが、これは現在の兄のどのような様子を指していますか。最も適当なものを次の中から一つ選び、記号で答えなさい。

ア　顔には表情があらわれず、声にも気持ちがこもらない様子。
イ　顔には表情があらわれず、コーイチさんにも反応を示さない様子。
ウ　顔には表情があらわれず、妹とも長い時間は話したくないといった様子。
エ　顔には表情があらわれず、早くアメリカに戻りたい気持ちも明らかにしない様子。

問9 ――⑤「数学の研究」とありますが、コーイチさんは研究に向きあう姿勢についてどう考えていますか。それが具体的にわかりやすく書かれた一文を本文中から探し、はじめの5字をぬき出して答えなさい。

二　次の文章を読んで、後の問いに答えなさい。

ルールとは何かについては、2つの考え方がある。①専門的な言い方になるが、1つめは「みんなそう思っている」といった、「外在化した基準」である。

この場合、ルールは「※集団規範(きはん)」であり、所属する集団が、個人の行動に圧力をかけるかたちで機能する。心理学でも「特定の集団や、組織のメンバーとしての行動期待を指す」や、「さまざまな状況下(じょうきょうか)において、とるように期待されている行動を、個人に対して示すものである」など、ルールを外からの強制力として定義しているものは多い。法律も、定義としてはこちらになる。

※集団規範…集団の中での守るべき決まりごと。

問3 [A]・[B]には共通の言葉が入ります。最も適当なものを次の中から一つ選び、記号で答えなさい。

〔ア 指　イ 肩（かた）　ウ 胸　エ 腹　オ 足首〕

問4 [I]・[II]には共通の表現が入ります。最も適当なものを次の中から一つ選び、記号で答えなさい。

ア　勝負してきたじゃん。
イ　勝負しかないじゃん。
ウ　勝負はできたじゃん。
エ　勝負じゃないじゃん。

問5 ――①「なんで、釣りなの？」とありますが、兄にはなぜ釣りに行くことが必要なのですか。「私」の考えをわかりやすく説明しなさい。

問6 ――②「ヘンな子供」とありますが、兄は自分をどのような子供だったと考えていますか。それがわかる部分を本文中から17字で探し、はじめの5字をぬき出して答えなさい。

問7 ――③「それ」とありますが、これは何を指していますか。本文中から4字の言葉を探し、ぬき出して答えなさい。

「知ってる」

「それで、いいんだ。オマエは、よくやったんだ。やっただけで、それでいい」

それで、会話がまた途切(とぎ)れて、二人とも川の方を見ていた。まだ、ウキは沈(しず)まない。どっちも。

また、静かに静かに時間が流れていった。どうして釣りは、こんなに何も話さない時間が流れても平気なんだろう。

私は、母に借りてきたつばひろの白い帽子をかぶって、二人の後ろでほとんど寝転がっていた。何もすることはない。でも、時計なんか見ない。空を飛んでいくトンビを眼で追ったり、高く高く舞(ま)い上がっていくヒバリを見たり、形が変わっていく雲を眺(なが)めたり。それから、おべんとう傷(いた)まないうちに食べなきゃとか、二人の背中の汗(あせ)の染みが拡がってきたとか、何か飲もうかな、とか。

そんなことを考えているだけの時間。無駄(むだ)な時間かもしれないけど、きっと必要な時間。

(『少年少女小説集』所収「Fishing with My Brother」小路幸也・ちくま文庫)

問1 〰〰a〜eのカタカナを漢字に直しなさい。

[a ベントウ　b アルいて　c オボえて　d カブって　e ミカタ]

問2 [　] 1・2には共通の言葉が入ります。最も適当なものを次の中から一つ選び、記号で答えなさい。

[ア 行動　イ 安心　ウ 感情　エ 心配　オ 努力]

「オマエのやってきたことはさ、［　Ⅱ　］勝つか負けるかのさ」

兄は、首を傾(かし)げた。

「釣りと同じでさ、どっちが先に釣ったかなんて全然関係ないじゃねぇか。後から釣った奴(やつ)の魚の方が大きかったりさ。かと思ったら先に釣った奴が最後にはたくさん釣っていたり、でも次の日には全然釣れなかったり。そうじゃん」

コーイチさんが、兄の方を向いた。

「違(ちが)うか？　数学の研究ってやつは、そういうものじゃないのか？　小学校の算数だって、先に黒板に出て解いた奴が偉(えら)いのか？　時間がかかってもいいから、自分の力でしっかり正解を出せば、それでいいんじゃないのか？　オレはそう思ってたんだけど」

違うのか？　と、少しだけ声の調子を強めてコーイチさんは言った。兄を見つめた。

兄は、うん、と頷いた。

「そうかもな」

「そうだって」

だから、とコーイチさんは続けた。

「そんなことで、くたばる必要なんか、まったくないんだ」

ないんだ、と強く繰り返した。

「オレがやってるラグビーだって、確かに勝ち負けのスポーツだけど、試合が終われば〈ノーサイド〉だ。ノーサイドってのは、終わったその瞬間(しゅんかん)に、決着がついた次の瞬間には敵も（e）ミカタも関係ない。ただ、この場所で、一緒にラグビーをやった仲間がそこにいるっていうだけだ。知らないか？」

「アメリカは移民の国だけど、やっぱり、黄色人種への偏見はあった。日本人というだけで明らかに下に見る人たちも大勢いた」

「③それは、苦しかったのか、④そんなふうになっちまうぐらい」

兄は、いいや、と言った。

「それは別に大したことじゃなかった」

「じゃあ」

なんでだ、とコーイチさんは言う。

「なんで、そんなになっちまった」

兄は、父にも母にも私にも、そういう話はしない。じっと黙ってしまった兄の、瞬きの回数が多くなったような気がした。

「やっぱり」

「おう」

「負けたからかな」

いろんなものに。偏見も含めて、⑤数学の研究にも、いろんなものに。

「負けてしまったからかもしれない。僕の全てだと思っていたものに」

きっと今、兄は、心の中にあるものを吐き出したはずなのに、それでも、顔は無表情だった。コーイチさんは兄の横顔をじっと見つめていた。

それから一度川面に視線を戻して、それは、と呟くように言った。

「［Ⅰ］」

コーイチさんが、続けた。兄が横を向いて、コーイチさんの顔を見た。

あぁ、そうだ、と私は思い出した。七年前にも、こうやって並んでいる兄とコーイチさんの背中を見たんだって。見たことがあるんだって。

コーイチさんは、あの日を、あの頃を、繰り返しているんだ。こわれてしまった、兄のために。友達のために。

「ビンよ」

「うん」

川面を見つめながらコーイチさんは訊いた。

「アメリカで、勉強するのは楽しかったか」

兄は、うん、と頷いた。

「おもしろかったよ。何もかもが、※excitingだった」

英単語のところだけ英語の発音になっていた。

「自分より、数学のできる人がいる。その人たちと※discussionして、問題を解いていくのは本当に楽しかった。それしかしなくていいっていうのも、素晴らしかった」

「イヤなことは？　なかったのか？」

コーイチさんが訊くと、兄はまた、うん、と頷いた。

「あったよ」

「どんな」

「人種差別」

「そうなのか」

そうなんだ。そんなのがあるんだ。

※exciting…はらはらする。わくわくする。

※discussion…討論、話し合い。

迷惑じゃねぇけどよ、とコーイチさんは言う。

「とにかくよ、まぁのんびり釣りでもしてれば、治るだろうよ。ビンだってそう思うから釣りする気になったんだろ？」

「確かにね」

兄は［A］をすくめた。外国人っぽい仕草だけどそれが身に付いている。ひょっとしたらこの［B］をすくめる仕草だけが、今の兄が［2］を示せる唯一(ゆいいつ)の仕草かもしれないって思う。

「釣りは、いいよ」

無表情だけど兄が言う。

「アメリカでもさ」

「おう」

「釣りに行きたくて何度か行ったんだけど、やっぱり何もかもが豪快(ごうかい)なんだよね。近所の小さい川でのんびり、なんていうのが、あまりなくてさ」

それが残念だったな、と言った。

――― 中略 ―――

二人で麦わら帽子(ぼうし)をdカブって、並んで川面に釣り糸を垂れている。

ゆるやかにわたっていく風の音、さらさらと流れていく水の音、さわさわと風に揺(ゆ)れる緑の音。

遠くで、近くで、鳥が鳴いて、向こうの林で蟬(せみ)が鳴いて、遠くのグラウンドから子供の声が聞こえて。

「①なんで、釣りなの？」

それはなぁ、とちらっと兄を見た。兄もコーイチさんを見た。

「僕も、何も聞いていない。どうして釣りに行かなきゃならないのか」

顔が無表情だと、声にも［1］がこもらないんだ。だから、兄の言葉は全部どこかの電話の録音された応対みたいな感じ。

「簡単には言えねぇんだよなこれが」

「そうなの？」

コーイチさんは大きく頷いた。

「ビンよ」

「うん」

「オマエ、あの頃の自分をどう思う？」

「どうって」

きっと何かを思い出そうとしてるんだろうけど、その顔に変化はないんだ。

「まぁ、②ヘンな子供だったよね」

そりゃそうだ、とコーイチさんは笑った。

「どうヘンだったかはｃオボえてるのか」

「なんとなく」

いろいろ忘れてしまう兄だけど、なんとなくおぼえていることもあるそうだ。

「自分が、よくいろんなことを忘れてしまう子供だったということはおぼえている。それで、麻衣やコーイチに迷惑かけたことも」

二〇二二年度 帝京大学系属 帝京中学校

【国語】〈第三回試験〉（五〇分）〈満点：一〇〇点〉

〈注意〉問いのなかで字数に指定のあるときは、特に指示がない限り、句読点などもその字数にふくめます。

一 次のあらすじと文章を読んで、後の問いに答えなさい。

十七歳の高校生の私（麻衣）には、二十歳になる兄（ビン）がいる。兄は十二歳の時に数学の天才と呼ばれ、※英才教育を受けるためにアメリカへ渡った。それ以来、七年間顔を合わせたことはなかった。ところが、静養と家族との交流が必要だということで、兄が日本に戻ってきた。日本にいる時から、身体の動きが変わっていたり、記憶力に問題があったりと、数学以外のことは変なところがある子供だったが、日本に帰ってきた兄は気持ちを表に出さない大人になっていた。それを見かねた幼なじみのコーイチが兄を釣りに連れ出すのが、次の場面である。

私もお_a ベントウ_を持って一緒に行くと言うと、コーイチさんは喜んだ。

「いいなぁ、何年ぶりだろうなぁ」

家からあまちゃ川の河原へは、ゆっくり_b アル_いて七分。でかくて足の長いコーイチさんと兄の後ろを、私は早足になってついていった。

「ねぇ、コーイチさん」

「おう」

あるきながら、後ろの私を見下ろす。

※英才教育…知能のすぐれた児童、生徒の能力を伸ばすために、一般の者と区別して特別に行なう教育。

2022年度
帝京大学系属帝京中学校 ▶解説と解答

算　数　＜第３回試験＞（50分）＜満点：100点＞

解　答

[1] ①　2022　②　$\frac{13}{12}$　③　8　④　$\frac{43}{56}$　⑤　7.2　⑥　400　⑦　6　⑧　4000　⑨　72　⑩　251.2　[2] ①　30　②　175　[3] ①　160　②　6分40秒
[4] ①　18.24　②　36.48　[5] ①　13　②　6　[6] ①　60　②　2000

解　説

[1] 四則計算，速さ，相当算，最大公約数，比，平均算，体積

①　$(2020-20)\times(123-22)\div100+2=2000\times101\div100+2=202000\div100+2=2020+2=2022$

②　$0.25\times4+0.5\div(4.2+1.8)=1+0.5\div6=1+\frac{1}{2}\times\frac{1}{6}=1+\frac{1}{12}=\frac{13}{12}$

③　$\frac{5}{3}\div\frac{7}{12}\times\frac{14}{5}=\frac{5}{3}\times\frac{12}{7}\times\frac{14}{5}=8$

④　$\frac{1}{2}+\frac{1}{8}+\frac{1}{12}+\frac{1}{24}+\frac{1}{56}=\frac{12}{24}+\frac{3}{24}+\frac{2}{24}+\frac{1}{24}+\frac{1}{56}=\frac{18}{24}+\frac{1}{56}=\frac{3}{4}+\frac{1}{56}=\frac{42}{56}+\frac{1}{56}=\frac{43}{56}$

⑤　１kmは1000mで，１時間は3600秒である。よって，秒速２mで3600秒走ったときの距離は，$2\times3600\div1000=7.2$(km)である。

⑥　この学校の全校生徒の人数を□人とすると，男子生徒の人数の220人が全体の55％にあたるので，□×0.55＝220より，□＝220÷0.55＝400となる。よって，この学校の全校生徒の人数は400人である。

⑦　66，174，246の最大公約数は，右の計算より，$2\times3=6$である。

```
2) 66  174  246
3) 33   87  123
   11   29   41
```

⑧　お母さんが１万円のおこづかいを兄と弟へ３：１に分けると，兄が受け取った金額は，$10000\times\frac{3}{3+1}=7500$(円)で，弟が受け取った金額は，$10000\times\frac{1}{3+1}=2500$(円)になり，7500円の２割は，$7500\times0.2=1500$(円)になる。よって，兄が弟に1500円渡すと，弟が受け取った金額は全部で，$2500+1500=4000$(円)になる。

⑨　(合計)＝(平均)×(個数)より求められる。A君の５教科の平均点が77点だから，合計点は，$77\times5=385$(点)である。よって，□にあてはまる数は，$385-(69+80+73+91)=72$である。

⑩　(柱体の体積)＝(底面積)×(高さ)より求められる。底面の半径が４cmの円で，高さが５cmの円柱の体積は，$4\times4\times3.14\times5=251.2$(cm^3)である。

[2] 割合―濃度

①　濃度が10％の食塩水300gに含(ふく)まれる食塩の重さは，$300\times0.1=30$(g)である。

②　食塩水を加熱し，水を蒸発させても，食塩水に含まれる食塩の重さは変わらない。食塩の重さ30gが加熱後の食塩水の重さの24％にあたるので，加熱後の食塩水の重さは，$30\div0.24=125$(g)になる。よって，水は，$300-125=175$(g)蒸発した。

[3] 水そうとグラフ

① グラフより，最初の６分間は蛇口㋐だけで水を入れると，水の深さが４m上がったことがわかる。この水そうの底面は，たてが12m横が20mの長方形だから，蛇口㋐からは，毎分，12×20×４÷６＝160(m^3)の水が入る。

② グラフより，蛇口㋐と蛇口㋑の両方で水を入れると，６分後から10分後までの，10－６＝４(分間)に，水の深さが４mから10mまで，10－４＝６(m)上がるので，１分間に水の深さは，６÷４＝1.5(m)あがる。よって，蛇口㋐と蛇口㋑の両方で最初から水を入れると，水そうがいっぱいになるのは，10÷1.5＝$6\frac{2}{3}$(分後)となり，１分は60秒なので，$\frac{2}{3}$分は，60×$\frac{2}{3}$＝40(秒)となる。よって，６分40秒である。

4 平面図形―面積

① (正方形の面積)＝(対角線の長さ)×(対角線の長さ)÷２より求められる。斜線部分の面積の合計は，半径が４cmの円の面積から，対角線の長さが，４×２＝８(cm)の正方形の面積を引いて求められる。よって，斜線部分の面積の合計は，４×４×3.14－８×８÷２＝18.24(cm^2)になる。

② 右の図の斜線部分の面積は，半径が４cmで中心角が90°のおうぎ形を２つ重ねた面積から，一辺が４cmの正方形の面積を引いて求められるので，４×４×3.14×$\frac{90}{360}$×２－４×４＝9.12(cm^2)になる。よって，斜線部分の面積の合計は，9.12×４＝36.48(cm^2)になる。

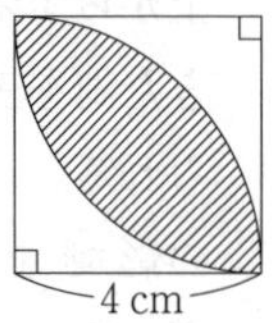

5 規則性―約数，倍数

① １段目の数は，１＝１×１で，２段目の数は，２＝２×１，４＝２×２で，３段目の数は，３＝３×１，６＝３×２，９＝３×３で，４段目の数は，４＝４×１，８＝４×２，12＝４×３，16＝４×４，…となっているので，□段目の数は，□×１，□×２，□×３，…□×□と，□の倍数が，□の１倍から□の□倍まで並んでいることがわかる。52は，52×１，26×２，13×４で，52＝13×４より，52がはじめて出てくるのは13段目である。

② 84は，84×１，42×２，28×３，21×４，14×６，12×７だから，全部で６回出てくる。

6 速さ―グラフ，速さ，旅人算

① グラフより，花子さんは18分から28分までの，28－18＝10(分間)で600m進んでいるので，その速さは分速，600÷10＝60(m)である。

② 太郎君と花子さんが同じ時間に家を出て，太郎君が400m後ろから自転車に乗って分速160mで進み，分速60mで一人で歩く花子さんに追いつくまで，400÷(160－60)＝４(分間)かかる。太郎君は最初の４分間は自転車に乗って分速160mで進み，４分後から12分後までの，12－４＝８(分間)は花子さんと２人で分速50mで歩き，12分後から18分後までの，18－12＝６(分間)は再び自転車に乗って分速160mで進んで，学校に着いたことになる。よって，家から学校までの距離は，160×４＋50×８＋160×６＝2000(m)である。

社会 ＜第３回試験＞（理科と合わせて50分）＜満点：50点＞

解答

1 **問１** (1) やませ　(2) 三日月湖　(3) ア　**問２** (1) イ　(2) 品種改良　(3) エ　**問３** (1) 潮目　(2) 東日本大震災　(3) 石油危機が起きたから。　**問４** (1) イ

(2) 加工(貿易)　(3) 貿易まさつ　**問５** (1) マスメディア　(2) ウ　**2** **問１** Ａ サ　Ｂ カ　Ｃ イ　Ｄ コ　Ｅ ア　Ｆ ケ　Ｇ ス　Ｈ シ　**問２** 徳川家康　**問３** ウ　**問４** ソヴィエト(連邦)，アメリカ(合衆国)　**問５** エ　**問６** 書院造　**問７** イ　**問８** イ　**問９** ア　**問10** 欧米諸国に対抗するため。(不平等条約の改正を有利にするため)　**問11** ウ　**3** **問１** (1) オ　(2) ス　(3) セ　(4) カ(サ)　(5) サ(カ)　(6) ク　(7) イ　(8) ア　**問２** (あ) 国民主権　(い) 平和主義　**問３** (1) オ　(2) イ　(3) エ　(4) ウ　(5) キ

解　説

1 日本各地の気候や産業についての問題

問１ (1) 夏に東北地方の太平洋側に吹く北東の風をやませという。寒流の千島(ちしま)海流(親潮)の上空を通って吹く風のため，夏にしては冷たい風となる。このため，やませがよく吹く年は夏に気温が上がらず米などのとれ高が減る冷害がおきる。　(2) 川の曲がりくねった部分が取り残されてできた湖を三日月湖という。図の川は石狩(いしかり)川で，かなり蛇行(だこう)して流れているので，三日月湖が多く見られる。　(3) 上越(じょうえつ)市は新潟県にある都市で，日本海側にある。日本海側は冬に北西の季節風の影響(えいきょう)を受けて雨や雪が多く降るため，冬の降水量が多い。そのような雨温図はアである。イは夏に降水量が多い太平洋側の気候の雨温図で静岡市のものである。ウは梅雨(つゆ)がなく年間の降水量が少なく冬の寒さがきびしい北海道の雨温図で，札幌(さっぽろ)市のものである。

問２ (1) レタスは長野県が１位(2019年)で，八ヶ岳(やつがたけ)のふもとの野辺山原(のべやまはら)などで生産がさかんである。　(2) 東北地方や北海道は夏もあまり気温が上がらないため，稲作(いなさく)に向いていない地域であった。そこで，稲を寒さに強い品種に作りかえることが行われてきた。これを品種改良という。近年では，味の良さを求めた品種改良がさかんである。　(3) 穀物(こくもつ)の中でも米の生産は東アジアから南アジアにかけてさかんで，アメリカ合衆国やロシア連邦(れんぽう)，フランスでは，小麦の生産がさかんである。

問３ (1) 太平洋側では，暖流の日本海流(黒潮)と寒流の千島海流(親潮)がぶつかるところがあり，これを潮目(潮境)という。プランクトンが豊富で，良い漁場とされている。　(2) 東北地方の三陸(さんりく)海岸はリアス海岸であり，リアス海岸は地震の時に津波の被害を受けやすい。このため，東日本大震災の時には，かきの養殖業をはじめ，水産業が大きな打撃を受けた。　(3) 1970年代前半には，第四次中東戦争を原因とする石油危機が起こり，燃料代が高くなった。そのため，遠洋漁業が減り，かわりに沖合漁業が増えた。

問４ (1) 日本は石油をサウジアラビアやアラブ首長国連邦など，中東とよばれる地域から多く輸入している。鉄鉱石や石炭は，オーストラリアなどから輸入している。　(2) 原料や燃料などを輸入して製品を作り，その製品を輸出する貿易のしかたを加工貿易という。せんい原料を輸入してせんい品を輸出するなど，かつての日本は典型的な加工貿易国であったが，近年では，製品そのものの輸入も増えている。　(3) 1980年代には，自動車などの輸出をめぐり，日本とアメリカ合衆国などとの間で対立が起きた。このような，輸出国と輸入国の貿易に関する対立を貿易摩擦(まさつ)という。

問５ (1) 新聞や雑誌(ざっし)，テレビやラジオなどを利用して，多くの人に大量の情報を伝えることをマスコミュニケーションといい，伝える手段となる新聞や雑誌，テレビやラジオのことをマスメディ

アという。　(2)　近年になって急速に普及が進んだのがスマートフォンである。１は携帯電話・PHSで，２は固定電話，３はパソコンの世帯保有率である。

2　歴史的な建造物についての問題

問１　**A**　徳川家康を「東照大権現」という神様としてまつっているのが栃木県にある日光東照宮である。世界文化遺産に登録されている。　**B**　第二次世界大戦後，冷戦の影響を受けて，ドイツは西ドイツと東ドイツに分断され，このとき首都ベルリンに築かれたのが，ベルリンの壁である。　**C**　室町幕府８代将軍の足利義政によって，京都の東山に建てられたのは銀閣寺(銀閣)である。３代将軍の足利義満によって京都の北山に建てられたのが金閣寺(金閣)である。　**D**　現存する世界最古の木造建築が奈良県にある法隆寺で，聖徳太子によって飛鳥時代に建てられた。　**E**　琉球王国(現在の沖縄県)の城として築かれたのが首里城である。その守礼門が二千円札に描かれている。　**F**　古墳とは大王や豪族の墓である。日本最大の古墳が大阪府にある大山古墳で，墓としては世界最大級である。　**G**　日本の西洋化を示すために建てられた，西洋風の館が鹿鳴館で，舞踏会が開かれるなど，西洋人との社交場となった。　**H**　聖武天皇の遺品(生前に所有していた物)などが収められている倉庫が東大寺の正倉院である。

問２　天下分け目の戦いと言われた関ヶ原の戦いに勝利した徳川家康は，1603年に征夷大将軍となり，江戸に幕府を開いた。

問３　江戸幕府３代将軍は徳川家光である。家光の時，天草四郎らを中心とする島原・天草一揆(島原の乱)が起きた。キリスト教の禁止を徹底するために，家光は鎖国政策を行い，貿易先は清(中国)とオランダに限定した。大名を取り締まるためのきまりである武家諸法度に，参勤交代を定めたのも家光である。ウの大政奉還は，15代将軍の徳川慶喜によるものである。

問４　第二次世界大戦後の資本主義陣営と社会主義陣営の対立において，資本主義陣営の中心となった国がアメリカ合衆国，社会主義陣営の中心となった国がソヴィエト連邦である。両国は直接戦火を交えることはなかったが，激しく対立したので，これを冷戦とよんだ。

問５　室町幕府８代将軍は足利義政である。彼の後継ぎをめぐって，1467年に応仁の乱が始まった。

問６　畳が敷きつめられ，襖や障子，床の間や違棚があり，現在の和室のもとになった，室町時代の建築様式が書院造である。このころの文化を東山文化という。

問７　厳島神社は平氏ゆかりの神社で，広島県にある。左の写真が本殿で，右が鳥居である。潮が満ちてくると，鳥居が海に浮いて見える。アの出雲大社は島根県にある神社である。ウの平等院鳳凰堂は京都府，エの中尊寺は岩手県にある寺院である。

問８　15世紀に成立した琉球王国は，江戸時代には他国との交流を保ちつつも薩摩藩の支配下におかれ，江戸幕府に対して使節(琉球使節)を派遣した。明治時代に入ると政府によって日本に編入されることとなり，いったん琉球藩とされた後，琉球処分をへて沖縄県となった。

問９　古墳は大王や豪族の墓である。大阪府堺市にあり，日本最大の古墳である大山古墳は，仁徳天皇の墓と推測されており，仁徳天皇陵ともいわれる。

問10　江戸幕府が欧米諸国と結んだ不平等条約を改正するためには，日本が欧米諸国のような近代国家になったことを示す必要があった。そのために明治政府は欧米諸国に追いつこうとする欧化政策を進め，改革を急いだ。

問11　聖武天皇は疫病や地方の反乱を仏教の力でおさめようとして，全国に国分寺と国分尼寺を建てさせ，都の奈良には東大寺を建てた。アの十七条の憲法は聖徳太子が定めたもの，イの検地は豊臣秀吉などが行ったもの，エの大化の改新は中大兄皇子や中臣（藤原）鎌足によって行われたものである。

3　新型コロナウイルスの対策などについての問題

問１　(1)　政府により，2021年７月12日から，東京都などに対して緊急事態宣言が発令された。これにより酒類を提供する飲食店などへの休業要請，大規模イベントの制限などがなされた。エのまん延防止措置は，酒類を提供する飲食店などへ休業ではなく営業時間の短縮を要請するなど，緊急事態宣言より規制がきびしくないことが特徴である。　(2)　2020年に東京で開催予定であった夏季オリンピック大会は，新型コロナウイルスの感染拡大の影響を受けて，１年間延期されて2021年に開催された。大会の名称は，そのまま「東京2020」として行われた。　(3)　夏季，冬季ともに，オリンピックが閉会した後，そのオリンピックの開催地で行われる，障害を持つ人のためのスポーツの国際大会が，パラリンピックである。　(4)・(5)　2021年に，日本国内で使用された新型コロナウイルスに対するワクチンは，イギリスのアストラゼネカ社製をのぞき，ともにアメリカ合衆国に本社がある，ファイザー社製のものとモデルナ社製のものの２種類であった。(6)　ワクチン接種の効果を高めるために，日本政府は，２回接種をすすめた。政府の発表によれば，2021年の秋ごろには国民の約８割が２回目の接種を終えた。　(7)　ワクチンは，ウイルスの感染を完全に防ぐものではないが，接種すると感染しにくくなり，感染しても重症化しにくいとされている。したがって，ワクチンを接種した後でも感染することもあり，これをブレイクスルー感染という。　(8)　日本国憲法第25条には生存権が保障されており，すべての国民に「健康で文化的な最低限度の生活を営む権利」があるとされている。

問２　**(あ)**　主権とは，その国の政治のあり方を最終的に決める最高の力のことである。日本国憲法では，その主権を国民が持つとして，国民主権を定めている。　**(い)**　日本国憲法第９条では国同士のもめごとを解決する手段として，戦争を行わないとしている(戦争の放棄)。また，そのために戦力を持たず，交戦権を認めないとしている。

問３　(1)　日本国憲法第13条では，すべての国民が個人として尊重されることが定められている。第14条では，法の下の平等について述べられており，人種や性別などで差別されないことが定められている。　(2)　第15条は，国民が政治に参加する権利について述べており，普通選挙や投票の秘密が保障されている。　(3)　第22条では，国民に，居住・移転の自由や職業選択の自由があることが認められている。　(4)　第28条では，労働者が団結する権利や団体交渉を行う権利などを保障している。　(5)　第19条では，個人の思想や良心の自由をさまたげてはならないとしている。第23条では，学問の自由が保障されている。

理　科　＜第３回試験＞（社会と合わせて50分）＜満点：50点＞

解　答

1　(1)　**記号**…(ア)，(オ)，(カ)　**性質**…アルカリ性　(2)　**記号**…(イ)　**性質**…中性　(3)　(エ)　(4)　①　(5)　④　(6)　(ア)　②　(イ)　①　**2**　(1)　29cm　(2)　50ｇ　(3)　26cm　(4)　27.5cm　(5)　64cm　(6)　10cm　**3**　(1)　ア　(2)　イ，ウ　(3)　しん食　(4)

ア，エ　(5)　エ　(6)　平地

解　説

1　水よう液の性質についての問題

(1)　うすいアンモニア水やうすい水酸化ナトリウム水よう液，石灰水はアルカリ性の水よう液で，赤色リトマス紙にアルカリ性の水よう液をつけると，赤色リトマス紙は青色に変化する。なお，炭酸水とうすい塩酸は，酸性の水よう液である。

(2)　食塩水などの中性の水よう液は，赤色リトマス紙や青色リトマス紙につけても，リトマス紙の色は変化しない。

(3)　スチールウールは，鉄である。うすい塩酸に鉄を入れると，水素が発生する。

(4)　石灰水に二酸化炭素を通すと，石灰水は白くにごる。炭酸水は気体の二酸化炭素が水にとけてできた水よう液なので，炭酸水と石灰水を混ぜると，石灰水が白くにごる。

(5)　同じ濃さで同じ量のうすい塩酸とうすい水酸化ナトリウム水よう液を混ぜると，それぞれの性質を打ち消し合って(完全中和)，中性の食塩水ができる。食塩水はスチールウールと反応しないため，スチールウールを加えても，何もおこらない。

(6)　(ア)　うすいアンモニア水の水を蒸発させると，気体のアンモニアが発生する。アンモニアには，鼻をさすような強いにおいがある。　(イ)　食塩水の水を蒸発させると，白い固体の食塩が残る。

2　ばねの性質についての問題

(1)　ばねＡはおもりの重さが10gのとき３cm伸びるから，おもりの重さが30gのときには，$3\times\frac{30}{10}=9$(cm)伸びる。よって，このときのばねＡの全体の長さは，20＋９＝29(cm)になる。

(2)　ばねＡの全体の長さが35cmになるとき，ばねＡは，35－20＝15(cm)伸びている。ばねＡが３cm伸びるときのおもりの重さは10gだから，$10\times\frac{15}{3}=50$(g)のおもりがつるされているとわかる。

(3)　図１のとき，ばねＡにかかるおもりの重さは20gなので，このときのばねＡの伸びは，$3\times\frac{20}{10}=6$(cm)である。したがって，このときのばねＡの全体の長さは，20＋６＝26(cm)である。

(4)　図２では，２本のばねＡにそれぞれ，50÷２＝25(g)の重さがかかる。おもりの重さが25gのときのばねＡの伸びは，$3\times\frac{25}{10}=7.5$(cm)だから，このときの２本のばねＡそれぞれの全体の長さは，20＋7.5＝27.5(cm)となる。

(5)　図３のようにばねＡとおもりをつるすと，２本のばねＡそれぞれに40gの重さがかかる。おもりの重さが40gのときのばねＡの伸びは，$3\times\frac{40}{10}=12$(cm)になるから，このときのばねＡそれぞれの全体の長さは，20＋12＝32(cm)である。したがって，２本のばねＡを合わせた全体の長さは，32×２＝64(cm)となる。

(6)　つるしたおもりの重さの差が，70－40＝30(g)のとき，全体の長さの差は，24－18＝６(cm)なので，ばねＢは，30gの重さのおもりをつるしたとき，６cm伸びることがわかる。よって，40gの重さのおもりをつるしたときのばねＢの伸びは，$6\times\frac{40}{30}=8$(cm)だから，ばねＢの自然の長さは，18－８＝10(cm)である。

3　流れる水のはたらきについての問題

(1)　曲がっているところを流れる水の速さは，内側よりも外側で速くなるから，イよりもアで，また，ウよりもエで流れる水の速さは速くなる。アとエでは，水の流れる場所の面積が小さいアの方が，同じ面積あたりに流れる水の量は多くなる。同じ面積あたりに流れる水の量が多いほど流れる水の速さは速くなるので，アが水の流れが一番速かったと考えられる。

(2) 外側よりも流れの遅い内側では，流れる水の運ぶはたらきが小さくなり，積もらせるはたらきがさかんになるから，曲がって流れる水の内側のイとウで土が積もりやすくなると考えられる。

(3) 流れる水が地面をけずるはたらきを，しん食という。

(4) 流れる水の速さが速いほど，地面をけずるはたらきは大きくなる。曲がっているところでは，流れる水の速さは外側の方が速いから，アとエにてい防をつくるとよい。

(5) 流れる水の速さが速い方が，けずるはたらきが大きくなるので，エの方が川は深くなる。

(6) 川の中にある石は，上流から下流に流される間に，転がりながら流されることで角が取れたり，流されている途中で石どうしがぶつかって割れたりして，丸く小さくなっていく。山の中よりも平地の方がより下流になるから，丸い形の小さな石を集めるには，平地の方がよいと考えられる。

英語 ＜第４回試験＞（50分）＜満点：100点＞

解答

1 (1) 3 (2) 4 (3) 2 (4) 1 (5) 4 (6) 1 (7) 2 (8) 2

2 (1) 3 (2) 4 (3) 2 (4) 3 (5) 1　3 (1) 3 (2) 4 (3) 1 (4) 2　4 (1) That white house is very big. (2) These are my father's cars. (3) What manga do you like? (4) How can I go to ABC supermarket? (5) How about this blue shirt? (6) Does Ann help her family at home?　5 (1) (Whose) (cup) (2) (begins[starts]) (at) (3) (can) (4) (more) (5) (There) (6) (singing)

6 (1) Where are the students from? (2) I didn't give Takashi and Ken a present. (3) He likes music very much. (4) Tom sang songs on the stage yesterday. (5) Can she swim very fast? (6) The shop is not opened at ten.　7 (1) Please make a big box. [Make a big box, please.] (2) My father is an English teacher. (3) Tom is studying in his room now. (4) There are many places to visit in Kyoto. (5) I am good at cooking. (6) I am not as young as you.　8 (1) 富士山は日本で一番高い山です。 (2) あの物語は本当かもしれない。 (3) 肉と魚，あなたはどちらの方が好きですか。 (4) たろうはサッカー選手です。そして彼の兄[弟]もサッカー選手です。 (5) 野球はアメリカで行われている。 (6) それは何を意味していますか。　9 (1) nine (2) November (3) Wednesday (4) white (5) uncle (6) pencil (7) Monday (8) winter (9) ear (10) cat

国語 ＜第３回試験＞（50分）＜満点：100点＞

解答

一 問１ a～e 下記を参照のこと。 問２ ウ 問３ イ 問４ エ 問５ (例)

無表情で気持ちを表すことができなくなった兄を治すためには，何もしないでのんびりする時間が必要だと考えたから。　**問６**　よくいろん　**問７**　人種差別　**問８**　ア　**問９**　時間がかか　**二** **問１**　ウ　**問２**　罰　**問３**　Ⅰ　守らなくてはならないもの　Ⅱ　迷惑　**問４**　（例）　法律で禁止されておらず，迷惑とする理由が，個人の主観に基づくものだから。　**問５**　エ　**問６**　ア　**問７**　ウ　**問８**　ア　○　イ　×　ウ　○　エ　○

●漢字の書き取り

一 a　弁当　b　歩(いて)　c　覚(えて)　d　被(って)　e　味方

解　説

一 **出典は小路幸也『少年少女小説集』所収「Fishing with My Brother」による。**数学の天才と呼ばれ，英才教育を受けるためにアメリカへ渡った兄のビン。ところが，日本に帰ってきた兄は気持ちを表に出さない大人になっていた。それを見かねた幼なじみのコーイチが兄を釣りに連れ出した場面が描かれている。

問１　**a**　携帯できるようにした食糧のこと。「弁」の読みは音読みのみで，話すことを意味する「熱弁」「弁解」などの熟語がある。　**b**　「歩」の音読みは「ホ」・「ブ」で，それぞれ「徒歩(トホ)」・「歩合(ブアイ)」などの熟語がある。　**c**　「覚」の音読みは「カク」で，「感覚」「自覚」などの熟語がある。　**d**　「被」の音読みは「ヒ」で，「被害」「被服」などの熟語がある。　**e**　対義語は「敵」である。

問２　本文の前に書かれた『あらすじ』の内容に着目する。ビンは，「気持ちを表に出さない大人になっていた」とある。よって「気持ち」と同義の，ウ「感情」があてはまる。

問３　ジェスチャーの一つで，両肩を上げて身を縮こめる動きの「『肩』をすくめる」である。「どうして釣りに行かなきゃならないのか」というビンの疑問に，コーイチは「とにかくよ，まぁのんびり釣りでもしてれば，治るだろうよ。ビンだってそう思うから釣りする気になったんだろ？」と答えている。そして，それに対し，ビンは「確かにね」と答えて肩をすくめている。肩をすくめるという動作は，どうしようもないという気持ちを表すときや，恥ずかしい思いをした際や，恐れ入った，あきれた，不本意だ，といった様子を表現する際などに用いる。

問４　「負けた」・「負けてしまった」と言ったビンに対しての反応であることをおさえる。コーイチは，「釣りと同じでさ，どっちが先に釣ったかなんて全然関係ないじゃねぇか」とし，「数学の研究ってやつは，そういうものじゃないのか？」と訴えかけている。また，「オレがやってるラグビーだって，確かに勝ち負けのスポーツだけど，試合が終われば〈ノーサイド〉だ」と，ラグビーと対比させ，ビンの「勝ち負け」ととらえた意識を否定しているのである。

問５　「なんで，釣りなの？」の問いに，コーイチが「とにかくよ，まぁのんびり釣りでもしてれば，治るだろうよ」と答えている点に着目する。何が「治る」のか，何を治すのかをとらえてまとめる。最終段落に「無駄な時間かもしれないけど，きっと必要な時間」と「私」の考えがあるので，「兄」を治すために必要な「無駄な時間」のそれぞれを具体的に説明する。

問６　「どうヘンだったかはオボえてるのか」とのコーイチの問いに，「なんとなく」と答え，「自分が，よくいろんなことを忘れてしまう子供だったということはおぼえている」と話している部分をおさえる。

問７　ぼう線部③の直前「アメリカは移民の国だけど，やっぱり，黄色人種への偏見はあった。日本人というだけで明らかに下に見る人たちも大勢いた」と，ビンが言ったことに対しての，コーイチの言葉であることに着目する。この会話の前の，「あったよ」「どんな」「人種差別」「そうなのか」という会話の流れをとらえる。

問８　ビンは,「気持ちを表に出さない大人になっていた」点をとらえる。イは「コーイチさんにも反応を示さない」が，ウは「妹とも長い時間は話したくない」が，エは「早くアメリカに戻りたい気持ちも明らかにしない」がそれぞれ本文にない内容なので不適。

問９　コーイチの会話の内容に注目する。「数学の研究ってやつは，そういうものじゃないのか？　小学校の算数だって，先に黒板に出て解いた奴が偉いのか？　時間がかかってもいいから，自分の力でしっかり正解を出せば，それでいいんじゃないのか？　オレはそう思ってたんだけど」と言っている。「時間がかかってもいいから，自分の力でしっかり正解を出せば，それでいい」と考えているのである。

□二 **出典は北折充隆『迷惑行為はなぜなくならないのか？』による。**「外在化した基準」としてのルールと,「内在化した基準」としてのルールについての考察が述べられている。

問１　第10段落で，ジベタリアンに対しての「『見苦しい』とか『目障り』は，注意する側の主観に基づいた印象」であると説明し，続く第11段落で，これらは「『内在化した基準』であり，ルールについての２つめの考え方である」と述べている。したがって,「思っている」のが,「自分」である，ウが正解である。

問２　「制裁があるからこそ，守られている面も強い」の直後に，よりわかりやすく「罰を受けることが，逸脱行為への強い抵抗につながる」と説明されている。つまり,「制裁」＝「罰」である。

問３　「ルールと法律」の「共通している」点と「ルールとして明文化されていない行為」がどういう行為となるのかをとらえる。第５段落に「ルールと法律は,『守らなくてはならないもの』という点で共通している」とあり，ぼう線部③の直前で「ルールとして明文化されていない＝迷惑行為ではない」と述べられている。

問４　ぼう線部④の直後の二段落をとらえる。「『ジベタリアンは禁止！』と，法律で決められているわけではない」し,「『見苦しい』とか『目障り』は，注意する側の主観に基づいた印象なので，注意の根拠としては弱い」のである。

問５　ジベタリアンについて「道路交通法や鉄道事業法に」「明確に書かれているわけでもない」ので,「何が問題なのか」ということの根拠を,「鉄道会社が『座りこみをしないでください』と，車内アナウンスする」ことを「むりやりに」挙げている，という文脈である。

問６　「ケーキが食べたいというだけで，お金を払うというルールが自分の中に内在化されていなかったら」どうなるか，空欄Ａの内容が「ふざけていっているのではな」いとして,「３歳くらいの頃，店頭に置いてあった売り物のベビーシュークリームを，勝手に開けて食べてしまった」という経験を挙げているので，アの「片っ端からケーキを手に取り，食べまくることになる」があてはまる。

問７　ルールとして成り立たないものを選ぶ点に注意する。「『毎日英語を続けるべきだ』というのは，筆者個人の『内在化した基準』である。しかし，道徳意識や正義感に根ざしたものではないから，ルールとはいえない」とある。したがって，ウの「英語の勉強をしなければいけない」を選ぶ。

問８　ア「『やってはいけない』ことだと意識されなければ，行動へ影響することもない」とあるので，○である。　**イ**「行為が社会的に意味づけされ，個人を超えて共有されていない限り，すなわち外在化されていない限り，ルールは成立しない。『英語の勉強をしなければいけない』などというのは，勝手な思いこみの域を出ないのである」とある。つまり，「個人の勝手な思いこみ」は「ルールとはいえない」ということなので，×である。　**ウ**「行為が社会的に意味づけされ，個人を超えて共有されていない限り，すなわち外在化されていない限り，ルールは成立しない」とある。「個人を超えて共有されていない限り」，「ルールは成立しない」ので，○である。　**エ**今は，「英語の勉強をしなければいけない」というのが勝手な思いこみでしかなくても，「今後，日本のグローバル化がますます進んで，日本に英語ファシズムのようなものが蔓延し，『英語力あらずんば人にあらず』といわれる状況になれば，話は別」であり，「英語力を身につけることが，『強固なルール・絶対的な目標』として，社会の中で共有されること」になれば，「ルール」になると述べられているので，○である。

Memo

2021年度　帝京大学系属　帝京中学校

〔電　話〕　(03) 3963－6383
〔所在地〕　〒173－8555　東京都板橋区稲荷台27－1
〔交　通〕　JR埼京線 ―「十条駅」より徒歩12分
　　　　　　都営三田線 ―「板橋本町駅」より徒歩８分

〈編集部注：２教科型受験生は，算数・英語・国語の中から２教科を選択します。〉

【算　数】〈第１回午前試験〉（50分）〈満点：100点〉

（注意）定規(じょうぎ)・コンパス・電卓(でんたく)は使わないで下さい。

□にあてはまる数を入れなさい。

1 ①　$1234\times3-(2021-1563)+984\div2-1715=$□

②　$0.125\times80\times5\div2=$□

③　$\frac{2}{3}\times5\times66-7=$□

④　$\frac{1}{6}+\frac{1}{12}+\frac{1}{20}+\frac{1}{30}+\frac{1}{42}=$□

⑤　60の約数のうち、3の倍数は□個あります。

⑥　420kmを2時間30分で走る列車の速さは毎分□mです。

⑦　税抜き720円の品物を買うとき、消費税10％では□円になります。

⑧　縦(たて)、横、高さの長さがそれぞれ3cm、4cm、5cmの直方体の表面積は□cm^2です。

⑨　4人が同時にじゃんけんをするとき、1人だけが勝つ手の出し方は、□通りです。

⑩　花子さんが持っていたお金の$\frac{1}{5}$を弟に渡し、さらに残りの$\frac{1}{4}$のお金で買い物をしたところ、720円残りました。花子さんが最初に持っていたお金は［　　　］円です。

2　太郎くんは5kmのランニングコースを走ります。分速150mで10分間走ることと、立ち止まって休けいを3分間とることをくり返します。次の問いに答えなさい。

①　20分後には、スタート地点から［　　　］mのところにいます。

②　ランニングコースを走りきるまでにかかる時間は［　　分　　秒］です。

3　黒い石と白い石がともに150個ずつあります。下の図のように、黒い石と白い石を交互に外側に並べて、正方形を大きくしていきます。次の問いに答えなさい。

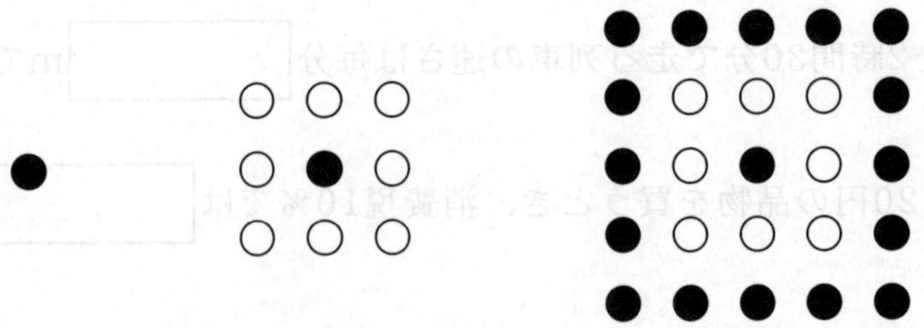

1番目　　2番目　　3番目

①　6番目の正方形の一番外側の石は［　　　］個です。

②　手元にある石を使って正方形ができるだけ大きくなるように並べました。残った石のうち、少ない方の色の石は［　　　］個です。

4　7cmの長さのテープを何本かつないで、1本の長いテープを作ります。次の問いに答えなさい。

①　1cmずつ重ねてテープの端（はし）を17本つなぐと、[　　　]cmのテープができます。

②　26本のテープの端を[　　　]cmずつ重ねると、全体の長さが152cmになります。

5　図のように、3辺の長さが6cm、8cm、10cmの直角三角形と、その直角三角形の内側でそれぞれの辺に接するような円があります。また、各辺を直径とする半円が直角三角形の外側についています。次の問いに答えなさい。ただし、円周率は3.14とします。

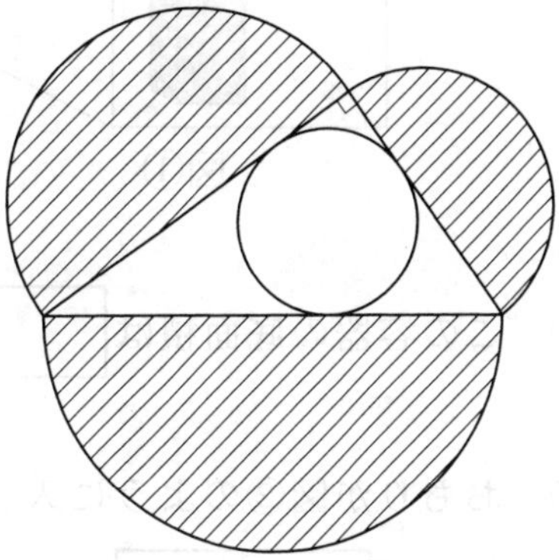

①　斜線（しゃせん）部分の面積は[　　　]cm^2です。

②　直角三角形の内側にある円の半径は[　　　]cmです。

6　直方体の形をした深さ50cmの空の容器があります。この中に底面が1辺10cmの正方形で高さが30cmの直方体のおもりが入っています。おもりが図①のように入っているとき、この水そうに蛇口(じゃぐち)から毎分3Lの割合で水を入れていくと、6分20秒後に深さがちょうど10cmになりました。次の問いに答えなさい。

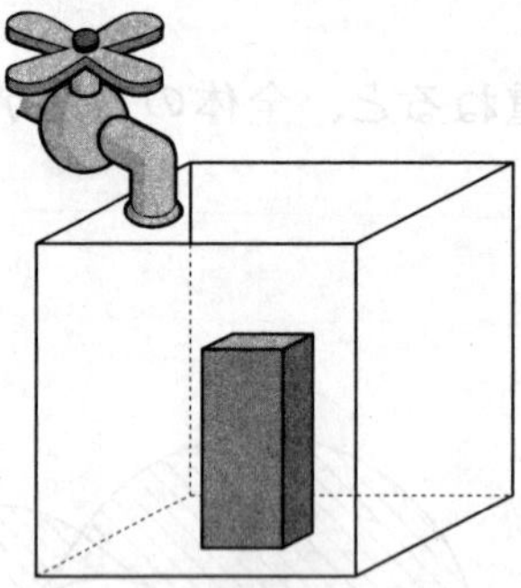
図①

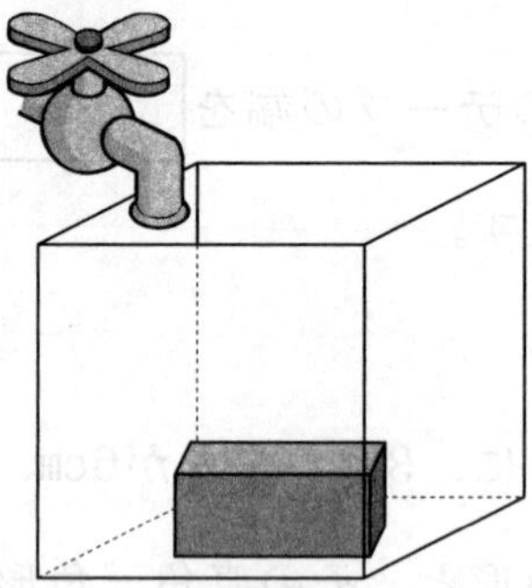
図②

①　この容器の底面積は［　　　］cm^2です。

②　おもりが図②のように入っているとき、水を入れ始めてから10分後の水の深さは［　　　］cmです。

【社　会】〈第１回午前試験〉（理科と合わせて50分）〈満点：50点〉

（注意）定規・コンパス・電卓は使わないで下さい。

１　次の地図を見て、以下の問いに答えなさい。

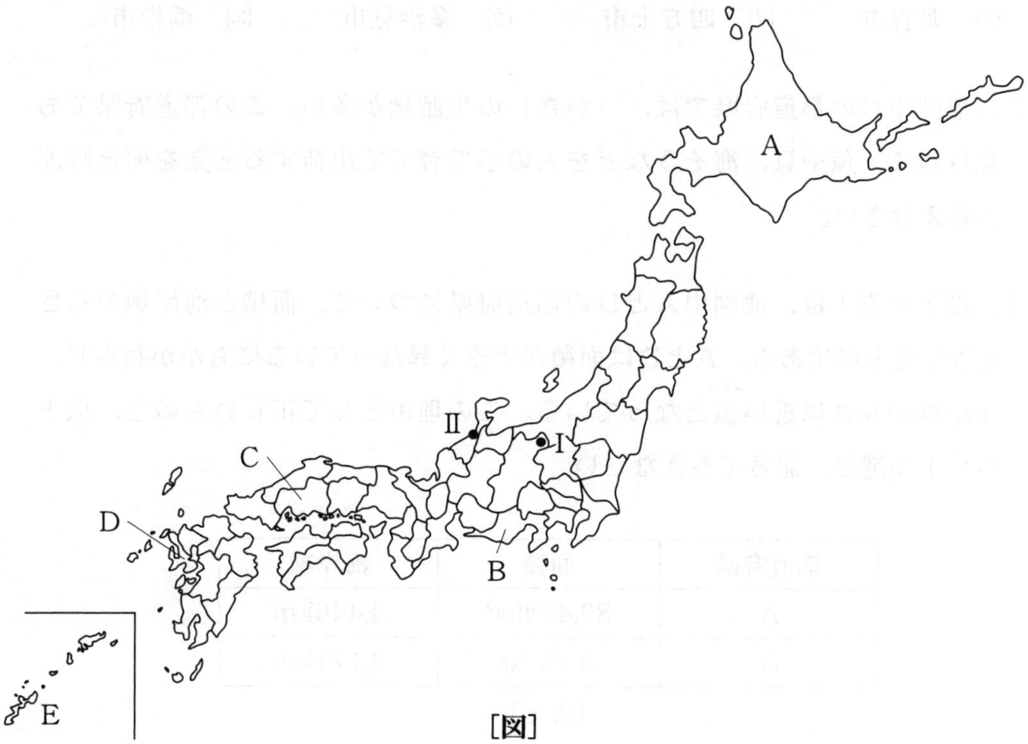

［図］

問１．地図中Ａの都道府県について、以下の問いに答えなさい。

⑴　この都道府県や樺太（サハリン）、千島列島、東北地方の北部までの範囲で古くからくらし、独自の文化や歴史を築いてきた先住民族の名前を**カタカナ３字**で答えなさい。

⑵　この都道府県の北東に位置する北方領土とよばれている地域は、日本と隣国との間で、どちらの領土かを長い間争っている。この隣国の名前を答えなさい。

⑶　この都道府県で多く栽培されている農作物として**誤っているもの**を以下から１つ選び、記号で答えなさい。

㋐　トウモロコシ　　　㋑　サトウキビ

㋒　ジャガイモ　　　　㋓　コメ

問２．昨年８月、地図中Ｂの都道府県にある都市で、国内の観測史上最も高い気温を記録した。この都市の名前を以下から１つ選び、記号で答えなさい。

㋐　熊谷市　　㋑　四万十市　　㋒　多治見市　　㋓　浜松市

問３．地図中Ｃの都道府県では、「かき」の生産量が多い。この都道府県でも見られる、魚や貝、海そうなどを人の手で育てて出荷する漁業を何と呼ぶか答えなさい。

問４．以下の表１は、地図中ＡとＤの都道府県について、面積と海岸線の長さを表したものである。ＡとＤは面積が大きく異なっているにもかかわらず、海岸線の長さは近い値となっている。この理由として正しいものを、以下から１つ選び、記号で答えなさい。

都道府県	面積	海岸線
A	83,424km²	4,446km
D	4,131km²	4,171km

[表１]

㋐　Ａの都道府県は、面積は大きいが、船が止まることのできる港が少ないため、海岸線が短くなっている。

㋑　Ａの都道府県は、冬にほとんどが雪で覆われてしまい、生活ができないので、北方領土や青森県も含めて面積を測ることとするので、面積が大きくなっている。

㋒　Ｄの都道府県は、複雑な海岸線になっており、さらに多くの島が含まれるので、海岸線が長くなっている。

㋓　Ｄの都道府県は、特別に人口が少ないので、隣の県と一緒に海岸線を測るため、海岸線が長くなっている。

問５．地図中Ｅの都道府県について、以下の問いに答えなさい。

⑴　この都道府県の伝統的な家には様々な工夫が見られるが、次の㋐～㋓のうち、その工夫として**誤っているもの**を１つ選び、記号で答えなさい。

㋐　「ふくぎ」という木を家のまわりに植えている。
㋑　風通しの良い広い戸口となっている。
㋒　さんごなどを積んだ石がきで家を囲んでいる。
㋓　しっくいでかわらを固めている。

⑵　この都道府県には、15世紀～19世紀に存在した王国の文化が、様々な部分で受けつがれている。この王国の名前を解答らんに合う形で答えなさい。

⑶　この都道府県には、「ある国」の広大な軍用地（基地）が存在しており、様々な問題が生じている。「ある国」の名前を答えなさい。

問６．地図中のＡ～Ｅの都道府県には、世界遺産に登録された場所がある。次のうち、世界遺産に登録されているものとそれが位置する都道府県の組み合わせとして**誤っているもの**を１つ選び、記号で答えなさい。

㋐　知床－Ａ　　㋑　富士山－Ｂ　　㋒　原爆ドーム－Ｃ
㋓　沖ノ島－Ｄ　　㋔　首里城跡－Ｅ

問７．次の表２は、地図中のⅠ・Ⅱの月別降水量を表したものである（単位は㎜）。Ⅰを表しているのはア、イのどちらであるか、記号で答えなさい。

	1月	2月	3月	4月	5月	6月	7月	8月	9月	10月	11月	12月
ア	269.6	171.9	159.2	136.9	155.2	185.1	231.9	139.2	225.5	177.4	264.9	282.1
イ	51.1	49.8	59.4	53.9	75.1	109.2	134.4	97.8	129.4	82.8	44.3	45.5

［表２］

問８．次の表３は、地図中のⅠ・Ⅱの月別平均気温を表したものである（単位は℃）。この資料(しりょう)について、以下の問いに答えなさい。

	1月	2月	3月	4月	5月	6月	7月	8月	9月	10月	11月	12月
ウ	3.8	3.9	6.9	12.5	17.1	21.2	25.3	27.0	22.7	17.1	11.5	6.7
エ	−0.6	0.1	3.8	10.6	16.0	20.1	23.8	25.2	20.6	13.9	7.5	2.1

［表３］

（統計資料は『日本国勢図会2020/21』より）

エは、ウと比べて全体的に気温が低くなっているが、その理由を次の［グラフ］を参考(さんこう)にして、説明しなさい。なお、次のグラフは、Ⅱ（左）→Ⅰ（右）の断面図(だんめんず)である。

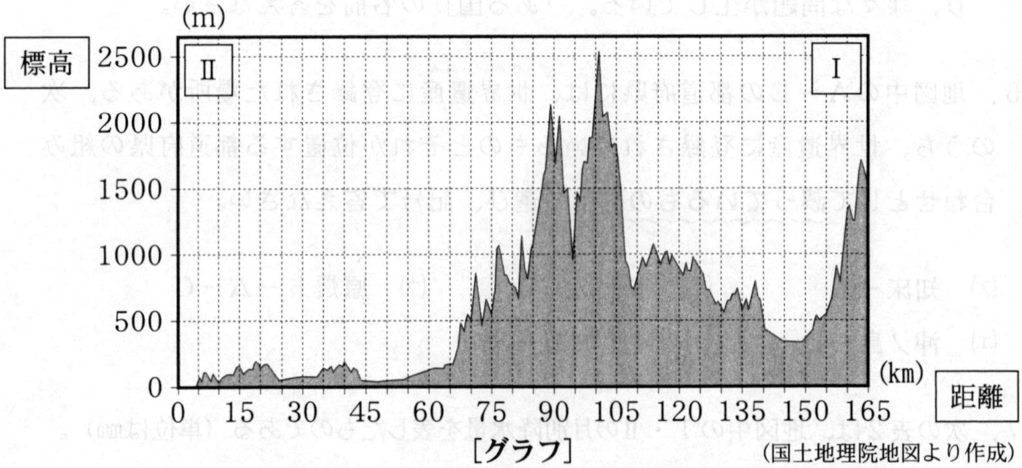

［グラフ］

（国土地理院地図より作成）

2 次の各文を読んで、以下の問いに答えなさい。なお、各文は**時代順に並んでいません。**

［A］ 織田信長に仕え有力な武将となった豊臣秀吉は、信長にそむいた（ 1 ）をたおし、天下統一の道を歩みはじめました。

［B］ 外務大臣の（ 2 ）は、1911年に欧米との不平等条約の改正に成功し、（ 3 ）を回復しました。

［C］ （ 4 ）は大仏をつくる命令を出しました。全国から人々や物資が集められ、のべ260万人もの人々が働き、９年もの年月がかかりました。

［D］ 聖徳太子は、（ 5 ）の政治を助ける摂政になり、天皇を中心とする国づくりを行いました。

［E］ 経済の不振が続くなか、中国の（ 6 ）で日本が持っていた権利や利益を守ろうという主張を実現するために、（ 6 ）にいた日本軍が中国軍を攻撃するという（ 6 ）事変がおきました。

［F］ 中大兄皇子と（ 7 ）は645年に蘇我氏をたおし、中国から帰国した留学生や留学僧たちとともに天皇を中心とする新しい国づくりを始めました。

［G］ 平氏をたおした源頼朝は、武士のかしらとして朝廷から（ 8 ）に任じられ、（ 9 ）に幕府をつくりました。頼朝は家来になった武士たちに先祖からの領地の所有を認めました。

［H］ 皇帝の権力が強いドイツの憲法を学んで帰国した（ 10 ）は内閣制度をつくり、初代の内閣総理大臣となりました。

［I］ 江戸幕府の３代将軍となった（ 11 ）は、大名に江戸と領地の間を行き来させる（ 12 ）の制度を定めました。

［Ｊ］この国の王は元々男性でした。しかし、その王が従えていた国々が争いをおこし、戦いが続いたので（　13　）という女性を王に立てました。

［Ｋ］　平安時代になると、朝廷の政治は、一部の有力な貴族が動かすようになりました。（　7　）の子孫である（　14　）氏が大きな力を持ち、貴族は大きなやしきでくらし、和歌やけまりなどを楽しみました。

問１．文中の空らん（　1　）～（　14　）にあてはまるものを、以下の【語群】から選び、それぞれ記号で答えなさい。

【語群】

(ア) 太政大臣	(イ) 征夷大将軍	(ウ) 中臣鎌足	(エ) 陸奥宗光
(オ) 関税自主権	(カ) 治外法権	(キ) 参勤交代	(ク) 明智光秀
(ケ) 大久保利通	(コ) 天智天皇	(サ) 聖武天皇	(シ) 天武天皇
(ス) 小村寿太郎	(セ) 鎌倉	(ソ) 上海	(タ) 奈良
(チ) 伊藤博文	(ツ) 徳川綱吉	(テ) 徳川家光	(ト) 満州
(ナ) 卑弥呼	(ニ) 推古天皇	(ヌ) 足利	(ネ) 藤原

問２．［Ａ］について、豊臣秀吉が行った政策として**誤っているもの**を１つ選び、記号で答えなさい。

(ア) 刀狩令を出す　　(イ) 検地を行う
(ウ) 朝鮮を侵略する　　(エ) 延暦寺を焼く

問３．［Ｃ］の大仏はどこにつくられましたか。当てはまる地名を**問１の【語群】から**１つ選び、記号で答えなさい。

問４．［Ｆ］の文中に登場する「中大兄皇子」は、後に天皇になります。何天皇のことですか。当てはまるものを**問１の【語群】から**１つ選び、記号で答えなさい。

問５．［Ｉ］の制度を定めた理由を、簡単に説明しなさい。

問６．［Ｊ］の「この国」とは何か、答えなさい。

3 次の文を読んで、以下の問いに答えなさい。

「政治」とは、わたしたちがより豊かなくらしができるように、国や都道府県、市（区）町村において、いろいろな制度やきまりを整え、予算をたて、わたしたちのために、わたしたちの願いを実現する政策を実行することです。

2020年（令和２年）は、新型（　１　）ウィルスの感染拡大により、「政治」の力や、どのような政策が出されるのかという動きが毎日のように注目されました。その「政治」を担当しているのは、国や都道府県、市（区）町村です。ここでいう「国」とは、実際には（　２　）で決められた法律や予算にもとづいて、政策を行う「内閣」のことを指します。

内閣の最高責任者は、内閣総理大臣です。2020年８月時点では、（　３　）さんが務めていました。（　３　）さんは、長い間総理大臣を務めました。2019年11月20日に、総理大臣を務めている期間が通算で2887日になり、憲法ができてからの総理大臣として歴代（　４　）位になりました。また、2020年８月24日には、連続して総理大臣を務めている期間が2799日になり、こちらも歴代単独（　４　）位になりました。しかし2020年８月28日に、病気による体調不良を主な理由として、総理大臣を辞職する（やめる）こととなりました。そのため、2020年９月16日に（　２　）が開かれ、新しい内閣総理大臣として（　５　）さんが指名されました。

さて、内閣総理大臣は、専門的な仕事を担当する（　６　）大臣を任命して内閣を作ります。内閣では、（　７　）と呼ばれる（　６　）大臣との会議を開き、国の政治の進め方や政策を話し合います。

内閣のもとで実際に仕事をするのは、省や庁などです。ほとんどの（　６　）大臣は、担当する省などの大臣として、分担して専門的な仕事を進めます。例えば（　８　）省は、新型（　１　）ウィルスの感染拡大により注目されましたが、国民の健康や労働などに関する仕事をしています。財務省は、国の予算や財政に関する仕事を行う役所で、この省内の国税庁は、国民から集められた（　９　）を管理しています。また、（　10　）省は経済やエネルギーなどに関する仕事を行う役所ですが、この省が主導して2020年７月１日より、原則（　11　）を有料化しました。これは海洋プラスチックごみの問題や、地球温暖化の解決に向けた第一歩であると考えられています。

さて、帝京中学校があるのは東京都ですが、東京都も「政治」を行っています。特に新型（　１　）ウィルスの感染者が多い東京都では、（　１　）禍の最中に行われた東京都知事選挙に注目が集まり、７月５日に（　12　）さんが再選しました。

問１．文中の空らん（　１　）～（　12　）にあてはまるものを、以下の【語群】から選び、それぞれ記号で答えなさい。

【語群】

(ア) レジ袋	(イ) レシート	(ウ) エボラ
(エ) コロナ	(オ) インフルエンザ	(カ) マラリア
(キ) １	(ク) ２	(ケ) ３
(コ) ４	(サ) 税金	(シ) 国務
(ス) 厚生労働	(セ) 経済産業	(ソ) 裁判所
(タ) 閣議	(チ) 国会	(ツ) 西村康稔
(テ) 菅義偉	(ト) 安倍晋三	(ナ) 小泉進次郎
(ニ) 小池百合子	(ヌ) 山本太郎	(ネ) 国土交通
(ノ) 岸田文雄	(ハ) 石破茂	

問２．文中の下線部に関して、次に挙げる〔内閣のおもな仕事〕の空らん（　１　）～（　３　）に当てはまる語句を、以下の【語群】から選び、それぞれ記号で答えなさい。

〔内閣のおもな仕事〕

・　法律案や予算案をつくって、国会に提出する
・　外国と（　１　）を結ぶ
・　最高裁判所の長官を指名し、裁判官を任命する
・　（　２　）の解散を決める
・　（　３　）の国事行為に助言や承認を与える
・　国会の召集を決める

【語群】

(ア)　参議院	(イ)　衆議院	(ウ)　特別裁判所
(エ)　高等裁判所	(オ)　都道府県知事	(カ)　条約
(キ)　国家公務員	(ク)　天皇	

【理　科】〈第１回午前試験〉（社会と合わせて50分）〈満点：50点〉

（注意）定規（じょうぎ）・コンパス・電卓（でんたく）は使わないで下さい。

1　おもりと糸を使ってふりこの実験を行いました。

(1)　図１のアの位置でおもりを静かに放した。おもりが最も速く動いているのはどの位置ですか。ア～オの中から選びなさい。

図1

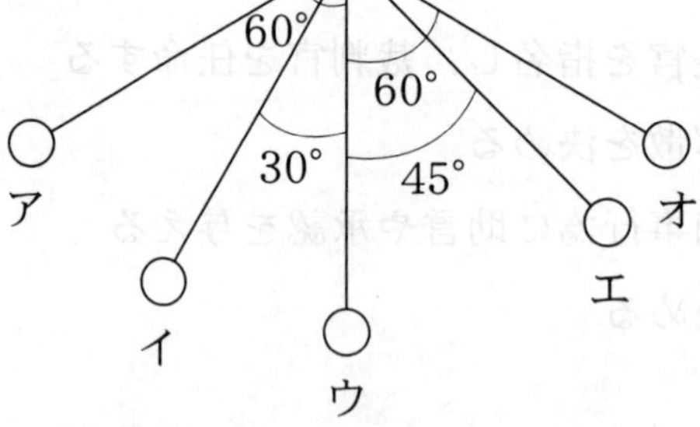

(2)　次に糸の長さとおもりの重さは変えずに、おもりを静かに放す位置を図１のア・イ・エと３カ所に変えて実験を行いました。次のＡ～Ｄから正しいものを選びなさい。

A　イから放した時のふりこの周期はアから放した周期の半分である。
B　アから放した時のふりこの周期が一番長い。
C　ア・イ・エのどこから放しても、ふりこの周期は変わらなかった。
D　エから放した時のふりこの周期はイから放した周期よりも長い。

(3)　次に、糸の長さを50㎝、おもりを放す位置をアに固定して、おもりの重さだけを変える実験を行いました。下の表が、実験の結果をまとめたものです。□にあてはまる数字を答えなさい。

おもりの重さ[g]	20	40	80	120
周期[秒]	2	2	□	2

⑷　次におもりの重さを40ｇ、おもりを放す位置をアに固定して糸の長さを変える実験を行いました。下の表が実験の結果をまとめたものです。表の結果を参考にして、糸の長さを４倍にすると、周期は何倍になっているかを答えなさい。

糸の長さ[㎝]	25	50	100	200
周期[秒]	1	1.4	2	2.8

⑸　⑶⑷の結果から、おもりの周期は何に関係があると、予想できるか答えなさい。

2　2020年、帝京中学校の生物部はジャガイモとトウモロコシをプランターで育てるため、ジャガイモとトウモロコシについていろいろなことを調べて育てる準備をしました。

調べてわかったこと

①　ジャガイモの「いも」には養分がたくさんふくまれている。

②　ジャガイモは種子をつくってふえるだけでなく、土の中にできた「いも」から芽を出してふえることもできる。

③　芽が出たジャガイモの「いも」を育てると、養分をつかって根・くき・葉は大きくなるのに「いも」の部分はどんどんしぼんで小さくなっていく。

④　トウモロコシについている「ひげ」は、めばなの長いめしべです。

⑤　トウモロコシの種子が発芽すると、子葉が１まい出てくる。

４月、ジャガイモとトウモロコシを育てる準備ができたので、買ってきた苗(なえ)をプランターに植えて水をたくさんあたえました。「根から取り入れた水は葉まで運ばれて、葉から出て行くんだよ」と先生が教えてくれました。

(1) ジャガイモの「いも」にある養分が何か調べるため、「いも」にヨウ素液をかけました。ヨウ素液は、こい青むらさき色に変化しました。「いも」にある養分はなんですか。

(2) 芽が出て、根・くき・葉が大きく成長したジャガイモから、しぼんだ「いも」を取り出しました。このしぼんだ「いも」にヨウ素液をかけたときのようすをアとイから１つ選びなさい。

ア：ヨウ素液の色はこい青むらさき色に変わる。
イ：ヨウ素液の色はあまり変わらない。

(3) トウモロコシと同じように、発芽して子葉が１まい出てくる植物をア～エから１つ選びなさい。

ア：インゲンマメ　　イ：ホウセンカ　　ウ：イネ　　エ：アサガオ

(4) トウモロコシのおばながさく前に、めばなから「ひげ」を全部切り落としました。トウモロコシの実はできますか、できませんか。

(5) 水の通り道を調べるために、トウモロコシの根に赤い水をすわせたあと茎をたてに切りました。たてに切った茎のようすをア～ウから１つ選びなさい。

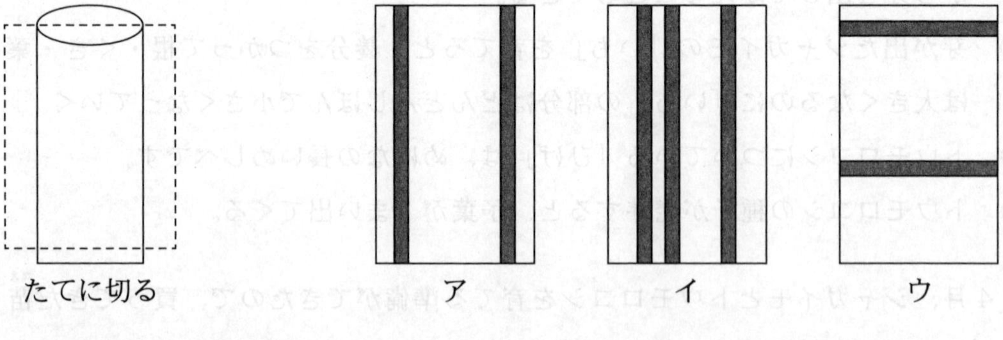

(6) 植物の体から水蒸気がでていくことをなんといいますか。

3

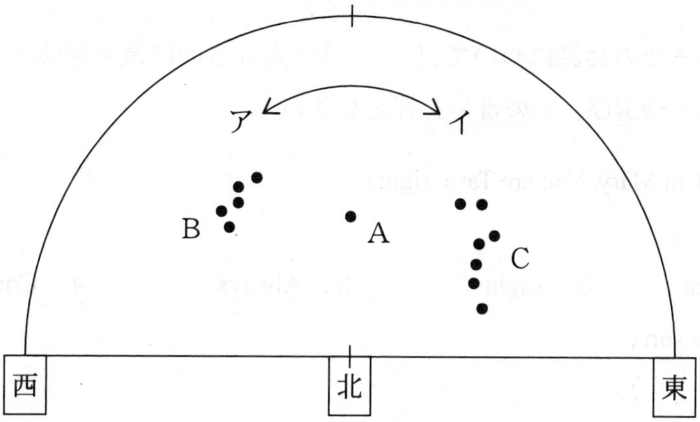

上の図は、夜に北の空を見上げたときのようすを表しています。

(1) 観察をつづけている間、星Aは、ほとんど動かないことがわかりました。星Aは、何という星ですか。

(2) 星の集まりBとCは、観察をつづけている間に少しずつ動いていることがわかりました。ア，イのどちらの向きに動くか答えなさい。

(3) Bは星座である。何という星座ですか。

(4) Cは、ある星座の一部です。Cは何とよばれていますか。また、Cがふくまれているのは何という星座ですか。

(5) 星Aを同じ時刻に、東京、名古屋、大阪、札幌、福岡の５つの都市で観察しました。星Aがいちばん高い位置に見えるのは、どの都市で観察した場合ですか。

(6) 今のようすから、Cが星Aの真上の位置にくるまでにおよそ何時間かかりますか。ただし、星座が再び同じ位置にくるまでに24時間かかるものとし、昼間になって見えなくなってしまってもかまわないものとします。

【英　語】〈第１回午前試験〉(50分)〈満点：100点〉

1 次の(1)から(8)までの会話について、(　　　)に入れるのに最も適切なものを１，２，３，４の中から一つ選び、その番号を答えなさい。

(1) A：Hello, I'm Mary. You are Taro, right?

B：(　　　).

1．America　2．Right　3．Always　4．Cool

(2) A：Oh, I'm sorry.

B：No (　　　).

1．OK　2．fine　3．bye　4．problem

(3) A：What is this?

B：It's a (　　　).

1．pretty　2．book　3．Taro　4．happy

(4) A：Is she a music teacher?

B：No, (　　　) isn't.

1．he　2．I　3．we　4．she

(5) A：Do you like English?

B：Yes, I (　　　).

1．don't　2．does　3．do　4．am

(6) A：What food do you like?

B：I like (　　　).

1．soccer　2．computer　3．reading　4．sushi

(7) A：What event do you have in summer?

B：We have tanabata in (　　　).

1．July　2．spring　3．Wednesday　4．America

(8) A：Hello, Mr. Ito. How are you today?

B：I'm (　　　).

1．fine　2．coming　3．Japanese　4．talking

2 次の(1)から(5)までの会話について、(　　)に入れるのに最も適切なものを１，２，３，４の中から一つ選び、その番号を答えなさい。

(1) A：Who's this?
B：(　　　)
1. He's my brother, Taro.　　2. It is a pencil.
3. He is from India.　　4. That's a good idea.

(2) A：When do you practice?
B：(　　　)
1. We practice on Wednesday.　　2. We practice in the gym.
3. No, I don't.　　4. Yes, I do.

(3) A：Whose bag is this?
B：(　　　)
1. It's too large.　　2. Yes, it is a bag.
3. Taro is.　　4. It's Taro's.

(4) A：Does he play volleyball?
B：(　　　)
1. No, he isn't.　　2. Yes, I do.
3. I like soccer.　　4. No, he doesn't.

(5) A：I saw you in the library three days ago.
B：(　　　)
1. Yes. I was running there.　　2. Yes. I was reading a book.
3. Do you have a minute?　　4. I like it.

3 次の(1)〜(4)の会話について、後に続く言葉として最も適切なものを１，２，３，４の中から一つ選び、その番号を答えなさい。

(1) A：Who is your favorite person?

B：It's Yui. She is a great singer.

A：Why do you like her?

B：(　　　)

１．Because it's raining.　　２．Her voice is very beautiful.

３．I don't know her well.　　４．Thanks.

(2) A：When do you feel happy?

B：I feel happy when I play the piano. How about you?

A：I feel happy when I talk with my friends.

B：(　　　)

１．Playing the piano is hard.　　２．Kumi is a friend of mine.

３．I love it, too.　　４．I am very sad now.

(3) A：What is the most interesting subject?

B：I think English is the most interesting. How about you?

A：I think Japanese is more interesting than English.

B：(　　　)

１．My favorite subject is Japanese.　　２．I know you like it.

３．English is very difficult.　　４．Me too.

(4) A：Do you know these books?

B：Were they written by Dazai Osamu?

A：Yes, they were. I like his books. Do you like reading books?

B：(　　　)

１．No, they weren't.　　２．That's too bad.

３．I'd love to.　　４．Yes, I do.

4 次の日本文の意味に合うように(　　　)内の語(句)を並べかえなさい。ただし、文頭にくる語(句)も小文字で書いてある。

(1) 私たちはきのう川で泳ぎませんでした。
(swim / did / yesterday / we / in the river / not).

(2) 私は毎日テレビを見ます。
(I / TV / every day / watch).

(3) 私たちは学生です。
(students / are / we).

(4) ぼくはおじを出むかえに駅へ行きました。
I (to / went / meet / to the station / my uncle).

(5) 私の兄は私の父と同じくらい背が高い。
My brother is (tall / my / as / as / father).

(6) あなたの国では何語が話されていますか。
(in / is / language / spoken / what / your country)?

5 次の日本文の意味に合うように(　　　)に適切な語を答えなさい。

(1) これらのボールはあなたがたのものですか。
Are these balls (　　　)?

(2) 今何時ですか。－８時です。
(　　　) (　　　) is it now? －(　　　) eight o'clock.

(3) 私たちは昨日テニスをした。
We (　　　) (　　　) yesterday.

(4) ミカはクミよりも若いです。
Mika is (　　　) than Kumi.

(5) 私は水を飲むために台所へ行きました。
I went to the kitchen (　　　) (　　　) some water.

(6) この車は先週の土曜日に母によって使われました。
This car (　　　) (　　　) by my mother last Saturday.

6 (　　)内の指示にしたがって英文を書きかえなさい。

(1) This is Yuka's bag or Yuki's bag.（疑問文に）
(2) He is from China.（否定文に）
(3) The car was washed last Sunday.（否定文に）
(4) We have sung this song.（neverを使って否定文に）
(5) She has left home.（文の一番うしろにyetをつけて疑問文に）
(6) Yumi makes a speech in English.（mustを加えて）

7 次の日本文を英文に直しなさい。

(1) 彼女は私の妹ではありません。彼女はミカ(Mika)の妹です。
(2) あれは犬ですか、それとも猫ですか。－それは犬です。
(3) 私は毎日お皿を洗います。
(4) 彼女は本を読みたかった。
(5) 私たちは長い間ずっと彼に会っていません。
(6) 私を病院へ連れて行ってくださいませんか。

8 次の英文を日本文に直しなさい。

(1) How many birds do you see?
(2) He bought you a nice present yesterday.
(3) I ate dinner with my friend.
(4) I'm looking for something to give to my mother.
(5) We have a lot of homework to do today.
(6) It's snowy today.

9 次の日本語を英語に直しなさい。

(1) 金曜日　(2) 月曜日　(3) 秋　(4) 中国　(5) 黒
(6) (数字の)10　(7) (数字の)18　(8) おば　(9) ２月　(10) ９月

問７ ――⑤「意外なところで、共通点がありましたね」とありますが、ハチの幼虫と人間の赤ちゃんの共通点とはどのようなことですか。本文中の言葉を使って25字以内で説明しなさい。

問８ ――⑥「彼女たちは、これから働きバチとして活動する」とありますが、働きバチの主な役割はどのようなことですか。本文中から5字で探し、ぬき出して答えなさい。

問９ 次の中から、本文の内容と合っているものを一つ選び、記号で答えなさい。

ア　ハチの幼虫は五ミリをこえる大きさになっても、食欲はさほどかわらずにさかんである。
イ　ハチがさなぎから羽化するときには、他の力をかりずに大あごで育房の内側からまゆを破っていく。
ウ　最初に羽化した働きバチは、女王バチがたった一匹で多くの幼虫を育てるためとても小柄である。
エ　働きバチの寿命はおよそ三十日ほどであるが、中には大きさが二十五ミリくらいまで成長して長生きするものもいる。

問４ ――②「さいそくする」とありますが、この言葉の意味として最も適当なものを次の中から一つ選び、記号で答えなさい。

ア　早くするようにと、急がせること。
イ　自分のペースを乱さないように注意すること。
ウ　いくつかある中から選んで、取り上げること。
エ　物事のよしあしをはっきりと決めること。

問５ ――③「女王バチの栄養ドリンク」とありますが、この飲み物はどのような力につながっていきますか。その内容の一つについて説明した次の文の［　］にあてはまる部分を本文中から21字で探し、はじめの５字をぬき出して答えなさい。

百キロという長い距離を飛ぶことができ、［　］という力につながる。

問６ ――④「イモムシのようだった彼女たちの体は、成虫のように頭、胸、腹と分かれ、はねや脚や触覚などもちゃんとできてくるのです」とありますが、ハチがさなぎになる前の様子とその理由を説明した次の文の［　］Ⅰ・Ⅱにあてはまる表現を本文中からⅠは４字、Ⅱは14字で探し、それぞれぬき出して答えなさい。

ハチの幼虫は［　Ⅰ　］。なぜなら、女王バチや働きバチが［　Ⅱ　］までをすべてしてくれるから。

問１　[　]1～3にあてはまる言葉として最も適当なものをそれぞれ次の中から一つずつ選び、記号で答えなさい。

［ア　それでは　　イ　しかし　　ウ　つまり　　エ　たしかに　　オ　そして］

問２　[　]にあてはまる言葉として最も適当なものを次の中から一つ選び、記号で答えなさい。

［ア　一体化　　イ　近代化　　ウ　高速化　　エ　商品化］

問３　――①「多くのハチの幼虫が食べているのは、糖分ではなくたんぱく質です」とありますが、ハチの幼虫はどのようにしてたんぱく質をとりますか。その説明として最も適当なものを次の中から一つ選び、記号で答えなさい。

ア　ハチの幼虫がほかの昆虫の肉などを育房の中にためこんでおき、必要なときに自分でエサとして食べる。
イ　ハチの成虫がとってきた昆虫の胸などをやわらかくして、口元に置いてくれたものを飲みこむ。
ウ　ハチの幼虫が大きな幼虫ののど元を大きなあごで刺激して、透明な液のようなものをもらう。
エ　ハチの成虫が巣の中で花の蜜の水分をとばしてつくったハチミツをエネルギーにする。

虫ののど元を触覚と大あごで軽く刺激して、女王バチがしたのと同じように、透明な液体をもらって栄養をつけます。

⑥彼女たちは、これから働きバチとして活動するのですが、羽化したてのときは、まだ体がやわらかくて飛ぶことができません。そこで、しばらくの間は育房に頭をつっこんで、じっとしています。

最初に羽化した働きバチは、とても小柄(こがら)です。体長はせいぜい十五〜二十ミリくらいしかありません。彼女たちがおチビちゃんなのは、女王バチがたった一匹(ぴき)で、三十匹ほどの幼虫を育てていたため、栄養が十分にゆきわたらなかったせいです。その証拠(しょうこ)に、その二か月ほどあとに羽化した働きバチは、育児や狩りなどに加わった何十匹ものお姉さん働きバチから、たくさんエサをもらえるため、大きさも二十五ミリくらいに成長しています。

ちなみに働きバチの寿命(じゅみょう)は、およそ三十日しかありません。でも、最初に羽化した働きバチが寿命をむかえるときには、新しく〝妹たち〟が生まれています。これをくりかえしながら、一匹の女王バチは一生のうちに、なんと一万〜三万匹もの働きバチを生むのです。

（『おどろきのスズメバチ』中村雅雄・講談社）

この大変身のときに、なんと、幼虫たちは生まれてはじめてフンをします。そう、彼女たちは、さなぎになる前まで、一度もフンをせず、体のなかにずっとためこむのです。ためこまれたフンはかなりの量で、まるまると太った幼虫の体が細くなってしまうほどです。

人間の赤ちゃんも、お母さんのおなかのなかでは、基本的にうんちはしません。生まれたあとに、まとめて出すのです。⑤意外なところで、共通点がありましたね。

人間の赤ちゃんはオムツをかえてくれる人がいますが、では、スズメバチの幼虫たちのフンはどうやってあとしまつをするのでしょうか？　じつは、これらのフンは、働きバチによって育房の底にぬりかためられて、巣を強くするために役立てられるのです。本当にムダがありませんね。

さて、幼虫がさなぎになってから十五日目、いよいよ、まゆのなかのさなぎが羽化するときがやってきました。羽化した子どもたちは、大あごで育房の内側からまゆを破りはじめます。すると、女王バチも子どもたちを助けるように、外側を唾液(だえき)でぬらしながらまゆをかじっていきます。親子の共同作業によって、待ちに待った「働きバチ」という名の娘(むすめ)たちが生まれてくるのです。

卵は五日で幼虫にかえり、幼虫は十二日かけて四回の脱皮をくりかえして大きくなりました。そして、まゆをつくり、そのなかで脱皮をしてさなぎになり、十五日後に羽化しました。卵から成虫になるまで、およそ三十二日かかったことになります。

羽化したばかりの働きバチが育房から出てくると、すぐに女王バチからある液体があたえられます。これは「女王フェロモン」と呼ばれる、独特のにおいがある液体です。フェロモンのにおいは、彼女たちが同じ巣の一員であることを示す「身分証」の役目も果たします。

女王バチからフェロモンをもらった娘たちは、体全体をなめたりさすったりして、脱皮のときに残った殻(から)をきれいに取りさります。それがすむと、今度は大きく成長した幼虫のところへ行き、幼物で、彼女（かのじょ）たちが活動するためのエネルギーになる糖分などがふくまれています。その栄養は、一回受けとると二時間近くも活動ができ、一説には、一日に百キロメートルも飛べるエネルギーの源になると言われています。そのため、この液をヒントにした、人間向けのスポーツドリンクが［　　］されているほどです。

女王バチは、この飲み物のおかげで、長い距離（きょり）を飛ぶことができ、さらに、おなかにある卵子を育て、たくさんの卵を生むための力もさずかっているのです。

スズメバチの世界では、成虫は幼虫から栄養をもらって狩りに出かけ、とってきたエサを幼虫にあたえるというように、親子同士で助けあっているのです。

巣づくりがはじまってから、四十日がたちました。※育房（いくぼう）にいる幼虫たちは、大きくまるまると成長しています。

ところで、スズメバチやミツバチやアリの幼虫たちを見ていると、あることに気づきます。彼女たちには脚（あし）がないのです。女王バチや働きバチが、エサやりから身のまわりの世話まですべてしてくれ、自分で歩きまわる必要がないので、脚がなくても平気なんですね。でも、成虫にはちゃんと脚があります。いったい、いつ幼虫たちに脚がはえてくるのでしょう？

六月に入って一週間が過ぎたころ、エサをもらうばかりだった幼虫たちが、ちがう動きをはじめました。自分で糸をはきながら、何度も頭を回転させて、育房にまゆのふたをつくっていきます。④ふたをして暗くなった育房のなかで、数日後に脱皮（だっぴ）をして、さなぎへと大変身をとげます。この脱皮で、イモムシのようだった彼女たちの体は、成虫のように頭、胸、腹と分かれ、はねや脚や触覚（しょっかく）などもちゃんとできてくるのです。

※育房…卵や幼生を育てるための袋状、部屋状のもの。

二 次の文章を読んで、後の問いに答えなさい。

> この文章の筆者は四月からスズメバチの観察を始めている。

ハチというと、ほとんどの人が、花のあまい蜜を吸って栄養にしていると思っているのではないでしょうか。［ 1 ］ミツバチは、花などの蜜をエネルギーにするために花に集まります。また、ミツバチの幼虫は、巣のなかで花の蜜の水分をとばしてつくるハチミツを、エサとしてあたえられます。

しかし、①多くのハチの幼虫が食べているのは、糖分ではなくたんぱく質です。［ 2 ］、ほかの昆虫の肉をエサにしているのです。

スズメバチは、幼虫のために昆虫やクモをつかまえては、エサとしてあたえます。とらえた昆虫の胸などの肉は大あごで、やわらかいかたまりにして幼虫の口元に置いてあげると、幼虫は大きな口で一気に飲みこみます。

幼虫がまだ小さいころは、狩りの回数は少なくてすみます。［ 3 ］、幼虫が五ミリをこえる大きさになってくると、食欲がさかんになってきます。いくら食べてもすぐにエサを②さいそくするので、女王バチは休む間もなく狩りに出かけなければなりません。

それでは、女王バチの食事はどうしているのでしょうか。よくよく観察してみると、女王バチは狩りに出かけるとき、大きな幼虫ののど元を大あごで刺激して、透明な液のようなものをもらっています。じつは、これが③女王バチの栄養ドリンクになっているのです。

この透明な液は、幼虫だけが出すことができるものです。女王バチや働きバチの栄養になる飲み

問８ ――⑤「そんなものではないことに気づいた」とありますが、そんなものとはどのような内容ですか。本文中から16字で探し、はじめの５字をぬき出して答えなさい。

問９ ――⑥「大田の走り」とありますが、これは何にたとえられていますか。本文中から３字で探し、ぬき出して答えなさい。

問10 ――⑦「固まりきったややこしいプライドを必死に折り曲げて、ここまで来てくれた」とありますが、これは大田がどのような行動をとったことをさしていますか。その説明として最も適当なものを次の中から一つ選び、記号で答えなさい。

ア　自分の走りには自信が持てないが、それでも駅伝メンバーになったこと。
イ　人に馬鹿にされた経験がありながらも駅伝メンバーになれたこと。
ウ　かつて挫折で駅伝にでられなかったが、それを克服(こくふく)して駅伝メンバーになったこと。
エ　髪型を変えたり、似合わない言葉を口にしながらも、駅伝メンバーになってくれたこと。

ア　陸上に関しての知識があまりないということ。
イ　駅伝メンバーの気持ちを常に盛り立てようとしていること。
ウ　陸上が好きではなく、早く顧問を辞めたいと思っていること。
エ　駅伝メンバーを見下しているということ。

問６　――③「もしかしたら、上原は気づいていたのだろうか」とありますが、このことから上原先生はどのような先生だと言えますか。最も適当なものを次の中から一つ選び、記号で答えなさい。

ア　生徒のことをよく観察していて、気が付いたことを鋭く指摘する先生。
イ　一見何も考えていないようで、実は生徒の性格や体調をよく把握している先生。
ウ　生徒のことにあまり興味はないが、走り方にはこだわる先生。
エ　間の抜けたところもあるが、部長の「おれ」に対しては厳しい先生。

問７　――④「浮足立っている」とありますが、「浮足立つ」の意味として最も適当なものを次の中から一つ選び、記号で答えなさい。

ア　喜びのあまり足早になること。
イ　予想外のことにも確実に対応すること。
ウ　不安や怖れで落ち着きをなくすこと。
エ　驚きを隠し切れなくなること。

問1 ～～～a～eのカタカナを漢字に直しなさい。

［a タンジュンな　b カッテに　c ヨソウ　d トトノえ　e カイジョウ］

問2 [1]にあてはまる言葉として最も適当なものを次の中から一つ選び、記号で答えなさい。

［ア 手　イ 肩(かた)　ウ 足　エ 頭］

問3 [2]にあてはまる言葉として最も適当なものを次の中から一つ選び、記号で答えなさい。

［ア 闘争心(とうそうしん)　イ 好奇心(こうきしん)　ウ 平常心　エ 向上心］

問4 ――①「こんなに怖いレース」とありますが、「おれ」が怖いレースだと感じているのはなぜですか。その理由を40字以内でわかりやすく説明しなさい。なお「最終走者」という言葉を必ず用いることとします。

問5 ――②「上原がおれたちに声をかけるレパートリーは、がんばれとファイトとあと少しの三つだけだった」とありますが、このことから上原先生についてどのようなことがわかりますか。最も適当なものを次の中から一つ選び、記号で答えなさい。

「高校でも陸上するんだろ?」
おれは何となくそう訊いていた。
「さあな」
「やれよ。こんなに走るのが似合ってるのに」
「そうか?」
「そうだよ。大田は走るのに向いている」
「でもよ、まさか俺を駅伝に誘うやつなんて高校にいねえだろ」
大田はそう言って、また頭をかいた。

小学校の時から大田がおれをかきたてた。⑥大田の走りがおれを刺激して高めてくれた。今回の駅伝だってだ。大田が一番に練習に参加してくれた。⑦固まりきったややこしいプライドを必死に折り曲げて、ここまで来てくれた。

おれは襷を握りしめた。もう少し一緒に走って、走ることが似合っているということを大田に思い知らせてやる。そのためにも県大会に進出しなくてはいけない。絶対に勝ってやる。おれは前のめりになって、［２］むき出しに岡北中を追った。きっと今のおれは恐ろしい形相で荒っぽい走りをしている。そんなおれに真後ろに来られた岡北中の選手は、簡単にペースを乱した。がっつくように進んだおれは、あっけなく岡北中を追い抜いていた。

(『あと少し、もう少し』瀬尾まいこ・新潮社)

大田はおれの調子の悪さを言っているのだ。おれは大会当日までに、調子をほとんど取り戻せなかった。貧血になったのは自分のせいじゃない。でも、本調子で大会に臨めず、周りに気を遣わせるのは、恥ずべきことだ。

「故障は恥だからな」

「それは違う」

［１］をすくめたおれを、大田はきっぱりと否定した。

「怪我を言い訳にすることが恥なんだ。故障なんてただ運が悪いだけだ」

「そうかもしれないけど……」

「俺、勉強投げだして、たかだか捻挫で駅伝放りだして、昨日の壮行会でもあんなだったけど、でも、失敗したって、ここぞって時には、ちゃんと自分のいる場所にいればそれでいいんだって。ほら、マイケル・ジャクソンとかジョーダンみたいにさ」

乱暴でないことを言うのに慣れていない大田は、言葉を探しながらそう言った。

「ジャクソンにジョーダン？」

「いや、まあ、俺馬鹿だから説明できねえけど、しくじったって故障したって、やればそれでいいんじゃね」

「ああ、そうだな」

「ま、俺に偉そうに言われたくもないか」

大田は頭をかいて笑った。丸坊主の頭はこすられて赤くなっている。

髪型を変えて、不似合いな言葉を口にして、それでも大田はここにいる。本当に走ることが好きなのだ。

いや、まさかな。上原はとぼけたやつだ。細かいことがわかるわけない。ただ、ほうっておいても力は抜けるというのは、当たっている。固まったままだって走れないわけじゃない。おれは腕を振るのをやめた。力を抜くことにこだわるのをやめると、気持ちが少し軽くなって、その分、目の前が開けて見えた。

すぐ前を走るのは、岡北中だ。岡北中の選手は、cヨソウより上位にいることに④浮足(うきあし)立っている。去年も一昨年も岡北中は最下位だった。思ったより早く渡(わた)った襷(たすき)にはやっているし、上位の速い選手たちの走りに平静さを失っている。今がチャンスだ。ペースを混乱させて、ここで抜くんだ。まだ800メートルも走っていない。今ならおれでもできる。

そう弾(はず)みをつけたものの、少し加速しただけで、おれの息は上がった。自分で思う以上に身体はうまく動かない。今ここで岡北中をとらえなくては、この先勝ち目はない。一人くらい抜けなくてどうする。もう一度やろう。おれはスパートをかけるために息をdトトノえた。指先まで力を流してみる。どれくらいスピードを上げられるか。自分の身体に問いかけて、今ここで重要なのは、⑤そんなものではないことに気づいた。目の前にいる岡北中をとらえるのだ。相手に勝たなくてはいけないのだ。勝つのに必要なのは、速さじゃない。大田(おおた)みたいながむしゃらさだ。スタート直後だろうとゴール間際だろうと関係なく、何度も何度もスパートをかけるあのパワーだ。陸上というよりケンカ。前のやつにかみつくように走る気迫(きはく)、それが今必要だ。

「そんな深刻にならずに走れよ」

今朝、eカイジョウに向かうバスの中で声を潜(ひそ)めて大田が言った。

「え？」

「俺(おれ)だってそこそこ走るし、しんどいならしんどいで走ればいい」

陸上部が新体制になって、一ヵ月経ったころだろうか。おれはぼんやり練習を眺めている上原の耳元で言った。

「そっか。じゃあ、次はあと少しって言うよ」

②上原がおれたちに声をかけるレパートリーは、がんばれとファイトとあと少しの三つだけだった。

「それ、アドバイスじゃなくてただの励ましですよ」

「だったら、何がいいかな」

上原はジョグをしている設楽を見つめながら、首をかしげた。

「最初はペースをつかめとかリズムに乗れで、中盤で腕の振りが甘いとかって言う。最後のほうは力を抜け。それでいいです」

「いつ言うかタイミングが難しそうだね」

「適当で大丈夫ですよ」

「わかった。なんかできそうな気がする」

それから上原は、練習のたびにおれの教えたとおりのアドバイスを口にした。誰がどんな走りをしていてもだ。そのくせおれが走っている時には、「力を抜け」とは一度も言わなかった。

「どうせ桝井君、力抜かないでしょ？　本当は抜くべきなのに。ま、ほうっておいたらbカッテに力なんて抜けるけどね」上原はそう言っていた。

③もしかしたら、上原は気づいていたのだろうか。上原は時々、「走りこむばかりも飽きるし、後半は筋トレに変えよう」とか、「暑いし、今日は早く切り上げよう」などと提案することがあった。そんな甘いことで大丈夫なのかといらだちながらも、おれの疲れた身体はほっとしていた。

二〇二一年度 帝京大学系属 帝京中学校

【国語】〈第一回午前試験〉（五〇分）〈満点：一〇〇点〉

（注意）問いのなかで字数に指定のあるときは、特に指示がない限り、句読点などもその字数にふくめます。

一 次のあらすじと文章を読んで、後の問いに答えなさい。

陸上部の部長である「おれ」は中学校最後の駅伝大会で県大会出場を目ざしていた。新しく顧問になった美術教師の上原先生にとまどいながらも、共に駅伝メンバーを集め、練習を重ねてきた。いよいよ本番の日となり、最終走者である「おれ」が走り始めた。

始まったのだ。中学校最後の駅伝が。次への思いをかなえるためのレースが。今日までの時間を、苦しいけど楽しかった、そんな a タンジュンな思い出にはしたくない。ここまでの日々を何に変えるかは、この3キロにかかっている。

俊介から受け継いだ順位は八位。二つ上げて六位に入れば、県大会に行ける。だけど、六位に入れなかったら、そこで終わりだ。駅伝チームは今日で解散となる。怖い。ものすごく怖かった。六位にもっていけなかった時のことを考えると、ぞっとした。①こんなに怖いレースを、今まで一度も走ったことがない。

おれは縮んだ身体をほどこうと、腕を揺すった。しかし、うまくいかない。もうレースは始まっているというのに、面白いくらい力は抜けない。焦れば焦るほど身体は固くなるばかりだ。

「先生、ファイト以外のことも言ったほうがいいと思うんですけど」

2021年度

帝京大学系属帝京中学校 ▶解説と解答

算 数 ＜第１回午前試験＞（50分）＜満点：100点＞

解 答

1 ① 2021 ② 25 ③213 ④ $\frac{5}{14}$ ⑤ 6 ⑥ 2800 ⑦ 792 ⑧ 94 ⑨ 12 ⑩ 1200 2 ① 2550 ② 42分20秒 3 ① 40 ② 22 4 ① 103 ② $\frac{6}{5}$ 5 ① 78.5 ② 2 6 ① 2000 ② 16.5

解 説

1 四則計算，計算のくふう，約数と倍数，速さ，割合，表面積，場合の数，相当算

① $1234\times3-(2021-1563)+984\div2-1715=3702-458+492-1715=2021$

② $0.125\times80\times5\div2=10\times5\div2=50\div2=25$

③ $\frac{2}{3}\times5\times66-7=\frac{2\times5\times66}{3}-7=220-7=213$

④ $\frac{1}{6}+\frac{1}{12}+\frac{1}{20}+\frac{1}{30}+\frac{1}{42}=\frac{1}{2\times3}+\frac{1}{3\times4}+\frac{1}{4\times5}+\frac{1}{5\times6}+\frac{1}{6\times7}=\frac{1}{2}-\frac{1}{3}+\frac{1}{3}-\frac{1}{4}+\frac{1}{4}-\frac{1}{5}+\frac{1}{5}-\frac{1}{6}+\frac{1}{6}-\frac{1}{7}=\frac{1}{2}-\frac{1}{7}=\frac{7}{14}-\frac{2}{14}=\frac{5}{14}$

⑤ 60の約数は，1，2，3，4，5，6，10，12，15，20，30，60であり，そのうち3の倍数は，3，6，12，15，30，60の6個である。

⑥ 420kmは420000mで，2時間30分は，60×2＋30＝150(分)である。(速さ)＝(道のり)÷(時間)より，420kmを2時間30分で走る列車の速さは分速，420000÷150＝2800(m)になる。

⑦ 10％は0.1倍である。税抜(ぜいぬ)き720円の品物を買うとき，消費税10％では，720×(1＋0.1)＝792(円)になる。

⑧ 縦，横，高さの長さがそれぞれ，3cm，4cm，5cmの直方体の表面積は，(3×4＋4×5＋3×5)×2＝94(cm^2)である。

⑨ A，B，C，Dの4人が同時にじゃんけんをするとき，A1人だけが勝つ手の出し方は，Aがグーを出し他の3人がチョキを出したときと，Aがチョキを出し他の3人がパーを出したときと，Aがパーを出し他の3人がグーを出したときの3通りである。同様に，B，C，Dの3人も1人だけが勝つ手の出し方はそれぞれ3通りになる。よって，4人が同時にじゃんけんをするとき，1人だけが勝つ手の出し方は全部で，3×4＝12(通り)である。

⑩ 最後に残った720円は，花子さんが弟にお金を渡(わた)したあとの残りの，$1-\frac{1}{4}=\frac{3}{4}$(倍)にあたるので，花子さんが弟に渡したあとの残りのお金は，$720\div\frac{3}{4}=960$(円)になる。この960円は，花子さんが最初に持っていたお金の，$1-\frac{1}{5}=$

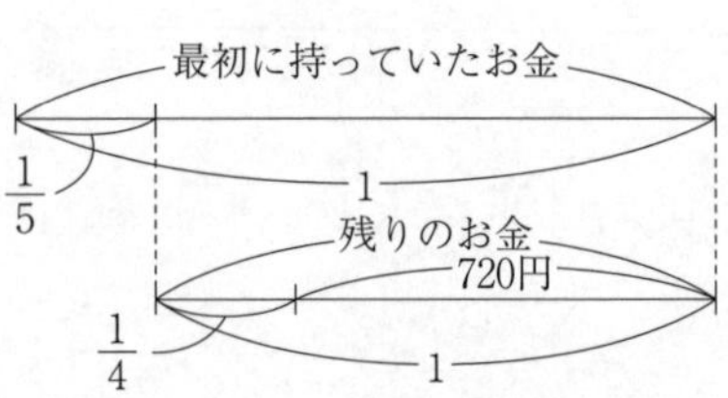

$\frac{4}{5}$(倍)にあたる。よって，花子さんが最初に持っていたお金は，$960 \div \frac{4}{5} = 1200$(円)である。

2 速さ

① 太郎くんは10分間走ることと，立ち止まって休けいを３分間とることをくり返すので，20分後には，20－３＝17(分間)走ったところにいる。よって，(道のり)＝(速さ)×(時間)より，太郎くんはスタート地点から，150×17＝2550(m)のところにいる。

② ５kmは5000mである。(時間)＝(道のり)÷(速さ)より，太郎くんが５kmを分速150mで走ると，$5000 \div 150 = 33\frac{1}{3}$(分間)かかる。$33\frac{1}{3}$分間に休けいは，$33\frac{1}{3} \div 10 = 3$あまり$3\frac{1}{3}$より，３回とったことになる。よって，ランニングコースを走りきるまでにかかった時間は，$33\frac{1}{3} + 3 \times 3 = 42\frac{1}{3}$(分間)，つまり42分20秒である。

3 方陣(ほうじん)算

① 正方形の１辺の石の数は，１番目は１個，２番目は３個，３番目は５個…，と奇数(きすうこ)個になっているので，４番目は７個，５番目は９個，６番目は11個である。よって，６番目の正方形の一番外側の石は，(11－１)×４＝40(個)である。

② 黒い石と白い石はともに150個ずつある。そこで，１番外側の石の数を調べると，１番目は黒い石が１個，２番目は白い石が，(３－１)×４＝８(個)，３番目は黒い石が，(５－１)×４＝16(個)，４番目は白い石が，(７－１)×４＝24(個)，５番目は黒い石が，(９－１)×４＝32(個)，６番目は白い石が，(11－１)×４＝40(個)，７番目は黒い石が，(13－１)×４＝48(個)，８番目は白い石が，(15－１)×４＝56(個)，９番目は黒い石が，(17－１)×４＝64(個)，10番目は白い石が，(19－１)×４＝72(個)となる。ここまでで使った石の数は黒い石が，１＋16＋32＋48＋64＝161(個)，白い石が，８＋24＋40＋56＋72＝200(個)となり，それぞれ150個を超(こ)えてしまうので，できるだけ大きい正方形に並べると，８番目の正方形までが並べられることがわかる。このとき，残った石は黒い石が，150－(１＋16＋32＋48)＝53(個)で，白い石が，150－(８＋24＋40＋56)＝22(個)となる。よって，残った石のうち，少ない方は，白い石の22個である。

4 植木算

① ７cmのテープを17本つなぐと，１cmずつテープの端(はし)を重ねたつなぎ目は，17－１＝16(カ所)できるので，テープの長さは，７×17－１×16＝103(cm)になる。

② ７cmのテープを26本つなぐと，テープの端を重ねたつなぎ目は，26－１＝25(カ所)できる。また，つなぎ目によって短くなった長さの合計は，７×26－152＝30(cm)になる。よって，テープの端を，$30 \div 25 = \frac{6}{5}$(cm)ずつ重ねてつないだことになる。

5 平面図形―面積，半径

① 斜線(しゃせん)部分は半径がそれぞれ，６÷２＝３(cm)，８÷２＝４(cm)，10÷２＝５(cm)の半円になっている，よって，斜線部分の面積の和は，３×３×3.14÷２＋４×４×3.14÷２＋５×５×3.14÷２＝(９＋16＋25)×3.14÷２＝25×3.14＝78.5(cm^2)である。

② この直角三角形を，右の図のような，ACの長さが６cm，ABの長さが８cm，BCの長さが10cmの直角三角形ABCとし，

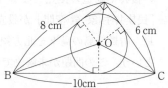

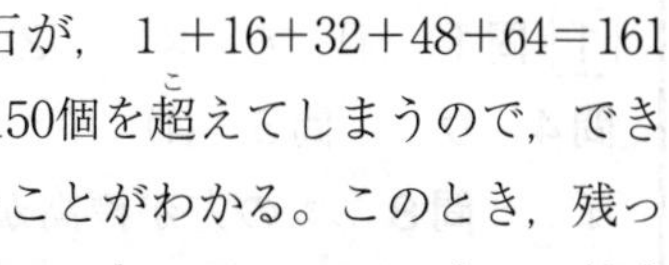

直角三角形ABCの内側でそれぞれの辺に接する円の中心をOとし，円の半径を□cmとする。直角三角形ABCの面積は，６×８÷２＝24(cm^2)になる。次に，直角三角形ABCをAO，BO，COで３つの三角形に分けると，各辺との接点を通る半径(□cm)はそれぞれの辺と垂直に交わっているので，直角三角形ABCの面積は，６×□÷２＋８×□÷２＋10×□÷２＝(６＋８＋10)×□÷２＝12×□(cm^2)と表せる。よって，直角三角形ABCの面積は24cm^2だから，12×□＝24，□＝２より，円の半径は２cmである。

6 立体図形―底面積，高さ

① １Ｌは1000cm^3だから，３Ｌは3000cm^3である。水そうに蛇口(じゃぐち)から毎分３Ｌの割合で６分20秒間，つまり，$6\frac{1}{3}$分間水を入れると，その体積は，$3000\times6\frac{1}{3}$＝19000(cm^3)になり，そのときの水の高さが10cmだから，水の部分の底面積は，19000÷10＝1900(cm^2)になる。また，底面の１辺が10cmの正方形の直方体のおもりの底面積は，10×10＝100(cm^2)である。よって，この容器の底面積は，水の部分の底面積とおもりの底面積を加えた，1900＋100＝2000(cm^2)になる。

② 毎分３Ｌの割合で10分間水を入れると，水の体積は3000×10＝30000(cm^3)になる。また，直方体のおもりの体積は，10×10×30＝3000(cm^3)である。水を入れてから10分後の，水とおもりの体積の和は，30000＋3000＝33000(cm^3)となる。よって，①よりこの容器の底面積は200(cm^2)だから，おもりを問題文中の図２のように入れたときの水の深さは，33000÷2000＝16.5(cm)となる。

社会 ＜第１回午前試験＞（理科と合わせて50分）＜満点：50点＞

解答

1 **問１** (1) アイヌ　(2) ロシア(連邦)　(3) イ　**問２** エ　**問３** 養しょく業　**問４** ウ　**問５** (1) イ　(2) 琉球(王国)　(3) アメリカ(合衆国)　**問６** エ　**問７** イ　**問８** エの方が標高が高く，気温が低くなるため。　**2** **問１** (1) ク　(2) ス　(3) オ　(4) サ　(5) ニ　(6) ト　(7) ウ　(8) イ　(9) セ　(10) チ　(11) テ　(12) キ　(13) ナ　(14) ネ　**問２** エ　**問３** タ　**問４** コ　**問５** 大名を弱らせて，反乱等を起こさせないため。　**問６** 邪馬台国　**3** **問１** (1) エ　(2) チ　(3) ト　(4) キ　(5) テ　(6) シ　(7) タ　(8) ス　(9) サ　(10) セ　(11) ア　(12) ニ　**問２** (1) カ　(2) イ　(3) ク

解説

1 各都道府県の特色についての問題

問１ (1) 北海道や樺太(からふと)(サハリン)，千島(ちしま)列島に住んでいたのがアイヌ民族である。近年は，国際的に先住民族(せんじゅうみんぞく)の権利を認め文化や伝統を大切にすべきという機運が高まっており，日本でも2019年に，アイヌ民族を先住民族と明記する法律が制定された。また，国により，北海道にアイヌ文化の復興や創造の拠点(きょてん)となる「ウポポイ」（アイヌ語で「大勢で歌う」という意味）を愛称(あいしょう)とする「民族共生象徴(しょうちょう)空間」が設立され，2020年に開業した。　(2) 北海道の択捉島(えとろふとう)，国後島(くなしりとう)，色丹島(しこたんとう)，歯舞群島(はぼまいぐんとう)の島々を北方領土といい，現在ロシア連邦に占領(せんりょう)されており，これを北方領土問題という。この問題が未解決であるため，現在もロシア連邦とは平和条約が結ばれていない。　(3)

サトウキビは，さとうの原料で熱帯の作物であり，日本では沖縄県と鹿児島県の南の島などで栽培されている。北海道で栽培されているさとうの原料は，てんさいである。

問２　静岡県にある浜松市は，2020年８月に最高気温が41.1度を記録し，日本国内の最高気温の記録にならんだ。2018年７月に41.1度を記録したのが，埼玉県熊谷市である。四万十市は高知県にあり，江川崎で2013年８月に41.0度を記録したことがある。岐阜県にある多治見市は2007年８月に40.9度を記録した。

問３　地図中のＣは広島県である。広島湾では，かきの養殖業がさかんである。養殖業とは，魚などにえさを与えて，いけすなどで育てて出荷する漁業のことである。

問４　地図中のＡは北海道，Ｄは長崎県である。長崎県は海岸の多くが出入りの複雑なリアス海岸である。また，島の数が最も多い都道府県で，971の島がある。したがって，面積と比較して海岸線の長さは長い。

問５　(1)　地図中のＥは沖縄県である。沖縄県は台風の被害を受けやすいため，強風への対策として，家のまわりに「ふくぎ」という木を植えたり，石がきで囲ったりしている。また，強風で飛ばされないように，屋根のかわらをしっくいで固めている。強風による被害を受けやすくしてしまうので，家の戸口を広くすることはない。　(2)　15世紀半ばに，尚氏が，北山，中山，南山の三つの王国を統一して琉球王国を建てた。その後，19世紀に明治政府によって日本に組み入れられるまで琉球王国は続いた。　(3)　アメリカ合衆国との日米安全保障条約にもとづき，アメリカ軍の基地が日本に置かれている。そのうち約70％が沖縄県にある。

問６　沖ノ島は福岡県にある島で，2017年に，「『神宿る島』宗像・沖ノ島と関連遺産群」として世界文化遺産に登録された。地図中のＤは長崎県であるので，エがあやまりである。知床は世界自然遺産，富士山と原爆ドーム，首里城跡は，それぞれ世界文化遺産に登録されている。

問７　地図中のⅠは長野県長野市，Ⅱは石川県金沢市である。中央高地に位置する長野市はまわりを山に囲まれており，季節風の影響を受けにくいため，１年を通して降水量が少ない。金沢市は日本海側に位置しており，日本海側は冬に北西の季節風の影響を受け，冬に降水量が多い。したがって，長野市の降水量はイである。

問８　標高と気温の関係として，一般的に，標高が100メートル高くなると気温が約0.6度低くなる。平均気温の場合でも標高が高い方が気温は低くなる。グラフを見ればⅠとⅡの標高差が約1500メートルあるので，それが気温の差になっていると考えられる。

２ **歴史上の人物についての問題**

問１　(1)　織田信長の家臣であった明智光秀は，1582年，中国地方の毛利氏を攻めるはずであったが，主君にそむき，京都の本能寺にいた織田信長をおそい，倒した。これを本能寺の変という。
(2)　明治政府で外務大臣を務めた小村寿太郎は，1911年にアメリカ合衆国との間で関税自主権の回復に成功した。日露戦争の講和条約で1905年に結ばれたポーツマス条約では，日本の代表として交渉にあたった。　(3)　江戸幕府が1858年にアメリカ合衆国との間で結んだ日米修好通商条約では，日本側が自主的に関税をかけることが出来なかった。　(4)　仏教の力で国を治めようとした聖武天皇は，全国に国分寺を置き，総国分寺として都の奈良に東大寺を建てた。東大寺には大仏が造立された。　(5)　朝廷内で豪族の蘇我氏が力を持つようになった。天皇中心の政治を行うため，聖徳太子が推古天皇の摂政となり，蘇我氏とともに国づくりを行った。推古天皇は日本初の女性の天皇である。 (6) 1931年，日本が運営していた南満州鉄道が柳条湖付近で爆破された。実際には日本の軍が起こしたのであるが，これを日本は中国側が行ったとして，中国を攻撃した。これが満州事変であり，よく年，満州国が建国された。なお，満州とは中国の北東部の地域である。 (7) 645年，後に天智天皇となる中大兄皇子と，藤原氏の祖となる中臣鎌足が，朝廷で力を持っていた豪族の蘇我氏をほろぼし，天皇中心の政治をめざす改革を行った。これを大化の改新という。 (8) 弟の源義経の活躍により1185年，壇ノ浦の戦いで平氏がほろぶと，その後，源頼朝は朝廷に対して，国ごとに守護，荘園ごとに地頭を置くことを認めさせ，全国支配を確かなものにした。さらに1192年，朝廷より征夷大将軍に任命され，武士の頂点に立った。

(9) 源氏ゆかりの地であること，三方が山で一方が海であることから攻められにくく守りやすい地形であることから源頼朝は，鎌倉に幕府を開いた。 (10) 初代内閣総理大臣は，伊藤博文である。伊藤博文は，ドイツ(プロイセン)の憲法が君主権の強い憲法であることから，それを参考に，天皇の力が強い大日本帝国憲法の案をまとめた。 (11) 江戸幕府の３代将軍は徳川家光である。家光は，農民からより多くの年貢をとるために「慶安の御触書」を出した。大名に対しては，大名を取りしまる決まりである武家諸法度に参勤交代を加えた。また，キリスト教の禁止を徹底させるため，ポルトガル船の来航を禁止して，鎖国を完成させた。 (12) 江戸幕府が定めた決まりで，大名の妻子を江戸に置き，大名が国元(自分が治める領地)と江戸とを１年おきに行き来することを参勤交代という。 (13) 中国の歴史書である魏志倭人伝によれば，女王の卑弥呼が邪馬台国を治めていた。卑弥呼は，占いやまじないで国を治めた。また，魏に使者を送り，「親魏倭王」の称号を与えられた。 (14) 中臣鎌足を祖とする藤原氏は，摂政や関白となり朝廷内で大きな力を持ち，特に藤原道長と子の頼通の時に絶大な力を持った。

問２ 豊臣秀吉は，農民から武器をとりあげる刀狩令や，土地の面積・よしあし・石高などを調べ，耕作者などとともに検地帳に記録する検地(太閤検地)を行い，２度にわたる朝鮮侵略(朝鮮出兵)も行った。延暦寺の焼き討ちを行ったのは織田信長である。

問３ 仏教の力で国を治めようとした聖武天皇によって，国ごとに置かれた国分寺の総国分寺として，都である奈良に東大寺が建てられ，そこに大仏が造立された。僧の行基が大仏造立に協力した。

問４ 豪族の蘇我氏をほろぼし，天皇中心の政治をめざす大化の改新を行った中大兄皇子は，その後に即位して天智天皇となった。天皇の死後，子の大友皇子と弟の大海人皇子が皇位を争う壬申の乱がおきた。

問５ 参勤交代で妻子を江戸に住まわせること，江戸と国元を行き来することによって，多額の費用がかかるため，大名は経済力を持てなかった。このようにして，江戸幕府は大名の力を弱め，大名が反乱を起こせないようにした。

問６ 中国の歴史書である魏志倭人伝によれば，３世紀ごろの倭(日本)には30あまりの国があった。その中で，女王の卑弥呼が治めて力を持ったのが邪馬台国である。邪馬台国の正確な位置については今のところわかっていない。

3 内閣についての問題

問１ (1) 2020年には，新しい型のコロナウィルスが世界的に流行した。この新しいウィルスは新型コロナウィルスとよばれた。 (2) 日本国憲法によれば，国会が唯一の立法機関と定められており，法律をつくることが出来るのは国会だけである。 (3) 安倍晋三氏は，2006年から2007年にかけて１度内閣総理大臣に就任(しゅうにん)した。その後，2012年に再度内閣総理大臣に就任すると，2020年９月まで内閣総理大臣を務めた。　(4)　安倍晋三氏の内閣総理大臣就任期間は，２度にわたる期間を合計すると戦後１位であり，２度目の期間は，連続しての内閣総理大臣就任期間として歴代１位である。　(5)　安倍晋三氏が健康上の理由で内閣総理大臣の職を辞任すると，同じ自由民主党の菅義偉(すがよしひで)氏が国会での指名を受けて内閣総理大臣に就任した。　(6)　内閣総理大臣は，就任すると外務大臣や財務大臣など，それぞれの仕事を専門的に行う国務大臣を指名する。国務大臣は，過半数が国会議員であることが定められている。　(7)　内閣総理大臣と他の国務大臣は，会議を開いて国会がつくった法律にもとづいて，どのように政治を行うかを決める。この会議のことを閣議という。　(8)　国民の健康や社会保障，労働に関する問題などをあつかう役所が厚生労働省である。　(9)　国が行う政治の費用は，国民から集められた税金などでまかなわれる。国民から税金を集め，管理するのが財務省の中にある国税庁である。　(10)　国内の経済の発展や安定，貿易，エネルギーの安定的確保などを担当する役所が経済産業省である。　(11)　近年，プラスチックごみによる海洋汚染(おせん)が深刻な問題とされ，プラスチックごみの量を減らす対策の１つとして，スーパーマーケットやコンビニエンスストアなどで配布されていたレジ袋が有料化された。　(12)　2020年７月，４年間の任期満了にともなう東京都知事選が行われ，新型コロナウィルスの感染拡大(かんせんかくだい)防止対策や，2021年に開催(かいさい)が延期された東京オリンピック・パラリンピック大会などについて関心が高まる中，小池百合子(こいけゆりこ)氏が東京都知事に再選された。

問２　(1)　外国と条約を結ぶのは内閣の仕事で，外務省が中心となる。内閣が結んだ条約を承認するのは国会の仕事である。　(2)　衆議院で内閣不信任の決議が可決された場合などに，衆議院の解散を決めるのは内閣の仕事である。なお，参議院には解散はない。　(3)　日本国憲法では，天皇は国の象徴(しょうちょう)とされ，国政に直接関わる権限は持たない。天皇の仕事を国事行為(こくじこうい)といい，その国事行為には内閣の助言と承認が必要であると定められている。

理　科　＜第１回午前試験＞（社会と合わせて50分）＜満点：50点＞

解　答

[1] (1) ウ　(2) C　(3) 2　(4) 2倍　(5) 糸の長さ　[2] (1) でんぷん
(2) イ　(3) ウ　(4) できない　(5) イ　(6) 蒸散　[3] (1) 北極星　(2) ア
(3) カシオペア座　(4) C…北斗七星，星座…おおぐま座　(5) 札幌　(6) 6時間

解　説

[1] **ふりこについての問題**

(1)　アの位置で放したおもりは，低い位置になるほど速くなっていく。よって，おもりが最も低い位置にあるウのときに最も速く動いている。

(2)，(3)　ふりこの周期は，糸の長さによってのみ決まるので，ア，イ，エのどこから放しても，ふりこの周期は変わらない。また，おもりの重さだけを変えても，ふりこの周期は変わらない。

(4)　糸の長さが25cmのときと100cmのときを比べると，糸の長さは，100÷25＝4（倍）になっており，このときの周期は，2÷1＝2（倍）になっている。また，糸の長さが50cmのときと200cmの

ときを比べると，糸の長さは，200÷50＝４（倍）になっており，このときの周期も，2.8÷1.4＝２（倍）になっている。

(5) (3)，(4)より，ふりこの周期は，糸の長さによって決まり，おもりを放す位置やおもりの重さを変えても，ふりこの周期は変わらない。糸の長さを４倍にすると，ふりこの周期は２倍になる。

2 ジャガイモ，トウモロコシについての問題

(1) でんぷんにヨウ素液をかけると，こい青むらさき色に変化する。「いも」にヨウ素液をかけたときにこい青むらさき色に変化したことから，「いも」にはでんぷんがふくまれていることがわかる。

(2) しぼんだ「いも」は，成長のためにでんぷんを使ったので，ほとんどでんぷんをふくんでいない。よって，しぼんだ「いも」にヨウ素液をかけても，ヨウ素液の色はほとんど変わらない。

(3) 単子葉類であるトウモロコシやイネの子葉は１枚，双子葉類であるインゲンマメやホウセンカ，アサガオの子葉は２枚である。

(4) トウモロコシのめ花の「ひげ」はめしべである。めしべを全部切り落とすと，受粉できなくなるので，実はできない。

(5) 根から吸収した水は，維管束(いかんそく)の道管を通って運ばれる。単子葉類であるトウモロコシの茎(くき)の維管束は，茎全体に散らばっているので，茎をたてに切るとイのようになる。

(6) 植物の表面にある気孔(きこう)から，体の中の水が水蒸気となってでていくことを蒸散という。

3 北の空の星についての問題

(1) 北極星は，ほぼ真北にあってほとんど動かない２等星で，こぐま座にふくまれている。

(2) 北の空の星は，北極星（星Ａ）を中心として反時計回りに動いている。よって，観察をつづけている間に，アの向きに動く。

(3)，(4) Ｂは，Ｗ字形をしたカシオペア座，Ｃは，ひしゃくのような形をした北斗七星で，おおぐま座の一部である。

(5) 北極星（星Ａ）の高度は，観察する地点の北緯と等しいので，緯度が高いほど，北極星が見える高度が高くなる。よって，最も北にある札幌から北極星を見たとき，いちばん高い位置に見える。

(6) Ｃが星Ａの真上にくるまでに動く角度はおよそ90度である。北の空の星は，北極星を中心として１時間に約15度ずつ反時計回りに動くので，90度動くのにかかる時間は，90÷15＝６より，およそ６時間である。

英語 ＜第１回午前試験＞（50分）＜満点：100点＞

解答

1 (1) 2　(2) 4　(3) 2　(4) 4　(5) 3　(6) 4　(7) 1　(8) 1　**2** (1) 1　(2) 1　(3) 4　(4) 4　(5) 2　**3** (1) 2　(2) 3　(3) 2　(4) 4　**4** (1) We did not swim in the river yesterday　(2) I watch TV every day　(3) We are students　(4) went to the station to meet my uncle　(5) as tall as my father　(6) What language is spoken in your country　**5** (1) (yours)　(2) (What) (time) (It's)　(3) (played) (tennis)　(4) (younger)　(5) (to) (drinkまたはhave)　(6) (was) (used)

6 (1) Is this Yuka's bag or Yuki's bag? (2) He is not [He's not / He isn't] from China. (3) The car was not [wasn't] washed last Sunday. (4) We have never sung this song. (5) Has she left home yet? (6) Yumi must make a speech in English. 7 (1) She is not [She's not / She isn't] my sister. She is Mika's sister. (2) Is that a dog or a cat? It's a dog. (3) I wash the dishes every day. (4) She wanted to read a book [books]. (5) We have not [haven't] met him for a long time. (6) Could [Would] you take me to the hospital? 8 (1) あなたは何羽の鳥が見えますか。 (2) 彼は昨日あなたにすてきなプレゼントを買った。 (3) 私は友達と夕食を食べた。 (4) 私は母にあげるものを探している。 (5) 私たちは今日たくさんのすべき宿題がある。 (6) 今日は雪が降っています。 9 (1) Friday (2) Monday (3) fall(autumn) (4) China (5) black (6) ten (7) eighteen (8) aunt (9) February (10) September

国語 ＜第１回午前試験＞（50分）＜満点：100点＞

解答

一 問１ a～e 下記を参照のこと。 問２ イ 問３ ア 問４ （例） 六位以内に入らないとチームが解散という大事なレースで，自分が最終走者であるから。 問５ ア 問６ イ 問７ ウ 問８ どれくらい 問９ ケンカ 問10 エ 二 問１ 1 エ 2 ウ 3 イ 問２ エ 問３ イ 問４ ア 問５ おなかにあ 問６ Ⅰ 脚がない Ⅱ エサやりから身のまわりの世話 問７ （例） 両者とも自分のフンをずっと体の中にためこむところ。 問８ 育児や狩り 問９ ウ

●漢字の書き取り

一 a 単純(な) b 勝手(に) c 予想 d 整(え) e 会場

解説

一 **出典は瀬尾まいこ『あと少し，もう少し』による。**六位以内に入らないと，自分の所属する駅伝チームが解散しなくてはいけないレースで，最終走者である「おれ(＝桝井)」が襷を受けた時点での順位が八位。自分の走りにチームの命運がかかっている最終区の３キロを走り始めた場面が，回想とともに描かれている。

問１ **a** とらえ方が一面的で浅いさま。 **b** ひとりでに。自然と。 **c** 物事の成り行きや結果について前もって見当をつけること。 **d** 乱れた呼吸をきちんとすることが，息を「整える」。 **e** 会や式・催し物などを開く場所。

問２ 「周りに気を遣わせるのは，恥ずべきことだ」と考える「おれ」が，その思いを口にする場面である。照れくさがっているのである。「肩をすくめる」とは，両方の肩を上げて身を縮こまらせる動作のこと。恥ずかしい思いをした時などの気持ちを表す動作である。

問３ 直前に「絶対に勝ってやる」とある。その気持ちが「前のめり」という動作に出ている。争ったり戦ったりすることに対する意欲や気持ち，という意味の「闘争心」が入る。

問４ 「俊介から受け継いだ順位は八位。二つ上げて六位に入れば，県大会に行ける。だけど，六

位に入れなかったら，そこで終わりだ。駅伝チームは今日で解散となる」という状況をおさえる。設問の条件の必ず用いる言葉「最終走者」の立場にいるのが「おれ」なので，駅伝チームが「県大会に行ける」のか，「今日で解散となる」のかが自分の走りにかかっている。

問5　あらすじの「美術教師の上原先生にとまどいながら」や，本文に「先生，ファイト以外のことも言ったほうがいいと思うんですけど」「おれの教えたとおりのアドバイスを口にした」「細かいことがわかるわけない」などとあるように，「声をかけるレパートリー」が「三つだけ」で，それも「ただの励まし」だったのは，上原先生は，陸上に関しては素人で，知識があまりなかったからである。

問6　問5にあるように，陸上に関しては素人であるが，「おれが走っている時には，『力を抜け』とは一度も言わなかった。『どうせ桝井君，力抜かないでしょ？　本当は抜くべきなのに。(後略)』」とあるように，ひとりひとりの性格を把握している点をとらえる。また，思い当たることとして，「上原は時々，『走りこむばかりも飽きるし，後半は筋トレに変えよう』とか，『暑いし，今日は早く切り上げよう』などと提案することがあった。そんな甘いことで大丈夫なのかといらだちながらも，おれの疲れた身体はほっとしていた」とあるように，生徒の体調にも気を配っていた点もとらえる。

問7　「去年も一昨年も岡北中は最下位だった。思ったより早く渡った襷にはやっているし，上位の速い選手たちの走りに平静さを失っている」とあるように，不安や恐れで落ち着きを失っているのである。「はやっている」の「はやる」は，あせること。

問8　「気づいた」点として，「勝つのに必要なのは，速さじゃない。大田みたいながむしゃらさだ。」とあることに着目する。「速さ」つまり，「どれくらいスピードを上げられるか」ではない，という文脈をとらえる。

問9　「大田の走りがおれを刺激して高めてくれた」とあるように，問8で，「大田みたいながむしゃらさ」を見習って自分を奮い立たせようとしていた点に着目する。そして，その大田の走りをたとえて，「陸上というよりケンカ」と表現している点をとらえる。

問10　「ここまで来てくれた」に着目する。大田が，どのようにして駅伝チームに参加してくれているのかをとらえる。「髪型を変えて，不似合いな言葉を口にして，それでも大田はここにいる」とある点から判断する。

二　**出典は中村雅雄『おどろきのスズメバチ』による。**スズメバチを観察し，その特有の性質をくわしく説明しながら，スズメバチの生態と子育てについて書かれた文章。

問1　**1**「蜜を吸って栄養にしている」という内容を受けて，その疑問のとおり，「蜜をエネルギーにする」し，幼虫は，蜜からつくられたハチミツをエサとしてあたえられている，という文脈から「たしかに」が入る。　**2**「たんぱく質＝ほかの昆虫の肉」というつながりである。前の内容を言い換えたり，まとめたりする場合に使う「つまり」が入る。　**3**空欄の前の「狩りの回数は少なくてすみます」に対して，後ろで「休む間もなく狩りに出かけなければなりません」と述べている。よって，逆説の接続詞の「しかし」が入る。

問2　商品として売り出されている，という文脈である。

問3　「ハチの幼虫」がどのようにして「たんぱく質」をとるのかが問われている。「スズメバチは，幼虫のために昆虫やクモをつかまえては，エサとしてあたえます。とらえた昆虫の胸などの肉は大あごで，やわらかいかたまりにして幼虫の口元に置いてあげると，幼虫は大きな口で一気に飲みこみます」とあるところをとらえる。

問４　「食欲がさかん」「いくら食べても」「女王バチは休む間もなく狩りに出かけなければなりません」に着目。幼虫は食欲がさかんで，いくら食べてもエサを欲しがるので，女王バチは休む間もなく狩りに出かけなければならない，という文脈である。幼虫は女王バチに早くエサが欲しいと急がせるのである。

問５　「長い距離（きょり）を飛ぶことができ」につながる内容である。「この飲み物のおかげで，長い距離を飛ぶことができ，さらに，おなかにある卵子を育て，たくさんの卵を生むための力もさずかっている」と，本文にある点をとらえる。

問６　「イモムシのようだった彼女たち」とは，「脚（あし）がない」「幼虫」のことをたとえた表現である。「脚がない」理由として，「女王バチや働きバチが，エサやりから身のまわりの世話まですべてしてくれ，自分で歩きまわる必要がないので，脚がなくても平気なんですね」と述べられている。

問７　「人間の赤ちゃんも，お母さんのおなかのなかでは，基本的にうんちはしません」に着目する。ハチの幼虫も，「一度もフンをせず，体のなかにずっとためこむ」点が共通する。

問８　働きバチの「役割」をとらえた表現として，次の段落で「育児や狩りなどに加わった」とある点に着目する。

問９　「最初に羽化した働きバチは，とても小柄です。」その原因として「彼女たちがおチビちゃんなのは，女王バチがたった一匹で，三十匹ほどの幼虫を育てていたため，栄養が十分にゆきわたらなかったせいです」とあるので**ウ**が正解。**ア**は，「幼虫が五ミリをこえる大きさになってくると，食欲がさかんになってきます」とあることから，誤り。**イ**は，「女王バチも子どもたちを助けるように～」「親子の共同作業によって～」とあるので，誤り。**エ**は，体の大きい働きバチが長生きするとは述べられていないので，誤りである。

Memo

Memo

Memo

当社発行物の無断使用は固くお断りいたします。御使用の前はまずご相談ください。

当社発行物には500点余の首都圏中・高過去問をはじめ、6点の学校案内、そのほかいくつかの情報誌などがございます。その多くが年度版で、限られたスタッフが来るべき受験シーズン前に余裕を持って受験生へ届けられるよう、日夜作業にあたり出版を重ねております。

最近、通塾生ご父母や塾内部からの告発によって、いくつかの塾が許諾なしに当社過去問を複写（コピー）し生徒に配布、授業等にも使用していることが発覚し、その一部が紛争、係争に至っております。過去問には原著作者や管理団体、代行出版等のほか、当社に著作権がございます。当社としましては、著作権侵害の発覚に対しては著作権を有するこれらの著作権関係者にその事実を開示して、マスコミにリリースする場合や法的な措置を取る場合がございます。その事例としましては、毎年当社過去問の発行を待って自由にシステム化使用していたＡ塾、個別教室でコピーを生徒に解かせ指導していたＢ塾、冊子化していたＣ社、生徒の希望によって書籍の過去問代わりにコピーを配布していたＤ塾などがあります。

当社発行物の全部もしくは一部を無断使用することは固くお断りいたします。

当社コンテンツの中にはリーズナブルな設定で紙面の利用を許諾している塾もたくさんございますので、ご希望の方は、お気軽にご相談くださいますようお願いします。同時に、当社発行物を無断で使用している会社などにつきましての情報もお寄せいただければ幸いです。

株式会社 声の教育社

2025年度用
中学スーパー過去問

■編集人 声の教育社・編集部
■発行所 株式会社 声の教育社
〒162-0814 東京都新宿区新小川町8-15
☎03-5261-5061㈹ FAX03-5261-5062
https://www.koenokyoikusha.co.jp

※本書の内容についての一切の責任は当社にあります。内容・解説・解答・その他は当社ホームページよりお問い合わせ下さい。

ストリーミング配信による入試問題の解説動画

2025年度用web過去問　ラインナップ

■ 男子・女子・共学(全動画) 見放題
36,080円(税込)

■ 男子・共学 見放題
29,480円(税込)

■ 女子・共学 見放題
28,490円(税込)

● 中学受験「声教web過去問(過去問プラス・過去問ライブ)」(算数・社会・理科・国語)

3〜5年間 **24校**

過去問プラス

麻布中学校	桜蔭中学校	開成中学校	慶應義塾中等部	渋谷教育学園渋谷中学校
女子学院中学校	筑波大学附属駒場中学校	豊島岡女子学園中学校	広尾学園中学校	三田国際学園中学校
早稲田中学校	浅野中学校	慶應義塾普通部	聖光学院中学校	市川中学校
渋谷教育学園幕張中学校	栄東中学校			

過去問ライブ

栄光学園中学校	サレジオ学院中学校	中央大学附属横浜中学校	桐蔭学園中等教育学校	東京都市大学付属中学校
フェリス女学院中学校	法政大学第二中学校			

● 中学受験「オンライン過去問塾」(算数・社会・理科)

3〜5年間 **50校以上**

東京	青山学院中等部	東京	国学院大学久我山中学校	東京	明治大学付属明治中学校	千葉	芝浦工業大学柏中学校	埼玉	栄東中学校
東京	麻布中学校	東京	渋谷教育学園渋谷中学校	東京	早稲田中学校	千葉	渋谷教育学園幕張中学校	埼玉	淑徳与野中学校
東京	跡見学園中学校	東京	城北中学校	東京	都立中高一貫校 共同作成問題	千葉	昭和学院秀英中学校	埼玉	西武学園文理中学校
東京	江戸川女子中学校	東京	女子学院中学校	東京	都立大泉高校附属中学校	千葉	専修大学松戸中学校	埼玉	獨協埼玉中学校
東京	桜蔭中学校	東京	巣鴨中学校	東京	都立白鷗高校附属中学校	千葉	東邦大学付属東邦中学校	埼玉	立教新座中学校
東京	鷗友学園女子中学校	東京	桐朋中学校	東京	都立両国高校附属中学校	千葉	千葉日本大学第一中学校	茨城	江戸川学園取手中学校
東京	大妻中学校	東京	豊島岡女子学園中学校	神奈川	神奈川大学附属中学校	千葉	東海大学付属浦安中等部	茨城	土浦日本大学中等教育学校
東京	海城中学校	東京	日本大学第三中学校	神奈川	桐光学園中学校	千葉	麗澤中学校	茨城	茗渓学園中学校
東京	開成中学校	東京	雙葉中学校	神奈川	県立相模原・平塚中等教育学校	千葉	県立千葉・東葛飾中学校		
東京	開智日本橋中学校	東京	本郷中学校	神奈川	市立南高校附属中学校	千葉	市立稲毛国際中等教育学校		
東京	吉祥女子中学校	東京	三輪田学園中学校	千葉	市川中学校	埼玉	浦和明の星女子中学校		
東京	共立女子中学校	東京	武蔵中学校	千葉	国府台女子学院中学部	埼玉	開智中学校		

web過去問 Q&A

過去問が動画化！
声の教育社の編集者や中高受験のプロ講師など、
過去問を知りつくしたスタッフが動画で解説します。

Q どこで購入できますか？
A 声の教育社のHPでお買い求めいただけます。

Q 受講にあたり、テキストは必要ですか？
A 基本的には過去問題集がお手元にあることを前提としたコンテンツとなっております。

Q 全問解説ですか？
A 「オンライン過去問塾」シリーズは基本的に全問解説ですが、国語の解説はございません。「声教web過去問」シリーズは合格のカギとなる問題をピックアップして解説するもので、全問解説ではございません。なお、「声教web過去問」と「オンライン過去問塾」のいずれでも取り上げられている学校がありますが、授業は別の講師によるもので、同一のコンテンツではございません。

Q 動画はいつまで視聴できますか？
A ご購入年度２月末までご視聴いただけます。
複数年視聴するためには年度が変わるたびに購入が必要となります。

よくある解答用紙のご質問

01

実物のサイズにできない

拡大率にしたがってコピーすると，「解答欄」が実物大になります。配点などを含むため，用紙は実物よりも大きくなることがあります。

02

A3用紙に収まらない

拡大率164％以上の解答用紙は実物のサイズ（「出題傾向＆対策」をご覧ください）が大きいために，Ａ３に収まらない場合があります。

03

拡大率が書かれていない

複数ページにわたる解答用紙は，いずれかのページに拡大率を記載しています。どこにも表記がない場合は，正確な拡大率が不明です。

04

１ページに２つある

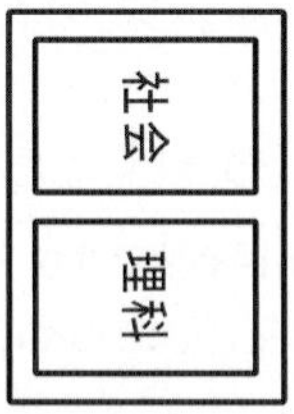

１ページに２つ解答用紙が掲載されている場合は，正確な拡大率が不明です。ほかの試験回の同じ教科をご参考になさってください。

帝京大学系属帝京中学校

【別冊】入試問題解答用紙編

禁無断転載

解答用紙は本体からていねいに抜きとり、別冊としてご使用ください。

※　実際の解答欄の大きさで練習するには、指定の倍率で拡大コピーしてください。なお、ページの上下に小社作成の見出しや配点を記載しているため、コピー後の用紙サイズが実物の解答用紙と異なる場合があります。

●入試結果表

— は非公表
または不明

年度	回	項目	国語	算数	社会	理科	英語	２科合計	４科合計	２科合格	４科合格
2024	第１回午前	配点(満点)	100	100	50	50	100	200	300	最高点	最高点
		合格者平均点	—	—	—	—	—	121	197	162	246
		受験者平均点	—	—	—	—	—	—	—	最低点	最低点
		キミの得点								93	146
	第３回	配点(満点)	100	100	50	50	100	200	300	最高点	最高点
		合格者平均点	—	—	—	—	—	124	180	176	252
		受験者平均点	—	—	—	—	—	—	—	最低点	最低点
		キミの得点								99	150
	（注）２科は国語・算数・英語から２科選択、４科は国語・算数・社会・理科。										
	〔参考〕：第４回の英語の合格者平均点、受験者平均点は非公表です。										
2023	第１回午前	配点(満点)	100	100	50	50	100	200	300	最高点	最高点
		合格者平均点	—	—	—	—	—	120	181	149	256
		受験者平均点	—	—	—	—	—	—	—	最低点	最低点
		キミの得点								98	151
	第３回	配点(満点)	100	100	50	50	100	200	300	最高点	最高点
		合格者平均点	—	—	—	—	—	133	—	163	231
		受験者平均点	—	—	—	—	—	—	—	最低点	最低点
		キミの得点								99	135
	（注）２科は国語・算数・英語から２科選択、４科は国語・算数・社会・理科。										
	〔参考〕：第４回の英語の合格者平均点、受験者平均点は非公表です。										
2022	第１回午前	配点(満点)	100	100	50	50	100	200	300	最高点	最高点
		合格者平均点	—	—	—	—	—	128	189	169	218
		受験者平均点	—	—	—	—	—	—	—	最低点	最低点
		キミの得点								99	158
	第３回	配点(満点)	100	100	50	50	100	200	300	最高点	最高点
		合格者平均点	—	—	—	—	—	124	180	180	262
		受験者平均点	—	—	—	—	—	—	—	最低点	最低点
		キミの得点								95	146
	（注）２科は国語・算数・英語から２科選択、４科は国語・算数・社会・理科。										
	〔参考〕：第４回の英語の合格者平均点、受験者平均点は非公表です。										
2021	第１回午前	配点(満点)	100	100	50	50	100	200	300	最高点	最高点
		合格者平均点	—	—	—	—	—	125.6	193.2	182	258
		受験者平均点	—	—	—	—	—	108	185	最低点	最低点
		キミの得点								99	151
	（注）２科は国語・算数・英語から２科選択、４科は国語・算数・社会・理科。										

※　表中のデータは学校公表のものです。

声の教育社

2024年度　帝京大学系属帝京中学校

算数解答用紙　第１回午前

番号		氏名		評点	／100

1	①		2	①	
	②			②	農園が　　%
	③		3	①	分　　秒
	④			②	
	⑤	：	4	①	
	⑥			②	
	⑦		5	①	
	⑧			②	
	⑨		6	①	
	⑩			②	時間　　分

（注）この解答用紙は実物を縮小してあります。A４用紙に106％拡大コピーすると、ほぼ実物大で使用できます。（タイトルと配点表は含みません）

〔算　数〕100点（学校配点）

1～6　各５点×20

2024年度　帝京大学系属帝京中学校

社会解答用紙　第１回午前

番号		氏名	

評点	／50

1	問１ (1) 平野	(2) 川	(3) 市	問２ (1) 島
	(2) ⑦	⑧	問３ (1)	(2)
	問４	問５ 工業地域	問６	問７ (1)
	(2)	(3)	(4)	
2	問１ (1)	(2)	(3)	(4)
	(5)	(6)	(7)	(8)
	問２	問３	問４	問５
	問６	問７ (　　　)憲法では、主権は(　　　)にあると定めている		
	問８	問９	問10	問11
3	問１ 大震災	問２	問３	問４
	問５ (1)	(2) 省	(3)	(4)
	問６	問７	問８	問９ (1)
	(2)	問10		

(注) この解答用紙は実物を縮小してあります。Ａ４用紙に111％拡大コピーすると、ほぼ実物大で使用できます。(タイトルと配点表は含みません)

〔社　会〕50点(学校配点)

1 各１点×15　2 問１～問６　各１点×13　問７　２点　問８～問10　各１点×３　問11　２点　3 問１～問８　各１点×11　問９(1)　２点　(2)　１点　問10　１点

2024年度　帝京大学系属帝京中学校

理科解答用紙　第１回午前

番号		氏名		評点	／50

1	(1)	(2)	(3)
	(4)		(5)
	(6)		
	(7)	(8)	
2	(1)		
	(2)		
	(3)		
	(4)		
	(5)		
3	(1)		
	(2)	(3)	(4)
	(5)		
	(6)		

（注）この解答用紙は実物を縮小してあります。Ａ４用紙に114％拡大コピーすると、ほぼ実物大で使用できます。（タイトルと配点表は含みません）

〔理　科〕50点（学校配点）

1 (1)〜(5)　各２点×５　(6)　３点　(7), (8)　各２点×２　2, 3　各３点×11

2024年度　帝京大学系属帝京中学校

英語解答用紙　第１回午前

番号		氏名		評点	／100

1	(1)	(2)	(3)	(4)	(5)
	(6)	(7)	(8)		
2	(1)	(2)	(3)	(4)	(5)
3	(1)	(2)	(3)	(4)	

4	(1) (　　　).
	(2) (　　　).
	(3) (　　　).
	(4) (　　　)?
	(5) (　　　).
	(6) (　　　).
5	(1) (　　　)(　　　)
	(2) (　　　)(　　　)
	(3) (　　　)(　　　)
	(4) (　　　)(　　　)
	(5) (　　　)(　　　)
	(6) (　　　)(　　　)
6	(1)
	(2)
	(3)
	(4)
	(5)
	(6)
7	(1)
	(2)
	(3)
	(4)
	(5)
	(6)
8	(1)
	(2)
	(3)
	(4)
	(5)
	(6)

9	(1)	(2)	(3)	(4)
	(5)	(6)	(7)	(8)
	(9)	(10)		

（注）この解答用紙は実物を縮小してあります。176％拡大コピーすると、ほぼ実物大で使用できます。（タイトルと配点表は含みません）

〔英　語〕100点(学校配点)

1　各１点×８　2　各２点×５　3　各３点×４　4～8　各２点×30　9　各１点×10

2024年度　帝京大学系属帝京中学校

国語解答用紙　第一回午前　番号　氏名　評点　／100

一

問1 a　れ　b　c　d　e　んだ

問2 1　2　3

問3

問4

問5

問6

問7

問8

問9

二

問1

問2 i　ii　iii　iv

問3

問4

問5

問6

問7

問8

問9 ア　イ　ウ　エ　オ

（注）この解答用紙は実物を縮小してあります。206％拡大コピーすると、ほぼ実物大で使用できます。（タイトルと配点表は含みません）

〔国　語〕100点（学校配点）

一　問１，問２　各２点×８　問３　５点　問４～問７　各４点×４　問８　５点　問９　８点　二　問１　３点　問２　２点×４　問３　５点　問４　３点　問５　８点　問６，問７　各４点×２　問８　５点　問９　各２点×５

2024年度　帝京大学系属帝京中学校

算数解答用紙　第３回

番号		氏名		評点	／100

1	①		2	①	
	②			②	
	③		3	①	点以上　点未満
	④			②	
	⑤		4	①	
	⑥			②	分　秒
	⑦		5	①	
	⑧			②	
	⑨		6	①	
	⑩			②	

（注）この解答用紙は実物を縮小してあります。A４用紙に106％拡大コピーすると、ほぼ実物大で使用できます。（タイトルと配点表は含みません）

〔算　数〕100点（学校配点）

1～6　各５点×20

2024年度　帝京大学系属帝京中学校

社会解答用紙　第３回

番号		氏名		評点	／50

1	問１ (1) 最南端 島	最西端 島	(2)	問２ (ア)
	(イ)	(ウ)	問３ (1)	(2) 海流
	(3)	問４ (1) 港	(2)	(3)
	問５	問６ 竹島	尖閣諸島	
2	問１	問２	問３	
	問４		問５	問６
	問７	問８	問９ (1)	(2)
	問10	問11		問12
	問13	問14 →	→	
3	問１	問２		問３ (1)
	(2)		問４ (1)	(2)
	(3)		(4)	
	(5) 立法権	行政権	司法権	問５

（注）この解答用紙は実物を縮小してあります。Ａ４用紙に110％拡大コピーすると、ほぼ実物大で使用できます。（タイトルと配点表は含みません）

〔社　会〕50点（学校配点）

1　各１点×15＜問３(1)は完答＞　2　問１　１点　問２　２点　問３～問５　各１点×４　問６　２点　問７～問13　各１点×９　問14　２点　3　問１，問２　各１点×３　問３(1)　１点　(2)　２点　問４，問５　各１点×９

2024年度　帝京大学系属帝京中学校

理科解答用紙　第3回

番号		氏名		評点	／50

1	(1) ①	②	③
	(2) ウ	オ	キ
	(3) ①	②	(4)
	(5)		
	(6) に反応して　色に変化する		
2	(1) ア	イ	ウ
	エ	オ	カ
	(2)	(3)	
	(4) 水酸化ナトリウム水よう液　性	食塩水　性	
	塩酸　性	(あ)　性	
3	(1)	(2)	
	(3)		
	(4)	(5)	

（注）この解答用紙は実物を縮小してあります。A４用紙に108％拡大コピーすると、ほぼ実物大で使用できます。（タイトルと配点表は含みません）

〔理　科〕50点(学校配点)

1 (1) 各１点×３　(2) 各２点×３　(3), (4) 各１点×３　(5) ４点<完答>　(6) ２点　2 (1), (2) 各１点×７　(3), (4) 各２点×５　3 各３点×５

2024年度　帝京大学系属帝京中学校

英語解答用紙　第４回

番号		氏名		評点	／100

1	(1)	(2)	(3)	(4)	(5)
	(6)	(7)	(8)		
2	(1)	(2)	(3)	(4)	(5)
3	(1)	(2)	(3)	(4)	

4	(1) (　　　　).
	(2) (　　　　).
	(3) (　　　　).
	(4) (　　　　).
	(5) (　　　　).
	(6) (　　　　).
5	(1) (　　　　)(　　　　)
	(2) (　　　　)(　　　　)
	(3) (　　　　)(　　　　)
	(4) (　　　　)(　　　　)
	(5) (　　　　)(　　　　)
	(6) (　　　　)(　　　　)
6	(1)
	(2)
	(3)
	(4)
	(5)
	(6)
7	(1)
	(2)
	(3)
	(4)
	(5)
	(6)
8	(1)
	(2)
	(3)
	(4)
	(5)
	(6)

9	(1)	(2)	(3)	(4)
	(5)	(6)	(7)	(8)
	(9)	(10)		

（注）この解答用紙は実物を縮小してあります。178％拡大コピーすると、ほぼ実物大で使用できます。（タイトルと配点表は含みません）

〔英　語〕100点（学校配点）

1 各１点×８　2 各２点×５　3 各３点×４　4～8 各２点×30　9 各１点×10

2024年度　帝京大学系属帝京中学校

国語解答用紙　第三回

番号 | 氏名 | 評点 ／100

一

問1 A B
問2
問3
問4
問5
問6
問7 a b
問8

二

問1 a b c らし d e
問2
問3
問4 a b
問5
問6
問7
問8

（注）この解答用紙は実物を縮小してあります。205％拡大コピーすると、ほぼ実物大で使用できます。（タイトルと配点表は含みません）

〔国　語〕100点（学校配点）

一　問1～問5　各4点×6　問6　10点　問7　a　5点　b　7点　問8　4点　二　問1　各2点×5　問2，問3　各4点×2　問4　a　3点　b　5点　問5　4点　問6　8点　問7　4点　問8　8点

2023年度　帝京大学系属帝京中学校

算数解答用紙　第１回午前

番号		氏名		評点	／100

1	①		2	①	
	②			②	
	③		3	①	
	④			②	
	⑤		4	①	
	⑥			②	
	⑦		5	①	分　秒
	⑧			②	
	⑨		6	①	
	⑩			②	：

（注）この解答用紙は実物大です。

〔算　数〕100点(学校配点)

1～6　各５点×20

2023年度　帝京大学系属帝京中学校

社会解答用紙　第１回午前

番号		氏名		評点	／50

1	問１　①	②	問２　(1)	(2) 海流
	問３　(1)			(2)
	(3)	問４　(1)	(2)	問５　(1)
	(2)	問６ 王国	問７	問８
2	問１　(1)	(2)	(3)	(4)
	(5)	(6)	(7)	(8)
	問２	問３	問４	問５
	問６	問７	問８	問９
	問10	問11	問12	問13
3	問１	問２	問３　(1)	(2)
	(3)	問４	問５	問６　(1)
	(2)	問７　(1)	(2)	問８　(1)
	(2)	問９		

（注）この解答用紙は実物を縮小してあります。Ａ４用紙に108％拡大コピーすると、ほぼ実物大で使用できます。（タイトルと配点表は含みません）

〔社　会〕50点（学校配点）

1　問１，問２　各１点×４　問３(1)　２点　問３(2)〜問８　各１点×９<問８は完答>　2　各１点×20　3　問１〜問３　各１点×５　問４　２点　問５〜問９　各１点×８

2023年度　帝京大学系属帝京中学校

理科解答用紙　第１回午前

番号		氏名		評点	／50

1	(1) ア	イ	ウ
	エ		
	(2)	(3)	(4)
	(5)	(6)	(7)
2	(1) 色		
	(2)		
	(3)	(4)	
	(5)		
	(6) (a)	(b)	(c)
3	問１ (1)	(2)	
	問２ (3)	(4)	
	問３ (5)	(6)	
	問４ (7)		

（注）この解答用紙は実物を縮小してあります。Ａ４用紙に110%拡大コピーすると、ほぼ実物大で使用できます。（タイトルと配点表は含みません）

〔理　科〕50点（学校配点）

1～3　各２点×25

2023年度　帝京大学系属帝京中学校

英語解答用紙　第１回午前

番号		氏名		評点	／100

1	(1)	(2)	(3)	(4)	(5)
	(6)	(7)	(8)		
2	(1)	(2)	(3)	(4)	(5)
3	(1)	(2)	(3)	(4)	

4	(1) (　　　)(　　　)
	(2) (　　　)(　　　)
	(3) (　　　)(　　　)
	(4) (　　　)(　　　)
	(5) (　　　)(　　　)
	(6) (　　　)(　　　)
5	(1) (　　　).
	(2) (　　　)?
	(3) (　　　)?
	(4) (　　　).
	(5) (　　　).
	(6) (　　　).
6	(1)
	(2)
	(3)
	(4)
	(5)
	(6)
7	(1)
	(2)
	(3)
	(4)
	(5)
	(6)
8	(1)
	(2)
	(3)
	(4)

9	(1)	(2)	(3)	(4)
	(5)	(6)	(7)	(8)
	(9)	(10)		

（注）この解答用紙は実物を縮小してあります。171%拡大コピーすると、ほぼ実物大で使用できます。（タイトルと配点表は含みません）

〔英　語〕100点(推定配点)

1 各１点×８　2 各２点×５　3 各３点×４　4～7 各２点×24　8 各３点×４　9 各１点×10

二〇二三年度　帝京大学系属帝京中学校

国語解答用紙　第一回午前

番号		氏名		評点	／100

一

問1

問2　i　ii　iii

問3　a　b

問4

問5　(1)　(2)

問6

問7

問8

問9

二

問1　a　b　み c　d　e

問2

問3

問4

問5

問6

問7

問8

問9

（注）この解答用紙は実物を縮小してあります。169％拡大コピーすると、ほぼ実物大で使用できます。（タイトルと配点表は含みません）

〔国　語〕100点（学校配点）

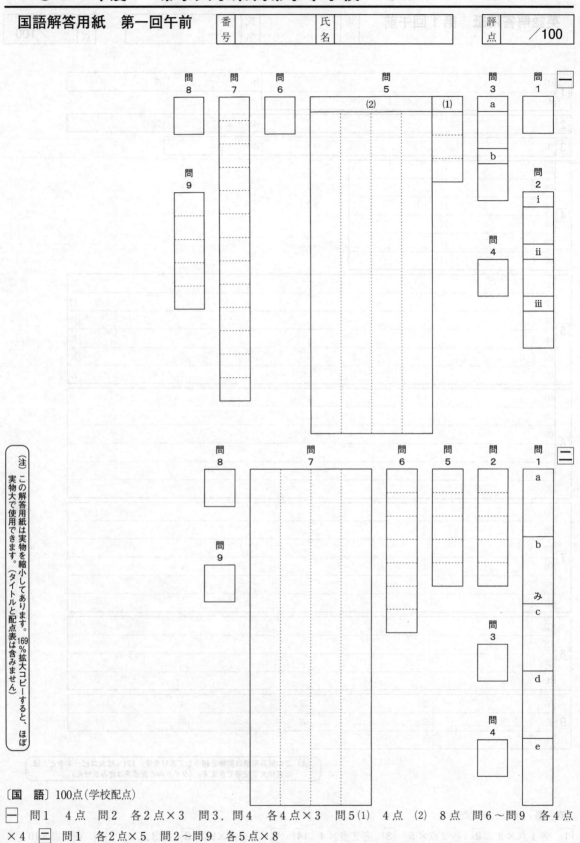

一　問1　4点　問2　各2点×3　問3，問4　各4点×3　問5(1)　4点　(2)　8点　問6～問9　各4点×4　二　問1　各2点×5　問2～問9　各5点×8

2023年度　帝京大学系属帝京中学校

算数解答用紙　第３回

番号		氏名		評点	／100

1	①		2	①	
	②			②	
	③		3	①	分　秒
	④			②	
	⑤		4	①	
	⑥			②	
	⑦		5	①	分　秒
	⑧			②	
	⑨		6	①	
	⑩			②	

（注）この解答用紙は実物大です。

〔算　数〕100点(学校配点)

1～6　各５点×20

2023年度　帝京大学系属帝京中学校

社会解答用紙　第３回

番号		氏名		評点	／50

1	問１　(1)　あ	い	う	(2)
	問２　(1)　島	(2)	問３	問４　東経　度
	問５　栽培	問６　(1)	(2)	(3)
	問７　ア	イ	ウ	
2	問１　(1)	(2)	(3)	(4)
	(5)	(6)	(7)	(8)
	問２	問３	問４	
	問５	問６　遺跡	問７	問８
	問９	問10	問11	問12
3	問１　(1)	(2)	(3)	(4)
	(5)	(6)	(7)	(8)
	問２　歳	問３　(1)	(2)	問４
	問５　１つ目	２つ目	問６	

（注）この解答用紙は実物を縮小してあります。Ａ４用紙に108％拡大コピーすると、ほぼ実物大で使用できます。（タイトルと配点表は含みません）

〔社　会〕50点（学校配点）

1　各１点×15　2　問１～問３　各１点×10　問４　２点　問５～問12　各１点×８　3　各１点×15

2023年度　帝京大学系属帝京中学校

理科解答用紙　第３回

番号		氏名		評点	／50

1	問１　(ア)	(イ)	(ウ)
	問２		
	問３　(1)		
	(2)		
	問４　(ア)	(イ)	(ウ)
	(エ)	(オ)	
2	(1)		
	(2)　①	②	
	(3)	(4)	
	(5)	(6)	
3	問１　(1)	(2)	(3)
	問２　(4)	(5)	
	問３　(6)		

（注）この解答用紙は実物を縮小してあります。Ａ４用紙に110％拡大コピーすると、ほぼ実物大で使用できます。（タイトルと配点表は含みません）

〔理　科〕50点(学校配点)

1 問１(ア)　２点　(イ)　１点　(ウ)　２点　問２，問３　各２点×３　問４　各１点×５　2 (1)，(2)　各２点×３　(3)〜(6)　各３点×４　3 問１(1)，(2)　各２点×２　問１(3)〜問３　各３点×４

2023年度　帝京大学系属帝京中学校

英語解答用紙　第４回

番号		氏名		評点	／100

1	(1)	(2)	(3)	(4)	(5)
	(6)	(7)	(8)		
2	(1)	(2)	(3)	(4)	(5)
3	(1)	(2)	(3)	(4)	

4	(1) (　　).
	(2) (　　).
	(3) (　　).
	(4) (　　)?
	(5) (　　).
	(6) (　　).
5	(1) (　　)(　　)
	(2) (　　)(　　)
	(3) (　　)(　　)
	(4) (　　)
	(5) (　　)(　　)
	(6) (　　)(　　)
6	(1)
	(2)
	(3)
	(4)
	(5)
	(6)
7	(1)
	(2)
	(3)
	(4)
	(5)
	(6)
8	(1)
	(2)
	(3)
	(4)
	(5)
	(6)

9	(1)	(2)	(3)	(4)
	(5)	(6)	(7)	(8)
	(9)	(10)		

（注）この解答用紙は実物を縮小してあります。171％拡大コピーすると、ほぼ実物大で使用できます。（タイトルと配点表は含みません）

〔英　語〕100点(推定配点)

1 各１点×８　2 各２点×５　3 各３点×４　4～8 各２点×30　9 各１点×10

二〇二三年度　帝京大学系属帝京中学校

国語解答用紙　第三回

番号		氏名		評点	／100

一

問1　Ⅰ　Ⅱ　Ⅲ

問2

問3

問4

問5

問6

問7

問8

問9

二

問1　a　べる　b　c　d　e

問2　A　B　C

問3　Ⅰ　Ⅱ

問4

問5

問6

問7　という解釈

問8

問9

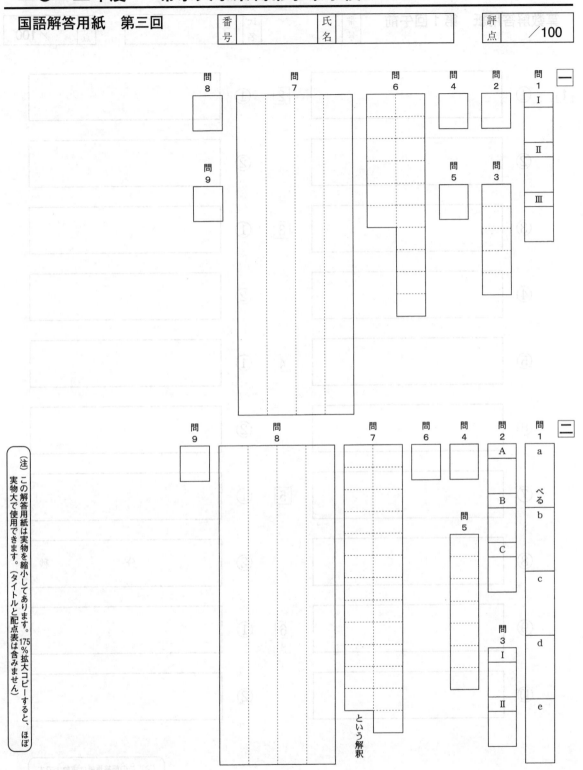

（注）この解答用紙は実物を縮小してあります。175％拡大コピーすると、ほぼ実物大で使用できます。（タイトルと配点表は含みません）

〔国　語〕100点（学校配点）

一　問1　各3点×3　問2～問6　各5点×5　問7　6点　問8，問9　各5点×2　二　問1～問3　各2点×10　問4～問9　各5点×6

2022年度　帝京大学系属帝京中学校

算数解答用紙　第１回午前

番号		氏名		評点	／100

1	①		2	①	
	②			②	
	③		3	①	
	④			②	
	⑤		4	①	
	⑥			②	
	⑦		5	①	
	⑧			②	分　　秒
	⑨		6	①	
	⑩			②	

（注）この解答用紙は実物大です。

〔算　数〕100点(推定配点)

1～6　各５点×20

2022年度　帝京大学系属帝京中学校

社会解答用紙　第１回午前

番号		氏名		評点	／50

1	問１　(1)	(2)	(3)	(4)
	(5)	(6)	(7)	(8)
	問２	問３	問４	問５
	問６	問７	問８	
2	問１　(1)	(2)	(3)	(4)
	(5)	(6)	(7)	(8)
	(9)	(10)	問２　古墳	問３
	問４	問５		
	問６	問７	問８　事件	問９
3	問１　(1)	(2)	(3)	(4)
	問２　(5)	(6)	(7)	(8)
	問３	問４　(1)	(2)	(3)
	問５　満　歳以上	問６		

（注）この解答用紙は実物を縮小してあります。Ａ４用紙に104％拡大コピーすると、ほぼ実物大で使用できます。（タイトルと配点表は含みません）

〔社　会〕50点（学校配点）

1　問１(1)　２点　問１(2)～問８　各１点×14　2　問１～問４　各１点×13　問５　２点　問６～問９　各１点×４　3　問１～問５　各１点×13　問６　２点

理科解答用紙　第１回午前

番号		氏名		評点	／50

1	(i) (1) ①	②	
	(2) 1	2	
	(3)	(ii) (4) ①	②
	(5)	(6)	
2	(1) 燃やすとき必要な気体	燃えた後に発生する気体	
	(2) 最もよく燃え続けるもの	火が消えてしまうもの	
	(3)		
	(4)		
	(5)		
3	(1) と		
	(2) と		
	(3) と		
	(4) ①	②	

（注）この解答用紙は実物を縮小してあります。Ａ４用紙に104％拡大コピーすると、ほぼ実物大で使用できます。（タイトルと配点表は含みません）

〔理　科〕50点(学校配点)

1 各２点×９　2 (1)，(2)　各２点×５　(3)　３点　(4)，(5)　各２点×２　3 各３点×５

2022年度　帝京大学系属帝京中学校

英語解答用紙　第１回午前

番号		氏名		評点	／100

1	(1)	(2)	(3)	(4)	(5)
	(6)	(7)	(8)		
2	(1)	(2)	(3)	(4)	(5)
3	(1)	(2)	(3)	(4)	

4	(1) (　　　).
	(2) (　　　).
	(3) (　　　).
	(4) (　　　).
	(5) (　　　).
	(6) (　　　).
5	(1) (　　　)(　　　)
	(2) (　　　)(　　　)
	(3) (　　　)
	(4) (　　　)
	(5) (　　　)
	(6) (　　　)
6	(1)
	(2)
	(3)
	(4)
	(5)
	(6)
7	(1)
	(2)
	(3)
	(4)
	(5)
	(6)
8	(1)
	(2)
	(3)
	(4)
	(5)
	(6)

9	(1)	(2)	(3)	(4)
	(5)	(6)	(7)	(8)
	(9)	(10)		

（注）この解答用紙は実物を縮小してあります。Ａ３用紙に167％拡大コピーすると、ほぼ実物大で使用できます。（タイトルと配点表は含みません）

〔英　語〕100点（推定配点）

1　各１点×８　2　各２点×５　3　各３点×４　4～8　各２点×30　9　各１点×10

二〇二二年度　帝京大学系属帝京中学校

国語解答用紙　第一回午前

番号		氏名		評点	／100

一

問1　a　b　c　d　e

問2

問3

問4

問5

問6

問7

問8

問9

二

問1

問2

問3　Ⅰ　Ⅱ

問4

問5

問6

問7

問8

問9

（注）この解答用紙は実物を縮小してあります。A3用紙に161％拡大コピーすると、ほぼ実物大で使用できます。（タイトルと配点表は含みません）

〔国　語〕100点（学校配点）

一　問1　各2点×5　問2～問9　各5点×8　二　各5点×10

2022年度　帝京大学系属帝京中学校

算数解答用紙　第３回

番号		氏名		評点	／100

1
①
②
③
④
⑤
⑥
⑦
⑧
⑨
⑩

2
①
②

3
①
② 分　秒

4
①
②

5
①
②

6
①
②

（注）この解答用紙は実物大です。

〔算　数〕100点(推定配点)

1～6　各５点×20

2022年度　帝京大学系属帝京中学校

社会解答用紙　第３回

番号		氏名		評点	／50

1	問１　(1)	(2)	(3)	問２　(1)
	(2)	(3)	問３　(1)	(2)
	(3)			問４　(1)
	(2)　貿易	(3)	問５　(1)	(2)
2	問１　A	B	C	D
	E	F	G	H
	問２	問３	問４	
	問５	問６	問７	問８
	問９	問10		問11
3	問１　(1)	(2)	(3)	(4)
	(5)	(6)	(7)	(8)
	問２　(あ)	(い)	問３　(1)	(2)
	(3)	(4)	(5)	

（注）この解答用紙は実物を縮小してあります。Ａ４用紙に104％拡大コピーすると、ほぼ実物大で使用できます。（タイトルと配点表は含みません）

〔社　会〕50点(学校配点)

1　問１～問３(2)　各１点×８　問３(2)　２点　問４，問５　各１点×５　2　問１～問９　各１点×17　問10　２点　問11　１点　3　各１点×15

2022年度　帝京大学系属帝京中学校

理科解答用紙　第３回

番号		氏名		評点	／50

1	(1) 記号		性質
			性
	(2) 記号		性質
			性
	(3)		
	(4)	(5)	
	(6) (ア)	(イ)	
2	(1)		(2)
	(3)		(4)
	(5)		(6)
3	(1)	(2)	
	(3)		
	(4)		
	(5)		
	(6)		

（注）この解答用紙は実物を縮小してあります。Ａ４用紙に104％拡大コピーすると、ほぼ実物大で使用できます。（タイトルと配点表は含みません）

〔理　科〕50点(学校配点)

1 (1) 記号…各１点×３　性質…２点　(2)～(5)　各２点×５　(6)　各１点×２　2 (1)～(5)　各３点×５　(6)　２点　3　各２点×８

2022年度　帝京大学系属帝京中学校

英語解答用紙　第４回

番号		氏名		評点	／100

1	(1)	(2)	(3)	(4)	(5)
	(6)	(7)	(8)		
2	(1)	(2)	(3)	(4)	(5)
3	(1)	(2)	(3)	(4)	

4	(1) (　　).
	(2) (　　).
	(3) (　　)?
	(4) (　　)?
	(5) (　　)?
	(6) (　　)?
5	(1) (　　)(　　)
	(2) (　　)(　　)
	(3) (　　)
	(4) (　　)
	(5) (　　)
	(6) (　　)
6	(1)
	(2)
	(3)
	(4)
	(5)
	(6)
7	(1)
	(2)
	(3)
	(4)
	(5)
	(6)
8	(1)
	(2)
	(3)
	(4)
	(5)
	(6)

9	(1)	(2)	(3)	(4)
	(5)	(6)	(7)	(8)
	(9)	(10)		

（注）この解答用紙は実物を縮小してあります。Ａ３用紙に167％拡大コピーすると、ほぼ実物大で使用できます。（タイトルと配点表は含みません）

〔英　語〕100点（推定配点）

1　各１点×８　2　各２点×５　3　各３点×４　4～8　各２点×30　9　各１点×10

二〇二二年度　帝京大学系属帝京中学校

国語解答用紙　第三回

番号		氏名		評点	／100

一

問1　a　b いて　c えて　d って　e

問2

問3

問4

問5

問6

問7

問8

問9

二

問1

問2

問3　Ⅰ　Ⅱ

問4

問5

問6

問7

問8　ア　イ　ウ　エ

（注）この解答用紙は実物を縮小してあります。170%拡大コピーすると、ほぼ実物大で使用できます。（タイトルと配点表は含みません）

〔国　語〕100点(学校配点)

一　問1　各2点×5　問2～問9　各5点×8　二　問1～問3　各4点×4　問4　6点　問5～問8　各4点×7

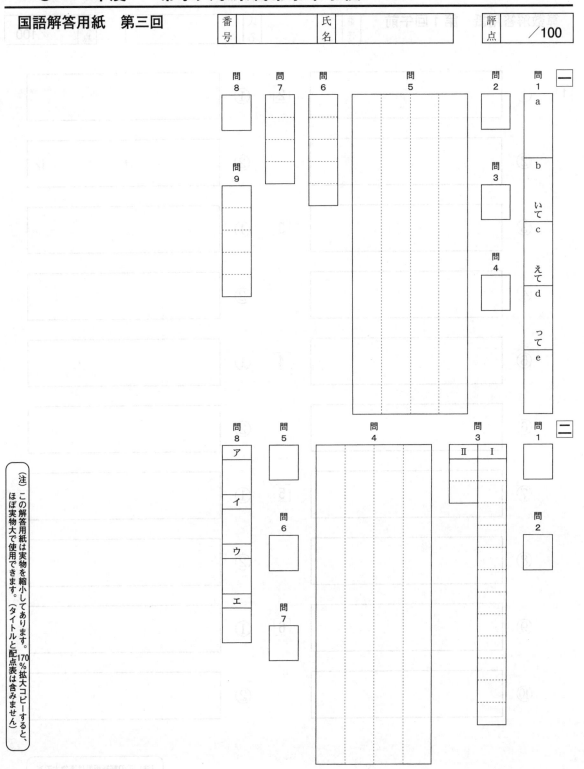

2021年度　　帝京大学系属帝京中学校

算数解答用紙　第１回午前

番号		氏名		評点	／100

1	①		
	②		
	③		
	④		
	⑤		
	⑥		
	⑦		
	⑧		
	⑨		
	⑩		
2	①		
	②	分　秒	
3	①		
	②		
4	①		
	②		
5	①		
	②		
6	①		
	②		

（注）この解答用紙は実物大です。

〔算　数〕100点(推定配点)

1～6　各５点×20

2021年度　　帝京大学系属帝京中学校

社会解答用紙　第１回午前

番号		氏名	

評点	／50

1	問１　(1)	(2)	(3)	問２
	問３	問４	問５　(1)	(2)　王国
	(3)	問６	問７	
	問８			

2	問１　(1)	(2)	(3)	(4)
	(5)	(6)	(7)	(8)
	(9)	(10)	(11)	(12)
	(13)	(14)	問２	問３
	問４	問５		問６

3	問１　(1)	(2)	(3)	(4)
	(5)	(6)	(7)	(8)
	(9)	(10)	(11)	(12)
	問２　(1)	(2)	(3)	

(注) この解答用紙は実物を縮小してあります。Ａ４用紙に104%拡大コピーすると、ほぼ実物大で使用できます。(タイトルと配点表は含みません)

〔社　会〕50点(学校配点)

1 問１，問２　各１点×４　問３　２点　問４，問５(1)　各１点×２　(2)　２点　(3)～問７　各１点×３　問８　２点　2 問１～問４　各１点×17　問５　２点　問６　１点　3 各１点×15

2021年度　帝京大学系属帝京中学校

理科解答用紙　第１回午前

番号		氏名		評点	／50

1	(1)	(2)
	(3)	(4)
	(5)	
2	(1)	
	(2)	(3)
	(4)	
	(5)	
	(6)	
3	(1)	
	(2)	
	(3)	
	(4) C	星座
	(5)	(6)

（注）この解答用紙は実物を縮小してあります。Ａ４用紙に104％拡大コピーすると、ほぼ実物大で使用できます。（タイトルと配点表は含みません）

〔理　科〕50点(学校配点)

1　各３点×５　2　(1)　３点　(2)　２点　(3)　３点　(4)，(5)　各２点×２　(6)　３点　3　(1)　３点　(2)　２点　(3)～(6)　各３点×５

2021年度　帝京大学系属帝京中学校

英語解答用紙　第１回午前

番号		氏名		評点	／100

1	(1)	(2)	(3)	(4)	(5)
	(6)	(7)	(8)		
2	(1)	(2)	(3)	(4)	(5)
3	(1)	(2)	(3)	(4)	

4	(1) (　　　).
	(2) (　　　).
	(3) (　　　).
	(4) I (　　　).
	(5) My brother is (　　　).
	(6) (　　　)?

5	(1) (　　　)
	(2) (　　　)(　　　)(　　　)
	(3) (　　　)(　　　)
	(4) (　　　)
	(5) (　　　)(　　　)
	(6) (　　　)(　　　)

6	(1)
	(2)
	(3)
	(4)
	(5)
	(6)

7	(1)
	(2)
	(3)
	(4)
	(5)
	(6)

8	(1)
	(2)
	(3)
	(4)
	(5)
	(6)

9	(1)	(2)	(3)	(4)
	(5)	(6)	(7)	(8)
	(9)	(10)		

（注）この解答用紙は実物を縮小してあります。Ａ３用紙に167％拡大コピーすると、ほぼ実物大で使用できます。（タイトルと配点表は含みません）

〔英　語〕100点（推定配点）

1 各１点×８　2 各２点×５　3 各３点×４　4～8 各２点×30　9 各１点×10

二〇二一年度　帝京大学系属帝京中学校

国語解答用紙　第一回午前

番号		氏名		評点	／100

一

問1　a　な　b　に　c　d　え　e

問2

問3

問4

問5

問6

問7

問8

問9

問10

二

問1　1　2　3

問2

問3

問4

問5

問6　Ⅰ　Ⅱ

問7

問8

問9

（注）この解答用紙は実物を縮小してあります。A3用紙に160％拡大コピーすると、ほぼ実物大で使用できます。（タイトルと配点表は含みません）

〔国　語〕100点（学校配点）

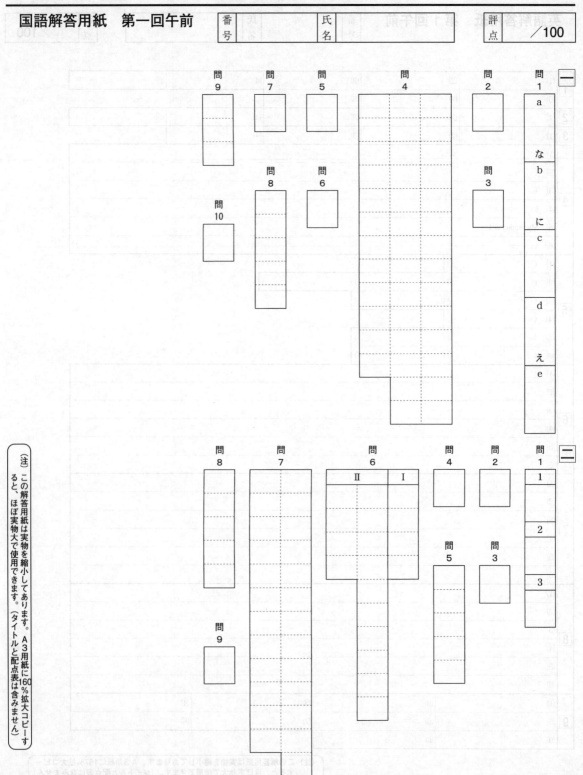

一　問1　各2点×5　問2，問3　各4点×2　問4　6点　問5～問8　各4点×4　問9　6点　問10　4点　二　問1～問6　各4点×9　問7　6点　問8，問9　各4点×2

東京都／神奈川県／千葉県／埼玉県／茨城県／栃木県ほか

2025年度用
声の教育社版

中学受験案内

■全校を見開き2ページでワイドに紹介！

■中学～高校までの授業内容をはじめ部活や行事など、6年間の学校生活を凝縮！

■偏差値・併願校から学費・卒業後の進路まで、知っておきたい情報が満載！

私立・国公立353校掲載

Ⅰ 首都圏（東京・神奈川・千葉・埼玉・その他）の私立・国公立中学校の受験情報を掲載。

合格情報

近年の倍率推移・偏差値による合格分布予想グラフ・入試ホット情報ほか

学校情報

授業、施設、特色、ICT機器の活用、併設大学への内部進学状況と併設高校からの主な大学進学実績ほか

入試ガイド

募集人員、試験科目、試験日、願書受付期間、合格発表日、学費ほか

Ⅱ 資　料

(1)私立・国公立中学の合格基準一覧表（四谷大塚、首都圏模試、サピックス）

(2)主要中学早わかりマップ

(3)各校の制服カラー写真

(4)奨学金・特待生制度，帰国生受け入れ校，部活動一覧

Ⅲ 大学進学資料

(1)併設高校の主要大学合格状況一覧

(2)併設・系列大学への内部進学状況と条件

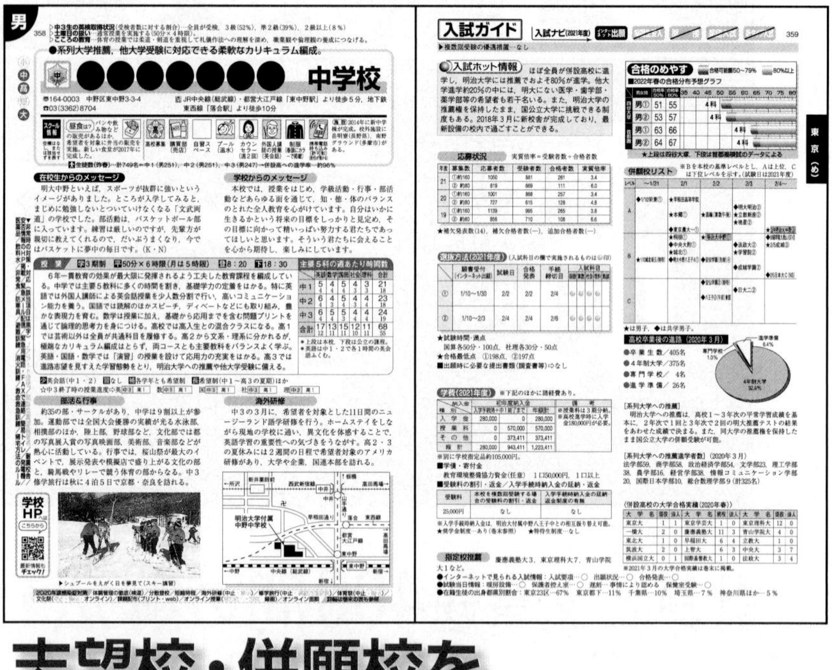

志望校・併願校をこの１冊で選ぶ！決める!!

過去問で君の夢を応援します

声の教育社

〒162-0814　東京都新宿区新小川町8-15

TEL.03-5261-5061　FAX.03-5261-5062

https://www.koenokyoikusha.co.jp